Michael Schuhen

Führungsnachwuchs
mit System

Michael Schuhen

Führungsnachwuchs mit System

Planung und Gestaltung einer Lernumgebung
für Trainee-Programme

Tectum Verlag

Michael Schuhen

Führungsnachwuchs mit System.
Planung und Gestaltung einer Lernumgebung für Trainee-Programme
Zugl.: Siegen, Univ. Diss. 2007
ISBN: 978-3-8288-9528-7

Umschlagabbildung – alphoxic : www.photocase.com
© Tectum Verlag Marburg, 2008

Besuchen Sie uns im Internet
www.tectum-verlag.de

Bibliografische Informationen der Deutschen Nationalbibliothek
Die Deutsche Nationalbibliothek verzeichnet diese Publikation in der
Deutschen Nationalbibliografie; detaillierte bibliografische Angaben sind
im Internet über http://dnb.ddb.de abrufbar.

Geleitwort

Globalisierung, demographische Entwicklung, Wertewandel und andere „Megatrends" zwingen Unternehmen heute dazu, noch intensiver als in der Vergangenheit exzellente Mitarbeiter zu suchen, welche einen hohen Beitrag zur Wertschöpfung leisten. Die Unternehmen stehen dabei im harten Wettbewerb und unterliegen, wie Michael Schuhen zeigt, im „War for Talents" einem darwinistischen Ausleseprozess. Hinzu tritt, dass Firmenloyalitäten von Mitarbeitern sinken und die Mitarbeiter sich opportunistisch verhalten. Michael Schuhen verdeutlicht, dass der in den neunziger Jahren aufgekommene Begriff der „Employability" heute anders gedeutet werden kann als früher. In der Vergangenheit lag es im Interesse der Unternehmen, ihren Mitarbeitern Employability als Substitut für Arbeitsplatzsicherheit anzubieten, um flexibel zu bleiben. Heute dagegen geht die Initiative von den Mitarbeitern aus: In einer darwinistischen Selektionsumgebung, in welcher Unternehmen um „High Potentials" konkurrieren, sind diese High Potentials nicht in erster Linie an Lebenszeitarbeitsplätzen interessiert, sondern an Entwicklung: Sie wollen sich Wechselmöglichkeiten offen lassen bzw. eröffnen und fordern daher ihrerseits das Angebot von Employability von den Unternehmen ein.

Trainee-Programme spielen in diesem Zusammenhang eine zentrale Rolle. Ihre Standardisierung nimmt ab, die Individualisierung nimmt zu. Die Ziele der firmenspezifischen Nachwuchsförderungs- und -einstiegsprogramme bestehen in Handlungskompetenzen im Sinne von Fach-, Sozial- und Methodenkompetenz. Wirtschaftsdidaktik als Forschungsrichtung, die sich mit der zielorientierten Planung, Organisation und Umsetzung curricularer Vorgaben beschäftigt, wird von Michael Schuhen für die kompetenzorientierte Gestaltung von Trainee-Programmen engagiert. Er verbindet dabei Inhalte, Materialien und Methoden unter lerntheoretischen und didaktischen Aspekten im Konzept der Lernumgebung.

Michael Schuhen verzahnt Wirtschaftsdidaktik mit betriebswirtschaftlichem Personalmanagement und erzielt dabei extrem interessante Synergieeffekte. Er arbeitet auf hohem theoretischem Niveau, ohne dabei die Anforderungen der Praxis aus den Augen zu verlieren. So entwickelt er denn auch konkrete Vorschläge zur Gestaltung und Implementierung einer Trainee-Lernumgebung. Die lerntheoretisch fundierte Wirtschaftsdidaktik stellt die Instrumente zu Verfügung, die für die Planung einer kompetenzorientierten Personalentwicklungsmaßnahme notwendig sind. Die kompetenzbezogene Sichtweise der Wirtschaftsdidaktik erweist sich dabei als tragfähig zur Erweiterung bisheriger weiterbildungsorientierter Perspektiven von Trainee-Programmen.

Insgesamt ist die von Michael Schuhen vorgelegte Untersuchung daher sowohl für eher theoretisch orientierte Wissenschaftler als auch für Personalentwickler von hoher Bedeutung, die an konkreten und theoretisch fundierten Handlungsempfehlungen interessiert sind.

Hans Jürgen Schlösser
Siegen, im Dezember 2007

Vorwort

Führungskräfte sind ein zentraler Erfolgsfaktor jeder Unternehmung. Die Planung ihrer Entwicklung ist von herausragender Bedeutung. Im Bereich der Ausbildung von Führungsnachwuchskräften sind Trainee-Programme ein zentrales personalwirtschaftliches Instrument. Ihre Qualität bestimmt die nachhaltige Führungsqualität im Unternehmen und die Innovations- und Zukunftsfähigkeit des Unternehmens insgesamt.

Trainee-Programme sollen High Potentials ansprechen. Von dieser Zielgruppe erwartet das Unternehmen in Zukunft eine hohe Leistungs- und Innovationsfähigkeit, aber auch Kreativität und Qualität, so dass es gerechtfertigt erscheint, in ihre Ausbildung bereits ab dem Zeitpunkt ihres Unternehmenseintritts zielgerichtet zu investieren.

Allerdings besteht eine erhebliche Diskrepanz zwischen der Einsicht von Unternehmen in die Wichtigkeit einer finanziellen und qualitativ-konzeptionellen Investition in betriebliche Trainee-Programme einerseits und dem tatsächlichen Ausmaß dieser Investitionen andererseits. So scheint die Unternehmenspraxis häufig der Meinung zu sein, dass das alleinige Vorhandensein eines Trainee-Programms als Marketinginstrument bereits zur Sicherung der Führungsnachwuchsförderung ausreiche. Folglich fehlen meist Anstrengungen in Richtung einer kritischen Bestandsaufnahme und Reflexion sowohl im Hinblick auf die Konzeption solcher Programme als auch im Hinblick auf ihre Eignung zur Erreichung spezifischer Unternehmensziele.

Es ist mir ein besonderes Anliegen, meinem Doktorvater Prof. Dr. Hans Jürgen Schlösser zu danken, der die Arbeit von Beginn an fachlich unterstützte, es verstand eine motivierende Atmosphäre zu schaffen und der die Freude am wissenschaftlichen Arbeiten nachhaltig förderte. Danken möchte ich auch Prof. Dr. Volker Stein, der nach dem plötzlichen Tod von Prof. Dr. Jürgen Berthel die Begutachtung meiner Dissertation übernahm und mit vielfältigen Diskussionsbeiträgen die Arbeit deutlich prägte. Mein Dank gilt des Weiteren Herrn Prof. Dr. Joachim Eigler und den Mitarbeitern am Zentrum für ökonomische Bildung an der Universität Siegen (ZöBiS), ganz besonders Frau OStR Erika Zabanoff für die Manuskriptdurchsicht und die konstruktiven Diskussionsbeiträge.

Michael Schuhen

Kirchen, im Sommer 2007

Inhaltsverzeichnis

Abbildungsverzeichnis...10

Tabellenverzeichnis 11

Abkürzungsverzeichnis 12

**A. Problemstellung, Stand der Diskussion und
Aufbau der Arbeit**...13

1. Überblick 13
2. Stand der Forschung..18
3. Ziele...22
4. Aufbau der Arbeit 22

B. Theoretische Grundlagen 25

1. Personalentwicklung als Aktionsrahmen.............................25
2. Trainee-Programme als Untersuchungsobjekt 32

    2.1 Grundsätzliche Vorüberlegungen.................................32

       2.1.1 Begriff des Trainee-Programms 32

       2.1.2 Charakteristika von Trainee-Programmen 35

       2.1.3 Positionierung von Trainee-Programmen im
       System der Personalentwicklung 37

    2.2 Konzeptionelle Aspekte von Trainee-Programmen 38

       2.2.1 Grundstrukturen...38

          2.2.1.1 Klassisch-ressortübergreifendes Trainee-
          Programm 40

          2.2.1.2 Ressortübergreifendes Trainee-Programm
          mit Fachausbildungsphase.....................42

          2.2.1.3 Individuelles und flexibles Trainee-Programm 42

          2.2.1.4 Projektorientiertes Trainee-Programm 43

          2.2.1.5 Ressortbegrenztes Trainee-Programm 44

       2.2.2 Zielkategorien...46

          2.2.2.1 Unternehmensziele.................................46

          2.2.2.2 Individualziele 51

2.2.2.3 Vereinbarkeit von Unternehmens- und
          Individualzielen 52

2.3 Methoden und Organisation der Ausbildung 53

   2.3.1 Voraussetzung und Steuerung von Trainee-
          Programmen 53

   2.3.2 Lernmethoden 55

      2.3.2.1 Lernen on-the-job 55

      2.3.2.2 Lernen off-the-job 56

      2.3.2.3 Lernen durch Projektarbeit 59

      2.3.2.4 Lernen durch Job Rotation 60

2.4 Kontrolle von Trainee-Programmen 61

2.5 Probleme bei der Durchführung und zukünftige
     Entwicklungen 63

3. Wirtschaftsdidaktik als Kompetenzbasis zur Gestaltung
   von Lernumgebungen 65

3.1 Allgemeine Didaktik 65

3.2 Wirtschaftsdidaktik 71

   3.2.1 Perspektiven und Fragestellungen der Disziplin 71

   3.2.2 Handlungskompetenz 73

3.3 Lerntheoretische Grundlagen einer Trainee-Lernumgebung 79

   3.3.1 Lernen durch Beobachtung 83

   3.3.2 Kognitive Lerntheorien 86

   3.3.3 Strukturgenetische Lerntheorie 88

   3.3.4 Konstruktivistische Lerntheorie 90

   3.3.5 Subjektwissenschaftliche Lerntheorie 94

3.4 Prinzipiengeleitete Ausrichtungen einer Trainee-
     Lernumgebung 96

   3.4.1 Handlungsorientierung 97

      3.4.1.1 Vier-Stufen-Konzept der Handlungs-
              orientierung 100

      3.4.1.2 Gestaltungsempfehlungen für eine
              handlungsorientierte Bildungsmaßnahme 103

   3.4.2 Problemorientierung 105

C. Untersuchungsrahmen 109

1. Lernvoraussetzungen 114
2. Bestimmung und Ableitung der Lernziele 115
   2.1 Lernzielformulierung 116
   2.2 Strukturierung von Lernzielen 117
   2.3 Erlernbarkeit der Lernziele 119
3. Sachanalyse 120
4. Entwurf der didaktischen und methodischen Konzeption 122
   4.1 Lernumgebung 122
   4.2 Methodische Überlegungen 124
   4.3 Transfer und Evaluation 127

D. Lernperspektive 129

1. Lernvoraussetzungen 129
2. Überlegungen zur Struktur der Lernziele im Bereich der
   Sozialkompetenzen und der Persönlichkeitsentwicklung 131
   2.1 Begriffliche Grundlegung 131
   2.2 Ein erster Ansatz zur Entwicklung von Sozialkompetenzen ... 134
   2.3 Entwicklung sozial-kommunikativer Kompetenzen 138
       2.3.1 Theoretisch-konzeptioneller Rahmen 138
       2.3.2 Grundmodell sozial-kommunikativen Handelns 139
             2.3.2.1 Agentiver Schwerpunkt 140
             2.3.2.2 Übergang von der Aktion zur Reflexion 141
             2.3.2.3 Reflexiver Schwerpunkt 142
             2.3.2.4 Übergang von der Reflexion zur Aktion 143
       2.3.3 Präzisierung von sozial-kommunikativen
             Kompetenzen 143
       2.3.4 Lernen von Sozialkompetenzen 144
   2.4 Entwicklung von Persönlichkeitsvariablen 147
       2.4.1 Persönlichkeitsmerkmale 147
       2.4.2 Persönlichkeitsmanagement und
             Persönlichkeitsentwicklung 150

2.4.2.1 Selbstständigkeit, Eigeninitiative und
Eigenverantwortung 151

2.4.2.2 Teamorientierung 152

2.4.2.3 Flexibilität 156

2.4.2.4 Generelle Persönlichkeitsentwicklung 157

2.4.3 Entwicklung von Persönlichkeitsmerkmalen 158

3. Überlegungen zur Struktur der Lernziele im Bereich der
Methodenkompetenz 160

3.1 Problemlösen 160

3.1.1 Problemlösen als Managementaufgabe 160

3.1.2 Problemlösen – eine Definition 161

3.1.3 Theorien des problemlösenden Denkens 162

3.1.3.1 Problemlösen als Informationsverarbeitung 162

3.1.3.2 Handlungstheoretischer Ansatz 163

3.1.4 Lernen von Problemlösungskompetenz 165

3.1.5 Präzisierung von Problemlösekompetenz 171

3.2 Entscheidungskompetenz und -umsetzung 172

3.2.1 Entscheiden als Managementaufgabe 172

3.2.2 Entscheidungskompetenz und -umsetzung –
eine Definition 173

3.2.2.1 Repräsentation des Problems 176

3.2.2.2 Beurteilung des Wertes von Handlungsoptionen 178

3.2.2.3 Abschätzung der Wahrscheinlichkeiten und
Beurteilung der Konsequenzen der
Handlungsoptionen 179

3.2.2.4 Wahl einer Handlungsoption und
Realisierung der Wahl..179

3.2.3 Präzisierung der Entscheidungskompetenz 180

3.2.4 Lernen von Entscheidungskompetenz 181

3.3 Anforderungen aus der Lernerperspektive für die
Gestaltung von sozial- und methodenkompetenz-
fördernden Lernumgebungen 184

4. Überlegungen zur Struktur der Lernziele im Bereich der
Fachkompetenzen 188

4.1 Diskussion der Fachkompetenzen 188

4.2 Präzisierung von Fachkompetenz 190

4.3 Anforderungen aus der Lernerperspektive an das
Lernen von Fachkompetenzen..191

5.   Überlegungen zur Struktur der Lernziele im Bereich
der Integration und Identifikationsfähigkeit 194

5.1 Unternehmenskultur und Organisationsstrukturen –
eine Definition..197

5.2 Integration in die betrieblichen Sozialstrukturen 198

5.3 Lernen in den Bereichen Unternehmenskultur,
Organisationsstrukturen und Integration.......................................200

5.4 Internationale Einsetzbarkeit 202

5.5 Präzisierung der Lernziele im Bereich internationale
Einsetzbarkeit...204

5.6 Lernen im Bereich internationale Einsetzbarkeit............................205

**E.   Lehrperspektive: Vorschläge zur Gestaltung und
Implementierung einer Trainee-Lernumgebung**.............207

1.   Anforderungen an ein Lehren innerhalb von
Trainee-Programmen..208

1.1 Lehrfunktionen während des Arbeitsprozesses 210

1.1.1 Arbeitsstrukturierung 210

1.1.2 Selbstorganisiertes Lernen gestalten.......................................212

1.1.3 Kooperatives Lernen gestalten...216

1.1.4 Aufgabenstellungen 216

1.1.5 Cognitive Apprenticeship...218

1.2 Lehrfunktionen außerhalb des Arbeitsprozesses..........................222

1.2.1 Auswahl der Traineeausbildungsstationen 222

1.2.2 Auswahl der Methoden 222

1.2.3 Kontrolle...223

1.3 Praktische Umsetzung des Lehrens 224

1.3.1 Führungskräfte der Fachabteilungen.......................................226

1.3.2 Mentoren 230

1.3.3 Paten 232

1.3.4 Mitarbeiter der Personalabteilung...234

1.3.5 Externe Personalentwicklungsdienstleister 236

1.4 Zusammenfassung und Potentialdarstellung 237

2. Unterstützen von Lernhandlungen 240

2.1 Wissensorientierte Methoden 241

  2.1.1 Kognitive Trainingsverfahren 242

    2.1.1.1 Heuristische Regeln...243

    2.1.1.2 Selbstreflexionstechniken 245

    2.1.1.3 Selbstinstruktionstechniken und Leittextmethode 246

    2.1.1.4 Multiples kognitives Training...247

  2.1.2 Stellenungebundene instruktionale Lernformen 247

    2.1.2.1 Programmierte Unterweisung...248

    2.1.2.2 Vorlesung und Seminar 249

  2.1.3 Computergestützte mediale Programme zur
Wissensvermittlung..250

    2.1.3.1 Trainingsprogramme 250

    2.1.3.2 Hypermediasysteme 250

    2.1.3.3 Onlinegestützte Methoden..251

2.2 Erfahrungs- und kompetenzorientierte Verfahren........................252

  2.2.1 Arbeitsplatzbezogene kooperative Formen des
Wissenserwerbs..254

    2.2.1.1 Aufgabenorientierter Informationsaustausch
und Lernstatt..254

    2.2.1.2 Kognitive Lehre und Vier-Stufen-Methode 255

  2.2.2 Stellengebundene handlungsorientierte Lernformen...........255

    2.2.2.1 Understudy-Arbeit 257

    2.2.2.2 Sonderaufgaben 258

    2.2.2.3 Junior Boards..259

    2.2.2.4 Projektarbeit und Training-on-the-project.....................260

  2.2.3 Stellenübergreifende handlungsorientierte
Lernformen 262

    2.2.3.1 Job Rotation 262

    2.2.3.2 Auslandsaufenthalt 264

  2.2.4 Szenariogestützte Lernformen 265

2.2.4.1 Planspiele 265

2.2.4.2 Lernbüro und Übungsfirmen...........................267

2.2.4.3 Fallstudien 268

2.3 Verhaltens- und persönlichkeitsorientierte Verfahren.................269

  2.3.1 Ansätze in problembezogenen und authentischen Kontexten 270

    2.3.1.1 Behavior Modelling...271

    2.3.1.2 Teamentwicklung 272

  2.3.2 Beratungs- und betreuungsorientierte Ansätze 272

  2.3.3 Simulationsansätze 272

    2.3.3.1 One-to-one Interview 273

    2.3.3.2 Gruppendiskussionen......................................273

    2.3.3.3 In-Basket-Übungen..274

  2.3.4 Persönlichkeitszentrierte und erlebnisorientierte Ansätze 274

    2.3.4.1 Sensitivity-Training..275

    2.3.4.2 Outdoor-Training 276

    2.3.4.3 Einführungswoche und Trainee-Treffen.....276

2.4 Zusammenfassung und Potentialdarstellung 278

  2.4.1 Wissensorientierte Methoden.....................................278

  2.4.2 Erfahrungs- und kompetenzorientierte Verfahren 284

  2.4.3 Verhaltens- und persönlichkeitsorientierte Verfahren 290

3. Implementierung einer Trainee-Lernumgebung im Unternehmen 294

Schlussbetrachtung 299

Literaturverzeichnis...305

Abbildungsverzeichnis

Abb. 1: Positionierung der Trainee-Programme innerhalb der Personalentwicklung 38

Abb. 2: Klassisch ressortübergreifendes Trainee-Programm 41

Abb. 3: Ressortübergreifendes Trainee-Programm mit Spezialisierungsphase 42

Abb. 4: Ressortbegrenztes Trainee-Programm mit Vertiefungsphase 45

Abb. 5: Elemente der Kompetenz zur Handlung 75

Abb. 6: Elemente der Handlungsfähigkeit 75

Abb. 7: Ansätze zur Veränderung der Elemente individueller Handlungsfähigkeit 86

Abb. 8: Lernmodell von Holzkamp 95

Abb. 9: Handlungsorientierung 98

Abb. 10: Vier-Stufen-Konzept der Handlungsorientierung 101

Abb. 11: Phasenmodell der Personalentwicklung 109

Abb. 12: Zusammenhang von Kompetenzbereichen und Handlungsdimensionen 119

Abb. 13: Wissenskontinuum als Strukturmodell individueller Handlungsfähigkeit 130

Abb. 14: Schritte der Bestimmung und Präzisierung von Sozialkompetenzen 135

Abb. 15: Modell zum Konstrukt ‚Sozialkompetenzen' 137

Abb. 16: Lernen von Sozialkompetenzen...............................145

Abb. 17: Charakteristika einer reifen und unreifen Person...................149

Abb. 18: Lernen von Problemlösekompetenz. 167

Abb. 19: Phasenmodell des Entscheidungsprozesses 176

Abb. 20: Grundmodell selbstregulierten Lernens...................184

Abb. 21: Dramaturgisches Prinzip 184

Abb. 22: Vier Lernbereiche vom Anfänger zum Experten 186

Abb. 23: Stufen und Bedingungen auf dem Weg vom Anfänger zum Experten..187

Abb. 24: Klassifikation von Barrieretypen 217

Tabellenverzeichnis

Tab. 1:   Übersicht zum Ausbildungsplatzangebot im Jahre 2001 39

Tab. 2:   Grundtypen der Trainee-Programme nach
            Wirtschaftszweigen 40

Tab. 3:   Ziele und Aufgaben des Trainee-Programms 47

Tab. 4:   Lernziele der Trainee-Programme 50

Tab. 5:   Ziele der Führungskräfteentwicklung 51

Tab. 6:   Lerninhalte bei off-the-job Maßnahmen für Trainees 57

Tab. 7:   Einflussfaktoren zur Unterstützung des
            Ausbildungsprogramms für Hochschulabsolventen 65

Tab. 8:   Lernziele der Trainee-Programme 148

Tab. 9:   Übersicht über die zu erwerbenden Fachkompetenzen 189

Tab. 10:   Lernziele aus dem Bereich Integration und
            Identifikationsfähigkeit 195

Tab. 11:   Zusammenfassung der Ergebnisse 239

Tab. 12:   Übersicht zu den wissensorientierten Methoden 242

Tab. 13:   Übersicht zu den erfahrungsorientierten Methoden 253

Tab. 14:   Alternativen stellengebundener Führungskräfte-
            entwicklung 256

Tab. 15:   Übersicht zu den verhaltensorientierten Methoden 270

Tab. 16:   Eignung der wissensorientierten Methoden (Teil 1) 278

Tab. 17:   Eignung der wissensorientierten Methoden (Teil 2) 280

Tab. 18:   Eignung der wissensorientierten Methoden (Teil 3) 282

Tab. 19:   Eignung der erfahrungs- und kompetenzorientierten
            Methoden (Teil 1) 284

Tab. 20:   Eignung der erfahrungs- und kompetenzorientierten
            Methoden (Teil 2) 286

Tab. 21:   Eignung der erfahrungs- und kompetenzorientierten
            Methoden (Teil 3) 288

Tab. 22:   Eignung der verhaltens- und persönlichkeitsorientierten
            Methoden (Teil 1) 290

Tab. 23:   Eignung der verhaltens- und persönlichkeitsorientierten
            Methoden (Teil 2) 292

Abkürzungsverzeichnis

Aufl.	Auflage
Bd.	Band
bspw.	beispielsweise
bzw.	beziehungsweise
d.h.	das heißt
et al.	et altera
etc.	et cetera
f.	folgende
ff.	fortfolgende
ggf.	gegebenenfalls
Hf.	Heft
Hrsg.	Herausgeber
i.d.R.	in der Regel
i.e.S.	im engeren Sinn
insb.	insbesondere
i.S.	im Sinne
Jg.	Jahrgang
o.J.	ohne Jahr
PE	Personalentwicklung
S.	Seite
s.	siehe
s.o.	siehe oben
Sp.	Spalte
u.a.	unter anderem
usw.	und so weiter
u.U.	unter Umständen
u.v.m.	und vieles mehr
vgl.	vergleiche
vol.	Volume
vs.	versus
z.B.	zum Beispiel
z.T.	zum Teil

A. Problemstellung, Stand der Diskussion und Aufbau der Arbeit

1. Überblick

In Zeiten, in denen durch den immer schnelleren technologischen Wandel, den vermehrten internationalen Wettbewerb und die Globalisierung der Märkte Wissen die früher entscheidenden Produktionsfaktoren Arbeit und Kapital ablöst, wächst die Abhängigkeit der Unternehmen vom Qualitätsniveau und der Bindungswilligkeit ihrer Mitarbeiter. Wenn darüber hinaus mit diesen veränderten Rahmenbedingungen eine Verkürzung der Produktlebenszyklen, ein Immer-ähnlicher-Werden der Produkte und ein Rückgang der Halbwertszeit des Wissens einhergeht, dann stehen die Unternehmen vor immer neuen Herausforderungen und müssen sich zunehmend rascher der diskontinuierlich wandelnden Umwelt anpassen.[1]

Gleichzeitig werden diese externen Gegebenheiten begleitet von einem Wertewandel in Arbeit und Gesellschaft[2] und von einem bestehenden Fach- und Führungskräftemangel. Beide Entwicklungen führen zu neuen Positionen im Verhältnis zwischen Unternehmen und qualifizierten Mitarbeitern.[3] Denn wenn der alte soziale Kontrakt[4] zwischen Unternehmen und qualifizierten Mitarbeitern, der als Kompensation für die Loyalität der Mitarbeiter eine lebenslange Beschäftigung vorsah, von beiden Seiten aufgekündigt wird, dann müssen neue Grundpositionen entstanden sein, die die bisherigen impliziten Vertragsbestandteile neu bewerten. Nach Scholz/Stein sind diese zwei neu entstandenen psychologischen Grundpositionen Darwinismus und Opportunismus. Unternehmen sind gezwungen, sich aufgrund des Wettbewerbs-, Innovations- und Kostendrucks zunehmend darwinistischer zu verhalten:

> „Nur wer besser ist als der Mitbewerber, überlebt, und dies gilt sowohl auf dem Markt als auch innerhalb des Unternehmens. Wer nicht eindeutige und nachgefragte Kernkompetenzen aufweisen kann, wird im Wettbewerb nicht bestehen können."[5]

Qualifizierte Mitarbeiter mit einem hohen Beitrag zur Wertschöpfung hingegen zeigen eine wachsende opportunistische Grundhaltung. Die loyale Bindung an das Unternehmen scheint vor allem für die Gruppe

---

[1] Vgl. Schwuchow (2000): 32.

[2] Vgl. Berthel (2004a); Willke (1999).

[3] Vgl. Stein (2001): 42f.

[4] Vgl. Scholz/Stein (2002): 298.

[5] Scholz/Stein (2002): 299.

der qualifizierten Wissensarbeiter, zu denen die High Potentials[6] zu rechnen sind, vorerst unattraktiv. Sie streben nach Employability, sind daran interessiert ihre berufliche Handlungsfähigkeit und ihren Marktwert zu maximieren und agieren dabei ehrgeizig und intrinsisch motiviert.

> „Opportunisten instrumentalisieren Menschen, Organisationen, Situationen, wobei sie sich selbst im Mittelpunkt sehen und diese Perzeption auch von ihrer Umgebung erwarten."[7]

Der Begriff ‚*Darwiportunismus'* beschreibt diesen neuen Ist-Zustand, in dem der individuelle Opportunismus der nutzenmaximierenden Mitarbeiter und die darwinistischen Tendenzen der Unternehmen im täglichen Wirtschaftsleben zusammentreffen.[8]

Wesentliche Voraussetzung dieses neuen Ist-Zustandes ist, dass anders als Arbeit und Kapital sich Wissen meist dem direkten Zugriff des Unternehmens entzieht, da es zu einem überwiegenden Teil personal ist und sich somit in den Köpfen der Mitarbeiter befindet. Die Kompetenzen sind ‚intangibel' i.S. von nicht transferierbar, nicht imitierbar und nicht substituierbar.[9] Dadurch wird eine neue Fragestellung aufgeworfen: Wie begegnen Unternehmen dem Dilemma, dass es trotz vieler Arbeit Suchender immer schwieriger und aufwändiger wird, Führungsnachwuchskräfte zu finden und vor allem auch zu halten, die über die im Unternehmen benötigten Schlüsselqualifikationen verfügen?

Darwiportunismus und ‚*War for Talents'*[10] spiegeln diese Misere wider, zeigen aber auch personalstrategische Weichenstellungen und konkrete Instrumente in den Bereichen Personalrekrutierung und Personalentwicklung wie auch Humankapitalbewertung[11] und Bindungsmanagement[12] auf. Vor allem High Potentials werden im Informationszeitalter zu der wichtigsten und gleichzeitig knappsten Ressource des Unternehmenserfolges. ‚War for Talents' steht somit zum einen für die wachsenden Rekrutierungsbemühungen vor allem im Bereich der Führungsnachwuchskräfte, zum anderen weist der Begriff vor dem Hintergrund des personalpolitischen Ziel der Mitarbeiterbindung auf die Bedeutung der Entwicklungsbedingungen für High Potentials im Unternehmen hin,

---

6   Vgl. Scholz (2003): 73. Zur Eingrenzung des Begriffs siehe Scholz (1999): 29f.

7   Scholz (o.J.): 2; Vgl. Stein (2001): 43.

8   Siehe Scholz (1999); Scholz/Stein (2002).

9   Vgl. Müser (1999): 59ff.

10   Vgl. Chambers/Foulon et al. (1998), Horx-Strathern (2001) und Scholz (2003a): 190.

11   Vgl. Scholz/Stein/Bechtel (2004).

12   Vgl. Berthel (2002) : 308 und Scholz (2003a): 193.

da die Wechselbereitschaft der opportunistischen Mitarbeiter wesentlich größer ist.[13]

Im Zuge der *Personalrekrutierung* müssen sich Unternehmen Gedanken machen, wie und woher sie ihr Potential an qualifizierten Arbeitskräften beziehen wollen. Personalmarketing und die Attraktivität des Unternehmens als Arbeitgeber rücken in den Fokus. Reichten noch bis weit in die 90er Jahre Ausbildungs- und Karriereprogramme, Anreizsysteme und ein interessanter Unternehmensstandort um die Attraktivität eines Unternehmens zu begründen, so äußert sich Attraktivität heute u.a. in erfolgsabhängigen Entgeltstrukturen für junge Hochschulabsolventen und in Maßnahmen der Personalentwicklung. Dazu zählen vor allem Karriereplanung, Entwicklungsperspektiven und Rahmenbedingungen wie Selbstständigkeit, Herausforderung und Verantwortung.[14] Bereits seit Mitte der 70er Jahren stellen Trainee-Programme ein zentrales Element des Personal-Marketings für High Potentials, vornehmlich im Bereich der Wirtschaftsakademiker, dar. Diese firmenspezifischen Nachwuchsförderungs- und Einstiegsprogramme sind in vielen Unternehmen ein fester Bestandteil der betrieblichen Personalentwicklung[15]; aber auch hier ist der neue Ist-Zustand allgegenwärtig. Galt lange Zeit die rein darwinistische Perspektive der Unternehmen, die Trainee-Programme als zweijähriges Assessment-Center betrachteten und nach dem Prinzip ‚survival of the fittest' ihre Führungsnachwuchskräfte ermittelten, wird aufgrund des knapper werdenden Angebots an High Potentials die opportunistische Perspektive zunehmend deutlicher: Sie äußert sich bspw. in einer Abnahme der Standardisierung und einer Zunahme der Individualisierung der Trainee-Programme. Das alleinige Angebot an Trainee-Programmen ist aus Sicht heutiger Hochschulabsolventen kein allgemeines Attraktivitätsmerkmal mehr. Vielmehr wird die Ausbildungsqualität zum wesentlichen Attraktor für Hochschulabsolventen. Die heutigen Bewerber um Traineepositionen suchen Herausforderungen, gute Entwicklungsmöglichkeiten und eigenverantwortliches Arbeiten.[16] Sie wollen praktische Erfahrungen und Managementwissen sammeln, da ihnen beides zur Erhöhung ihrer individuellen Employability fehlt.[17] Ist das Unternehmen in der Lage, den Ausbildungsansprüchen der High Potentials entgegen zu kommen und entsprechende Lernwelten zu schaffen, so erhöht dies aus Sicht der Bewerber die Attraktivität des Unterneh-

---

13 Vgl. auch die Hewitt-Studie „1st European HR-Barometer 2005/06".

14 Vgl. Scholz (2003a): 194.

15 Vgl. Ferring/Staufenbiel (1989): 223; Thom/Friedli/Kuonen (2002a): 725.

16 Vgl. Chambers/Foulon et al. (1998) : 45.

17 Das Konzept der Employability ist allerdings ambivalent, da es Kosten verursacht und zudem die Austrittswahrscheinlichkeit der Mitarbeiter erhöht. Vgl. Scholz (2003a): 207.

mens. Folglich müssen die bestehenden Trainee-Programme im Hinblick auf die angebotene Ausbildungsqualität einer kritischen Reflexion unterzogen werden.[18]

Unter dem Gesichtspunkt der *Personalentwicklung* und *Bildung eines Führungskräftenachwuchspools* ist die darwinistische Perspektive der Unternehmen zu betrachten. Trainee-Programme gelten als ein erfolgsversprechendes Instrument der Personalentwicklung im Führungsnachwuchskräftebereich, vor allem vor dem Hintergrund, dass der Fremdbezug von Führungskräften keinerlei Garantie bietet, dass der neue Mitarbeiter über die gewünschten Qualifikationen und Eigenschaften verfügt. Folglich ist zu reflektieren, ob die Traineeausbildung ein von Führungskräften erwartetes Management komplexer Aufgaben ermöglicht, so dass die Unternehmen gerne auf den internen, selbst ausgebildeten und im Unternehmen sozialisierten Nachwuchspool zurückgreifen.[19] In diesem Fall rückt die Qualifikations- und Kompetenzentwicklung der Nachwuchsführungskräfte in den Mittelpunkt der Betrachtung.[20] Es ist zu diskutieren, ob nicht die steigenden Bildungskosten und die fehlende Anwendungsorientierung der Ausbildung eine Reform des traditionellen Lehr-Lernarrangements verlangt.[21]

Bisher eher vernachlässigt wird auf Seiten der Unternehmen das Thema *Personalbindung*. Zwar bilden Trainee-Programme häufig die Grundlage für eine erfolgreiche Führungskarriere im betreffenden Unternehmen[22], da aber vor allem qualifizierte Mitarbeiter wie die Trainees ihrer Berufsentscheidung heute vielfältigere und andere Kriterien zugrunde legen als in der Vergangenheit, gewinnt die Frage nach der Bindungswilligkeit für die Unternehmen an Brisanz. Wenn der Trainee plötzlich nach der Beendigung des Programms das Unternehmen verlässt, könnte es daran liegen, dass das programmanbietende Unternehmen den impliziten Vertrag mit seinem Mitarbeiter gebrochen hat. Bestimmt nämlich die Entwicklungsfähigkeit i.S. einer Employability die Arbeitsplatzwahl der Ausbildungsteilnehmer, so bedeutet dies für die Unternehmen, dass weniger die Arbeitsplatzsicherheit als vielmehr die Arbeitsmarktfähigkeit für die Berufseinsteiger[23] angeboten werden müssen. Trainees er-

---

[18] Das in den letzten Jahren diskutierte Talent-Management deutet ebenfalls auf eine darwiportunistische Zeit im Personalmanagement hin.

[19] Vgl. Thom (1987): 218 ; Ferring/Thom (1981): 22; Hardwig (2004): 13 und McCall (1996): 44.

[20] Vgl. Sattelberger (1996): 21 und die Ergebnisse der Hewitt-Studie (2006) zur Bedeutung der Nachwuchsförderung.

[21] Vgl. Becker, M. (2002): 139.

[22] Vgl. Thom/Friedli/Kuonen (2002): 1.

[23] Vgl. Thom/Friedli/Kuonen (2002a): 725.

warten von ihren Ausbildungsunternehmen, dass diese sie bestmöglich dabei unterstützen, marktfähig zu werden. Weist das Programm Wirksamkeitsdefizite auf, führt dies zu Glaubwürdigkeitseinbußen[24]: Warum sollte sich ein Trainee seinem Unternehmen gegenüber loyal verhalten, wenn dieses sich gegenüber ihm nicht loyal verhält?[25] Bindung und Loyalität basieren wesentlich auf Zufriedenheit. Sofern also die angebotenen Trainee-Programme den Eindruck einer zumindest mittelfristigen Karriereunterstützung machen, sind sie für die heutigen High Potentials hoch interessant und zufrieden stellend.[26]

Die opportunistischen Tendenzen der Trainees und die darwinistischen Tendenzen der Unternehmen können, wenn die Rahmenbedingungen folgerichtig gestaltet werden, zu einer beiderseitigen win-win-Situation führen, einer Situation, die Scholz/Stein (2003a) als ,Darwiportunismus pur', als eine neue Ehrlichkeit in der Beziehung zwischen Unternehmen und Mitarbeiter bezeichnen. Beiden Akteuren ist bewusst,

> „dass sie primär ihren eigenen Nutzen verfolgen, aber den Partner dazu benötigen"[27].

Trainee-Programme bieten sich für die Umsetzung dieser neuen Sichtweise im Personal-Management aus mehreren Gründen an, da einerseits die Unternehmen wie auch die Trainees ein hohes Interesse an der Verwirklichung ihrer Ziele haben und andererseits diese Programme Gestaltungsspielräume bieten, da weder Aufbau und Durchführung von Trainee-Programmen gesetzlich reglementiert sind, noch standardisierte Ausbildungsbilder und Prüfungsordnungen existieren.

Die in vielen Studien über mehrere Jahre hinweg erhobenen Ziele von Trainee-Programmen zeigen eine starke Tendenz zur Ausbildung von Handlungskompetenzen i.S. von Fach-, Sozial- und Methodenkompetenz. Allerdings zeigt die Analyse, dass die Grenzen organisierte Aus- und Weiterbildung für den Erwerb „ganzheitlicher Handlungskompetenz"[28] und die Vermittlung des notwendigen Wissens an dieser Stelle besonders deutlich werden. Es ergeben sich neue Anforderungen an die Planung und Organisation von Trainee-Programmen, so dass das auch unter Produktivitätsgesichtspunkten interessante arbeitsplatznahe Lernen an Bedeutung gewinnt.

Die Wirtschaftsdidaktik, als eine Forschungsrichtung, die sich vornehmlich mit der zielorientierten Planung, Organisation und Umsetzung cur-

---

[24] Vgl. Berthel (2002): 309.

[25] Vgl. Scholz/Stein (2002): S. 299

[26] Vgl. Scholz (o.J.): 3.

[27] Scholz (2003a): 91.

[28] Vgl. Kuratorium der Arbeitsgemeinschaft QUEM (1996): 407.

ricularer Vorgaben beschäftigt, verfügt über erprobte Planungskonzepte und methodisches Wissen, um eine argumentative Basis für eine ziel- und kompetenzorientierte Gestaltung eines Trainee-Programms im beiderseitigen Interesse zu entwerfen. Sie greift hierzu auf das Konzept der Lernumgebung zurück. Dieses verknüpft Inhalte, Materialien und Methoden unter lerntheoretischen und didaktischen Aspekten miteinander.[29]

2. Stand der Forschung

Die Gestaltung einer Trainee-Lernumgebung aus wirtschaftsdidaktischer Sicht ist bisher nicht Gegenstand einer näheren Betrachtung gewesen. Bei einer differenzierten Literaturanalyse ergibt sich folgendes Bild:

Die wissenschaftliche Auseinandersetzung mit Fragen der Personalentwicklung[30] konzentriert sich im Bereich der Betriebswirtschaftslehre auf die Diskussion zur lernenden Organisation sowie zu einer stärkeren Strategieorientierung und einer begründeteren methodischen Absicherung von Personalentwicklungsmaßnahmen.[31] Gerade dieser praktisch-instrumentelle Zugang zum Thema Personalentwicklung bedarf allerdings der Klarstellung und Begründung von Herkunft und Wirkung der eingesetzten PE-Instrumente, was häufig jedoch vernachlässigt wird.[32] Viermehr beschränkt sich die betriebswirtschaftliche Literatur auf eine aufzählende Darstellung der Instrumente. Eine Aufarbeitung aus psychologischer Sicht erfolgte erst in den letzten Jahren[33], wobei der Schwerpunkt – auch bedingt durch die amerikanische Tradition der Trainings-

---

29 Vgl. Reinmann-Rothmeier/Mandl (1998). Eine Charakterisierung und Spezifizierung des Lernumgebungsbegriffes findet sich in Abschnitt B, Kapitel 3.3. und 3.4 sowie im Abschnitt C, Kapitel 4.1.

30 Der Stand der Auseinandersetzung findet sich bei Becker, M. (2004), (2005) und (2005a); Bröckermann (2003); Bröckermann/Müller-Vorbrüggen (2006); Mudra (2004); Berthel/Becker, F.G. (2003) und Neuberger (1994). Wesentliche Beiträge zur Diskussion liefern allerdings die Nachbardisziplinen Psychologie und Wirtschaftspädagogik. Vgl. Sonntag (1999), (2004); Sonntag/Schaper (2006), Sonntag/Stegmaier (2006), Küng (1999) und die Veröffentlichungen des Forscherkreises Qualifikations-Entwicklungs-Management (QUEM), bspw. Bergmann (1996); Erpenbeck/Heyse (1999) und Arnold, R. (1997), (1998). Eine kritische Auseinandersetzung mit der Begriffsbestimmung und ein Überblick über verschiedene Definitionen von Personalentwicklung finden sich bei Neuberger (1994): 1ff; Becker, M. (2005): 5; Günther (2001): 12f und Küng (1999): 14f u.a..

31 Einen ausführlichen Überblick bietet Becker, M. (2005): 567ff an.

32 Vgl. Faulstich (1998): 7; Oechsler/Strohmeier (1993): 75 und Pawlowsky (1999): 97ff.

33 Vgl. Sonntag (1999); Sonntag/Schaper (1988) und (1999); Sonntag (2002).

forschung[34] – auf dem Gebiet des individuellen Lernens liegt. Wie der Psychologe Sonntag[35], aber auch Berthel/Becker konstatieren, liegen für die einzelnen PE-Planungsphasen[36] zahlreiche Instrumente, Methoden und Techniken vor, aber es existiert

> „kein Set von Instrumenten, für dessen Auswahl ein hinreichend begründetes theoretisches Fundament zur Verfügung steht und das daher unschwer operational einsetzbar wäre"[37].

Auf diese Forschungslücke hat bereits Conradi in den 1980er Jahren aufmerksam gemacht, als er ausführte:

> „Während ausführliche Beschreibungen von Aus- und Weiterbildungsmethoden zahlreich vorhanden sind, gibt es vergleichsweise wenige systematische Untersuchungen und gesicherte Erkenntnisse über die Eignung verschiedener Methoden im Hinblick auf das Erreichen eines Lernerfolgs oder die Effektivität der Methoden (als Verhältnis von Lernerfolg zu Aufwand an Zeit und Kosten)."[38]

Und so kann auch nach mehr als 20 Jahren seit der Veröffentlichung der Literatur-Analyse zum Thema Management-Training der Aussage von Fisch und Fiala zugestimmt werden, dass nur wenige Arbeiten ein komplettes Trainingsprogramm berücksichtigen und abgeleitet aus den Lernzielen Gestaltungsvorschläge für eine didaktisch-methodische Umsetzung geben.[39]

Bezieht man ferner in die Betrachtung die bereits angesprochene Diskussion um die Grenzen organisierter Aus- und Weiterbildung bei der Vermittlung des notwendigen Wissens für die Bewältigung des Strukturwandels[40] und für den Erwerb ganzheitlicher Handlungskompetenz[41] ein, so werden neue Anforderungen an die Planung und Organisation

---

[34] Hier sei nur auf verschiedene Review-Artikel verwiesen, die den Stand der Trainingsforschung zusammenfassen: Latham (1988); Tannenbaum/Yukl (1992); Salas/Cannon-Bowers (2001) für das gesamte Aufgabenfeld; Burke/Day (1986) und Baldwin/Padgett (1993) für die Effektivität von Management-Training, sowie Baldwin/Ford (1988) für den Trainingstransfer.

[35] Sonntag (1999): 24.

[36] Siehe die Darstellung des Phasenmodells der Personalentwicklung in Abschnitt C.

[37] Berthel/Becker, F.G. (2003): 280.

[38] Conradi (1983): 95.

[39] Vgl. Fisch/Fiala (1984): 194.

[40] Vgl. Staudt/Kriegesmann (1999).

[41] Mehrere Diskussionsstränge zur ‚erweiterten Qualifizierung', zu ‚Schlüsselqualifikationen' und ‚Handlungskompetenzen' wurden zusammengetragen und führten zu einer Tendenz der Verdrängung des Qualifikationsbegriffs. Vgl. Münch (1995): 11; Sonntag/Schaper (1999): 211; Ertl/Sloane (2005): 7.

von Personalentwicklungsmaßnahmen, insbesondere auch von Trainee-Programmen, gestellt.[42] Denn will man den Wissenserwerb und die Kompetenzentwicklung seiner Mitarbeiter nicht dem Zufall überlassen, sondern sie im Rahmen eines Personalentwicklungsmanagements möglichst rational und effizient steuern, so muss ein hinreichend begründetes theoretisches Fundament zur Verfügung gestellt werden, das Argumentations- und Entscheidungshilfen für die Bildungsplanung liefert. Dieses Fundament bieten neuartige Denkanstöße in den Bereichen des Reflektierens[43] und der ‚kombinierten Lernorte‘[44], die im Rahmen der Diskussion um eine kompetenzorientierte Wende[45] in der Weiterbildung eine Neuausrichtung der Personalentwicklung fordern.[46] Der Begriff ‚Kompetenzentwicklung‘ soll hierbei signalisieren, dass es sich um keine klassische Weiterbildung mehr handelt, sondern dass Lernen und Arbeiten integriert werden.[47]

Anknüpfungspunkte für einen Diskurs mit der betriebswirtschaftlichen Sicht der Personalentwicklung bietet die Betriebs- und Wirtschaftspädagogik.[48] Dies zeigen Arbeiten von Aschenbrücker (1991) und Dittmar (2001), die auf theoretischer Ebene versuchen Wirtschaftspädagogik und Personalentwicklung miteinander zu verbinden. Diettrich (2000) untersucht den Kleinbetrieb als lernende Organisation auf der Grundlage wirtschaftspädagogischer Erkenntnisse. Arnold (1995a) und Pätzold (2001) stellen neue Methoden betrieblicher Bildungsarbeit vor und Trummer (2001) arbeitet die Betriebspädagogik als generische Managementfunktion heraus. Die didaktische Expertise für eine pädagogische Arbeit im Betrieb wird aber bisher zu einem großen Teil nur gefordert und nicht praxisnah umgesetzt. Einzig die Forschungsarbeiten des Arbeitskreises Qualifikations-Entwicklungs-Management (QUEM) versuchen diese Lücke zu schließen.

Zum Themengebiet ‚Trainee-Programme‘ sind bisher nur vereinzelte Monographien, dafür aber mehrere Forschungsberichte, Beiträge in Sammelwerken und vor allem Veröffentlichungen in Fachzeitschriften erschienen.

---

[42] Vgl. Häring/Kajüter (2000), die eine Lernperspektive in der Management-Weiterbildung fordern.

[43] Vgl. Elsholz (2002) und die in dieser Arbeit entwickelten Konzepte im Abschnitt D.

[44] Vgl. Dehnbostel (1998, 2001) und Arnold, R. (1997): 268ff.

[45] Vgl. Arnold, R. (1998): 496.

[46] Staudt/Kriegesmann (1999) sprechen vom ‚Mythos Weiterbildung‘.

[47] Vgl. Vonken (2001): 513.

[48] Vgl. Sloane (2004): 583f.

Die geringe Anzahl an Monographien mag auf die begrenzte Anzahl der Traineeausbildungsplatzangebote und die aus betriebswirtschaftlicher Sicht eher wenigen originären betriebswirtschaftlichen Themen zurückzuführen sein. Auch waren die Veränderungen und Neuerungen in den letzten Jahrzehnten aus betriebswirtschaftlicher Perspektive nicht so evident, als dass sie die Diskussion neu angestoßen hätten. Erst Ende der 90er Jahre entstand durch das Phänomen des Darwiportunismus eine Notwendigkeit, Personalrekrutierung, Personalentwicklung und Personalbindung im Bereich der Wissensarbeiter neu zu überdenken. Eine mögliche opportunistische Position des Trainees stellt neue Anforderungen an die Planung und Gestaltung dieser Programme, die sich von den bisherigen Konzepten der Personalentwicklung im Bereich des arbeitsnahen Lernens abgrenzen.

Unter den bisher publizierten Monographien zum Themengebiet Trainee-Programme ist auf die Publikation von Staude (1978) hinzuweisen, der die Kontrolle von Trainee-Programmen anhand der didaktischen Strukturelemente analysierte. Thom (1987) und Thom/Giesen (1998) stellen – wie sie selbst schreiben – grundlegende Betrachtungen über die didaktische Struktur von Trainee-Programmen an, wobei hier besser von einer Systematisierung möglicher Gestaltungselemente von Trainee-Programmen gesprochen werden sollte. Gulden (1996) evaluiert in seiner Dissertation Trainee-Programme als Alternative zur klassischen Form des Berufseinstiegs und stützt sich hierbei auf eine Betrachtung aus Firmen- und Studentensicht. Eine erste, auf der Basis einer Fallstudie entstandene, empirische Forschungsarbeit über den Kern einer didaktischen Struktur von Trainee-Programmen stellt die Dissertation von Cordes (2000) dar. Allerdings nimmt der Verfasser ausschließlich eine betriebswirtschaftliche Sicht ein, ohne zentrale didaktische Erkenntnismethoden einzubeziehen.

Viele dieser Arbeiten stützen sich auf die Breitenstudien über Trainee-Programme in Deutschland und der Schweiz, die mittlerweile seit Jahrzehnten von Thom und dem IBA-Institut, häufig in Form von Dissertationen und Lizenziatsarbeiten, vorgenommen werden.[49] Ebenfalls zur Systematisierung und Erfassung von Trainee-Programmen beigetragen haben die Arbeiten von Konegen-Grenier[50] (1989/1994/2001) und von Staufenbiel (1991ff).

---

[49] Vgl. die Untersuchungen für Deutschland von Thom/Ferring (1982), Thom/Meyer-Riedt (1990), Thom/Schmiedeknecht (1994) und Thom/Friedli/Kuonen (2002). Entsprechende Erhebungen haben Thom et al. auch für die Schweiz erstellt, siehe bspw. Thom/Friedli/Zimmermann (2002).

[50] Für das Institut der deutschen Wirtschaft Köln.

3. Ziele

Aufbauend auf die bereits einleitend formulierte Ausgangssituation, dass erstens qualifiziertes und kompetentes Personal erforderlich ist, um eine lernende und daher wettbewerbsfähige Unternehmung zu schaffen und, dass zweitens punktuelle und reaktive Formen der betrieblichen Weiterbildung nicht geeignet erscheinen Kompetenzentwicklungsprozesse zu unterstützten, liegt der Fokus dieser Arbeit auf der Förderung von Kompetenzentwicklungsprozessen bei Trainees. Dabei sollen die einleitend formulierten darwiportunistischen Tendenzen Berücksichtigung finden.

Ausgehend von der Frage wie auf der Basis der für Trainee-Programme erhobenen Lehr- und Lernziele aus wirtschaftsdidaktischer Sicht Lern- und Kompetenzentwicklungsprozesse gestaltet werden können, ergeben sich folgende weitere Fragestellungen:

- Wie lassen sich Lern- und Kompetenzentwicklungsprozesse planen?
- Welche Instrumente, Methoden, Medien und Strukturen stehen zur Verfügung, um solche Entwicklungsprozesse innerhalb eines Trainee-Programms zu initiieren und zu realisieren?
- Wie lassen sich die in den Trainee-Programmen intendierten Lern- und Kompetenzentwicklungsprozesse im Unternehmen implementieren?

4. Aufbau der Arbeit

Die Arbeit gliedert sich in fünf Oberkapitel. *Kapitel A* ist der Problemstellung und dem Stand der Forschung vorbehalten.

Im nachfolgenden *Kapitel B* werden die theoretischen Grundlagen in den Bereichen Personalentwicklung, Trainee-Programme und Wirtschaftsdidaktik gelegt. Die Bestimmung des in dieser Arbeit zugrunde gelegten Verständnisses von Personalentwicklung bildet den Aktionsrahmen, da sich diese grundlegenden Annahmen in den Gestaltungsempfehlungen für ein kompetenzorientiertes Trainee-Programm widerspiegeln. Die existierenden Trainee-Programme geben die Rahmenbedingungen vor, die in die Planung und Gestaltung einer Trainee-Lernumgebung einfließen werden. Diese Diskussion erhält durch den Einbezug der Wirtschaftsdidaktik eine erweiterte Kompetenzbasis. Wirtschaftsdidaktische Theorien und Modelle werden vorgestellt und auf ihren Beitrag zur Planung und Gestaltung einer Trainee-Lernumgebung reflektiert.

In *Kapitel C* wird der Untersuchungsrahmen dargestellt. Hier wird auf den aus der Betriebswirtschaftslehre stammenden Planungsaufbau für

PE-Maßnahmen[51] zurückgegriffen, der um die in Kapitel B gelegten theoretischen Grundlagen erweitert wird.

In *Kapitel D* wird das erweiterte Planungskonzept auf klassisch-ressort-übergreifende Trainee-Programme angewendet. Dazu wird eine Analyse der Trainee-Programmziele vorgenommen. Dieses Kapitel nimmt die Sichtweise der lernenden Trainees ein.

Hieran schließt sich die Lehr- und Gestaltungssicht an. In *Kapitel E* werden Handlungsvorschläge für die Gestaltung einer Trainee-Lernumgebung erarbeitet und Hinweise auf eine Implementierung einer Trainee-Lernumgebung in ein Unternehmen gegeben.

---

[51] Vgl. Sonntag (1999): 21.

B. Theoretische Grundlagen

1. Personalentwicklung als Aktionsrahmen

Trainee-Programme stellen eine Möglichkeit der Personalbeschaffung dar und können als Querschnittsfunktion zum Personalmarketing (Hochschulmarketing) aufgefasst werden. Sie sind in der Regel eingebunden in ein umfassendes Personalentwicklungssystem und werden innerhalb der Personalentwicklung der berufsvorbereitenden Personalentwicklung bzw. der beruflichen Ausbildung zugeordnet.[52]

Praxisorientierte Forschungs- und Handlungsgebiete wie die Didaktik und die Personalentwicklung greifen gerne auf subjektive Theorien zurück; auf ein Wissen das durch persönliche Erfahrung und praktische Belehrung aufgebaut wurde. Subjektive Theorien entstehen unbewusst oder subbewusst, werden aber durch den Praktiker internalisiert, wodurch sie für sein Handeln handlungsleitend sind,

> „ohne dass sie dabei stets und ständig als solche im Bewusstsein gehalten werden müssen"[53].

Jede Personalentwicklungsmaßnahme beruht auf solchen impliziten Annahmen und Prinzipien, die handlungsleitend die Planung, Gestaltung und Entwicklung beeinflussen.[54] Zur kritischen Reflexion und somit auch zur Lösung von inhärenten Problemen innerhalb der Personalentwicklung ist es deshalb notwendig, auf implizite, oft versteckte Theoriegehalte in der Planungsphase einzugehen. Deshalb werden die grundlegenden theoretischen Annahmen, die die Ziele, die Ausrichtung, die Gestaltung und den eigentlichen Entwicklungsbegriff betreffen, an dieser Stelle herausgearbeitet.

Ziel der Personalentwicklung ist es, auf das Qualifikationspotential der Mitarbeiter des Unternehmens einzuwirken, um mit Hilfe einer individuellen Aktivierung der Mitarbeiter das potentiell realisierbare Arbeits-

---

[52] Vgl. Thom (1987): 243; Becker, F.G. (2002): 548.

[53] Beck/Krapp (2001): 54. Für die Personalentwicklung bestätigen Oechsler und Strohmeier (1993: 79) diese Aussage. Die Annahme, dass Ansätze ohne eine explizite theoretische Basis folglich jegliche Theoriegehalte entbehren, wäre jedoch zu kurzsichtig, da es sich meist nur um einen Mangel an explizitem Theoriebezug handelt, dem eine Fülle impliziter Theoriegehalte gegenübersteht.

[54] Dies führt auch dazu, dass eine einheitliche Begriffsauslegung in der Literatur nicht vorzufinden ist. Vgl. Berthel/Becker, F.G. (2003): 261; Neuberger (1994): 3ff; Drumm (2005): 400; Becker, M. (2005): 2. Innerhalb des Personalwesens zeichnet sich der Bereich der Personalentwicklung heute durch seine Interdisziplinarität aus, die ohne Bezugnahme auf Grund- und Hilfswissenschaften und deren theoretische Grundlagen nicht bestehen könnte. Siehe hierzu Becker, M. (2005): 22f.

vermögen zu entfalten.[55] Personalentwicklung wird dabei als eine Summe von Tätigkeiten verstanden, die die Qualifikation der Mitarbeiter des Unternehmens verbessert und somit zu Veränderungen (z.B. von Werthaltungen) anregt.[56]

Durch die in der Literatur meist vorgenommene *Ausrichtung auf die Mitarbeiter* soll Personalentwicklung von der Organisationsentwicklung abgegrenzt werden, da Organisationsentwicklung zusätzlich zur personellen Seite auch die strukturelle Seite des Arbeitsvollzuges umfasst. Der Begriff beschreibt einen langfristigen Lern- und Entwicklungsprozess, der systematisch und zielorientiert die organisatorischen Strukturen und Prozesse sowie das Verhalten der Mitarbeiter auf der Basis eines gemeinsamen Lernprozesses verändern will.[57]

Neuberger versucht seinerseits die strukturelle und personelle Seite unter den Begriff ‚Personalentwicklung' zu integrieren, da für ihn jede Maßnahme im Betrieb – gewollt oder ungewollt – Personalentwicklung darstellt und Personalentwicklung deshalb automatisch in andere Bereiche eingebunden ist.[58] Hierzu weitet er das Bezugsobjekt ‚Personal' aus. Es ist für ihn ein „Kollektivsubjekt"[59], das eine Mikro-, eine Meso- und eine Makroebene enthält. D.h. Neubergers Ansatz bezieht sich erstens auf das Individuum, und dementsprechend richten sich Personalentwicklungsmaßnahmen an den Trainee (personal). Als zweites betrachtet er die Gruppe. Personalentwicklung blickt folglich auf die Zusammenarbeit und auf die Beziehungen zwischen Individuen und/oder Gruppen (interpersonal/gruppal) und versucht diese zu fördern. Die Makroebene, als dritte Ebene, umfasst die Gesamtheit der Gruppen. Personalentwicklung wirkt hier auf Strukturen und Instrumente der Organisation, bzw. auf die Organisation selbst ein (apersonal/organisational). Diese von Neuberger vorgeschlagene weite Auslegung des Personalentwicklungsverständnisses vertritt auch M. Becker. Nach ihm sollen durch den Einsatz von verhaltens- und organisationswissenschaftlichen Erkenntnissen und Methoden die Personen und Strukturen einer Organisation gleichermaßen zielfördernd beeinflusst werden.[60] Das in dieser Arbeit zugrunde gelegte Verständnis von Personalentwicklung bezieht die von Neuberger in die Diskussion eingebrachte dritte Ebene nicht mit

---

[55] Vgl. Neuberger (1994): 3.

[56] Vgl. Ridder (1999): 206; Marr/Stitzel (1979), Balzereit (1980): 13; Conradi (1983): 3; Drumm (2005): 400; Mentzel (1997): 15; Scholz (2000): 505 und Staehle (1999): 872f.

[57] Vgl. Becker, F.G. (2002): 388 und Wimmer (2004): 1306f.

[58] Vgl. Neuberger (1994): 12f.

[59] Küng (1999): 12. Vgl. dazu auch Neuberger (1994): 8.

[60] Vgl. Becker, M. (2005): 3f und Dal Zotto (2001): 34.

ein. Vielmehr wird ein arbeits- und organisationsbezogener Ansatz gewählt, der die traditionelle, eindimensionale[61], auf das Individuum Mitarbeiter bezogene Sicht der Personalentwicklung durch den Einbezug konstruktivistischer Ideen erweitert. Nach dem konstruktivistischen Paradigma treten Gestaltungsaspekte i.S. der *Gestaltung einer Lernumgebung* neben den eigentlichen Qualifizierungsprozess.[62] Dies bedeutet, dass bei der Initiierung von Lern- und Entwicklungsprozessen die Personen und ihre konkreten sozialen Beziehungsnetze und ihre Einbindung in die Prozesse der Organisation einbezogen werden.[63] Das Lehr-Lernverhältnis und eine auf die Bildungssituation des Mitarbeiters verengte Perspektive werden ausgeweitet zugunsten von Strukturen, die sowohl als Bedingungen wie auch als Folgen von Interaktion und Lernen betrachtet werden. Der apersonale Hintergrund gibt die Gestaltungsvariablen wie Unternehmens- und Lernkultur vor und die Organisation fungiert als rahmensetzende Ordnung[64]. Dadurch nimmt der Einfluss auf die Gestaltungsmöglichkeiten und auf die Initiierung sowie auf die Förderung von Lernprozessen zu. Bei diesem, sich der Organisationsentwicklung annähernden Ansatz, werden allerdings die eigentlichen Grundelemente der Organisationsentwicklung[65] nicht herangezogen, da individuelle Lernprozesse beeinflusst werden sollen.

Personalentwicklung als eine Teilfunktion des Personal-Managements unterliegt der dort vorzufindenden *Zielorientierung*. Dies impliziert, dass zum einen die Personalentwicklung darauf zu achten hat, dass arbeitsplatzbezogene Anforderungen und personengebundene Qualifikationen übereinstimmen und dass die Qualifikationen der Mitarbeiter

---

[61] Vgl. Küng (1999): 21. Die klassische Auffassung setzt Personalentwicklung mit dem individuenbezogenen Ansatz gleich. Er steht in der angelsächsischen Tradition, die Personalentwicklung enger ausgelegt und auf den Aspekt der expliziten Qualifizierungsmaßnahme beschränkt. Die bildungsbezogenen Elemente werden in diesem Ansatz betont. Die Ausrichtung auf eine enge, einseitige Bildungsorientierung stellt heute eine Mindermeinung dar. Vgl. Thom (1987): 8ff und 15 und Conrad (2001): 574.

[62] Vgl. Reinmann-Rothmeier/Mandl (2001).

[63] Vgl. Sattelberger (1996): 30ff.

[64] i.S. von Hierarchie, Formalisierung und Standardisierung, Struktur, aber auch von Interessen, Ideologien, Kultur und Politik.

[65] Dazu gehören: die Bearbeitung der Struktur einer Organisation und des Verhaltens der Organisationsmitglieder; die Unterstützung und Begleitung von Veränderungen mit dem Ziel die Lernfähigkeit der Organisation zu erhöhen; die Interaktivität im Prozessablauf, d.h. alle sind Betroffene und Beteiligte zugleich; die Begleitung durch externe Berater und die Mitverantwortlichkeit für den Prozess, d.h. durch ihre aktive Mitarbeit verändern die Mitglieder die Kultur der Organisation.

zielgerichtet beeinflusst und Handlungsspielräume eröffnet werden.[66] Hauptaufgabe und Gestaltungsziel ist somit die nachhaltige und langfristige Sicherung der Leistungs- und Anpassungsfähigkeit der Unternehmung. Zum anderen ist damit auch die Zielorientierung in der Gestaltung der Maßnahme gemeint, da durch sie sichergestellt wird, dass die angestrebten Qualifikationen resp. Handlungskompetenzen[67] erreicht werden.[68]

Ersteren Aspekt aufgreifend ist die Frage nach der Gewichtung von Unternehmens- und Mitarbeiterzielen zu problematisieren, eine Frage, die auch in der Literatur durchaus kontrovers diskutiert wird und vor dem Hintergrund darwiportunistischer Tendenzen noch eingehender zu diskutieren ist.[69] Während einerseits ein problemloser gemeinsamer Zielausgleich möglich erscheint, wird vielfach konstatiert, dass nur insoweit Mitarbeiterziele Berücksichtigung finden, wie sie den Unternehmenszielen nicht entgegenstehen.[70] In der theoretischen Diskussion wird ein *partizipatives Vorgehen* zwischen Mitarbeiter und Organisation bei der Bestimmung der Entwicklungsziele vorgeschlagen.[71] Dem liegen die Erkenntnisse des Leistungsdeterminantenkonzeptes[72] zugrunde, das dem ‚Wollen' eine ebenso große Bedeutung zuweist wie dem ‚Können'.[73] Besonders unter dem Gesichtspunkt, dass Personalentwicklungsmaßnahmen häufig auf Verhaltensänderungen abzielen, gewinnt die gemeinsame – von Personalabteilung und Mitarbeitern – durchgeführte Bildungsplanung unter Motivations- und Akzeptanzaspekten eine besondere Bedeutung.[74] Nur wenn die Nutzenkalküle der Akteure jeweils zufrieden

---

[66] Vgl. Hungenberg (1990): 29.

[67] Zu den Begriffen siehe Abschnitt B Kapitel 3.2.2.

[68] Vgl. Becker, M. (2005): 3; ebenso Drumm (2005): 381 und Scholz (2000): 505f, die darauf hinweisen, dass das Entwicklungsvolumen nicht nur von Fähigkeitslücke und Entwicklungspotential des Mitarbeiters abhängt, sondern die bereitstehenden Unternehmensressourcen und die globale Entwicklungsstrategie mitausschlaggebend für eine erfolgreiche Personalentwicklung sind.

[69] Vgl. Conrad (2001): 575. Mögliche Zielbündel haben Berthel/Becker, F.G. (2003: 268ff) und Staehle (1999: 875) aufgelistet.

[70] So sehen Berthel/Becker, F.G. (2003: 261) Unternehmensziele und Mitarbeiterziele auf einer Ebene, wohingegen Drumm (2005: 400), Neuberger (1994: 3 und 302) und Mentzel (1997: 15) den Unternehmenszielen eine größere Bedeutung zusprechen.

[71] Vgl. Flohr/Niederfeichtner (1982): 14; Berthel/Becker, F.G. (2003): 261; Drumm (2005): 400; Conradi (1983): 3.

[72] Vgl. Berthel/Becker, F.G. (2003): 39.

[73] Aus didaktischer Sicht siehe Faulstich (1998): 129f.

[74] Vgl. Tannenbaum/Yukl (1992): 418; Klimecki/Gmür (1998): 201 und die Erkenntnisse der Didaktik in Euler/Hahn (2004): 108.

stellend ausfallen, ist Akzeptanz und damit einhergehend Motivation zu erwarten.

Der zweite Aspekt der Zielorientierung betrifft die Gestaltung, also die zielorientierte Planung von Inhalt, Ablauf und Umgebung der Personalentwicklungsmaßnahme und thematisiert somit das Entwicklungsverständnis von Personalentwicklung.

Das Entwicklungsverständnis ist in der Literatur äußerst heterogen, was u.a. an der Mehrdeutigkeit des Begriffes ‚Entwicklung' und der damit verbundenen Frage, wie denn das Ergebnis des Entwicklungsprozesses zustande kommt, liegen mag. Die Definitionen bieten i.d.R. keinen expliziten Hinweis auf das ihnen zugrunde liegende *Entwicklungsverständnis* an.[75] Berthel/Becker fordern für die Entwicklung der Mitarbeiter eine

> „Ordnung und Kombination der verschiedenen Maßnahmen nach Maßgabe eines geschlossenen ziel- und problemorientierten Konzeptes"[76].

Einige Autoren verstehen Entwicklung als

> „systematische, rationale, konsequent zielbezogene, absichtliche Gestaltung individueller Handlungskompetenzen"[77].

Dies äußert sich in einem betrieblich geplanten, organisierten und kontrollierten Qualifikationsprozess[78], durch den Handlungskompetenzen erhalten, erweitert oder auch verbessert werden sollen.[79] Diese knappe Ausführung zeigt bereits, dass Personalentwicklung in der betriebswirtschaftlichen Literatur häufig auf eine technische Betrachtung reduziert wird.[80] Implizit wird eine „problemlose Machbarkeit von Personalentwicklung"[81] unterstellt, die eine generelle Qualifizierungswilligkeit und -fähigkeit der Mitarbeiter sowie eine behavioristische lerntheoretische Sicht auf den Qualifizierungsprozess offenbart.[82] Aus dieser Perspektive

---

[75] Vgl. Günther (2001: 21) und die Aufzählung der in diesem Zusammenhang verwendeten Verben bei Neuberger (1994: 8): anpassen, transformieren, (re-)produzieren, qualifizieren, assimilieren, erneuern, prägen, (ver-)wandeln, (ver-)ändern usw.

[76] Berthel/Becker, F.G. (2003: 263), wobei beide auf die problemorientierte Gestaltung nicht näher eingehen.

[77] Günther (2001): 21. Vgl. auch Staehle (1999): 872; Mentzel (1997): 15; Becker, F.G. (2002): 418f.

[78] Vgl. Wunderer (2000): 410; Becker, M. (2005): 4; Thom (1987): 11; Flohr/Niederfeichtner (1982): 42.

[79] Vgl. Berthel/Becker, F.G. (2003): 261; Conradi (1983): 3; Drumm (2005): 400; Münch (1995): 15f.

[80] Vgl. Neuberger (1994): 3; Aschenbrücker (1991): 138.

[81] Günther (2001): 22. Neuberger (1994: 40) spricht gar von „Personal-Produktion".

[82] Vgl. Neuberger (1994): 4f; Oechsler/Strohmeier (1993): 80; Thom (1987): 11.

ist Personalentwicklung eine Art „Umformung des Personals"[83] und der Begriff ,Qualifikation' hat als Ausgangspunkt und Ergebnis von Qualifizierungsprozessen eine eher statische Bedeutung[84], die im Lückenkonzept deutlich wird. Klimecki et al.[85] sehen im Entwicklungsbegriff einen Lernprozess, durch den die Handlungsmöglichkeiten und die Handlungskompetenz des Individuums verbessert werden. Durch Lernen sollen sowohl neues Wissen als auch neue Verhaltensweisen erworben werden. Der Wissenszuwachs ermöglicht es dem Mitarbeiter, sein Verhaltensrepertoire bewusst wie auch unbewusst zu verändern und/oder zu erweitern und darüber hinaus Werte und Ziele neu zu gestalten und zu wählen.[86] Lernen ist somit die Basis für Entwicklung, aber Lernen bedeutet nicht zwingend auch Entwicklung. Für Klimecki et al. ist Entwicklung immer ,Selbst'-Entwicklung, d.h. der Trainee kann die Entwicklung nur ,selbst' vollziehen. Die bisher dominierende Vorstellung, dass der Lernende Objekt des Geschehens ist, wird durch die Subjekt-Perspektive ersetzt.[87] Zentrale Elemente dieser Sichtweise sind die menschliche Fähigkeit zur Reflexion, die Fähigkeit sich kritisch mit sich selbst und seinen Handlungen auseinander zu setzen sowie die aktive Intervention zur Förderung von Selbstentwicklung und zum Erwerb von Handlungskompetenzen.[88]

> „Durch die Reflexion wird die von den Handlungsmöglichkeiten (subjektive Seite der Kompetenz) gesteuerte Reaktion auf Handlungserfordernisse (objektive Seite) genau auf die Potenziale und Erfahrungen des Individuums zurückgespiegelt und führt – im positiven Fall – zu einer Ausweitung der subjektiven Kompetenz."[89]

Die dieser Arbeit zugrunde liegende Auffassung von Personalentwicklung basiert auf dem konstruktivistischen Paradigma. Personalentwicklung ist demnach zum einen die individuelle Entwicklung des Lernen-

---

[83] Günther (2001): 22.

[84] Diese Sichtweise dominiert und beschreibt Teilzustände des Menschen, die als Qualifikationen aufgeführt werden. Vgl. Staehle (1999): 872f; Becker, F.G. (2002): 418; Conradi (1983): 3. Weingast (1997: 12); Thom (1987: 1) sowie Flohr/Niederfeichtner (1982: 42) nehmen hingegen eine prozessbezogene Sichtweise ein. Eine detaillierte Diskussion der beiden Perspektiven findet sich bei Günther (2001): 16ff.

[85] Vgl. Klimecki/Probst/Eberl (1991).

[86] Vgl. Küng (1999: 12) in Anlehnung an Klimecki/Probst/Eberl (1991: 12), die in ihrem Verständnis von ,Entwicklung' die Qualität der Veränderung und die Auswahlmöglichkeit zwischen verschiedenen Handlungsalternativen gesondert betonen.

[87] Vgl. Neuberger (1994): 278; Bronner/Schröder (1992): 855f sowie Weingast (1997).

[88] Vgl. Klimecki/Probst/Eberl (1991): 12ff; Elsholz (2002).

[89] Ertl (2005): 36.

den und zum anderen die zielorientierte Gestaltung einer lernförderlichen Umgebung unter der Berücksichtigung vorgegebener Strukturen.
Die besondere Betonung einer zielorientierten Gestaltung rückt den aus
der Perspektive der Unternehmen wichtigen Aspekt der Effektivität
stärker in den Mittelpunkt und betont die Notwendigkeit einer zielgerichteten, systematisch und methodisch geplanten, realisierten und eva-
luierten Personalentwicklungsmaßnahme.

Bezieht man die in der Einleitung konstatierten Veränderungen auf dem
Markt für High Potentials mit in die Betrachtung des Personalentwicklungsbegriffs ein, so erwarten auch die Trainees eine zielorientierte Gestaltung des Programms, die ihre individuellen Wissens- und Kompetenzdefizite[90] aufgreift und berücksichtigt. Zusätzlich erwarten sie eine
Lernumgebung, in der sie vornehmlich aktiv, selbstgesteuert und konstruktiv lernen und nur zeitweise eine rezeptive Position als Lernender
einnehmen. D.h. das lernende Subjekt ‚Trainee' und dessen Kompetenzentwicklung steht im Zentrum der Gestaltung. Kompetenzen werden in
diesem Zusammenhang verstanden als das System der innerpsychischen
Voraussetzungen,

> „das sich in der Qualität der sichtbaren Handlungen niederschlägt und
> diese reguliert. Kompetenz bezeichnet also die prozessuale Qualität der
> innerpsychischen Tätigkeit und als solche ein wesentliches Merkmal
> der Persönlichkeit. Inhaltlich ist damit die systemische und prozessuale
> Verknüpfung von Werten und Einstellungen mit den Motiv-Ziel-Struk-
> turen einer Person gemeint, welche die Erfahrungen prägen und modi-
> fizieren und in die Stabilisierung und Entwicklung von Fertigkeiten,
> Fähigkeiten und des Wissens dieser Person einfließen."[91]

Diese Sichtweise verändert die Blickrichtung der personalwirtschaftlich-
verhaltensorientierten Literatur[92] weg von der Bewältigung einer Situation durch eine bestimmte Handlung hin zur psychischen Steuerung, die
die Handlung reguliert. Kompetenz umfasst demnach

> „die subjektive Verarbeitung des Erwerbs von Kenntnissen und Fertig-
> keiten, d.h. die Erschließung von Wirklichkeit durch Sacherschließung,
> Reflexion und Urteil mit allen Motivationen und Problemlagen,"[93]

die diesen Prozess begleiten mögen. Der Kompetenzbegriff beinhaltet
dementsprechend zwei Perspektiven: zum einen die objektive Seite, die

---

90 Zu den Kompetenzkomponenten siehe Sarges/Fricke (1986); Erpenbeck/Heyse
     (1999): 162 und Stark/Graf et al. (1995): 291.
91 Vgl. Erpenbeck/Heyse (1999): 164.
92 Vgl. Scheitler (2005): 82. Innerhalb der Betriebswirtschafslehre existieren zwei
     Auffassungen von Kompetenzen. Eine bezeichnet die Fähigkeit zur Lösung einer
     Aufgabe, die andere die Berechtigung zur Erfüllung einer Aufgabe.
93 Bader (1989): 74.

durch die Umwelt und deren Anforderungen an den Menschen determiniert wird und zum anderen die subjektive Seite, die die menschlichen Vorerfahrungen einbeziehend umweltbezogen Handlungsmöglichkeiten offenbart. In der Reflexion der eigenen Handlung werden beide Perspektiven miteinander verbunden.

> „Durch die Reflexion wird die von den Handlungsmöglichkeiten (subjektive Seite der Kompetenz) gesteuerte Reaktion auf Handlungserfordernisse (objektive Seite) genau auf die Potenziale und Erfahrungen des Individuums zurückgespiegelt und führt – im positiven Fall – zu einer Ausweitung der subjektiven Kompetenz."[94]

2. Trainee-Programme als Untersuchungsobjekt

2.1 Grundsätzliche Vorüberlegungen

2.1.1 Begriff des Trainee-Programms

Der Begriff ‚Trainee' entstammt ursprünglich dem angelsächsischen Sprachgebrauch und wird als Synonym für in Ausbildung stehende Personen verwandt. Dabei kann es sich sowohl um Auszubildende als auch um Praktikanten handeln.[95] In Deutschland wurde der Begriff ‚Trainee' erstmals 1948 verwendet als die Margarine Union, eine Tochter des Unilever-Konzerns, das erste Trainee-Programm für (Fach)-Hochschulabsolventen anbot.[96] Bis heute werden im deutschen Sprachgebrauch nur Fachhochschul- und Hochschulabsolventen als Trainees bezeichnet, die in der Regel unmittelbar nach einem qualifizierten Abschluss in einen Betrieb eintreten und dort ein speziell für diese Zielgruppe entwickeltes und konstruiertes Ausbildungsprogramm, das ‚Trainee-Programm', durchlaufen.[97]

Trainees stammen zur Mehrheit aus dem Bereich der Wirtschaftsakademiker.[98] Diese Jungakademiker beginnen zumeist ihre berufliche Tätigkeit mit dem Ziel, sich im Verlaufe ihres weiteren Werdegangs zu Führungskräften, d.h. zu Personen mit personellen und/oder sachlichen Entscheidungsbefugnissen zu entwickeln. Der Teilnehmerkreis zeichnet sich durch einen weitgehend homogenen Vorbildungsstand aus. Dazu

---

94 Ertl (2005): 36.

95 Vgl. Förderreuther (1988): 17.

96 Vgl. Wiborg (1979): 17. Die AEG, der VW-Konzern und die Deutsche Bank führen bereits seit Anfang der fünfziger Jahre Programme durch, die den Charakter heutiger Trainee-Programmen aufweisen. Doch erst seit Ende der sechziger Jahre hat sich der Begriff ‚Trainee' endgültig in Deutschland etabliert. Gulden (1996): 3.

97 Vgl. Förderreuther (1988): 18 und Becker, C. (2006): 231.

98 Vgl. Thom/Friedli/Kuonen (2002): 1.

trägt die Personalauslese durch die Unternehmen und die dort definierten Anforderungen für die Trainee-Personalauswahl bei.[99]

Dem Wortsinn des Begriffs ‚Programm' folgend geht es um die Darlegung von Grundsätzen, die zur Erreichung eines angestrebten Zieles angewendet werden sollen.[100] Überträgt man diesen Wortinhalt auf die Ausbildung[101], so versteht man darunter die Notwendigkeit, einzelne Ausbildungsmaßnahmen in einen sinnvollen Ablauf und eine strukturierte Ordnung in die einzelnen Elemente zu bringen. Nach Thom kommt diese „sinnvolle Ordnung durch die didaktische (curriculare) Strukturierung des Programms zustande"[102]. Damit meint Thom

1. die Präzisierung von Lernzielen. Diese ergeben sich zum einen aus den personalwirtschaftlichen Leitvorstellungen der Unternehmung und zum anderen aus den avisierten Zielpositionen für die Trainees innerhalb der Unternehmung.

2. eine zielbezogene Auswahl von Lerninhalten und -orten sowie Lehrmitteln und -methoden und

3. eine zielbezogene Programmsteuerung und Kontrolle des Programms und der Ausbildungsteilnehmer.[103]

Betrachtet man die betriebswirtschaftliche Literatur zum Thema, so lassen sich zwei unterschiedliche, mit den Programmen verbundene Ziele herausarbeiten, die gleichzeitig auch die in der Literatur vorgenommene personalwirtschaftliche Verortung widerspiegeln. Ausgehend von der im Hinblick auf die Schwerpunktsetzung neutralen Definition von von Landsberg, der in einem Trainee-Programm ein bildungsbezogenes Personalentwicklungselement sieht, das als „betriebliche Vollendung der universitären Vorleistung"[104] bezeichnet werden kann, beschreiben nachfolgende Begriffsbestimmungen die Schwerpunkte der Traineeausbildung. So stellen Berthel/Becker das Ziel der betrieblichen Sozialisation in den Mittelpunkt ihrer Definition. Innerhalb dieser speziellen betrieblichen Einarbeitungsprogramme werden die

„Hochschulabsolventen systematisch mit dem gesamtbetriebswirtschaftlichen Geschehen (Unternehmensphilosophie und -politik), den

---

[99] Vgl. Gulden (1996): 3.

[100] Vgl. Bibliographisches Institut (1971): 574.

[101] Die Begriffe ‚Trainee-Programm' und ‚Traineeausbildung' werden im Folgenden synonym verwendet.

[102] Thom (1987): 219.

[103] Vgl. Thom (1987): 219.

[104] von Landsberg (1981): 87.

strukturellen Zusammenhängen und konkreten Arbeitsanforderungen der Unternehmung vertraut gemacht"[105].

Letzteren Aspekt greift auch F.G. Becker auf, indem er die Bedeutung des Trainee-Programms als eines speziellen betrieblichen Einarbeitungsprogramms im Rahmen der stellenvorbereitenden Qualifizierung betont.[106]

Thom repräsentiert mit seiner Begriffsbestimmung die zweite, eher strategische Sichtweise, die auch dieser Arbeit zugrunde liegt. Nach ihm ist ein Trainee-Programm für einen ausgewählten Kreis von Hochschulabsolventen bestimmt. Diese sollen durch das Programm

> „eine Grundlagenausbildung für die spätere Übernahme von Führungsfunktionen erhalten, die Kenntnisse über eigene Fähigkeiten und Neigungen vertiefen, Kommunikationsbeziehungen aufbauen [und die] Organisationsstruktur und -kultur einer Unternehmung kennenlernen"[107].

Die Unternehmen beabsichtigen mit diesem Angebot, so Thom, einerseits den Aufbau eines Nachwuchskräfte-Pools[108] mit qualifizierten Kräften aus den eigenen Reihen, die dann freiwerdende bzw. neu zu schaffende Positionen einnehmen,[109] und andererseits die Verbesserung der Unternehmensattraktivität auf dem Arbeitsmarkt für Hochschulabsolventen.[110]

Beide Ausrichtungen treten allerdings selten in ihrer puristischen Form auf. Typischerweise existieren Mischformen, die Gulden in einer empirischen Erhebung bestätigen konnte.[111] Idealerweise wird der Absolvent eines erklärten Führungskräftenachwuchsprogramms sich anschließend in einem Pool potentieller Führungskräfte[112] wieder finden, während bei einer Schwerpunktsetzung auf eine systematische Integration der voll integrierte Mitarbeiter am Ende vorzufinden sein sollte.[113] Zeigt die po-

---

[105] Berthel/Becker, F.G. (2003): 299, ähnlich Mentzel (2005): 191;Thom/Friedli (2005): 15; Maier/Spieß (1994): 254 und Förderreuther (1988): 48.

[106] Vgl. Becker, F.G. (2002): 548.

[107] Thom (1987): 218. Vgl. auch Definitionen mit ähnlichen Bausteinen bei Conradi (1983): 53; Ferring/Staufenbiel (1989): 159 und Hentze/Kammel (2001): 370.

[108] Vgl. Bamberger/Wrona (1996) und die Bedeutung des Ressourcenansatzes für die strategische Unternehmensführung.

[109] Ebenso Jung (2005): 283; Bröckermann (2003): 429; Oechsler (2000): 260 und Mudra (2004): 216.

[110] Vgl. Thom (1987): 218.

[111] Vgl. Gulden (1996): 162.

[112] Siehe zum Thema ‚Führungskraft' bspw. Oesterle (2004): 790ff.

[113] Vgl. Becker, C. (2006): 231 und Berner (1994): 24. In Anbetracht der Kostenintensität ist dieses Ergebnis allerdings überraschend.

tentielle Nachwuchsführungskraft allerdings nicht die erforderlichen Führungsqualitäten, so wird er in den Bereich der systematischen Integration überführt und zum voll integrierten Mitarbeiter weiterentwickelt. Folglich gibt es keinerlei Sicherheit für den Trainee, dass er auch eine Führungskraft wird. Auch hier entscheidet letztendlich seine eigene Leistung.[114] Deshalb sollte, um einer Demotivation der Trainees in einem möglichen Integrationsbereich entgegenzuwirken, grundsätzlich die Möglichkeit bestehen, durch entsprechendes leistungsbezogenes Verhalten in den Nachwuchspool zu wechseln.[115]

2.1.2 Charakteristika von Trainee-Programmen

Zur Grundlegung der wissenschaftlichen Diskussion über Trainee-Programme, aber auch für die Vermarktung auf dem Arbeitsmarkt haben Thom[116], das Institut der Deutschen Wirtschaft Köln[117] und Staufenbiel[118] bereits in den 80er Jahren angefangen, charakteristische Merkmale für Trainee-Programme heraus zu arbeiten, die an dieser Stelle summarisch aufgelistet werden sollen:

1. *Der Teilnehmerkreis ist exklusiv.*

   Trainee-Programme richten sich überwiegend an Absolventen der Wirtschaftswissenschaften, die nach ihrem Studium neu ins Berufsleben einsteigen wollen. Daneben bestehen im geringeren Umfang Ausbildungsprogramme für Ingenieure und Naturwissenschaftler.[119] Seit den 90er Jahren ist aber eine Öffnung für andere Personengruppen sowie für gut ausgebildete Mitarbeiter des eigenen Unternehmens festzustellen.[120]

2. *Trainee-Programme zeichnen sich durch eine planvolle Gestaltung, Organisation und didaktische Strukturierung (curricularer Aufbau) aus.*

   Die angebotenen Programme zeichnen sich durch eine Verbindung von Training-on-the-job, Training-off-the-job, Projektarbeit und Job Rotation in einem oder mehreren Unternehmens- und Funktionsbe-

---

[114] Zum Thema ‚Karrieremodelle' und Trainee-Programme siehe Thom/Friedli (2005): 19ff; Thom/Friedli/Kuonen (2002): 21 und allgemein Berthel/Becker, F.G. (2003): 328ff.

[115] Vgl. Gulden (1996): 162ff.

[116] Vgl. Thom/Giesen (1998): 7; Thom (1987): 218; Ferring/Thom (1981): 21; Thom/Ferring (1982): 191.

[117] Vgl. Konegen-Grenier (1989).

[118] Vgl. Staufenbiel (1991): 434.

[119] Vgl. Konegen-Grenier (2001): 52.

[120] Vgl. Ferring/Staufenbiel (1989): 159.

reichen aus.[121] Obwohl diese Grundelemente jeden Programmablauf determinieren, variiert die organisatorische und inhaltliche Ausgestaltung der Programme aufgrund der firmenspezifischen Unterschiede erheblich.

Ein allgemeines Kennzeichen ist der planvolle Wechsel auf verschiedene Ausbildungs- und Arbeitsstationen, wobei der Einsatz in einem Funktionsbereich oder in mehreren Funktionsbereichen erfolgen kann.[122] Deshalb unterscheidet Gulden nach dem Kriterium Training-on-the-job zwei Grundtypen von Ausbildungsprogrammen: das allgemeine Trainee-Programm und das Spezial-Trainee-Programm, die in den nachfolgenden Kapitel vorgestellt werden.

Das Prinzip des ‚learning by doing' bestimmt bei der Mehrzahl der Ausbildungsprogramme das Vorgehen. Die Job Rotation soll gewährleisten, dass der Trainee die Unternehmung und die Unternehmensprozesse kennen lernt. Darüber hinaus muss die Job Rotation als ein Instrument der Personalentwicklung betrachtet werden, um die Trainees bereichsspezifisch auf ihre Kenntnisse, Fähigkeiten und Fertigkeiten zu testen.

3. *Sie sollten mindestens sechs, höchstens aber 24 Monate dauern.*

Diesen Zeitraum haben Thom/Giesen aus einer Analyse verschiedener Trainee-Programmangebote von Unternehmen herausgearbeitet. Dabei wurde auch deutlich, dass bereichsübergreifende Trainee-Programme tendenziell für einen längeren Zeitraum konzipiert werden als ressortbegrenzte Angebote.[123] Die bereits von Meyer-Riedt festgestellte Tendenz zur Verkürzung der Programmdauer wurde auch in den neuesten Studien bestätigt.[124] Die Arbeitsverträge der Trainees sind i.d.R. dementsprechend befristet.[125]

4. *Sie werden in der Regel für Gruppen konzipiert.*

Aufgrund der hohen Kosten für die Konzeption des gesamten Programms sollten diese aus ökonomischen Gesichtspunkten für mehrere Personen und Jahrgänge konzipiert werden.[126]

---

[121] Ebenso Bröckermann (2003): 429; Jung (2005): 283; Thom/Friedli (2005): 15ff; Oechsler (2000): 589 und Mudra (2004): 216.

[122] Vgl. Ferring/Thom (1981): 21; Gulden (1996): 5.

[123] Vgl. Thom/Giesen (1998): 6.

[124] Vgl. Meyer-Riedt (1993): 75; Thom/Giesen/Friedli/Arnold (1999): 286 und Arnold, A. (1999): 104.

[125] Vgl. Bröckermann (2003): 429f und Oechsler (2000): 589.

[126] Vgl. Thom (1987): 218.

5. *Am Ende der Traineeausbildung steht keine offizielle Prüfung.*

Dies bedeutet, dass die Unternehmen ihre eigenen Schwerpunkte setzen und ihre Programme dementsprechend konzipieren können.

2.1.3 Positionierung von Trainee-Programmen im System der Personalentwicklung

Vor dem Hintergrund der bereits einleitend angesprochenen Funktionen von Trainee-Programmen und der darin enthaltenen Personalbedarfsplanung werden Trainee-Programme in dieser Arbeit als ein integraler Bestandteil eines umfassenden Personalentwicklungssystems verstanden.

Eine erste Teilfunktion stellt die *Trainee-Rekrutierung* dar.[127] Diese Funktion spiegelt die bereits beschriebene Marketing-Aufgabe wider. Attraktive Förderprogramme positionieren das Unternehmen besser im Wettbewerb um die besten Führungsnachwuchskräfte. Die angebotenen Programme sollten folglich für den Markt für Hochschulabsolventen attraktiv i.S. des Erwerbs einer Employability gestaltet sein. Infolgedessen sollten sich im zweiten Gestaltungsbereich der Trainee-Entwicklung die Ziele der Trainees (Employability) und die Ziele des Unternehmens (Effizienz, produktiver Mitarbeiter, Führungsnachwuchskräftepool) in der didaktisch-methodischen Gestaltung einer Trainee-Lernumgebung wieder finden (*Qualifizierungsfunktion*).

Wegen der meist zeitlich begrenzten Auswahlentscheidung können keine umfassenden Informationen über die Fähigkeiten und Fertigkeiten der Bewerber erhoben werden. Die relativ lange Dauer von Trainee-Programmen erlaubt während des Zeitraumes eine differenzierte und qualifizierte Eignungsbeurteilung für Führungsaufgaben (*Selektionsfunktion*) und bietet aufgrund der programmimmanenten Job Rotation eine fundierte Entscheidungsgrundlage über den endgültigen Einsatzbereich der Trainees (*Allokationsfunktion*).

Darüber hinaus sollen Trainee-Programme die Einarbeitung in die unternehmensspezifischen Organisationsformen und Entscheidungsstrukturen erleichtern (*Orientierungsfunktion*) und die Hochschulabsolventen in das Unternehmen integrieren (*Integrationsfunktion*). Da jede Einstellung eines neuen Mitarbeiters eine Investition darstellt, sollte aus Sicht des Unternehmens eine möglichst hohen Deckung von Einstellungen, Fähigkeiten und Kenntnissen des Bewerbers und den Anforderungen des Unternehmens erreicht werden Die Auswahl-, Bildungs- und Integrationsfunktion von Trainee-Programmen bietet eine Möglichkeit, die Rentabilität zu erhöhen.

---

[127] Vgl. Konegen-Grenier (1989): 2 und (2001): 51; Gulden (1996): 1f.

Geht man der Frage nach, wie Trainee-Programme innerhalb der PE-Maßnahmen positioniert werden, so spiegelt nachfolgende Graphik die wesentlichen Beziehungen wider:

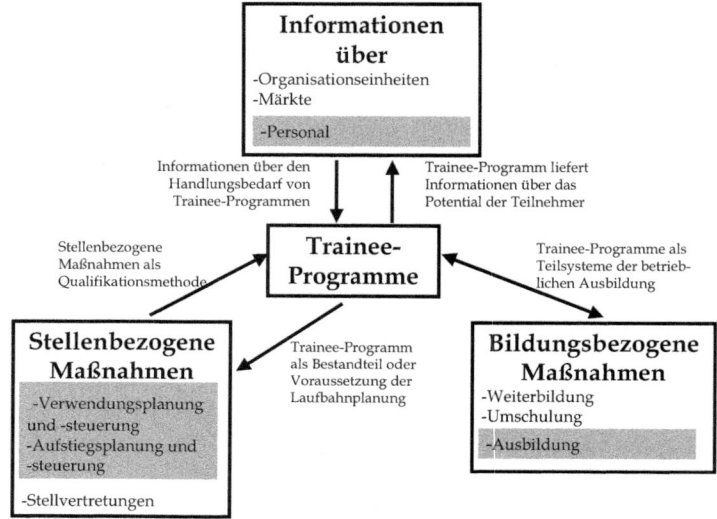

Abb. 1: Positionierung der Trainee-Programme innerhalb der Personalentwicklung (Arnold (1999): 24).

Dementsprechend werden die Trainee-Programme entweder der stellenvorbereitenden Personalentwicklung oder der beruflichen Ausbildung zugeordnet. Zur berufsvorbereitenden Personalentwicklung gehören alle Bildungsmaßnahmen, die für den erstmaligen Einsatz in der beruflichen Tätigkeit vorgesehen sind. Dadurch, dass sie in ein umfassendes Personalentwicklungssystem eingebunden sind[128], ist auch die Chancengleichheit für alle Mitarbeiter gewahrt. Trainee-Programme müssen als Möglichkeit einer erfolgreichen beruflichen Karriere, aber nicht als Garantie betrachtet werden.[129]

2.2 Konzeptionelle Aspekte von Trainee-Programmen

2.2.1 Grundstrukturen

Da – wie bereits angesprochen – für Trainee-Programme weder gesetzliche Regelungen für den Aufbau und die Durchführung noch standardi-

---

[128] Vgl. Thom (1987): 243.

[129] Vgl. die empirischen Ergebnisse von Arnold, A. (1999): 102f.

sierte Ausbildungsberufsbilder und Prüfungsordnungen[130] existieren, eröffnen sich den Anbietern große Gestaltungsspielräume, die nur von arbeitsrechtlichen Vorschriften[131] begrenzt werden. Aus diesem Grund setzten die Unternehmen ihre Schwerpunkte selbst und konzipieren dementsprechend ihre Programme.

Trainee-Programme sind keinem Wirtschaftszweig direkt zuzuordnen, was die empirische Erhebung von Thom et. al.[132] erneut bestätigte. Demnach werden 32,1% der Trainee-Programme von der Industrie und der Informationstechnologie-Branche angeboten, gefolgt vom Bankensektor (25,2%) und der Branche der sonstigen Dienstleistungen (22,3%). Das erhobene Traineeplatzangebot variiert von einem Trainee bis zu 125 Programmteilnehmer. Der ermittelte Durchschnittswert der Stichprobe liegt bei 18,81 Absolventen, wobei die Streuung mit einer Standardabweichung von 25,07 vergleichsweise groß ist.

Klassi- fikation Trainees	Anteil der Befragten	Banken	Handel/ Verkehr	Industrie	Versiche- rungen	Sonstige Dienst- leistungen	Total	
		Zahl der Plätze (absolut)					absolut	relativ
1-20	84,8%	142	78	216	58	141	635	37,8%
21-40	6,5%	110	30	0	0	55	195	11,6%
41-100	6,5%	230	60	60	0	100	450	26,8%
über 100	2,2%	0	150	250	0	0	400	23,8%
Totale Angaben	100%	482	318	526	58	296	1680	100%
Anteil pro Wirt- schaftsbereich		28,7%	18,9%	31,3%	3,5%	17,6%	100%	

Tab. 1: Übersicht zum Ausbildungsplatzangebot im Jahre 2001
(Thom/Friedli/Kuonen (2002): 13).

Die Mehrheit der befragten Betriebe verfügen über maximal 20 Trainee-Programmplätze. Damit beträgt ihr Anteil am Gesamtvolumen 37,5%. Nur 8,7% der befragten Unternehmen beschäftigen mehr als 40 Trainees, stellen aber mit 50,6% knapp über die Hälfte der Traineeplätze zur Verfügung.

---

[130] Anders verhält es sich bei der Berufsausbildung, bei der durch externe Vorschriften und Institutionen (Kammern, Berufsschule) reglementierend in die Ausbildung eingriffen wird.

[131] Auf arbeitsrechtliche Fragen wird im Folgenden nicht weiter eingegangen.

[132] Vgl. Thom/Friedli/Kuonen (2002): 11–13.

Es werden fünf Grundtypen unterschieden[133], die in den nachfolgenden Kapiteln vorgestellt werden. Einen ersten Überblick über die Verteilung nach Wirtschaftszweigen liefert die nachfolgende Tabelle.

Grundtypen der Ausbildungsprogramme	Banken	Handel/ Verkehr	IT	Industrie	Versicherungen	Sonstige Dienstleistungen	Total	
	in % pro Wirtschaftszweig						absolut	relativ
Ressortübergreifendes Programm	50,0	50,0	42,9	37,5	44,4	52,4	46	46,5
Vorwiegend ein Unternehmens/ Fachbereich mit Kurzdurchlauf in anderen	38,5	41,7	42,9	45,8	33,3	19,0	36	36,4
Ein Unternehmens-/Fachbereich	11,5	8,3	14,3	16,7	22,2	28,6	17	17,2
Total Angaben	26	12	7	24	9	21	99	100

Tab. 2: Grundtypen der Trainee-Programme nach Wirtschaftszweigen
(Thom/Friedli/Kuonen (2002): 16).

2.2.1.1 Klassisch-ressortübergreifendes Trainee-Programm

Findet die Ausbildung in mehreren Abteilungen statt, so spricht man von einem so genannten ‚Allgemeinen Trainee-Programm'. Diese breit angelegte Ausbildung hat den Vorteil, dass der Trainee die wichtigsten Ressorts kennen lernt und sich so einen Überblick verschaffen kann. Durch die ‚generalistische' Ausbildung wird dem Trainee die Möglichkeit eröffnet, Gesamtzusammenhänge und die Komplexität der Entscheidungsfindung innerhalb der Unternehmung kennen zu lernen. Hier spielt auch der bereits in den Definitionen angeklungene ‚Nachwuchspool' eine entscheidende Rolle.[134] So ist nahezu die Hälfte aller angebotenen Trainee-Programme ressortübergreifend konzipiert.[135]

---

[133] Vgl. Thom/Friedli/Kuonen (2002): 2f.

[134] Vgl. Ferring/Thom (1981): 23 und Meyer-Riedt (1993): 56.

[135] Vgl. Thom/Friedli/Kuonen (2002): 16. Siehe für die 90er Jahre Berner (1994): 22 und für die Schweiz Thom/Friedli (2005): 45.

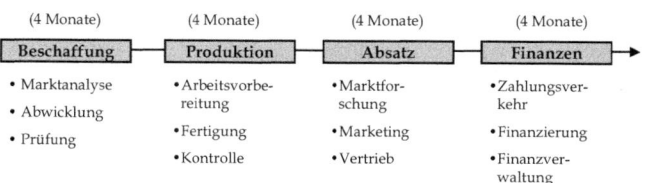

(4 Monate)	(4 Monate)	(4 Monate)	(4 Monate)
Beschaffung	**Produktion**	**Absatz**	**Finanzen**
• Marktanalyse • Abwicklung • Prüfung	• Arbeitsvorbe- reitung • Fertigung • Kontrolle	• Marktfor- schung • Marketing • Vertrieb	• Zahlungsver- kehr • Finanzierung • Finanzver- waltung

Abb. 2: Klassisch ressortübergreifendes Trainee-Programm
in Anlehnung an Gulden (1996): 6.

In klassisch-ressortübergreifenden Trainee-Programmen durchläuft der Trainee verschiedene Ressorts eines Unternehmens wie z.B. Beschaffung, Produktion, Absatz und Finanzen. Dabei verweilt er in den jeweiligen Abteilungen nahezu gleich lange und lernt auf diese Weise die unterschiedlichen Tätigkeitsbereiche des Arbeitgebers kennen. Information und Orientierung stehen im Vordergrund dieses Konzeptes. Beides verläuft bei dieser Programmstruktur weitgehend standardisiert, wobei der Grad der Standardisierung von der Unternehmensgröße abhängt.[136] Allerdings erhalten die Trainees aufgrund der meist kurzen Verweildauer in den einzelnen Bereichen nur wenig oder keine Aufgabenverantwortung.[137] Eine Entscheidung über den späteren Aufgabenbereich erfolgt erst während oder gegen Ende des Programms, wobei der Trainee aufgrund seiner Einblicke in die einzelnen Ressorts meist seinen späteren Einsatzbereich mitbestimmen darf. Der Lernfortschritt während der Ausbildung soll durch ‚learning by doing' mit keiner oder teilweiser Aufgabenverantwortung gesichert werden.[138] Ein deutlicher Trend bei dieser Form der Ausbildung ist die Einbindung von einem oder mehreren Auslandsaufenthalten.

---

[136] Vgl. die empirischen Ergebnisse von Thom/Giesen (1998): 7; Meyer-Riedt (1993): 64). Dies hängt sicherlich auch mit den von Watzlawik (1984: 48) erhobenen Problemen bei der Personaleinsatzplanung zusammen. Kleinere Unternehmen verfügen meist nicht über eine so diversifizierte Struktur, um die Programme weitestgehend standardisiert durchführen zu können. Thom/Friedli/Kuonen (2002: 15) haben in ihrer Erhebung eine Standardisierung hinsichtlich Inhalt und Aufbau der Programme von 62,7% bzw. 66,7% ermittelt. Der von Arnold, A. (1999: 64) bei seiner Umfrage konstatierte Trend weg von der Standardisierung hin zur Individualisierung konnten Thom/Friedli/Kuonen (2002) nicht bestätigen.

[137] Vgl. Becker, M. (2005): 355.

[138] Vgl. Thom/Giesen (1998): 7. In der Studie von 2005 charakterisierten 69% der Unternehmen ihr Programm als überwiegend praktisch orientiert. Vgl. Thom/ Friedli (2005): 45.

2.2.1.2 Ressortübergreifendes Trainee-Programm mit Fachausbildungsphase

Eine Abwandlung des klassisch-ressortübergreifenden Trainee-Programms stellt das ressortübergreifende Trainee-Programm mit Fachausbildungsphase dar. In der standardisierten Grundausbildungsphase werden den Trainees Informationen über ausgewählte Ressorts vermittelt und es findet eine erste Orientierung statt. Im Anschluss an dieses Rotationsprogramm werden in der Fachausbildungsphase die Kenntnisse in einem der vorher durchlaufenen Ressorts vertieft. Während dieser Vertiefungsphase ist der Trainee bereits in der Lage, teilweise oder volle Aufgabenverantwortung zu übernehmen. Die Entscheidung über den Aufgabenbereich in der Fachausbildungsphase wird meist gegen Ende der Grundorientierung gefällt.

Während der Fachausbildung dominiert ‚learning by doing', wodurch der Lernfortschritt und die Einarbeitung in den späteren Tätigkeitsbereich langsamer, aber intensiver erfolgt als im klassischen ressortübergreifenden Trainee-Programm.

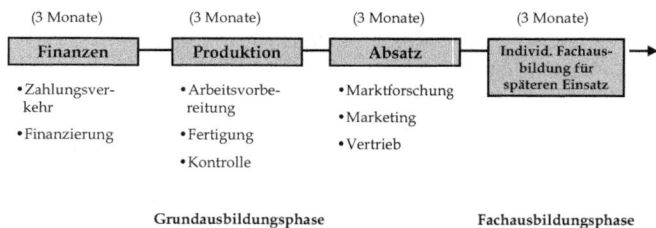

Abb. 3: Ressortübergreifendes Trainee-Programm mit Spezialisierungsphase in Anlehnung an Gulden (1996): 7.

2.2.1.3 Individuelles und flexibles Trainee-Programm

Das individuelle, flexible Trainee-Programm sieht eine variable Abfolge der Ausbildungsstationen vor. Es zeichnet sich durch ein Mitsprache-recht der Absolventen bei der Zusammenstellung der Ausbildungsstationen in den einzelnen Fachabteilungen aus. Die Unternehmen erhoffen sich durch die individuelle Abfolge und Wahl der Rotationsressorts durch die Trainees eine höhere Anreiz- und Imagefunktion.[139] Auch versprechen sie sich aus der erhöhten Eigenverantwortung und den erweiterten Freiräumen der Trainees eine höhere Motivation beim Lernen und

---

[139] Vgl. Thom/Friedli/Kuonen (2002): 3.

eine breitere Integration in das Unternehmen und in die ausbildenden Fachabteilungen.[140]

Individuelle Trainee-Programme greifen auf die Charakteristika der anderen Programmtypen zurück, kombinieren diese nur freier und individueller. Aus ökonomischen Gründen werden bei dieser Programmwahl aber die off-the-job Komponenten nicht nur für die Gruppe der Trainees angeboten. Aufgrund der beschriebenen geringen Standardisierung wird auf eine Darstellung verzichtet.

2.2.1.4 Projektorientiertes Trainee-Programm

Im Zuge der in Unternehmen wachsenden Zahl der Projekttätigkeiten ist auch die Zahl der Projekteinsätze von Trainees gestiegen. So haben Studien von Thom et al. ergeben, dass sich bei durchschnittlich über 80% der Unternehmen ein Teil des Ausbildungsprogramms in Form von Mitarbeit in Projekten vollzieht.[141]

Die angebotenen Projekte richten sich nach den Bedürfnissen der Unternehmen. Dabei werden bereichsbezogene Projekte mit eher funktionsspezifischen Inhalten von bereichsübergreifenden Projekten mit interdisziplinären Inhalten unterschieden.

Projektbezogene Trainee-Programme charakterisiert, dass innerhalb der Projektarbeit die Ausbildung on-the-job im Vordergrund steht. So werden die Trainees am häufigsten für markt- und produktbezogene Studien eingesetzt oder arbeiten an Beratungs-, Informationstechnologie- und Reorganisationsprojekten mit. Dabei können die Grenzen zu anderen Trainee-Programmarten fließend sein.

Für die Ausbildung in einem projektorientierten Trainee-Programm sind meist mehrere Ausbildungsstationen vorgesehen, wobei die Arbeit an den größtenteils kleineren, bereichsbezogenen Projekten dabei in den Ausbildungsabteilungen im Vordergrund steht. Steht ein einziges, komplexes und lang andauerndes Projekt im Zentrum der Ausbildung, so werden zusätzliche Informationsaufenthalte in verschiedenen Bereichen angeboten.[142] Diese Informationsaufenthalte dienen dazu, die Integration der Trainees ins Unternehmen zu fördern und unternehmensspezifisches Wissen zu akkumulieren. Darüber hinaus ist eine erfolgreiche Projektmitarbeit auf Informationen und Kenntnisse der Unternehmung und ihrer Bereiche angewiesen.

---

[140] Vgl. Thom/Friedli (2005): 27.

[141] Vgl. Thom/Giesen et al. (1999): 284f; Thom/Friedli/Kuonen (2002): 19.

[142] Vgl. Arnold, A. (1999): 33.

In beiden möglichen Varianten des projektorientierten Trainee-Programms übernimmt der Trainee von Beginn an die Verantwortung über einen ihm zugewiesenen Aufgabenbereich. Das Projekt ist die Problemstellung, der Ausgangspunkt der Lernbemühungen, so dass sich die Ausbildung in den Fachabteilungen nach den Bedürfnissen des Projektes richtet. Deshalb wird auf eine Darstellung verzichtet.

2.2.1.5 Ressortbegrenztes Trainee-Programm

Die Spezial-Trainee-Programme unterscheiden sich deutlich von den ressortübergreifenden allgemeinen Trainee-Programmen. Bei ihnen liegt der Schwerpunkt in der Ausbildung in einem Ressort. Der Anspruch

> „,möglichst von allem etwas' [wird] durch die Forderung nach ,weniger Stationen mit mehr Tiefe' ersetzt"[143].

Der Trainee lernt intensiv alle Funktionsabläufe innerhalb eines einzelnen Unternehmensbereiches kennen. Während der Grundausbildungsphase durchläuft der Trainee ein Ressort mit verschiedenen Ausbildungsstationen. Am Ende wird ihm ein spezifischer Aufgabenbereich zugewiesen, den er in der Vertiefungsphase vollverantwortlich übernimmt. Die sich daran anschließende individuelle Vertiefungsphase soll als Vorbereitung zur eigenverantwortlichen Übernahme eines Aufgabenbereiches nach Programmende dienen.

Bei diesem Programmtyp steht ,learning by doing' im Mittelpunkt. Die Ausbildung zielt auf eine berufliche Qualifizierung. Am Ende steht der ressortspezifische Spezialist. Deshalb erhält die Eignungsanalyse im Vorfeld der Einstellung ein höheres Gewicht, da im Gegensatz zum ressortübergreifenden Trainee-Programm auf die programmbegleitende Selektionsfunktion nicht zurückgegriffen werden kann.[144]

Auf die Orientierungsfunktion kann bei dieser Programmgestaltung verzichtet werden, da diesem Programmtyp eine klare Zielvorstellung über die zukünftige Tätigkeit implizit ist.

---

[143] Ferring/Staufenbiel (1989): 161.

[144] Vgl. Thom (1987): 252.

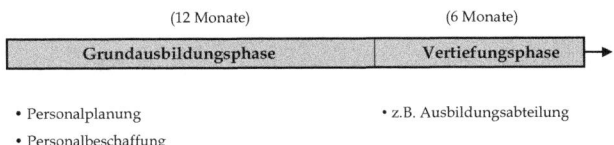

(12 Monate)	(6 Monate)
Grundausbildungsphase	**Vertiefungsphase** →

• Personalplanung   • z.B. Ausbildungsabteilung
• Personalbeschaffung
• Ausbildung
• Personalverwaltung

Abb. 4: Ressortbegrenztes Trainee-Programm mit Vertiefungsphase
(z.B. Einsatz im Personalwesen) in Anlehnung an Gulden (1996): 7.

Die Entscheidung über den späteren Aufgabenbereich fällt in der Regel
bereits bei der Einstellung, wohingegen die Festlegung der Einsatzstelle
meist zu Beginn der Vertiefungsphase erfolgt. Vor allem in den Bereichen Marketing/Vertrieb und EDV/Organisation werden in der Praxis
Spezial-Trainee-Programme angeboten. Hier stellt sich auch aus ökonomischen Gründen die grundsätzliche Frage, inwieweit sich Allround-
ausbildungen überhaupt lohnen, wenn bereits im Vorfeld zwischen
Trainee und Unternehmen der spätere Einsatz festgelegt wurde. So verfügen die Banken über Spezial-Trainee-Programme für die Bereiche
Wertpapier und Investmentbanking, während die Bereiche Auslandsge-
schäft, Revision, Kreditgeschäft, Individual- und Firmenkundenberatung
durch ein allgemeines Trainee-Programm abgedeckt werden. Vor allem
für die letztgenannten Gebiete ist ein bereichsübergreifendes Wissen erforderlich.[145]

Die vorgestellten Grundmodelle sind nur theoretische Beispiele und die-
nen einer ersten Systematisierung. Die Praxis bietet eine Vielzahl von
Abweichungen.[146] Darüber hinaus bieten großen Unternehmen mit
Zweigstellen oder Tochtergesellschaften im Ausland ihren Trainees häu-
fig an, eine Station ihrer on-the-job Ausbildung in einem Ressort im
Ausland zu absolvieren.[147]

Ausgangsbasis der weiteren didaktischen Gestaltung einer Trainee-
Lernumgebung bildet das mit Abstand am häufigsten realisierte Modell
des klassisch-ressortübergreifenden Trainee-Programms mit dem über-
geordneten Ziel der Führungskräftenachwuchsausbildung.

---

[145] Vgl. Gulden (1996): 8.

[146] Beispiele hierfür finden sich bei Gulden (1996): 8f.

[147] Thom/Giesen et al. (1999): 282.

2.2.2 Zielkategorien

Im Rahmen der Personalentwicklung werden unternehmensbezogene, individuelle und gesellschaftliche Ziele angestrebt.[148] Die unternehmensbezogenen Ziele können nochmals in personalpolitische Ziele und Ausbildungsziele unterschieden werden. Die erhobenen personalpolitischen Ziele im Bereich der Trainee-Programme sind weitestgehend identisch mit den längerfristigen strategischen Zielen der Unternehmung.

Bei den ermittelten Ausbildungszielen wird zu diskutieren sein, inwieweit die Ausbildungsziele[149] der Unternehmen und die Interessen der Trainees deckungsgleich sind. Deshalb soll im Folgenden auf beide Zielkategorien und auf die Problematik ihrer Vereinbarkeit eingegangen werden.

2.2.2.1 Unternehmensziele

Aus den unternehmensspezifischen Globalzielen, personalpolitischen Leitvorstellungen wie auch den Anforderungsprofilen der Zielposition werden die konkreten Lernziele der Trainee-Programme entwickelt. Die informatorische Basis bilden hierbei aktuelle Stellenbeschreibungen, Stellenbewertungen, Befragungen der Führungskräfte (z.B. zur Ermittlung des Schulungsbedarfs), Kundenbefragungen (insb. im Dienstleistungsbereich), Personalreferentenbefragungen zu den Diskrepanzen zwischen der Qualifikation ausgebildeter Trainees und den Anforderungen an die Anschlusspositionen sowie Ehemaligenbefragungen. Vor allem Letztere können Auskunft über Informations- und Ausbildungslücken geben.[150]

Die von Thom/Friedli/Kuonen (2002) erhobenen Ziele von Trainee-Programmen (vgl. Tab. 3) weisen zum einen auf Qualifikations- und Kompetenzdefizite der Bewerber hin. Zum anderen, und dies offenbart der Vergleich mit der Vorgängerstudie aus dem Jahr 1998, hat insbesondere die Verbesserung des Firmenimages an Bedeutung gewonnen (von 37,7% auf 57,3%).[151] Dies lässt auf einen deutlichen Anstieg der Wettbewerbsintensität auf dem Absolventenmarkt schließen. Die Qualifikationsfunktion (fachliche Qualifikation und Sozialkompetenz) und die Per-

---

[148] Vgl. Berthel/Becker, F.G. (2003): 268 und die Literaturstudie von Flohr/Niederfeichtner (1982): 14.

[149] Thom et al. verfolgen einen betriebswirtschaftlichen Ansatz, d.h. es wurden in den Studien keine Feinlernziele i.S. der Wirtschaftsdidaktik erhoben. Vgl. Thom (1987): 238.

[150] Vgl. Thom/Giesen (1998): 12.

[151] Vgl. Thom/Friedli/Kuonen (2002): 21.

sonalentwicklungsperspektive determinieren aber weiterhin das Zielsystem des Unternehmens.

Ziel und Aufgaben	In %[152]	Bewertung[153]
Erhöhung der fachlichen Qualifikation (N = 100)	82,6	4,33
Nachwuchskräfte aus eigenen Reihen (N = 100)	80,5	4,27
Erhöhung der Sozialkompetenz (N = 100)	79,6	4,22
Erhaltung und Verbesserung der Wettbewerbsfähigkeit (N = 99)	70,9	3,88
Ausbildung von räumlich und fachlich flexiblen Nachwuchskräften (N = 98)	69,0	3,88
Erhöhung der Arbeitszufriedenheit/Motivation des Nachwuchses (N = 100)	67,0	3,73
Verbesserung des Firmenimages (N = 100)	57,3	3,49
Schaffung eines breiteren Führungskräftenachwuchspools (N = 100)	56,3	3,67
Umfassende „Allround-Ausbildung" (N = 100)	53,4	3,57
Identifikation von Führungspotential (N = 99)	49,5	3,51
Steigerung der innerbetrieblichen Kommunikation/Kooperation (N = 98)	41,8	3,36
Längerfristig die kostengünstigste Nachwuchsausbildung (N = 98)	39,8	3,26
Unabhängigkeit vom Arbeitsmarkt (N = 100)	39,8	3,20
Erkennen und Vorbereiten von Spezialisten (N = 99)	36,9	3,08
In der Branche üblich (N = 92)	11,7	2,01

Tab. 3: Ziele und Aufgaben des Trainee-Programms
(Thom/Friedli/Kuonen (2002): 21).[154]

Verlässt man die personalpolitische Ebene und betrachtet die *Ausbildungsziele,* so existieren nach einer der ersten Studien von Konegen-Grenier drei Schwerpunktfelder: Die häufigsten Nennungen erhielt der Bereich ‚Kenntnis der Unternehmensstrukturen' mit den Unterzielen ‚Integration', ‚Einblick in die Entscheidungsorganisation' sowie ‚Vertrautheit mit den unternehmenspolitischen Grundsätzen'. Diesen Nennungen folgte ‚produktspezifisches Fachwissen' und ‚außerfachliche Qualifikationen'. In mehreren Nachfolgeuntersuchungen hat sich dieses Bild z.T. verschoben. In der aktuellsten Erhebung des Instituts der deut-

---

[152] Die Prozentzahlen beziehen sich auf den Anteil Unternehmen, welche die folgenden Items mit wichtig oder sehr wichtig bewerteten. Zu den Strukturdaten der befragten Unternehmen siehe Thom/Friedli/Kuonen (2002): 11ff.

[153] Die angewendete fünfstufige Skala lautet: 1 = unwichtig, 2 = weniger wichtig, 3 = eher wichtig, 4 = wichtig, 5 = sehr wichtig.

[154] Vgl. auch die unternehmensbezogenen Ziele der Karriereplanung bei Thom/Friedli (2005): 54.

schen Wirtschaft in Köln zeigt sich, dass Schlüsselqualifikationen wie Projektmanagement, Kommunikationsvermögen usw., also Fähigkeiten, die in der ersten Studie als außerfachlichen Qualifikation erhoben wurden, heute nahezu 50% der Nennungen erhalten. Anwendungsbezogenes Fachwissen hat seine prozentual ausgedrückte Bedeutung aus der ersten Studie nahezu halten können. Ein deutlicher Rückgang ist bei der Kenntnis der Unternehmensstruktur zu verzeichnen. Sie fällt von 36% auf 21% der Nennungen zurück.[155] Thom et al. weisen ihr zusammen mit der Vermittlung der Firmenphilosophie hingegen eine Position im oberen Mittelfeld der Zielhierarchie zu.[156]

Als problematisch erweist sich die Bestimmung solcher Lernzielkataloge. Bei ressortbegrenzten Angeboten lassen sich – im Gegensatz zu allgemeinen ressortübergreifenden Programmen – spezifische Lernziele wesentlich leichter definieren. Deshalb schlagen Thom und Giesen für diesen Bereich auch eine Reduktion auf zwei Lernstufen vor:

1. Definition des Wissens, welches für die erste Zielposition notwendig ist und

2. praktische Anwendung der erworbenen Theoriekenntnisse.

Für ressortübergreifende und projektorientierte Trainee-Programme sollten nach Thom/Giesen allerdings alternativ zu diesem Vorgehen General-Lernziele pro Ausbildungsphase formuliert werden, die gleichzeitig Umsetzungsmöglichkeiten enthalten, deren Realisierung aber den Fachabteilungen überlassen wird. Diese Variante eröffnet bspw. bei projektorientierten Programmen die Möglichkeit eindeutige Lernziele festzulegen (z.B. Termin- und Qualitätseinhaltung, Zufriedenheit der Auftraggeber und Leistungsempfänger).[157]

Die von Thom et al. erhobenen Lernziele für die Traineeausbildung orientieren sich an Generallernzielen. Sie geben die Kenntnisse, Fähigkeiten und Verhaltensweisen wieder, die im jeweiligen Unternehmen notwendig sind, um die konkrete Arbeitssituation zu bewältigen.[158] Es handelt sich dementsprechend um Lernziele, die die Hochschulen nicht vermitteln können bzw. für die eine Vertiefung und vor allem auch Spezialisierung am Lernort Betrieb notwendig und sinnvoll ist.

Die Lernziele werden von Thom et al. den Bereichen Sozialkompetenz, Fachkompetenz und Integration/Identifikation zuordnet. Innerhalb dieser drei Bereiche nimmt die Förderung der Sozialkompetenz einen hohen Stellenwert ein. Insbesondere sollen die Trainee-Programme die

---

[155] Vgl. Konegen-Grenier (1989): 2 und Konegen-Grenier (2001): 51.

[156] Vgl. Thom/Friedli/Kuonen (2002): 22 und Thom (1987): 241.

[157] Vgl. Thom/Giesen (1998): 12.

[158] Vgl. Hentze/Kammel (2001): 375.

Selbstständigkeit, die Teamorientierung sowie die Kommunikationsfähigkeiten fördern. Aber auch Problemlösungs- und Entscheidungskompetenzen werden vermehrt angestrebt.

Auf fachlicher Ebene werden die Vermittlung firmen- bzw. produktspezifischen Wissens und das Kennenlernen von Arbeitstechniken als oberste Zielkategorien genannt.

Die Kategorie ‚Integration und Identifikationsfähigkeit' umfasst das Kennenlernen der Unternehmenskultur sowie der Organisations- und Entscheidungsstrukturen als wesentliche Ziele.

Darüber hinaus gilt die Erhaltung und erfolgreiche Weiterentwicklung der Unternehmung als oberstes Unternehmensziel.[159] Dieser allgemeinen Zielsetzung – bzw. den unternehmensspezifisch formulierten generellen Unternehmenszielen – müssen sich die konkreten Ziele eines Führungskräfteentwicklungssystems unterordnen. Nur so können die Maßnahmen der Entwicklung letztlich dazu beitragen, die obersten Unternehmensziele zu erreichen.

---

[159] Vgl. Berthel/Becker, F.G. (2003): 268.

Sozialkompetenz	In %[160]	Bewertung[161]
Förderung der Selbstständigkeit/Eigeninitiative/Eigenverantwortung (N = 100)	90,3	4,46
Förderung der Problemlösungskompetenz (N = 101)	87,4	4,31
Förderung der Kommunikationsfähigkeit (N = 102)	85,5	4,25
Förderung der Teamorientierung (N = 102)	78,7	4,13
Förderung der Entscheidungskompetenz und -umsetzung (N = 101)	78,6	4,17
Förderung der generellen Persönlichkeitsentwicklung (N = 101)	70,3	4,14
Förderung der Flexibilität (N = 102)	66,0	3,83
Fachkompetenz		
Vermittlung von firmen- bzw. produktspezifischem Wissen (N = 103)	78,6	4,20
Kennenlernen von Arbeitstechniken der Praxis (N = 103)	76,7	4,04
Vermittlung von Managementwissen der Branche (Fachwissen) (N = 102)	51,5	3,49
Aufbau von IT-Kenntnissen (N = 103)	28,2	2,91
Fremdsprachenkenntnisse verbessern (N = 102)	16,5	2,25
Integration und Identifikationsfähigkeit		
Kennenlernen der Firmenphilosophie/Unternehmenskultur (N = 102)	78,7	4,12
Kennenlernen der Organisations- und Entscheidungsstrukturen (N = 103)	74,8	4,01
Integration in die betrieblichen Sozialstrukturen (N = 101)	55,4	3,56
Förderung der internationalen Einsetzbarkeit der Mitarbeiter (N = 102)	22,3	2,41

Tab. 4: Lernziele der Trainee-Programme
(Thom/Friedli/Kuonen (2002): 23).

Da im Zusammenhang dieser Arbeit Trainees als Führungskräftenachwuchs betrachtet werden, sollen auch allgemeine Ziele der Führungskräfteentwicklung in die Betrachtungen mit einbezogen werden. Becker und Schwertner haben in ihrer Studie folgende Lernziele der Führungskräfteentwicklung erhoben:

---

[160] Die Prozentzahlen beziehen sich auf den Anteil Unternehmen, welche die folgenden Items mit wichtig oder sehr wichtig bewerteten.

[161] Die angewendete fünfstufige Skala lautet: 1 = unwichtig, 2 = weniger wichtig, 3 = eher wichtig, 4 = wichtig, 5 = sehr wichtig.

Ziele	In %
Befähigung der Führungskräfte zur Bewältigung von Veränderungen	81,7
Verbesserung des Kommunikationsverhaltens	68,7
Verbesserung des Kooperationsverhaltens	62,9
Sicherung des notwendigen Bestandes an Führungskräften	63,3
Vermittlung der CI	38,3
Erhöhung der Loyalität	35,8
Erörterung von Aufstiegs- und Entwicklungsmöglichkeiten	35,1

Tab. 5: Ziele der Führungskräfteentwicklung
(Becker/Schwertner (2002): 28f).

Diese Übersicht zeigt, dass wesentliche Lernziele (Kommunikations- und Kooperationsverhalten, Corporate Identity) der Führungskräfteentwicklung sich bereits im Lernzielkatalog für Trainee-Programme wieder finden lassen. Einzig die Befähigung zur Bewältigung von Veränderungen fehlt unmittelbar in Tab. 4.

2.2.2.2 Individualziele

Neben den Zielen, die die Unternehmen mit Hilfe von Trainee-Programmen erreichen wollen, verfolgen auch die Trainees spezifische Ziele. Diese werden durch das Streben nach Befriedigung individueller Bedürfnisse geprägt. Eine Erhebung dieser Ziele liegt nicht vor, so dass sich angesichts der Heterogenität individueller menschlicher Bedürfnisse nur allgemeine Aussagen treffen lassen.[162]

Die Probleme im Programmablauf, die Thom et al. in ihrer Studie ebenfalls erhoben haben[163], und die im Problemaufriss diskutierten Aspekte eines ‚War for Talents' und eines zunehmend opportunistischen Verhaltens lassen aber eine mögliche Zieldiskussion zu. Vor allem die Erwartungshaltung der Trainees im Hinblick auf ihre Aufgaben- und Kompetenzbereiche und ihre Entscheidungsmacht zeigt deutlich, dass sich die Trainees ihrer Rolle als Führungsnachwuchskräfte zwar bewusst sind, aber ihre aktuelle subjektive Managementkompetenz während der Ausbildung falsch einschätzen. Ihr Streben, die eigene Employability und Managementkompetenz zu erhöhen, führt zum Wunsch (temporär) Aufgabenverantwortung zu übernehmen, obwohl die hierzu notwendigen Qualifikationen und Fähigkeiten vielleicht (noch) nicht vorhanden

---

[162] Vgl. bspw. das Konzept der Karriereanker (career anchors) von Schein (1978), siehe auch Hungenberg (1990): 37f und Berthel/Becker, F.G. (2003): 270. Eine Auflistung möglicher individueller Ziele findet sich bei Mentzel (1997): 27.

[163] Siehe Abschnitt B Kapitel 2.5.

sind. Sie wollen praktische Erfahrungen sammeln, da ihnen diese aufgrund ihrer bisherigen wissenschaftlichen Ausbildung fehlen. Deshalb bevorzugen sie anstelle von passiven Lernformen selbstgesteuertes und handlungsorientiertes Lernen in betrieblichen Lernumgebungen. Sie erwarten individuelle, auf ihre persönlichen Ziele und Defizite zugeschnittene Lernangebote.

2.2.2.3 Vereinbarkeit von Unternehmens- und Individualzielen

Die personalwirtschaftliche Literatur diskutiert unter diesem Stichwort das bereits angesprochene partizipative Vorgehen zwischen Unternehmen und Mitarbeiter bei der Zielabsprache. Dabei wird eine Berücksichtigung von Unternehmungs- und Individualzielen angestrebt.[164]

Der Trend zur Individualisierung der Trainee-Programme zeigt, dass Trainee-Interessen bei der Ablaufgestaltung vermehrt Berücksichtigung finden. Hierdurch soll die Programmdauer verkürzt und die Motivation der Trainees erhöht werden. Seitens der Unternehmen zeigt dieses Vorgehen, dass sie sich den Interessen der Trainees annehmen, da eine Entwicklung gegen die Interessen der Programmteilnehmer nicht tragfähig ist.[165]

Die Frage nach dem Interessenausgleich von Mitarbeitern und Unternehmung wird in der Literatur durchaus kontrovers diskutiert.[166] Im Falle der Trainee-Programme kann nicht von einer automatischen Zielkomplementarität ausgegangen werden. Daher erscheint es notwendig, beide Zielkategorien aufeinander abzustimmen. Diese Abstimmung kann nicht zentralisiert und mit langfristiger Perspektive erfolgen, sondern es ist vielmehr Aufgabe des unmittelbaren Vorgesetzten, Unternehmensziele und Individualinteressen jeweils im Einzelfall abzustimmen. Diese Sichtweise deutet bereits auf ein Gestaltungsmerkmal von Trainee-Programmen hin. Jeder Vorgesetze sollte in den Programmablauf eingebunden sein, denn der unmittelbare Vorgesetzte ist meist durch den direkten Kontakt zu seinen Mitarbeitern am besten in der Lage, deren Entwicklungsmöglichkeiten und -wünsche einzuschätzen und diese an zentrale Stellen im Unternehmen zu kommunizieren.[167]

Im Konfliktfall müssen unternehmungsbezogene und individuelle Ziele gewichtet werden. Für diese Abstimmung existieren keine festgelegten

---

[164] Vgl. Berthel/Becker, F.G. (2003): 267.

[165] Vielmehr steht sie i.d.R. auch den Zielen der Unternehmung konträr gegenüber. Vgl. Flohr/Niederfeichtner (1982): 14.

[166] Vgl. Berthel/Becker, F.G. (2003): 270; Flohr/Niederfeichtner (1982): 14f und die Ausführungen bei Hungenberg (1990): 39.

[167] Siehe hierzu Abschnitt E, Kapitel 1.

Faktoren, so dass eine allgemeingültige Aussage kaum möglich ist. Aussagen hierzu bewegen sich immer im Spannungsfeld unternehmensspezifischer und individueller Faktoren. Nach älteren empirische Ergebnissen orientiert sich die Entwicklungstätigkeit meist an den Unternehmenszielen und individuelle Ziele werden – sofern möglich – einbezogen.[168]

2.3 Methoden und Organisation der Ausbildung

2.3.1 Voraussetzung und Steuerung von Trainee-Programmen

Damit Trainee-Programme einem gewissen Standard entsprechen, sollten einige Grundvoraussetzungen gewährleistet sein. Förderreuther[169] und Gulden[170] fassen diese wie folgt zusammen:

- *Mindestbetriebsgröße*: Eine gewisse Mindestbetriebsgröße ist notwendig, da im Rahmen der Trainee-Programme neben einer praktischen Ausbildung in verschiedenen Unternehmensbereichen auch eine theoretische Ausbildung, meist in Form von Seminaren, notwendig ist. Dies erfordert ein innerbetriebliches Aus- und Weiterbildungssystem, das einen gewissen Angebotsumfang umfassen muss. D.h. betriebsinterne Weiterbildung kann erst ab einer Betriebsgröße von mehreren hundert Mitarbeitern sinnvoll durchgeführt werden. Bei dieser Betriebsgröße und ab einer Anzahl von fünf Trainees ist es auch ökonomisch vertretbar, Seminare für Trainees anzubieten.

- *Personelle Voraussetzungen*: Ein Trainee-Programm basiert auf einer zentralen Stelle[171], die Konzeption, Koordination und Steuerung übernimmt. Darüber hinaus werden in den einzelnen Abteilungen fachlich und pädagogisch kompetente Ansprechpartner benötigt, die die Funktion der dezentralen Ausbilder übernehmen.

- *Informationspolitik*: Förderreuther[172] hat auf die Akzeptanzprobleme von Trainees bei der Belegschaft hingewiesen. Deshalb muss die Personalabteilung möglichen Vorurteilen und Ängsten durch eine aktive Informationspolitik entgegentreten und deutlich machen, dass Trainees

---

168 Vgl. die Hinweise bei Hungenberg (1990): 40.

169 Vgl. Förderreuther (1988): 32–40.

170 Vgl. hierzu die Aufstellung bei Gulden (1996): 12f.

171 Thom (1987: 260f) hat bei einer Befragung festgestellt, dass beim ressortübergreifenden Programm 67% der befragten Unternehmen die zentrale Betreuungsstelle im Bereich der Personalabteilung oder Personalentwicklung angesiedelt haben.

172 Vgl. Förderreuther (1988): 35.

„keine ungerechtfertigten Vorzüge genießen und daß das Trainee-Programm nur ein Weg von mehreren zur Gewinnung von Führungsnachwuchs ist."[173]

Die Akzeptanz von Trainees und somit der Erfolg der Maßnahme hängt neben einer offenen Informationspolitik auch von der Vorbereitung durch die Personalabteilung ab.

- *Planung*: Der große zeitliche Umfang der Trainee-Entwicklung erfordert eine umfassende und detaillierte Entwicklungskonzeption. Auch vor dem Hintergrund der dadurch entstehenden hohen Kosten[174] sollte ein individueller Entwicklungsplan erarbeitet werden, der die Stärken und Schwächen des Trainees, den Bedarf des Unternehmens sowie das prognostizierte Potential des Trainees in die Erarbeitung einschließt.

Neben der Planung sind es vor allem Aspekte der Steuerung, Betreuung aber auch der Kontrolle, die den Ausbildungserfolg eines Trainee-Programms bestimmen. Wesentliche, ebenfalls von Gulden[175] zusammengetragene Steuerungsinstrumente sind:

1. der bereits angesprochene *Trainee-Beauftragte*, der in der Personalabteilung angesiedelt, den Stationswechsel koordiniert und Ansprechpartner für die Fachabteilungen ist.[176]

2. ein *Patensystem in den Fachabteilungen*, das die fachliche und/ oder soziale Betreuung sowie die Integration der Trainees in die jeweilige Fachabteilung erleichtern soll. Der Pate ist direkter Ansprechpartner für die Trainees wie auch für die Personalabteilung. Allerdings zeigt sich in diesem Bereich eine der großen Schwachstellen bestehender Trainee-Programme. Fachabteilungen und Paten haben meist zu wenig Zeit für die Betreuung.[177]

3. *regelmäßige Beurteilungen*, die den Leistungs- und Entwicklungsstand der Trainees wiedergeben sollen. Relativierend weist Gulden darauf hin, dass in Abhängigkeit mit der Anzahl der Ausbildungs-

---

[173] Gulden (1996): 12.

[174] Thom/Friedli/Kuonen (2002: 33) ermittelten eine Gehaltsspanne von 50.000 DM bis 95.000 DM pro Jahr, wobei über 70% der Trainees zwischen 65.000 und 80.000 DM verdienten. Bei den von den Unternehmen geschätzten Kosten lag der Mittelwert in der Größenklasse zwischen 150.000 und 200.000 DM. Vgl. Thom/Friedli/Kuonen (2002): 36.

[175] Vgl. Gulden (1996): 16, siehe aber auch Ferring/Staufenbiel (1989): 164f; Thom/Schmiedeknecht (1994): 278 und Christian (1984): 30.

[176] Vgl. Thom/Friedli/Kuonen (2002: 34), die bei über 80% der befragten Unternehmen eine Organisationseinheit ermitteln konnten, die für das Programm zuständig war.

[177] Vgl. Scherer/Mummenthal (2003): 71.

stationen und der damit einhergehenden kürzeren Einarbeitungs-
und Arbeitsphase die Aussagekraft der Beurteilungen sinkt.

4. in *Ablauf- und Stationsbeschreibungen* werden die Lernziele festgelegt. Sie bilden die Basis für nachfolgende Kontrollprozesse.

5. regelmäßig anzufertigende *Traineeberichte* dienen als Feedback
sowohl für die Fachabteilung als auch für den Trainee-Beauftragten, da in ihnen der Lern- und Arbeitsinhalt dokumentiert
wird.

2.3.2   Lernmethoden

Die in Kapitel 2.2.2 angesprochenen Lernziele werden durch unterschiedliche Personalentwicklungsmaßnahmen on-the-job und off-the-job
sowie Job Rotation und Projektarbeit angestrebt. Neben klassischen Seminaren werden Planspiele, Fachgespräche, PC-Lernprogramme, Betriebsbesichtigungen und Trainee-Konferenzen abgehalten.[178] Der on-
the-job Anteil der Ausbildung überwiegt jedoch. Arnold ermittelte in
seiner Studie im Durchschnitt 23 Tage für off-the-job Lernmethoden, bei
einem Median von 12 Tagen.[179] Die Entscheidung für oder gegen fir-
meninterne oder externe trainingsbegleitende Maßnahmen hängt von
der Beurteilung des Unternehmens ab. Argumente wie eine zuverlässige
Kostenkalkulation und das umfangreichere Methoden- und Medienan-
gebot externer Anbieter haben dazu geführt, dass interne Weiterbildungsmaßnahmen zugunsten der externen abgenommen haben. So sind
heute knapp 50% der Weiterbildungsmaßnahmen intern, wohingegen
1995 noch 60% der Unternehmen angaben, ihre off-the-job Inhalte intern
zu vermitteln.[180]

2.3.2.1   Lernen on-the-job

Training-on-the-job dominiert zu 80% die Ausbildungszeit der Trainees.[181] Ergänzt wird dieses Lernen am Arbeitsplatz und ‚learning by
doing' durch begleitende off-the-job Bildungsmaßnahmen, für die 80%
der befragten Unternehmen bis zu 21% der Ausbildungszeit aufwen-
den.[182]

---

[178] Vgl. Gulden (1996): 15.

[179] Vgl. Arnold, A. (1999): 70.

[180] Vgl. Arnold, A. (1999): 72.

[181] Vgl. Thom/Giesen (1998): 7.

[182] Vgl. Thom/Giesen (1998): 14 und Thom/Friedli/Kuonen (2002): 16.

Personalentwicklung on-the-job bezeichnet die „Weiterqualifizierung im Prozeß der Arbeitstätigkeit"[183]. Dabei ist die Zielsetzung (Lösung konkreter Aufgaben oder Überblick) allerdings vor Beginn der Ausbildungsphase mit der Ausbildungsabteilung zu klären.

Erfahrungsberichte zeigen, dass Trainees sowohl im Tagesgeschäft eingesetzt als auch mit Projektaufgaben betraut werden.[184] Der Lerneffekt und der Lernablauf sind hingegen verschieden. Die Tätigkeit im Tagesgeschäft stellt den Wirklichkeitsbezug sicher, da keinerlei Transferhemmnisse ein erfolgreiches Lernen behindern. Das Konzept ‚learning by doing' verknüpft Handlungs- und Erfahrungsorientierung miteinander, wobei das praktische Handeln im Zentrum steht. Der Lernerfolg dieser Methode baut auf der Reflexion der Ergebnisse und der Handlungsschritte auf. Aktuell findet die Mitarbeit vornehmlich in den Bereichen Verkauf, Marketing, Kundenbetreuung und Controlling statt. In Abteilungen wie Organisation, IT, Produktion und Human Resources überwiegt der Überblickscharakter.[185] Schrittweise übernehmen die Trainees auch selbstständige und eigenverantwortliche Arbeiten und leisten so einen Produktivitätsbeitrag.

Wird das Training-on-the-job in Form einer Projektarbeit durchgeführt, lernt der Trainee unterschiedliche Funktionsbereiche kennen und erweitert so sein firmeninternes Netzwerk. Weitere Details zur Projektarbeit finden sich in Kapitel 2.3.2.3.

Weitestgehend vernachlässigt wird das Entwicklungspotential von Training-near-the-job Angeboten für Trainees, was auf das fehlende Bewusstsein dieses Bereiches als Entwicklungs- und Gestaltungsfeld in der Personalentwicklung zurückzuführen ist.[186]

2.3.2.2 Lernen off-the-job

Lernen off-the-job stellt trotz des relativ geringen zeitlichen Umfangs von knapp 20% der Ausbildungszeit[187] einen unverzichtbaren Bestandteil

---

[183] Conradi (1983): 65.

[184] Nach Arnold, A. (1999: 60) werden in mehr als der Hälfte aller befragten Unternehmen Trainees mit überwiegend praktischer Arbeit betraut.

[185] Vgl. Arnold, A. (1999): 66f; Thom/Friedli/Kuonen (2002): 17.

[186] Die Arbeits- und Betriebspädagogik diskutiert seit den 90er Jahren Konzepte, die sich mit „arbeitsplatznaher Weiterbildung" (Severing 1994) oder „dezentralem Lernen" (Dehnbostel/Holz/Novak 1996) auseinandersetzen.

[187] Vgl. Arnold, A. (1999): 68; Thom/Friedli/Kuonen (2002: 16) ermittelten einen Wert von 21%.

der Traineeausbildung dar.[188] Folgende off-the-job-Lerninhalte wurden von Thom et al. erhoben:

Inhalte	Nennungen
Fachbezogene Inhalte	
Fachseminare und Fachtrainings	43
IT-Training inkl. Computer Based Training	17
Unternehmensbezogene Lehrinhalte	
Produktinformationen und -schulung	10
Information und Einführung in das Unternehmen	6
Fachübergreifende Lehrinhalte	
Führung/Mitarbeiterführung/strategische Führung	41
Präsentations- und Moderationstechniken	36
Kommunikationstraining	19
Rhetorikseminar und -training	17
Verkaufstraining und -schulung	16
Verhaltenstraining und interkulturelles Training	11
Zeit- und Arbeitsmanagement	10
Kurse in Betriebswirtschaft	6
Verhandlungstechnik	4
Kreativitätstraining	1

Tab. 6: Lerninhalte bei off-the-job Maßnahmen für Trainees
(Thom/Giesen/Friedli/Arnold (1999): 284).

Die Lehrmethoden bei off-the-job Maßnahmen zeichnen sich durch eine große Vielfalt aus. Diese spiegelt sich auch in den Erhebungen von Thom/Giesen, dem Institut der deutschen Wirtschaft und Arnold wider.[189] Die dort vorzufindenden Auflistungen erlauben eine Einteilung in einzelbezogene aktive oder passive Maßnahmen sowie gruppenbezogene aktive oder passive Personalentwicklungsmaßnahmen off-the-job. Eindeutig ist festzustellen, dass aktive Formen des Lernens bevorzugt eingesetzt werden und kommunikative Sozialformen die Lernsituationen bestimmen:

---

[188] Vgl. Meyer-Riedt (1993): 71 und Thom/Giesen (1998): 14.

[189] Vgl. Thom/Giesen (1998): 15; Konegen-Grenier (1989): 3 und Arnold, A. (1999): 69.

1. *einzelbezogene aktive Maßnahmen*
   - computergestützte Lernprogramme,
   - verschiedene Formen des Selbststudiums,
   - Einsatz von Trainees als Trainer/Referenten/Moderatoren,
   - Sprachkurse und -schulungen,
   - Fallstudien,
   - Programmierter Unterricht.

2. *einzelbezogene passive Maßnahmen*
   - Einzel- oder Lehrgespräche.

3. *gruppenbezogene aktive Maßnahmen*
   - in- oder externe Seminare,
   - Workshops,
   - Fallstudien,
   - Projekt- und Gruppenarbeiten,
   - Rollen- und Planspiele,
   - Exkursionen wie Messebesuche, Betriebsbesichtigungen und Informationsbesuche bei Kunden oder Lieferanten,
   - Erfahrungsaustausch unter den Trainees im Rahmen von Trainee-Konferenzen oder Junior Boards.

4. **Vorträge** *gruppenbezogene passive Maßnahmen*
   - Vorlesungen,
   - in- oder externe Seminare.

Arnold hat in seiner Befragung die Häufigkeiten der jeweils eingesetzten Lehrmethoden erhoben.[190] Hierbei zeigte sich, dass Seminare und Workshops mit knapp über 50% der Nennungen die häufigste Form der Vermittlung von Lerninhalten darstellten. 42,2% der befragten Unternehmen nannten Gruppenarbeiten als eine weitere Möglichkeit gewünschte Qualifikationen zu lehren. Planspiele haben seit der Befragung von Thom/ Giesen aus dem Jahr 1995 in ihrer Bedeutung als Lernmethode zugenommen. Vor allem die Möglichkeit der dezentralen Lernoption am Arbeitsplatz dürfte die angestiegene Häufigkeit der Nennungen erklären. 26,5% der Nennungen entfielen auf Fallstudien die einzeln oder kollaborativ erstellt werden. Rollenspiele und Gruppendiskussionen wurden nur von 4,2% als eigene Methode in Trainee-Programmen erwähnt. Vor allem Letztere sind häufig ein fester Bestandteil von Seminaren und Workshops zu den Themen Präsentation, Rhetorik und Moderation. Einen noch geringeren Anteil mit 2,4% der Antworten haben Einzel- oder

---

[190] Vgl. im Folgenden Arnold, A. (1999): 68–70.

Lehrgespräche erzielt. Der ausdrückliche Einsatz des Trainees als Referent (3,6%) erhielt ebenfalls vergleichsweise wenig Zustimmung, was aber dadurch erklärt werden kann, dass Vorträge im Zusammenhang mit dem Einsatz als Referent mit 16,3% eine deutlich höhere Anzahl an Nennungen erhielten. Auch hier gilt wie bereits bei den Gruppendiskussionen angesprochen, dass Vorträge integraler Bestandteil unterschiedlicher Lehr-Lernmethoden wie bspw. Fallstudien, Seminare, Workshops oder Planspiele sind und daher nicht gesondert als methodisches Element betrachtet werden. Die Erhebung zeigte auch, dass 14,5% der Unternehmen Projektmanagement und Projekttätigkeit mit einem praxisbezogenen oder auch firmeninternen Thema als off-the-job Trainingsmaßnahmen charakterisierten. Geschult werden Projektmanagement, Kommunikations- und Präsentationstechniken. Die eigentliche Projektarbeit findet sich als elementarer Ausbildungsbestandteil im Bereich des on-the-job Trainings wieder. Trainee-Treffen, Konferenzen für Führungsnachwuchskräfte sowie Feedback-Runden sehen 6,6% der Unternehmen vor. Hierbei geht es verstärkt um den Informationsaustausch der Trainees untereinander sowie um Feedback für die Ausbilder und Programmverantwortlichen. Vergleichsweise wenige der befragten Unternehmen (3,6%) bieten Informations- und Einführungsveranstaltungen zu Beginn des Ausbildungsprogramms an.

2.3.2.3   Lernen durch Projektarbeit

Projektarbeit ist eine Methode der Personalentwicklung on-the-job, soll aber an dieser Stelle separat behandelt werden, da sie, wie in Kapitel 2.2.1.4 bereits dargestellt, kennzeichnend ist für die Ausgestaltung von Trainee-Programmen. So vollzieht sich in über 80% der Unternehmen ein Teil der Traineeausbildung in Form von Mitarbeit in Projekten.[191]

> „Projekte sind komplexe und zumeist umfangreiche, einmalige und damit jeweils neuartige Aufgabenstellungen, deren Erledigung i.d.R. zeitlich befristet ist und Mitarbeitern aus verschiedenartigen Stellen übertragen wird."[192]

Handelt es sich bei den Projektteams um abteilungs- und bereichsübergreifende Teams, so soll das interdisziplinäre Denken und Handeln gefordert und gefördert werden.[193]

Die häufigsten Projektinhalte in Trainee-Programmen sind markt-produktbezogene Studien und Marketingprojekte sowie Projekttätigkeiten in den Bereichen Beratung, Informationstechnologie und Reorganisati-

---

[191] Vgl. Thom/Friedli/Kuonen (2002): 19; Arnold, R. (1999): 75.

[192] Berthel/Becker, F.G. (2003): 354.

[193] Vgl. Hungenberg (1990): 208 und Berthel/Becker, F.G. (2003): 140.

onsprojekte. So ermittelte Arnold, dass bei 62.7% der 166 befragten Unternehmen sich die Projektarbeit über das gesamte Ausbildungsprogramm erstreckte und sich daher auch häufig unabhängig von den Ausbildungsstationen vollzog. Projektarbeit ist für die Unternehmen ein wichtiger Bestandteil der praktischen Umsetzung des in den off-the-job Maßnahmen Erlernten.[194] Sind hingegen die Projekte nur für eine bestimmte Ausbildungsphase vorgesehen, so geht es meist darum, Projektmanagement als Ziel kennen zu lernen und erste Erfahrungen im Projektmanagement zu sammeln.

Die Bedeutung der Projektarbeit als Ausbildungsmethode hat seit 1995 kontinuierlich zugenommen, was nicht zuletzt auf die vermehrte Projektarbeit in den Unternehmen zurückgeführt werden kann.

2.3.2.4 Lernen durch Job Rotation

„Grundidee des Job Rotation ist die individuelle Qualifizierung eines Mitarbeiters durch den planmäßigen Wechsel von Arbeitsplätzen."[195]

Dabei schließt dieser Arbeitsplatzwechsel unter dem Gesichtspunkt des Lernens veränderte Anforderungen im Hinblick auf Aufgaben, Kompetenzen sowie Verantwortung mit ein. Die Arbeitssituation an sich gleicht einer Versetzung, muss aber als Lernsituation definiert werden. Der Trainee soll durch die gezielt durchgeführte Job Rotation seine Fach- und Führungserfahrung erweitern sowie seine Erfahrungsbasis verbreitern. Außerdem strebt die Personalabteilung durch eine geplante Job Rotation die Ausweitung der Qualifikation und somit eine Erhöhung der Flexibilität der Mitarbeiter an.

Die durchschnittliche Aufenthaltsdauer der Trainees in einer Ausbildungsabteilung liegt bei mehr als der Hälfte der Unternehmen bei ca. 10 Wochen, wobei die erhobenen Daten branchenabhängig schwanken.[196]

Mittels Job Rotation soll unternehmensbezogenes Wissen akkumuliert und die Persönlichkeit der Trainees entwickelt werden. Weitere Ziele, die mit dem Einsatz dieser Methode verbunden werden, sind: konzeptionelle Fähigkeiten, Anpassungsfähigkeit, Flexibilität und Fähigkeiten zur Bewältigung von Problemlösungsprozessen.

Zur Entwicklung von Generalisten wird vor allem auf die funktionsübergreifende Rotation zurückgegriffen, wohingegen Fachkräfte eher innerhalb eines Funktionsbereiches rotieren. Kritisch anzumerken ist, dass zu häufiges Rotieren zu einer mangelnden Identifikation mit den

---

[194] Vgl. Arnold, A. (1999): 75.

[195] Berthel/Becker, F.G. (2003): 317.

[196] Vgl. Arnold, A. (1999): 67.

aktuellen Aufgaben führen kann, da die zugewiesene Position nur als Durchgangsposition aufgefasst wird.[197] Dieser auch bei den Trainee-Programmen zu beobachtende Effekt führte bereits in der Erhebung von Meyer-Riedt zu einer Begrenzung der Zahl der Ausbildungsstationen zugunsten längerer Aufenthaltszeiten.[198]

2.4 Kontrolle von Trainee-Programmen

Eine systematische Kontrolle und Evaluation von Trainee-Programmen erfolgt in der betrieblichen Praxis eher selten.[199] Als Grund werden vor allem Zurechnungsprobleme von PE-Maßnahmen zu Änderungen des Unternehmenserfolges genannt. Dabei sind die Argumente, die für eine solche Kontrolle sprechen würden, eigentlich treffender[200]:

- *Überwachung*: Ist das Programm generell erfolgreich? Wie lange ist die Verweildauer der ehemaligen Trainees im Haus und wie sieht die Akzeptanz des Programms und der Personen durch die Mitarbeiter aus?

- *Trainee-Programme als Personalentwicklungsinstrument*: Sind die Programminhalte effektiv? Sind die Teilnehmer in der Lage, ihr erworbenes Wissen am Ende der Maßnahme im Unternehmen einzusetzen?

- *Prognosegüte des Personalauswahlverfahrens*: Wurden tatsächlich die richtigen Personen ausgewählt?

- *Zufriedenheit der Trainees*: Ausgehend von der Annahme, dass zufriedene Mitarbeiter motiviert sind und die volle Leistung erbringen, muss diese Zufriedenheit auch während der Ausbildungsphasen erfragt werden.

Staude hat bereits 1978 in seiner Dissertation zahlreiche Methoden und Verfahren zur Kontrolle von Trainee-Programmen vorgestellt, die ausgehend von einer Globalanalyse das gesamte Programm mittels einer Input-Output Betrachtung untersuchen, deren Aufwand bisher aber eine vollständige praktische Umsetzung verhindert hat. Insgesamt hat er neun potentielle Kontrollverfahren wie bspw. die Kosten-Nutzen-Analyse, Human Ressource Accounting und betriebswirtschaftliche Investitionsrechnung für die Bewertung von Trainee-Programmen konzipiert, an

---

[197] Vgl. Hentze/Kammel (2001): 384.

[198] Vgl. Meyer-Riedt (1993): 71.

[199] Vgl. Gulden (1996): 197; Drumm (2005): 428; Thom (1987): 268–274; Drumm/ Scholz (1988): 193f.

[200] Vgl. Förderreuther (1988): 88 und Meyer-Riedt (1993): 103.

die sich eine Betrachtung der Binnenstruktur in Form von Detailanalysen anschließt.

Eine mögliche Kosten-Nutzen-Analyse betrachtet vornehmlich die Kostenermittlung, die mittels einer Prozesskostenrechnung erfasst werden kann. Gulden weist darauf hin, dass 1992 immerhin 13% der vom IBA-Institut befragten Unternehmen die Prozesskostenrechnung als Steuerungsinstrument ihrer Trainee-Programme einsetzten.[201] Die Abbildung der Nutzen-Seite kann mit Hilfe personalpsychologischer Erkenntnisse erfolgen, so dass der Nutzen der Investitionsmaßnahme (hier: Trainee-Programm) abgeschätzt werden kann.[202] Dabei sind die Ziele der Unternehmung für die Personalentwicklungsmaßnahme immer der Ausgangspunkt für die Programmbewertung.[203]

Weitere Gründe für das aktuelle Fehlen von Evaluationsergebnissen sind u.a. zum einen das Fehlen von Kostenkontrollen im Unternehmen selbst. Ihr Vorhandensein würde eine Feinsteuerung der Programme erlauben. Zum anderen sind es fehlende personalpsychologische Erkenntnisse, die es erlauben würden, den Erfolg/Nutzen mit einem vertretbaren Aufwand zu erheben.[204] Ferner zeigt sich der Erfolg von Bildungsmaßnahmen meist erst in einigen Jahren, wodurch der Rückschluss auf den Erfolgsbeitrag der Maßnahme nur noch schwer zurechenbar ist. Dementsprechend müssen subjektive (bspw. Zufriedenheitsgrad der Ausbilder), quantitative (Abbruchquote, Übernahmequote; Verbleibequote usw.) und qualitative Verfahren (Erfüllung der Anforderungen, Imagewirkung, Akzeptanz innerhalb des Unternehmens) zur Bewertung herangezogen werden.[205] Thom hat hierzu ein Bewertungskonzept entwickelt, auf das an dieser Stelle nur hingewiesen werden soll.[206]

---

[201] Vgl. Gulden (1996): 199. Thom/Friedli/Kuonen (2002: 36) geben an, dass 55% der befragten Unternehmen eine systematische Kostenerfassung verfolgen.

[202] Siehe hierzu Gulden (1996) und die bei Rösler (1988) vorgestellten Modelle von Landy/Farr/Jacobs sowie Boudreau. Meyer-Riedt (1993: 103–120) hat ebenfalls unterschiedliche Kontrollkriterien erhoben und Einzelaspekte wie die Beurteilung der Trainees und die Kontrolle der Vorgesetzten detailliert diskutiert.

[203] Vgl. Thom (1987): 275.

[204] Vgl. Gulden (1996): 197.

[205] Vgl. Ferring/Staufenbiel (1989): 161.

[206] Vgl. Thom/Giesen (1998): 21f und 26.

2.5 Probleme bei der Durchführung und zukünftige Entwicklungen

In mehreren Umfragen[207] bei Trainee-Programmanbietern zeigte sich, dass die im Rahmen der Durchführung der Programme auftretenden Probleme ähnlich sind. Dazu zählen:

- zeitliche Überlastung des (Fach-)Vorgesetzten,
- Erwartungshaltung der Trainees (z.B. die falsche Erwartung im wesentlichen planerisch bzw. analytisch zu arbeiten und die geringe Bereitschaft, auch Routineaufgaben zu erledigen),
- unterschiedliche Auffassung über Ausbildungsinhalte,
- unterschiedliche Attraktivität einzelner Abteilungen,
- relativ ungesteuerter Informationsfluss (Informationsflut),
- Finden von qualifizierten Projektaufgaben und Ausgestaltung des Trainee-Einsatzes,
- Koordinationsprobleme im Ablauf, aber auch fehlende Absprache der Ausbildungsziele und Ausbildungsinhalte,
- Leistungsprobleme der Trainees,
- Konkurrenz zwischen Trainees und übrigen Mitarbeitern, aber auch unter den Ausbildungsteilnehmern und die
- mangelnde Kooperationsbereitschaft zwischen den Fachvorgesetzten und der Personalabteilung.

Aus der Perspektive der didaktischen Gestaltung, aber auch aus Sicht der Unternehmen, stellt vor allem die zeitliche Überlastung des Fachvorgesetzten das größte Problem dar. So betrachten über 60% der befragten Unternehmen die zeitliche Überlastung des jeweiligen Fachvorgesetzten als ernst zu nehmendes Problem.[208]

Verstärkt wird dieses Problem durch den Aufbau der Trainee-Programmkonzeptionen und das Konzept des ‚learning by doing‘, das eine aktive Mitarbeit im Tagesgeschäft vorsieht. Dazu bedarf es einer Einführung in die verschiedenen Tätigkeiten und Abläufe der Fachabteilungen. Gerade die Einführungsphase ist hier sehr zeitaufwendig. Wird der Fachvorgesetzte oder Ausbilder nicht von seinen täglichen Aufgaben während dieser Zeit teilweise befreit, ist der angestrebte Erfolg höchst zweifelhaft. Hinzu kommen der zusätzliche Kontrollaufwand in der Einführungsphase und das Reporting über die Tätigkeit und die Entwick-

---

[207] Vgl. Meyer-Riedt (1993): 81; Thom/Giesen (1998): 19; Arnold, A. (1999): 79 und Thom/Friedli (2005): 48ff.

[208] Vgl. Thom/Friedli (2005): 49.

lung des Trainees, die den Zeitbedarf der Fachvorgesetzten und Ausbilder nochmals erhöhen.[209]

Die falsche Erwartungshaltung resultiert nicht selten aus einer unrealistisch positiven Selbstdarstellung des Unternehmens, die dazu führt, dass aufgrund der zu hohen Erwartungen auf Seiten der Trainees und des Unternehmens die Arbeits- aber auch Lern-Motivation leidet.[210] Ein integriertes Personalentwicklungskonzept kann Probleme im Programmablauf, interne Probleme zwischen Fachabteilungen und Personalabteilung sowie das Konkurrenzdenken unter den Teilnehmern, aber auch zwischen Teilnehmern und Mitarbeitern bereits im Vorfeld eindämmen. Dies erfordert allerdings, dass auch für qualifizierte Nachwuchskräfte, die nicht als Trainees im Unternehmen ein spezielles Programm durchlaufen, parallel Förder- und Entwicklungsmaßnahmen angeboten werden.[211]

Um die Lernmotivation der Trainees aufrecht zu erhalten, ist die Auswahl von geeigneten Projektaufgaben eine wesentliche Aufgabe der Ausbilder.[212] Die beklagte Informationsfülle kann mittels didaktischer, aber auch organisatorischer Hinweise sicherlich organisiert und koordiniert werden.[213] Trotzdem ist bei einer Einstellung die Lernbereitschaft und die Auffassungsgabe der Bewerber zu testen, da die Programmstrukturen, vor allem beim ressortübergreifenden Trainee-Programm, auf die schnelle und präzise Verarbeitung von Informationen angelegt sind.

Folgende Einflussfaktoren unterstützen jedoch nach Ansicht der Unternehmen den Erfolg der Ausbildungsprogramme:

---

[209] Vgl. Meyer-Riedt (1993): 210.

[210] Vgl. Watzlawik (1984): 39f.

[211] Vgl. Ferring/Staufenbiel (1989): 166.

[212] Dass die Bedeutung erkannt wird, zeigt sich daran, dass über 30% der Unternehmen hierin ein Problem erkennen. Vgl. Thom/Friedli (2005): 49.

[213] Immerhin 14% sehen die Informationsflut als Problem an. Vgl. Thom/Friedli (2005): 49.

Einflussfaktoren zur Unterstützung des Programms	Bewertung
Eigeninitiative der Ausbildungsteilnehmer	4,62
Trainee-Beauftragter	4,07
Patensystem	4,04
Betreuerkreis in Fachabteilungen	3,95
Regelmäßige Mitarbeiterbeurteilungen	3,87
Befragungen der Teilnehmer	3,80
Ablaufpläne	3,70
Organisationspläne	3,51
Konferenzen der Teilnehmer	3,21
Typische Laufbahnstationen	2,73
Stellenbeschreibungen	2,56
Stellenbesetzungspläne	2,27

Tab. 7: Einflussfaktoren zur Unterstützung des Ausbildungsprogramms
für Hochschulabsolventen (Thom/Friedli/Kuonen (2002): 26).[214]

3. Wirtschaftsdidaktik als Kompetenzbasis zur Gestaltung von Lernumgebungen

3.1 Allgemeine Didaktik

Eine allgemeingültige Definition von Didaktik existiert nicht. Bereits die etymologische Bedeutung des Grundwortes[215] ‚didáskein' (lehren, unterrichten, lernen, unterrichtet werden) und seiner Ableitungen (Lehre, Unterricht, Schule, lehrbar) macht verständlich, warum der Begriff eine Vielzahl weiter oder enger gefasster Auslegungen/Definitionen erfahren hat.[216]

Von den zahlreichen Versuchen, die unterschiedlichen didaktischen Positionen zu ordnen[217], soll an dieser Stelle die Systematik von Euler[218] aufgeführt werden, der Definitionskategorien differenziert und dadurch wesentliche Positionsunterschiede separiert. Dieser Ansatz ermöglicht es, die wesentlichen Bestimmungsmomente des dieser Arbeit zugrunde liegenden Didaktikverständnisses darzulegen, ohne auf der Ebene der

---

[214] Die erhobenen Daten konnten in der aktuellen Trainee-Studie für die Schweiz bestätigt werden. Vgl. Thom/Friedli (2005): 49.

[215] Zu den einzelnen Übersetzungsmöglichkeiten siehe Kron (2004): 39.

[216] Vgl. Klafki (1996): 91.

[217] Vgl. Kron (2004: 42), der bspw. eine Ordnung nach Gegenstandsfeldern vorgenommen hat oder die Systematisierungen von Klafki (1975): 83 und Peterßen (2001): 24f.

[218] Vgl. Euler (1994): 97ff.

Definition eine detaillierte Begriffsabwägung führen zu müssen. Euler unterscheidet nach folgenden Merkmalen:

- Gegenstandsbereich,
- semantische Positionierung,
- Ziele und Funktionen und
- Zeit- bzw. Planungshorizont.

Versteht man den *Gegenstandsbereich* der Didaktik, wie Dolch es vorgeschlagen hat, als „die Wissenschaft (und Lehre) vom Lernen und Lehren überhaupt"[219], so wird klar, dass Didaktik sich

> „mit dem Lernen in allen Formen und dem Lehren aller Art auf allen Stufen"[220], also „auch mit jenen Formen des Lernens und Lehrens [...], die nicht Unterricht oder Lernen im Unterricht sind"[221],

befasst.[222] Diese umfänglichste Gegenstands- und Begriffsdefinition ist sicherlich zu weit, wenn man das ,und' zwischen Lehren und Lernen additiv auffasst, da in diesem Fall auch das zufällige Lernen eingeschlossen würde. Fasst man das Lehren und Lernen aber als eine Einheit auf, dann steht das planmäßig geleitete, bzw. bewirkte Lernen, bezogen auf Unterricht, im Mittelpunkt.[223]

Aus dieser Definition heraus ergeben sich unterschiedliche Ebenen hinsichtlich der *semantischen Positionierung* von Didaktik. Auf der Objektebene bezeichnet Didaktik die angesprochene Praxis als ein Handeln in Situationen und Lebensbereichen. Didaktik setzt sich in diesem Zusammenhang mit den Anforderungen dieses Lebensbereiches auseinander. Auf der Theorieebene wird das didaktische Handeln vergangenheitsbezogen-analytisch oder zukunftsbezogen-planerisch erfasst. Die Reflexion über und die sprachliche Erfassung von didaktischen Theorien erfolgt auf der Metatheorieebene. In diesem Zusammenhang, so Euler, wird Didaktik häufig als Modell zur Systematisierung von didaktischen Partialtheorien oder als Modell zur Generierung curricularer Handlungsanweisungen verstanden.[224] Diese klare semantische Positionierung zu

---

219 Dolch (1965): 45, siehe auch Heimann (1976: 147f); Klafki (1985: 39) und die Ausführungen bei Kron (2004): 43–49.

220 Dolch (1965): 45.

221 Dolch (1965): 45.

222 Vgl. Becker, M. (2005a: 165), der Bezug auf die Definition von Dolch nimmt.

223 Vgl. Glöckel (1996): 325 und Peterßen (2001): 22f

224 Zum Unterschied zwischen didaktischen Theorien und Modellen siehe Euler (1994): 99.

einer der drei Ebenen (Objekt-, Theorie- oder Metatheorieebene) ist jedoch nicht immer durchgehend vorzufinden.[225]

Auf der Ebene der *Ziele und Funktionen* legt Euler die Vorstellungen und Ansprüche dar, die insbesondere mit Konstruktionen auf der Theorie- und Metatheorieebene verbunden werden. Neben der Ordnungsfunktion nimmt im Zusammenhang dieser Arbeit die Planungs- und Steuerungsfunktion und somit die *Frage des Zeit- und Planungshorizontes* eine zentrale Stellung ein. Didaktik bildet die Grundlage zur Vorbereitung und Durchführung von Handeln in Lehr-Lernsituationen. Dabei kann sich die Strukturierung der Lehr-Lernsituation auf unterschiedliche Zeitpunkte richten. Denkbar sind Nach- oder Vorbild oder eine Konstruktion als Ist- oder Sollsituation.

> „Die Steuerungsfunktion betont in besonderer Weise die Orientierungsqualität von Didaktik im Rahmen der Planung und Durchführung von Lehr-Lernhandeln."[226]

Anders als in der Betriebswirtschaftslehre wird Planung in diesem Kontext aber nicht als schematische Ausführung einer fixierten Vorgabe, sondern als eine „variable Selbstverpflichtung"[227] verstanden. Der Planungserfolg bestimmt sich dementsprechend nicht darüber, ob Planung und Ausführung übereinstimmen, sondern ob die Planung dem Lehrenden eine Gestaltungshilfe bieten kann.[228] Die didaktische Planung ist ein „offener Entwurf"[229], der zu flexiblen Handeln befähigen soll. Darüber hinaus wird der Didaktik häufig eine Kritik- und Problematisierungsfunktion zugesprochen. Sie dient als Grundlage für die Überprüfung von Handeln in Lehr-Lernsituationen. Aus der Kritik heraus entwickelt sich auch die heuristische Funktion, die der Didaktik eine Entwicklungsaufgabe von Handlungsalternativen und Hypothesen zuweist. Explizit nennt Euler in diesem Zusammenhang didaktische Modelle, die in die-

---

[225] Vgl. Euler (1994): 99 und die Definitionen von Peterßen (2001): 12 und Klafki (1975): 83. So entwickelte sich eine Auffassung von Didaktik als auf Unterricht bezogene Disziplin (Schulz 1968: 12.), die eigenständig (Schulz 1968: 12, von Hentig 1969: 252) oder als Teildisziplin der Pädagogik (Tomaschewsky 1956: 15, Peterßen 2001: 19, Wilhelm 1966: 54 und Kron 2004: 27) gesehen wird. Zeitweilig hat man, insb. in der Schule Wenigers, Didaktik auf die Theorie der Bildungsinhalte, ihrer Struktur und ihrer Auswahl eingeschränkt und sie der Methodenlehre begrifflich neben-, bzw. rangmäßig vorgeordnet (Weniger 1930). Willmann hat die Didaktik als Bildungslehre bestimmt (Willmann 1909).

[226] Euler (1994): 100.

[227] Bach (1965): 31.

[228] Vgl. Euler (1994): 101.

[229] Klafki (1985): 212.

ser Funktion als „Explorationsinstrument zur Theoriebildung und Praxisgestaltung dienen"[230].

Unter dem Aspekt der Planung einer Trainee-Lernumgebung muss neben der definitorischen Grundlegung der Zugang zum Gegenstandsbereich des Lehrens und Lernens erörtert werden, da er die wissenschaftstheoretische Basis für die später erfolgende Ausgestaltung bildet. Auch bei dieser Frage existieren unterschiedliche Positionen, wobei sich diese nicht zwangsläufig gegenseitig ausschließen, sondern teilweise sogar ergänzen. Euler führt folgende vier Zugänge zum Gegenstandsbereich des Lehrens und Lernens an:

- Modellierung von Lehr-Lernsituationen,
- Entwicklung von praxisrelevanten Theorien,
- Formulierung von situationsbezogenen Rezeptologien[231] und
- Orientierung an prinzipiengeleiteten Handlungskonzepten.[232]

Didaktische Modelle bieten vielfältige Fragestellungen für die wissenschaftliche Auseinandersetzung mit dem Gegenstandsbereich des Lehrens und Lernens an. Jedoch ist es im Einzelfall nicht immer eindeutig, worin der Unterschied zwischen Modell und Theorie besteht. *Ziel didaktischer Modellierung* ist es,

> „die Faktoren und Zusammenhänge eines abgegrenzten Gegenstandsbereiches zu strukturieren und so eine Grundlage für die Theoriebildung und Praxisgestaltung zu leisten"[233].

Dabei stellen Modelle das bereits angesprochene Nachbild eines bestehenden oder das Vorbild eines gewünschten Originals dar.[234] Der notwendige relationale Zusammenhang zwischen Bezugsbild (Original) und Modell signalisiert, dass „jedes Modell eine Repräsentation von ‚etwas' ist"[235]. Es besteht jedoch keine feste Beziehung zu einem wie auch immer definierten Wirklichkeitsbegriff. Modelle dienen der Reduktion eines Originals auf die als wesentlich erkannten Elemente und Zusammenhänge. Die Gesamtkonzeption bildet den Rahmen.

Didaktische Modelle strukturieren die Lehr-Lernsituation, rekurrieren dabei auf didaktische Theorien, um so den konstruierten Elementen und

---

[230] Euler (1994): 101.

[231] Vgl. Euler (1994): 111.

[232] Vgl. Euler (1994): 103.

[233] Euler (1994: 105) mit weiteren Anmerkungen zu den zugrunde liegenden wissenschaftstheoretischen Fragen.

[234] Vgl. Kaiser/Weitz/Sarrazin (1991): 173

[235] Euler (1994): 106.

Zusammenhängen einen Informationsgehalt zu unterlegen.[236] Dieser Aspekt bestimmt das weitere Vorgehen. Mit Hilfe didaktischer Modelle und Theorien soll das didaktische Handeln – die Gestaltung einer Trainee-Lernumgebung – entworfen werden. Dabei wird nicht mit Hilfe der allgemeinen Modellkategorien das Handeln in konkreten Lehr-Lern-situationen analysiert und in (theoretischen) Aussagen formuliert, sondern die Modelle dienen dazu, didaktisches Handeln zu planen und zu entwerfen. Die Didaktik soll helfen, Entscheidungen zu treffen.

Als Entscheidungsgrundlage stehen zum einen die normative Ausrichtung von Didaktik und die Erkenntnisse der Lehr- und Lernpsychologie zur Verfügung.

Die normative Ausrichtung didaktischer Entscheidungen zeigt sich in *prinzipiengeleiteten Handlungskonzepten*.[237] Prinzipiengeleitete Handlungskonzepte wie z.B. offener Unterricht oder auch handlungsorientierter Unterricht sind konkreter als die Modelle grundlegender didaktischer Strukturen, jedoch abstrakter als situative Rezeptologien.[238] Rezepte sind in diesem Sinne

> „reflektierte Handlungsweisen aus der didaktischen Praxis [...], sogenannte Alltagstheorien, die als Hypothesen zukünftiges Handeln anleiten oder auch mit wissenschaftlichen Methoden überprüft werden können"[239].

Diese Konzepte beinhalten didaktische Prinzipien, die auf der Umsetzung einer (normativen) Vorstellung von Didaktik basieren. Mittels dieser normativen Vorstellung soll dem didaktisch Handelnden über situativ auszulegende Prinzipien eine Orientierung vermittelt werden. Deutlich wird diese Auffassung in den methodischen Leitvorstellungen, die die verschiedenen Lehrkonzepte besitzen.

> „Didaktische Prinzipien sind zusammenfassende Chiffren für die didaktisch-methodische Akzentuierung eines Unterrichtskonzepts."[240] „Sie betonen spezifische didaktische Handlungen, die in mehr oder

---

[236] Vgl. Euler (1994): 106.

[237] Prinzipiengeleitete Konzepte sind der lernzielorientierte Unterricht, der erfahrungsorientierte, der offene, kommunikative, projektorientierte, schülerorientierte usw. Unterricht. Hurtz (1991) sieht im Konzept der Handlungsorientierung ein didaktisches Leitprinzip, Tramm (1992: 47) bezeichnet sie als „didaktische Leitidee", Schelten (2004: 197) als „ein Konzept von Unterricht" und Gudjons (1997: 10) als „ein Unterrichtsprinzip".

[238] Vgl. Euler (1994): 113.

[239] Euler (1994): 111f.

[240] Euler (1994): 113. Eine Übersicht über die Verbindung von Prinzipien und Konzepten findet sich bei Jank/Meyer (1994): 294.

weniger vorgeschriebener Form durchgeführt werden sollen, um die normativen Vorstellungen der Konzeption umzusetzen."[241]

Darüber hinaus basieren didaktische Entscheidungen auf den Erkenntnissen psychologischer Lehr- und Lerntheorien, mit deren Hilfe die komplexe Lehr- und Lernpraxis analysiert werden kann. Dabei werden situative Gegebenheiten wie individuelle, kulturelle, soziale, intentionale und mediale Faktoren untersucht. Entsprechend dieser situativen Gegebenheiten können formale Lernanforderungen und Leistungen definiert werden.[242] Diese können wiederum in einem zweiten Schritt mit entsprechenden Lernformen oder Lernarten didaktisch eingesetzt werden, um Lernprozesse zu initiieren, Verhaltens- und Leistungsformen sowie inhaltliches Können, Urteilen, Werten und Wollen zu verbessern oder zu erweitern.[243] Dieser didaktische Ansatz der lerntheoretischen Forschung ist primär an Lehr- und Lernprozessen und nicht an der Verbesserung von Lerntheorien orientiert.[244] Daher können auch aus den Ergebnissen dieser *praxisorientierten Forschung* Vorschläge und Konzepte für das Lehren, z.B. Lernsequenzen und Lernschritte für Planung und Organisation von Unterricht oder Lernhilfen, wie z.B. Hilfen zur Motivierung von Lernen, zur Überwindung von Lernproblemen, zur Findung von Lösungen, abgeleitet werden.[245] Didaktik soll in diesem Verständnis helfen alle Faktoren zu verbessern, die mit organisiertem Lernen und Lehren zu tun haben. Diese Bestimmung ist gegenstandsidentisch mit der aus der angloamerikanischen Diskussion bekannten Bestimmung von Curriculum.[246] Die Pädagogik beschäftigt sich demgegenüber mit den Sozialisations- und Lernprozessen und weniger mit dem Lehr-Lernprozess.[247]

Zusammenfassend lässt sich festhalten: Didaktik wird „als Argumentation, als ein Vor- und Nachdenken, über definierte Problemstellungen"[248] (hier: Planung und Gestaltung einer Trainee-Lernumgebung) verstanden. Das in dieser Arbeit verfolgte Wissenschaftsziel ‚gestalten' geht mit einem spezifischen Theorieverständnis einher. Im didaktischen Zusammenhang können wissenschaftliche Theorien keine eindeutigen Handlungsanweisungen i.S. einer bewussten Herbeiführung eines Ergebnisses in der Zukunft liefern, da die einbezogenen Rahmenbedingungen und Theorien keine Gesetze sind. Vielmehr haben sie „den Charakter von

---

[241] Euler (1994): 114.

[242] Vgl. Kron (2004): 47.

[243] Vgl. Gagné (1980).

[244] Vgl. Kron (2004): 47.

[245] Vgl. Roth, H. (1969): 227ff.

[246] Vgl. Encyclopaedia of Educational Research (1969): 275ff.

[247] Vgl. Kron (2004): 27.

[248] Euler (1994): 118f.

Orientierungswissen"[249]. Es handelt sich um validierte Aussagen ohne Allgemeinheitsanspruch, da subjektive Determinanten des menschlichen Verhaltens (Motivation, Interesse usw.) erfasst und in die Gestaltung einbezogen werden.[250] Diese Aussagen sind aber in der Lage – ausgehend von einer Problemstellung – Lösungsideen zu generieren und somit zum wissenschaftlichen Erkenntnisfortschritt beizutragen.[251]

3.2 Wirtschaftsdidaktik

3.2.1 Perspektiven und Fragestellungen der Disziplin

Der grundlegende Zusammenhang von Allgemeiner Didaktik, Fachdidaktik und Fachwissenschaft ist inzwischen in der Literatur unbestritten.[252] Allerdings wird dem Verhältnis von Allgemeiner Didaktik zur Fachdidaktik ein besonderes Gewicht beigemessen, da das Lokalisierungsproblem der Fachdidaktiken nicht endgültig geklärt ist.[253] Während sich die Allgemeine Didaktik ohne Einschränkung auf das gesamte Feld des Lehrens und Lernens bezieht, sind Fachdidaktiken und fachdidaktische Theoriebildung auf ein Fach oder eine Fächergruppe bezogen.[254] Sie sind allerdings keine bloße Anwendungslehre, sondern verstehen sich

> „als die Reflexion der pädagogischen Dimension eines Faches, einer Fächergruppe, eines Lernbereichs [...] in Auseinandersetzung mit den fachwissenschaftlichen Problemstellungen möglicher Bezugsdisziplinen"[255].

Diese Sichtweise spiegelt sich auch in der Definition der KVFF (Konferenz der Vorsitzenden Fachdidaktischer Fachgesellschaften) wider, für die

---

[249] Euler (1994): 119.

[250] Auch die Betriebswirtschaftslehre kann nicht immer solche Anforderungen erfüllen. Vgl. Schauenberg (2004): 2020.

[251] Vgl. das wissenschaftstheoretische Konzept von Schneider, D. (1993: 155ff), das auf einer Art Netzstruktur basiert, die aus den Komponenten ‚Problemstellung', ‚Strukturkern', ‚einem (oder mehreren Musterbeispiel(en)' besteht und aus Hypothesen gebildet wird. Vgl. auch zu den Zielen der BWL als Wissenschaft Fülbier (2004): 267f.

[252] Vgl. Kochan (1970); Geißler, E. (1981): 13ff; Peterßen (2001): 28ff.

[253] Vgl. Kaiser/Kaminski (1999): 13. So sind die wirtschaftsdidaktischen Lehrstühle auch heute noch entweder bei der Fachwissenschaft, also den Wirtschaftswissenschaften, oder bei den pädagogischen/erziehungswissenschaftlichen Fachbereichen an den Universitäten angesiedelt.

[254] Vgl. Peterßen (2001): 31f, ebenso Achtenhagen (1981): 284ff und KVFF (1998): 13.

[255] Kaminski (1990): 256. Vgl. auch von Borries (1999): 196f.

„Fachdidaktik [...] die Wissenschaft vom fachspezifischen Lehren und Lernen innerhalb und außerhalb der Schule"[256] ist.

Den Begriff ‚Wirtschaftsdidaktik' verwendete erstmals Bokelmann in einer Fußnote als Bezeichnung für den Derbolavschen Theorieansatz des Wirtschaftsunterrichts.[257] Die Wirtschaftsdidaktik verbindet die Erkenntnisse aus dem Bereich der allgemeinen Didaktik und der Lehr-Lernforschung mit ihrem spezifischen fachlichen Gegenstandsbereich, den Wirtschaftswissenschaften. Wirtschaftswissenschaft gilt dabei im traditionellen und vorherrschenden Verständnis als Oberbegriff für die zwei sich durch ihre Betrachtungsweise unterscheidenden und gleichzeitig ergänzenden Disziplinen der Volkswirtschaftslehre und der Betriebswirtschaftslehre. Beide Disziplinen zeichnen sich sowohl durch ihren formulierten inhaltlichen Erkenntnisstand als auch durch die charakteristische Art und Weise ihres methodischen Vorgehens aus. Diese Methoden, Hypothesen, Theorien und Modelle, mit denen bestimmte Erkenntnis- und Gestaltungsinteressen verfolgt werden, müssen sich in der fachdidaktischen Umsetzung fachwissenschaftlicher Probleme wieder finden. Dabei ist die fachdidaktische Fragestellung in der Regel komplexer als die Fachwissenschaftliche, da

„sie die fraglichen Sachverhalte unter einem subjektiven Aspekt, dem eines lernenden Individuums in seiner konkreten gesellschaftlichen Situation, zu betrachten hat"[258].

Wesentlich für das Verständnis eines Fachdidaktikers ist hierbei die Unmöglichkeit der Trennung fachwissenschaftlicher Inhalte von ihrer Bedeutung für die Lernenden, d.h. es existiert kein lineares Deduktionsverhältnis zwischen Fachwissenschaft und deren Didaktik.[259] Die fachdidaktische Fragestellung variiert

„nicht nur die fachwissenschaftliche, sondern sie verändert sie auch, da sie eine Verbindung mit den individuellen Interessen der Lernenden eingeht"[260].

Darüber hinaus besteht i.d.R. eine Diskrepanz zwischen den von der Fachwissenschaft in ihrer Systematik angebotenen Antworten auf mögliche Fragestellungen und der komplexen Handlungssituation, wie sich diese dem Lernenden darbietet. Hier müssen mögliche Lehr-Lernvorgänge analysiert, implementiert und auf Basis der Fachwissenschaft und der gesellschaftlichen/organisatorischen Rahmenbedingungen reflek-

---

[256] KVFF (1998): 13.

[257] Vgl. Czycholl (1974): 15 mit dem Hinweis auf Bokelmann (1964): 180, Fußnote 25.

[258] Kaminski (2001): 50.

[259] Argumente gegen eine ‚Abbilddidaktik' finden sich bei Schlösser (2001).

[260] Kaminski (2001): 50f.

tiert werden. Wirtschaftsdidaktik beschäftigt sich in diesem Bereich mit der Frage nach den Organisationsformen, den Methoden bzw. Verfahren und den Prozessen des Lehrens und Lernens sowie der Frage der Medien des Lehrens und Lernens.[261]

Wirtschaftsdidaktiker betreuen neben der Ausbildung von zukünftigen Lehrern für allgemein bildende Schulen und Berufskollegs auch die Ausbildung von Wirtschaftspädagogen und Handelslehrern. Dadurch gehören Themen der betrieblichen Fort- und Weiterbildung sowie der Erwachsenenbildung zum originären Interesse wirtschaftsdidaktischer und wirtschaftspädagogischer Forschung. Anders aber als in der Wirtschaftspädagogik, deren Schwerpunkte vornehmlich normative und institutionell-organisatorische Fragen sind[262], liegt der Fokus der Wirtschaftsdidaktik auf der Sachanalyse und der daraus abgeleiteten zielbezogenen Gestaltung von schulischen wie auch außerschulischen Lehr- und Lernprozessen.[263] Besonders durch die Ausbildung von Berufsschullehrern und Handelslehrern und die damit einhergehende intensive Erörterung betrieblicher Lehr-Lernprozesse wurde die sachbezogene fachdidaktische Fragestellung auf Fragen der Personalentwicklung und des lebenslangen Lernens ausgedehnt.

Im Zentrum wirtschaftsdidaktischer Zielkategorien für Handelslehrer, deren Fokus die Berufsvorbereitung und Berufsausbildung ist, steht der Begriff der beruflichen Handlungsfähigkeit. Die von den Trainees angestrebte Employability beschreibt die subjektive Perspektive dieser beruflichen Handlungsfähigkeit. Die hierfür notwendigen Handlungskompetenzen sollen in Lehr-Lernsituationen erworben werden und anschließend in betrieblichen Lebenssituationen angewendet werden können.

3.2.2 Handlungskompetenz

Handlungskompetenz ist die Fähigkeit, die in einer

> „Domäne gestellten Anforderungen erfolgreich zu bewältigen. Dabei sollten sowohl wiederkehrende Anforderungen möglichst ökonomisch erledigt werden können, als auch neu auftauchende Probleme keine unüberwindbaren Hindernisse darstellen."[264]

---

261 Vgl. Kaiser/Kaminski (1999): 14; Klafki (1976): 275.

262 Siehe hierzu die Ausführungen zu den verschiedenen Sichtweisen auf die Wirtschaftspädagogik von Kaiser (2001): 622f. Wirtschaftsdidaktik wird aus wirtschaftspädagogischer Sicht gerne als ein drittes Standbein angesehen. Vgl. Euler/Hahn (2004): 75.

263 Vgl. Dauenhauer (2005).

264 Stark/Graf et al. (1995): 291.

Eine eindeutige Klärung der Termini ‚Kompetenz' oder ‚Handlungs-kompetenz' gibt es in der deutschen Literatur nicht.[265] Handlungskom-petenz als Zielpunkt der Kompetenzentwicklung beschreibt dement-sprechend die Fähigkeit,

> „aufgabengemäss, zielgerichtet, situationsbedingt, verantwortungsbe-wusst und reflektiert – entweder alleine oder in Kooperation mit ande-ren – betriebliche Aufgaben erfolgreich zu erfüllen und Probleme zu lö-sen, wobei die eigenen Handlungsmöglichkeiten weiterentwickelt wer-den"[266].

Zur Konkretisierung der weiteren Argumentation soll an dieser Stelle zuerst Handeln vom Verhalten abgegrenzt werden. Handeln betont die Aktivität und Zielgerichtetheit von Personen, in bestimmten Situationen durch zielgerichtetes und situatives Verhalten problemlösend tätig zu werden. Die Vorwegnahme möglicher Ereignisse sowie die systemati-sche Planung und gedanklich reflexive Überprüfung von Tätigkeiten wie auch deren konkrete Umsetzung und Evaluation legen den Handlungs-ablauf fest.[267] Eine Handlung setzt sich dementsprechend zum einen aus inneren Denkoperationen und zum anderen aus einem beobachtbaren Agieren zusammen. Folglich ist für eine Handlung ein Aktions-raum/Handlungsspielraum zwingend erforderlich. Unter Verhalten ver-steht man alle

> „symbolischen und motorischen Äußerungen eines Menschen [...], inso-fern sie beobachtbar sind"[268].

Verhalten lässt sich durch Stimulation verändern und steuern. Diesem Konzept unterliegt die behavioristische Lerntheorie mit der Modellvor-stellung, dass menschliches Verhalten als eine Antwort auf einen äuße-ren Reiz gesehen wird, ganz im Gegensatz zum aktiven und zielgerich-teten individuellen Handeln.

Die Kompetenz zur Handlung basiert nach Staudt/Kriegesmann auf in-dividueller Ebene auf einem gemeinsamen Zusammenwirken von

- „Handlungsfähigkeit als kognitiver Basis,
- Handlungsbereitschaft als motivationaler Basis und
- Zuständigkeit als organisatorischer Legitimation und Einbindung in den Unternehmenskontext."[269]

---

265 Vgl. Ertl/Sloane (2005): 7

266 Küng (1999: 79), die sich auf entsprechende Definitionen von Münch (1995: 11) und Erpenbeck/Heyse (1996: 27ff) stützt.

267 Vgl. Sloane (1998): 99f mit dem Verweis auf handlungstheoretische Annahmen, siehe hierzu Kapitel 3.3.3.

268 Kron (2004): 157.

269 Staudt/Kriegesmann (1999): 37:

Handlungsfähigkeit und Handlungsbereitschaft determinieren gemeinsam die individuelle Handlungskompetenz, die einen engen Bezug zu den Persönlichkeitseigenschaften aufweist. Die organisatorisch-technische Einordnung in den Unternehmenskontext, die Staudt/Kriegesmann in ihr Modell aufgenommen haben, bestimmt die bereits einleitend angesprochene Domäne: im Fall der hier thematisierten Handlungskompetenz die Kompetenzen zur Handlung in der Domäne Unternehmung.

Abb. 5: Elemente der Kompetenz zur Handlung
(Staudt/Kriegesmann (1999): 37).

Ausgehend von der Annahme, dass Fähigkeiten die kognitive Basis für Handlungen darstellen[270], ist die individuelle Handlungsfähigkeit ein Zusammenspiel von explizitem und implizitem Wissen sowie von Fertigkeiten. Die individuellen Persönlichkeitseigenschaften bilden das Fundament, auf dem die individuellen Handlungen und Verhaltensweisen aufbauen. Dadurch determinieren sie auch die Entwicklungsfähigkeit der drei individuellen Kompetenzelemente der Handlungsfähigkeit.

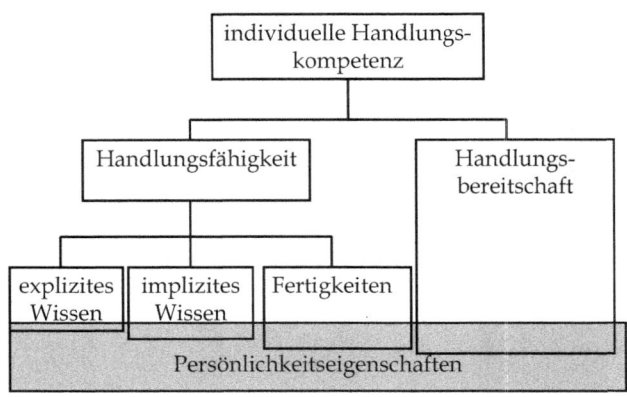

Abb. 6: Elemente der Handlungsfähigkeit
(Staudt/Kriegesmann (1999): 38).

---

270 Vgl. Stark/Graf et al. (1995): 292.

Die Begriffe ‚explizites Wissen'[271] und ‚implizites Wissen'[272] entstammen dem Konzept des Wissensmanagements. Sie gehen auf das von Polanyi[273] eingeführte Klassifikationssystem zurück und wurden besonders im Ansatz von Nonaka/Takeuchi[274] rezipiert.

Explizites Wissen ist eine

> „Sammlung in sich geordneter Aussagen über Fakten oder Ideen, die ein vernünftiges Urteil oder ein experimentelles Ergebnis zum Ausdruck bringen und anderen durch ein Kommunikationsmedium in systematischer Form übermittelt werden"[275].

Die laut Definition notwendige Kommunizierbarkeit expliziten Wissens setzt die Konvertierbarkeit in Worte und Zahlen oder Bilder etc. voraus. Die Diskussion um Wissensmanagement und die traditionelle Weiterbildung konzentriert sich nahezu ausschließlich auf die Vermittlung und Bereitstellung dieses expliziten Wissens.

Implizites Wissen ist hingegen „personengebunden, schwierig zu formulieren und damit schwer zugänglich"[276]. Beim impliziten Wissen handelt es sich um aktionsgebundenes Wissen, das auf individuellem Engagement und Erfahrung beruht. Die eigenen Handlungen und Beobachtungen stellen einen Erfahrungsschatz zur Verfügung, der allerdings nur bedingt in explizites Wissen transferierbar ist. Deshalb unterscheiden Nonaka/Takeuchi[277] auch eine technische und eine kognitive Dimension impliziten Wissens. Die technische Dimension umfasst die informellen, nur schwer beschreibbaren Fertigkeiten, die der Begriff Know-how wiedergibt. Die kognitive Dimension besteht aus mentalen Modellen. Sie spiegelt die Wirklichkeitsauffassung und Zukunftsvisionen der Individuen wider und formt deren Wahrnehmung.

Mit ***Fertigkeiten*** wird ein

> „konkretes und inhaltlich bestimmbares Können [verbunden], das durch Übung so weit automatisiert ist, daß eng umgrenzte Verhaltensweisen routinisiert vollzogen werden können, ohne daß es einer bewußten Zuwendung bedarf"[278].

---

[271] Synonym wird auch der Begriff Aussagewissen verwendet.

[272] Synonyme sind „tacit knowledge" oder „Erfahrungswissen".

[273] Vgl. Polanyi (1985).

[274] Nonaka/Takeuchi (1997).

[275] Staudt/Kriegesmann (1999): 38.

[276] Staudt/Kriegesmann (1999): 38, ebenso Nonaka/Takeuchi (1997): 18f.

[277] Vgl. Nonaka/Takeuchi (1997): 19.

[278] Staudt/Kriegesmann (1999): 39.

Routinisierung und Automatisierung reduzieren die ansonsten notwendigen Kontrollschleifen bei Handlungen und verhindern so eine hohe Störanfälligkeit. Allerdings weisen solche automatisierte Aufgabenbewältigungen aufgrund der Verwendung von Analogien und ihrer Gebundenheit an spezifische Situationen ein geringes Transferpotential auf. Einzig der Aufbau kontextunabhängiger, konzeptueller mentaler Modelle verspricht die Auswahl effizienter Handlungen in Transfersituationen.[279]

In der Psychologie unterscheidet man ferner *deklaratives* und *prozedurales* Wissen. Erstere Wissensart ist ein Synonym für Faktenwissen (‚Wissen was'). Prozedurales Wissen steht für Handlungswissen (‚Wissen wie'). Es vereint nicht nur die Fähigkeiten und Fertigkeiten, sondern auch das Wissen über prozedurale Vorgänge wie z.B. Problemlösungsprozesse. Prozedurales Wissen ist zu einem großen Teil implizites Wissen kombiniert mit erlernten Fertigkeiten, die es den Menschen ermöglichen,

> „komplexe kognitive Prozesse durchzuführen, ohne dabei einzelne Komponenten bewußt zu kontrollieren"[280].

Es kann aus relativ allgemeinen Regeln bestehen wie z.B. dem Bearbeiten einer Aufgabe oder es beinhaltet spezielle Fertigkeiten, die häufig in einer Automatisierung vorliegen, so dass das Wissen über die Ausführung immer unbewusster wird. Ein Beispiel ist das Schreiben-Können.

Die Elemente der individuellen Handlungsfähigkeit sind auf fachliche, methodische und soziale Ausprägungen zu beziehen.[281] Demnach zählen zu den zu erlernenden *Handlungskompetenzen* neben der Fachkompetenz[282] die Sozialkompetenz sowie die Humankompetenz[283]. Viele Darstellungen verzichten auch auf die Nennung einer Humankompetenz und gliedern stattdessen in Methoden- und Lernkompetenz.[284]

---

[279] Vgl. Stark/Graf et al. (1995): 291f.

[280] Seel (2003): 387. Siehe auch Edelmann (2000): 115.

[281] Siehe auch die Leitidee der beruflichen Handlungskompetenz. Vgl. Bader (1989): 74 und Ertl (2005): 27.

[282] Synonym wird häufig auch Sachkompetenz verwendet.

[283] Vgl. Kultusministerkonferenz (1999): 9; Ertl/Sloane (2005): 4 und Bader (1989): 75.

[284] Vgl. zur hier gewählten Darstellung Kaiser/Kaminski (1999): 30; Sonntag/Schaper (1999): 212; Faulstich (1998): 99; Münch (1995): 11ff; Erpenbeck/Heyse (1999): 159. Neuberger (1985: 114ff) gliedert in funktionale (instrumentelle) Handlungskompetenzen und extrafunktionale Handlungskompetenzen. Baitsch/Frei (1980: 30ff) unterscheiden generalisierbare Qualifikationen und innovatorische Qualifikationen.

- *Fachkompetenz* wird als die Fähigkeit und Bereitschaft definiert, Aufgabenstellungen selbstständig, zielorientiert und sachgerecht zu bearbeiten und das Ergebnis zu beurteilen.

- *Sozialkompetenz* ist die Fähigkeit und Bereitschaft mit anderen kooperativ und kommunikativ zusammen zu arbeiten, sich mit ihnen rational und verantwortungsbewusst auseinander zu setzen und zu verständigen, um neue Pläne und Ziele zu entwickeln.[285]

- *Methodenkompetenzen* beschreiben die Dispositionen instrumentell selbstorganisiert zu handeln. Damit ist die Fähigkeit gemeint, bei Tätigkeiten, Aufgaben und Lösungen selbstständige Wege und Mittel für die Aufgabenbewältigung zu entdecken und anzuwenden. Es geht um ein kreatives und flexibles Gestalten der Arbeitstätigkeit und um eine Strukturierung des geistigen Vorgehens.[286]

- Die *Lernkompetenz* ist eine Art übergreifende reflexive Metakompetenz, die die Fähigkeit beschreibt, reflexiv selbstorganisiert zu handeln, sich von unmittelbaren Zusammenhängen zu distanzieren und sich zu sich selbst in Beziehung zu setzen, d.h. sich selbst einzuschätzen.

Diese Aufzählung der (Teil-) Kompetenzen wird häufig durch weitere Begriffe ergänzt. So haben Veränderungskompetenz, Problemlösekompetenz, emotionale personale Kompetenz oder auch Medienkompetenz unlängst Eingang in die Kompetenzdebatte gefunden.[287]

Zusammenfassend lässt sich festhalten, dass eine trennscharfe Abgrenzung der Teilkompetenzen nicht überschneidungsfrei möglich ist, auch dadurch bedingt, dass viele zusätzliche Komponenten in die unterschiedlichen Konzepte integriert wurden. Dieser Aspekt bildet einen zentralen Kritikpunkt an diesem Konzept. Allerdings existiert noch kein anderes trennscharfes Instrument für die Beschreibung von Kompetenzen[288], so dass im weiteren Vorgehen auf die dargestellte Form der Kompetenzbereiche zurückgegriffen wird, da sie einen systematischen Blick auf die zu gestaltende Trainee-Lernumgebung erlauben.

---

[285] Häufig wird Sozialkompetenz nochmals untergliedert in Kommunikationskompetenz und Soziale Kompetenz. Letztere geht über die Kommunikationskompetenz hinaus und betont das gemeinsame Entwickeln von Handlungsplänen, deren Durchführung sowie deren Koordination mit anderen am Prozess beteiligten. Vgl. Spieß/Winterstein (1999): 68.

[286] Vgl. Erpenbeck/Heyse (1999): 157, ebenso Ertl (2005): 27.

[287] Vgl. Sonntag/Schaper (1999): 212; auch Sonntag (1996): 56ff und Erpenbeck/Heyse (1999): 157 und 162.

[288] Vgl. Faulstich (1998): 77 und 81ff; Minnameier (1997): 7ff; Ertl/Sloane (2005): 5.

Darüber hinaus zeigte die Diskussion um Handlungskompetenzen, dass sie nur durch ein Ausführen von Handlungen entwickelt und gefördert werden können.[289] Handlungsorientiertes Lernen als ein Erfahrungslernen an realen Problemstellungen rückt somit auch in der Personalentwicklung als Personalentwicklungskonzept in den Betrachtungsfokus.[290]

3.3   Lerntheoretische Grundlagen einer Trainee-Lernumgebung

Lerntheorien basieren auf unterschiedlichen Annahmen über den Lernenden oder das zu Lernende.[291] Deshalb soll bereits im Vorfeld der nachfolgenden Erörterung der Illusion widersprochen werden, dass es universelle Gesetze des menschlichen Lernens gibt[292], aus deren Erforschung sich die Regeln seiner didaktischen Optimierung ableiten ließen.[293] Trotz dieser möglichen ersten Enttäuschung kann die Analyse des Prozesses des Wissens- bzw. Handlungserwerbs aber Aufschluss darüber geben, wie Wissen effektiver vermittelt und Handlungen erlernt werden können. Das Verständnis der beim Lehren und Lernen ablaufenden Prozesse hilft wiederum den Didaktikern entsprechende Angebote, Methoden und Prinzipien zu entwickeln und später zu evaluieren.

Die bereits eingeführte Unterscheidung zwischen deklarativem Wissen (Sachwissen) und prozeduralem Wissen (Handlungswissen) soll an dieser Stelle zur Systematisierung des Lerngegenstandes nochmals aufgegriffen werden.

Zum einen bezieht sich Lernen auf den Wissenserwerb und die Wissensrepräsentation.[294] Zu beantworten ist an dieser Stelle die Frage: Wie vermittle/präsentiere ich *Sachwissen* aus den unterschiedlichsten Bereichen, damit der Lernende kognitive Strukturen aufbauen kann? Zum

---

[289] Vgl. Beck (1996): 32 und 37.

[290] Im Bereich der schulischen (z.B. kaufmännischen oder berufsausbildenden) Bildung wurde dieser Schritt bereits vor mehreren Jahren vollzogen. Für die Personalentwicklung insgesamt ist erst in den letzten Jahren eine Tendenz hin zu handlungsorientierten Methoden zu erkennen, wobei Becker, M. (2005) das bisher schlüssigste handlungsorientierte Konzept für die Personalentwicklung vorgelegt hat.

[291] Vgl. Edelmann (2000): 188.

[292] Physiologische Lerntheorien bleiben bei dieser Betrachtung außen vor, da für den Didaktiker, also den Konstrukteur einer Lernumgebung, das Gehirn weder einsehbar noch unmittelbar beeinflussbar ist.

[293] Vgl. Weinert (1996).

[294] Vgl. Edelmann (2000): 115.

anderen soll der Lernende *Handlungswissen* erwerben.[295] Die Person soll mit Hilfe von Lernprozessen Handlungskonzepte und Handlungsschemata aufbauen, um so ihre Handlungskompetenz zu erweitern. Kompetenz ist in diesem Zusammenhang die Disposition, die Fähigkeit oder das Können, wohingegen die Ausführung der Handlung als Performanz bezeichnet wird. Will man ‚träges Wissen'[296] vermeiden, so sind die Grenzen zwischen explizitem Sach- und eher implizitem Handlungswissen fließend, da dem Transfer, also dem Anwenden-Können des Faktenwissens, der Umsetzung des Sachwissens in eine Handlung, eine zentrale Bedeutung zukommt.

Die aktuelle Literatur zur Personalentwicklung behandelt unterschiedliche Lernbegriffe, wie bspw. informelles, selbstgesteuertes oder auch emotionales Lernen.[297] Allerdings weisen diese Begriffe nur einen lockeren Bezug zu den gängigen (behavioristischen, kognitivistischen, konstruktivistischen und subjektwissenschaftlichen) Lerntheorien und den erwachsenenpädagogischen Zugängen (interaktionistisch, konstruktivistisch, handlungsregulationstheoretisch und subjektwissenschaftlich) auf.

Aus *behavioristischer Sicht* hat Lernen stattgefunden, wenn ein äußerer Hinweis auf einen Lernprozess identifiziert werden kann. Indes bleibt bei dieser Reiz-Reaktions-Sichtweise der eigentliche Lernprozess außerhalb des Betrachtungsinteresses, da es den Behavioristen nur um die kontrollierte Erfassung tatsächlich beobachtbaren Verhaltens geht.

Sieht man Lernen hingegen als relativ überdauernde Verhaltensänderung[298], so betrachtet man den Lernprozess als die Verarbeitung von Erfahrungen. Allerdings führt das bloße Wahrnehmen von Erfahrungen noch zu keiner Verhaltensänderung. Auf die berechtigte Frage, wann etwas in diesem Fall als gelernt deklariert werden kann, gibt es dementsprechend nur eine pragmatische Antwort: Handlungskompetenzen äußern sich nicht in einmaligen Verhaltensweisen, sondern die Lernenden müssen

> „innere Potenziale bzw. Dispositionen für ein stabiles, regelmäßiges Handeln in bestimmten Situationstypen"[299]

---

[295] Siehe hierzu auch die Dissertation von Müller-Vorbrüggen (2001) zum Thema Kompetenz-Performanz-Beziehungen als Gegenstand moderner Personal- und Organisationsentwicklung.

[296] Vgl. hierzu Renkl (1996) und Renkl (2001).

[297] Vgl. Arnold, R. (2004): 1096.

[298] Vgl. Steiner (2001): 140.

[299] Euler/Hahn (2004): 87, ebenso Kröll (1989): 240.

aufbauen. D.h. es ist zwischen beobachtbaren Verhaltensweisen und zwischen den ein solches Verhalten ermöglichenden Handlungskompetenzen zu unterscheiden.

Lernen wird deshalb im Rahmen dieser Arbeit als zielgerichtete, relativ stabile Erweiterung bzw. als der erstmalige Erwerb von Handlungskompetenzen[300] definiert. Es geht bei diesem Lernverständnis um die „kompetenzbildende Aneignung von Kenntnissen, Fähigkeiten und Fertigkeiten"[301].

Dies bedeutet einerseits, dass der Erwerb einer Handlungskompetenz mehr ist als eine Verhaltensweise für eine Situation einzuüben und wieder abzubilden. Erst der flexible Einsatz einer Handlungskompetenz innerhalb eines Situationstyps charakterisiert diese. Deshalb werden im Folgenden behavioristische Ansätze ausgeklammert, da diese Theorieansätze[302] durch die Beschränkung auf beobachtbares Verhalten und die besondere Überbetonung des reaktiven Moments (Reiz-Reaktions-Konditionierung)[303] außer dem Motivationsmechanismus keine Anhaltspunkte für eine Gestaltung von Lernumgebungen geben. Wesentliche Beweggründe für individuelles Handeln, aber auch für die Entstehung neuen Wissens sowie für die reflexive Betrachtung der eigenen Handlungen können mithilfe dieser Theorie nicht erklärt werden. Mit wachsender Komplexität der Lernprozesse sinkt daher der Aussagewert behavioristischer Lerntheorien.

Andererseits wird deutlich, dass Handlungskompetenz eine Zielgerichtetheit erfordert, die sich in Reflexions-, Entscheidungs- und Verantwortungsfähigkeit äußert, die dem Lernenden zugesprochen wird. Die Wollenskomponente auf Seiten des Lernenden wird hervorgehoben und deshalb muss bei der Betrachtung lerntheoretischer Grundlagen das Augenmerk auf einem handlungsorientierten Verständnis von Lernen aufbauen.[304]

Kognitivistische und konstruktivistische Ansätze erweisen sich in diesem Zusammenhang als weiterführend und erklärungshaltig, da sie

---

[300] Vgl. Euler/Hahn (2004): 86.

[301] Arnold, R. (2004): 1096.

[302] Eine sehr ausführliche Darstellung behavioristischer Lerntheorien und Forschungsergebnisse findet sich bei Mazur (2004).

[303] Vgl. Staehle (1999): 210.

[304] Aus dieser Sichtweise ergeben sich zwei Konsequenzen: zum einen kann sich die Anwendung einer Handlungskompetenz durch einen Lernenden von den Absichten lösen, die ein Lehrender mit der Entwicklung verbunden hat; zum anderen hat der Lernende die Möglichkeit, erworbene Handlungskompetenzen für unterschiedliche Ziele einzusetzen. Vgl. Euler/Hahn (2004): 89.

„kognitive Vorgänge und einen reflexiven Austausch mit der Umwelt in den Vordergrund rücken"[305].

Die in der Definition geforderte Stabilität weist darauf hin, dass eine Handlungskompetenz noch nicht bei einmaligem gezeigten Verhalten als erworben gilt.[306] Erst eine wiederholte Beobachtung von Verhaltensweisen lässt auf eine dauerhaft verfügbare Handlungskompetenz schließen. Dementsprechend sind Handlungskompetenzen empirisch nicht unmittelbar erfassbar, sondern lassen sich allenfalls aus dem äußeren Verhalten interpretieren.[307]

Ziel dieser Arbeit ist eine Betrachtung individueninterner Prozesse, um mögliche Handlungsvorschläge für die Gestaltung von Lernumgebungen zu geben und den Aussagewert didaktischer Handlungsempfehlungen zu erhöhen. Dabei stehen der Didaktik zwei Herangehensweisen zur Verfügung: Einmal lässt sich *Didaktik aus der Sicht des Lernenden* aufbauen. Das Lernen und Lernverhalten des Trainees werden zum Ziel erhoben, Lehren erhält eine eher instrumentelle Mittelposition. Alternativ hierzu ist die Ausrichtung der *Didaktik am Lehren bzw. Lehrstoff*. Hierbei wird implizit unterstellt, dass die Sichtweise des Lehrenden identisch ist mit der des Lernenden.[308] Diese Gegenüberstellung zeigt bereits die beiden Pole der lehr-lerntheoretischen Diskussion auf.

Deshalb werden im Folgenden kognitive (handlungstheoretische und soziale) sowie konstruktivistische und subjektivistische Ansätze thematisiert. Der handlungstheoretische Ansatz rekurriert auf die Arbeiten von Piaget und Aebli und behandelt den Aufbau, die Struktur sowie die Entwicklung zielgerichteter Handlungen. Soziale Lerntheorien werden im Rahmen dieser Arbeit im Bereich der sozialen Ebene von Lernprozessen ausgeführt. Konstruktivistische und subjektivistische Ansätze erweitern die in der personalwirtschaftlichen Literatur gängigen Lerntheorien um wesentliche Erklärungsansätze. So weisen Reinmann-Rothmeier/Mandl darauf hin, dass eine Fortsetzung schulischer Verhältnisse und Methoden nicht mit den Zielen und Potenzialen der Erwachsenen übereinstimmen, da Denken und Lernen im Erwachsenenalter mit dem

---

[305] Günther (2001): 111.

[306] Vgl. Euler (1994): 123.

[307] Vgl. Euler/Hahn (2004): 88.

[308] Siehe hierzu die Interaktionsanalysen der empirischen Lehr-Lernforschung, die darlegen, dass es dem Lehrenden im Unterricht häufig weniger darum geht, individuelle Erfahrungen der Lernenden aufzunehmen und weiterzuentwickeln als über direkte Frage-Antwort-Muster den aufgearbeiteten Lehrstoff zu übermitteln. Vgl. Euler (1994): 121.

Arbeitsplatz verknüpft ist und auf Selbstverantwortung und Anwendungsbezug basieren.[309]

Jeweils im Anschluss an die kurze Darstellung der Grundannahmen der dargestellten lerntheoretischen Ansätze wird deren didaktische Relevanz in Bezug auf ihre Lernrelevanz und Gestaltungsprinzipien aufgezeigt.

3.3.1 Lernen durch Beobachtung

Konnten Behavioristen zwar die Frage beantworten, warum ein bestehendes Verhalten beibehalten oder aufgegeben wird, so konnten sie keinen Hinweis darauf geben, wie dieses Verhalten erstmalig aufgebaut wird. Dies ist der Ansatzpunkt für Banduras Theorie des ,Lernens am Modell'.[310] Nach ihm erfolgt der erstmalige Erwerb eines Verhaltens oder einer Handlungskompetenz durch Beobachtung des Verhaltens bzw. der Handlungen anderer Personen, weshalb diese Art des Lernens in der Literatur auch vielfache Bezeichnungen erfahren hat: ,Wahrnehmungslernen', ,Imitationslernen' oder auch ,Beobachtungslernen'.[311]

Banduras Ansatz löst sich vom behavioristischen Paradigma, da er verschiedene, nicht direkt beobachtbare kognitive Prozesse betrachtet. Nach Bandura gibt es vier Faktoren, die bestimmen, ob eine Imitation auftreten wird. In der Aneignungsphase sind das Aufmerksamkeits- und Gedächtnisprozesse und in der Ausführungsphase motorische Reproduktions- sowie Anreiz- und Motivationsprozesse.[312]

1. *Aufmerksamkeitsprozesse* entstehen, wenn der Trainee bspw. seine Aufmerksamkeit auf die entsprechenden Merkmale des Verhaltens oder die Handlung, die das Modell (z.B. der Vorgesetzte) ausführt, richtet. Vorteilhaft wirken sich in dieser ersten Phase attraktive Charakteristika (wie bspw. Macht, gutes Aussehen, charismatischer Vorgesetzter) aus, die die Attraktivität des Modells steigern.

2. Wenn zu einem späteren Zeitpunkt eine Imitation des Verhaltens stattfinden soll, müssen in einem zweiten Schritt *Gedächtnisprozesse* auftreten, die dafür sorgen, dass Handlungen, Abläufe oder Sachverhalte bewusst gemacht, geordnet und strukturiert werden.

3. Im dritten Schritt werden die symbolischen Repräsentationen in Handlungen umgesetzt. Das vom Modell gezeigte Verhalten wird

---

[309] Vgl. Reinmann-Rothmeier/Mandl (1995).

[310] Vgl. Bandura (1979).

[311] Vgl. Kron (2004): 165f; Steiner (2001): 158; Seel (2003): 120.

[312] Vgl. Bandura (1979): 33ff sowie die Darstellungen bei Mazur (2004): 419 und Steiner (2001): 158ff.

reproduziert. Dafür muss der Trainee in der Lage sein, die beobachtete und gespeicherte Handlung durch innere Vergegenwärtigung des Modellverhaltens zu wiederholen.

4. Für Bandura repräsentieren die ersten drei Prozesse alles, was für ein Individuum notwendig ist, damit es imstande ist, sein neu erlerntes Verhalten auszuführen. Allerdings fehlt für die Anwendung und offene Demonstration des Gelernten der *Anreiz* bzw. die *Motivation.*

Bandura verlässt mit seinem Modell die klassische Lernvorstellung der Behavioristen und bietet so konkrete Ansatzpunkte für das Lehren: Zum einen kann der Lehrende die Aufmerksamkeitsprozesse bewusst durch die Wahl des Modells beeinflussen, zum anderen kann er unterstützend auf die Gedächtnisprozesse einwirken, indem er Handlungsabläufe nicht nur visuell darbietet, sondern diese z.B. kommentiert. Wenn darüber hinaus die Modellperson seine inneren Denk- und Problemlöseprozesse in Worte fasst und dadurch beobachtbar macht, liegt ein ‚kognitives Modellieren' vor, wie Collins/Brown/Newman (1989) es im Cognitive Apprenticeship-Ansatz[313] fordern.[314] Eine Erweiterung der Handlungsmöglichkeiten schafft zusätzliche Anreize, eine Handlung erneut durchzuführen.[315]

Die soziale Dimension von Banduras Lerntheorie erwächst aus der Wahl des Modells. Der Erwerb von Werten, Überzeugungen und Anschauungen, die in einer Gesellschaft oder einer sozialen Gruppe vorherrschen, lässt sich mittels Beobachtungslernen erklären. Somit kann mithilfe des Modell-Lernens ein Teil der betrieblichen Sozialisation erklärt werden.[316]

Banduras Lerntheorie gibt Anhaltspunkte für Lehrhandlungen, weist aber bei der Zielgerichtetheit einige Probleme auf. Besonders bei unbewussten Beobachtungsprozessen können nicht intendierte Lerninhalte weitervermittelt werden. Außerdem gelangt die Theorie bei der Vermittlung von deklarativem Wissen schnell an ihre Grenzen.

Für ein besseres Verständnis der Lernprozesse beim Erwerb von Handlungsfähigkeit haben Staudt und Kriegesmann unter Rückgriff auf Bandura ein Modell vorgelegt, das im Folgenden dargestellt werden soll.

Es sind vor allem die bei Bandura zu findenden Schwerpunkte

- der gelenkten Informationsaufnahme durch Aufmerksamkeitsprozesse,

---

[313] Siehe hierzu ausführlich Abschnitt E, Kapitel 1.1.5.

[314] Vgl. Sattelberger (1994).

[315] Vgl. Reinmann-Rothmeier/Mandl (2001a): 202.

[316] Vgl. Seel (2003): 119f.

- der Informationsverarbeitung und -speicherung durch die individuelle Organisation der Reize und
- der Ausführung auf Basis der kognitiven Repräsentation der Imitation und deren Beeinflussung durch Beurteilungen,

die die Theorie des Modell-Lernens als einen Wegbereiter für spätere Handlungstheorien als diskussionswürdig erscheinen lassen.

Handlungsfähigkeit ist das Ergebnis eines komplexen und längerfristigen Entwicklungsprozesses. Zwischen den einzelnen Komponenten von Handlungsfähigkeit (explizites und implizites Wissen sowie Fertigkeiten) bestehen Wechselbeziehungen und Verknüpfungen. Dabei kommt dem impliziten Wissen, wie Staudt in einer empirischen Studie festgestellt hat, für die Entwicklung der individuellen Handlungsfähigkeit eine höhere Bedeutung zu als dem expliziten Wissen, das als formale Basis zur Erfüllung beruflicher Handlungen gilt.[317]

Bandura hat für den Erwerb von individueller Handlungsfähigkeit drei Lernwege (Handlungen, Beobachtungen und/oder Instruktionen) aufgezeigt:

- „Handlungen [führen] primär zum Erwerb von Fertigkeiten und implizitem Wissen;
- Beobachtungen führen primär zum Erwerb impliziten Wissens und zum Teil auch zum Erwerb expliziten Wissens:
- Instruktionen beispielsweise durch institutionalisierte Weiterbildung führen primär zum Erwerb von explizitem Wissen."[318]

Mögliche Ansätze zur Veränderung der Elemente individueller Handlungsfähigkeit sind demnach zum einen die Instruktion, also die Vermittlung von Sachwissen, zum anderen Beobachtung und Handlung.

„Instruktion ist [...] nicht nur eine vom realen Handeln abgehobene, sondern zugleich von der Komplexität der Realwelt abstrahierende Form des Lernens."[319]

Allerdings darf die Abstraktion, die bei der Instruktion notwendig ist, nicht mit der Realität verwechselt werden. Geht es nämlich um eine Erhöhung oder auch Veränderung der individuellen Handlungsfähigkeit, reicht die kognitive Instruktion oder auch das modellhafte Beobachten

---

[317] Vgl. Staudt/Kriegesmann (1999): 40. Siehe hierzu auch die Studie zu Kompetenzdefiziten und arbeitsmarktrelevanten Barrieren von Hochschulabsolventen der Chemie von Staudt/Kottmann/Merker (1997). Auch Stark/Graf et al. (1995: 292) weisen darauf hin, dass Sachwissen die Grundlage für die Konstruktion und Modifikation mentaler Modelle bildet.

[318] Staudt/Kriegesmann (1999): 41.

[319] Staudt/Kriegesmann (1999): 41.

nicht aus, sondern aktives Handeln in unterschiedlichsten Situationen ist erforderlich.[320]

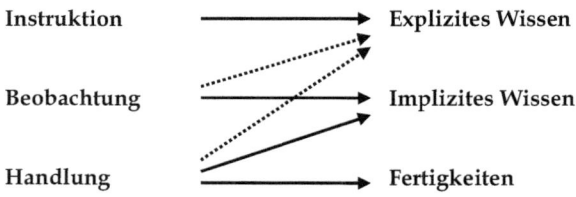

Abb. 7: Ansätze zur Veränderung der Elemente individueller Handlungsfähigkeit
(Staudt/Kriegesmann (1999): 42).

Für Staudt/Kriegesmann bedeutet dies, dass Handlungsfähigkeit sowohl strukturiert geplant, als auch unstrukturiert und spontan erworben werden kann und dies sowohl im Unternehmen als auch außerhalb des Berufes. Sie identifizieren deshalb sechs unterschiedliche Lernmuster, die zu signifikanten Differenzierungen zwischen Personen führen können, die sich in unterschiedlichen Handlungseffekten niederschlagen. Zu den Lernmustern zählen sie:

- den zufälligen Erwerb von Handlungsfähigkeit durch den Umgang mit Personen oder Sachen,
- das Imitationshandeln oder Trial-and-Error-Handeln,
- das strukturierte Lernen aus Fehlern,
- das explorative Handeln,
- die zufällige Alltagsbeobachtungen und
- die Vermittlung von explizitem Wissen.[321]

3.3.2 Kognitive Lerntheorien

Kognitive Lerntheorien stellen eine Erweiterung des aus dem Behaviorismus bekannten Stimulus-Response-Modells dar.[322] Der Mensch, das lernende, aktiv erkennende und aneignende Individuum wird mit seinen Denk- und Verstehensprozessen in die Betrachtung einbezogen. Die direkte Kontingenz zwischen Reiz und Reaktion wird um komplexe, interne Lernprozessen und die Verarbeitung sowie Speicherung von Infor-

---

[320] Vgl. Staudt/Kriegesmann (1999): 41 und die dort aufgeführte Literatur.

[321] Vgl. Staudt/Kriegesmann (1999): 42.

[322] Vgl. Staehle (1999): 213. Man spricht auch von der ‚kognitiven Wende' in der Psychologie.

mationen erweitert. Kognitive Prozesse wie Wahrnehmung, Aufmerksamkeit, Gedächtnis und Denken bestimmen das zielgerichtete Handeln und den intendierten Wissens- und Handlungsaufbau.[323] Damit unterscheidet sich die kognitive Grundposition von der behavioristischen dadurch, dass der Lernende als Individuum begriffen wird, das äußere Reize aktiv und selbständig verarbeitet und nicht einfach durch äußere Reize steuerbar ist.

Das kognitivistische Grundmodell verbindet Lernen mit einem Informationsverarbeitungsprozess. In Analogie zu technischen Systemen verarbeitet das Gehirn die eingehenden Informationen und generiert daraus Ausgaben. Die hier zugrunde gelegte Sichtweise basiert auf dem aus der Kommunikationswissenschaft bekannten Sender – Übertragung (über ein Medium) – Empfänger-Modell, das auf die Lehr-Instruktion angewendet wird. Interne Schemata helfen dem Lernenden die eingehenden Informationen zu dekodieren. Die Diagnose von Lernproblemen bezieht sich dementsprechend nur auf die Bereiche der fehlerhaften Information, der falschen Mediumwahl bzw. auf Störungen bei der Vermittlung oder bei der Informationsaufnahme. Lernen erfolgt durch die Aufnahme und Verarbeitung von Wissen. Mentale Modelle oder auch Schemata helfen hierbei.

Kognitivistische Theorien haben in dieser Form objektivistische Züge, da von einem extern und objektiv existierenden Wissen ausgegangen wird.[324] Externes Angebot und interne Struktur treten in eine Wechselbeziehung. Lehren und Lernen werden als stark systematisierter Prozess betrachtet, der aufgrund seiner Regelhaftigkeit sich eindeutig beschreiben und damit auch erfolgreich steuern lässt. Systematisch schrittweises Vorgehen, Frontalunterricht und strikte Fächergrenzen charakterisieren kognitivistisch geprägte gegenstandszentrierte Lernumgebungen, die in Instructional-Design-Modellen konkretisiert werden.

> „Aus dem Blickwinkel einer solchen Position sind optimale Lernumgebungen so zu gestalten, dass die im Lehrplan festgehaltenen Inhalte möglichst systematisch und organisiert dargeboten werden."[325]

---

[323] Von besonderer Bedeutung ist die kognitive Entwicklungstheorie von Jean Piaget, der davon ausgeht, dass Handlungsweisen in sogenannte ‚Schemata' zusammengefasst werden. Beim Prozess der Akkomodation wird ein bestehendes Schema der Umwelt angepasst, dagegen wird bei der Assimilation ein Schema angewendet und damit die Umwelt verändert.

[324] Vgl. Duffy/Jonassen (1992): 3.

[325] Reinmann-Rothmeier/Mandl (2001): 606.

3.3.3 Strukturgenetische Lerntheorie

Von besonderer Bedeutung unter den kognitiven Lerntheorien für die Didaktik ist die strukturgenetische Lerntheorie Aeblis. Die Verbindung von Lernen, Entwicklung, Denken und Handeln hat wesentliche Erkenntnisse zur Gestaltung von Lernumgebungen beigetragen. Lernen wird durch den Begriff des Denkens und den der Erkenntnis ergänzt.

Aebli, ein Schüler Piagets, hat in seinen Untersuchungen hypothetische Beschreibungen entwickelt, wie sich das menschliche Denken aus dem Handeln entwickelt. Nach ihm bilden sich durch die tätige aktive Auseinandersetzung des Menschen mit seiner Umwelt ‚kognitive Strukturen' heraus und regulieren menschliches Handeln. Er wendet sich gegen den postulierten Dualismus, der die strukturelle und funktionale Verwandtschaft von Denken und Handeln verneint[326] und geht stattdessen von der Evolutions- und Kontinuitätshypothese aus, wonach das menschliche Denken aus den Lebensvollzügen hervorgeht[327], sich der vorhandenen Strukturen bewusst wird und die Bildung von Strukturen in der Lebenswelt fortsetzt.[328] Aebli greift das in der Arbeitspsychologie entstandene TOTE-Modell[329] von Miller, Galanter & Pribram (1973) auf und setzt die Gedankengänge unter didaktischer Perspektive mit dem Ziel fort, transparente Handlungsmodelle zu entwerfen, die demjenigen, der diese Modelle verinnerlicht, helfen, Handlungen effizienter zu planen, durchzuführen und zu reflektieren. Lernen kann in diesem Sinn als Entwicklung der individuellen Handlungskompetenz durch reflektierendes Handeln interpretiert werden.[330] Der lernende Trainee gestaltet seine Wirklichkeit entweder durch Handlungsschleifen nach dem Muster ‚Veränderung-Vergleich-Rückmeldung'[331] mit oder organisiert sein individuell subjektives Handeln hierarchisch-sequenziell auf seine Handlungsziele hin. Im letzteren Fall werden flexible Muster angestrebt, die dem Lernenden helfen, seine Umwelt zu ordnen. Deshalb soll die Theorie an der Ausgangslage des Problemlösers anknüpfen und den

---

[326] Zu den Konsequenzen des Dualismus für Lehr-Lernplanungsansätze siehe Kröll (1989): 278.

[327] Man spricht auch vom genetischen Konstruktivismus. Vgl. Kron (2004): 171.

[328] Vgl. Aebli (1980): 14f.

[329] Vgl. Hacker (1986) und Volpert (1985).

[330] Vgl. Keck/Weymar/Diebold (1997): 94.

[331] Vgl. auch Argyris/Schön (1978), die dieses Regelkreislernen auf Organisationen übertragen haben. Sie unterscheiden Single-Loop-Learning (‚Einkreislernen'), dahinter verbirgt sich im Wesentlichen die Wahrnehmung einer Soll-Ist-Abweichung und deren Reflexion, und das Double-Loop-Learning. Beim Double-Loop-Learning haben sich die bis dahin geltenden Grundüberzeugungen als problematisch erwiesen und deshalb ist es erforderlich, dass in einem weiteren Regelkreis die Kernbestandteile der Wissensbasis modifiziert oder substituiert werden.

Handelnden sensibilisieren, sich selbst zu beobachten, um dadurch Planung und Durchführung des Handelns zu verbessern.

Handlungsschemata, Operationen und Begriffe sind die wesentlichen Bestandteile kognitiver Strukturen nach Aebli. Bereits im Gedächtnis vorhandene reproduzierbare Handlungselemente werden zu Handlungsfolgen zusammengesetzt. Sind diese einmal aufgebaut, können sie auch in ein neues, übergeordnetes und komplexeres Schema integriert werden.[332] Die Operation ist das aktive Element des Denkens[333], da es sich bei ihr um abstrakte Handlungen (z.B. mathematische Verknüpfungen) handelt. Ihr Aufbau vollzieht sich durch eine Synthese bekannter Teiloperationen zu einer neuen Operation. Begriffe werden zum einen als Kategorien interpretiert, die Einzelmerkmale oder auch Einzelerscheinungen zusammenfassen und bündeln. In diesen Fällen besitzen sie eine Ordnungsfunktion, fungieren aber gleichzeitig auch als Anknüpfungspunkte für neue Informationen. Zum anderen können Begriffe als Netzwerke von Bedeutungen verstanden werden, die nicht nur von Sachverhalten, sondern auch von Handlungsschemata und Operationen gebildet werden können.[334]

Aeblis grundlegende These lautet:

> „Denken geht aus dem Handeln hervor und es trägt – als echtes, d.h. noch nicht dualistisch pervertiertes Denken – noch grundlegende Züge des Handelns, insbesondere seine Zielgerichtetheit und seine Konstruktivität."[335]

In diesem Zitat werden bereits drei der vier Grundannahmen verdeutlicht, die die Psychologie Aeblis immer wieder durchziehen: Pragmatismus, Konstruktivität, Strukturalismus und Modell des reflexiven Subjekts.[336]

Handlungsorientierung zielt aber nicht nur auf den Aufbau eines Handlungsschemas als effektive Handlung. Vielmehr geht es darum eine Handlungsvorstellung zu erzeugen, die innerlich ausgeführt, auf andere Situationen übertragen und wiederum in eine effektive Handlung übertragen werden kann.[337] Aebli spricht in diesem Fall von einer interiorisierten (verinnerlichten) Handlung, da sich eine Handlungsvorstellung eben nicht auf den konkret vorliegenden Gegenstand als Produkt einer effektiven Handlung stützen kann. Deshalb ist nach Gudjons der Erwerb

---

[332] Vgl. Straka/Macke (2002): 73.

[333] Vgl. Kron (2004): 172.

[334] Vgl. Euler/Hahn (2004): 105.

[335] Aebli (1980): 168.

[336] Vgl. hierzu auch die ausführliche Darstellung bei Kaiser/Kaminski (1999): 56ff.

[337] Vgl. Aebli (1980): 83ff.

einer genauen Vorstellung der Ausgangssituation im Laufe der Handlungsschritte wichtig.[338] Demgemäß kommt Aebli auch zu dem Schluss, dass eine neue Handlung (und auch Operation, bisweilen sogar ein Begriff)

> „im effektiven Versuch leichter erlernt und besser verstanden wird als im reinen Gedankenexperiment"[339].

3.3.4   Konstruktivistische Lerntheorie

Eine der wichtigsten Erkenntnisse der Wissenspsychologie ist, dass ‚Vermittlung' sich nicht im einfachen Transport von Wissen aus dem Kopf desjenigen, der als Lehrperson über das zu ‚vermittelnde' Wissen verfügt, in den Kopf des Lernenden zeigt, sondern dass es sich hierbei um einen Konstruktionsprozess handelt.[340] Da Wissen i.S. des Konstruktivismus weder ein objektiver noch ein transportierbarer Gegenstand ist, muss das lernende Individuum selbst innerhalb eines ‚Lern'-Prozesses sein Wissen konstruieren.[341] Die Selbstreferentialität individuellen (Lern-)Handelns steht im Zentrum der Überlegungen. Hiermit wird die nicht zu überwindende Differenz zwischen Lernenden und Lehrenden betont.[342] Wahrnehmungen, Kognitionen und Emotionen sind demnach autopoietische (selbsttätige), operational geschlossene Aktivitäten des Gehirns.[343] Es besteht einzig eine strukturelle Koppelung des kognitiven Systems mit dem sozialen Milieu. Dies bedeutet, dass ein Austausch zwischen dem Individuum und seiner Außenwelt stattfindet, dieses aber autonom und selbstverantwortlich regelt, welche Inhalte viabel (passend) sind und dem Strukturerhalt dienen.[344]

Für die Didaktik bedeutet dies, dass

> „die Konstruktion von Wissen [...] immer und notwendigerweise individuelle Konstruktionsleistungen seitens der Lernenden [umfasst], die von außen – von Lehrenden oder von der Lernumgebung – in unter-

---

[338] Vgl. Gudjons (1997): 47.

[339] Aebli (2003): 195.

[340] Vgl. Arnold, R. (2004): 1098.

[341] Zum radikalen Konstruktivismus siehe Schmidt (1987); Maturana/Valera (1987); Luhmann (1990) und Roth, G. (1992). Bis auf einige Versuch von von Glasersfeld (1989) und (1997) hat der radikale Konstruktivismus nie das Stadium einer Lerntheorie oder Unterrichtsphilosophie erreicht.

[342] Vgl. Arnold, R. (1996a) und Siebert (1997).

[343] Vgl. Ludwig (1999): 65.

[344] Vgl. Gerstenmaier/Mandl (1995): 869.

schiedlicher Qualität und Ausprägung angeregt, unterstützt oder angeleitet werden können."[345]

Der Lehrende kann im konstruktivistischen Sinne nur aufgrund seiner Milieuzugehörigkeit Deutungsangebote liefern. Diese letztgenannten Aufgaben der Anregung, Unterstützung und Anleitung im Rahmen des Wissens-[346] und Kompetenzerwerbs fallen der Didaktik zu. Sie ist in der Lage, Angebote, Instrumente und Methoden bereit zu stellen, die diese Arbeit fördern.[347] Lernen aus konstruktivistischer Sicht bedeutet,

> „aufbauend auf biologischer Bereitschaft, individuellen Erfahrungen und vorhandenen Wissensstrukturen Wissen und Kompetenzen zu entwickeln, die in realen Situationen nützlich und nutzbar sind"[348].

Dazu verknüpft der Lernende die neuen Informationen mit seinem Vorwissen und interpretiert diese vor dem Hintergrund eigener Erfahrungen. Er konstruiert Netzwerke, die ihn in konkreten Situationen zum Handeln befähigen. Diese Überlegungen treffen verstärkt auf das Lernen von Erwachsenen zu. Im Vergleich zum schulischen Lernen verfügen Erwachsene über eine größere Lernerfahrung, ein meist ausgeprägtes Vorwissen und ein teils starkes Bedürfnis nach Selbstgestaltung von Lernprozessen. Ihre Lernstile sind ferner heterogen, so dass das Potential konstruktivistischer Ansätze für die Gestaltung von beruflichen Lernprozessen verstärkt zu berücksichtigen ist.[349]

Aber wie kann der Lernende sich den Bedeutungsgehalt eines Wissens- bzw. Kompetenzbereichs letztendlich erschließen? Welche *Gestaltungsgrundsätze und Positionen* sind aus konstruktivistischer Sicht zu beachten?

Seine Relevanz für Lehren und Lernen bezieht der Konstruktivismus[350] durch die Betonung des internen Verstehensprozesses und grenzt sich

---

345 Reinmann-Rothmeier/Mandl (1998): 457.

346 Wissenserwerb umfasst „sowohl den Aufbau neuer Wissensstrukturen als auch die Anreicherung und Vereinfachung sowie Umstrukturierung bestehender Wissensstrukturen". Reinmann-Rothmeier/Mandl (1998): 458.

347 Vgl. Terhart (1999): 636–640.

348 Arnold, R. (2004): 1099.

349 Vgl. Reinmann-Rothmeier/Mandl (1997): 356ff.

350 So tritt der Konstruktivismus sowohl als Wissenschafts- und Erkenntnistheorie theoretisches Paradigma in der Soziologie, der Kognitionswissenschaft und der Psychologie auf. Vgl. Mandl/Reinmann-Rothmeier (1995): 33. Olberg (2004: 123) bezeichnet den konstruktivistischen Ansatz als „Newcomer-Theorie in der Didaktik". Vgl. die Konzepte und Darstellungen bei Reich (2002); Kösel (1997); Siebert (1999); Straka/Macke (2002); Peterßen (2001); Duffy, Jonassen (1992); Duffy u.a. (1993) sowie Steffe/Gale (1995). Kritik äußern Diesbergen (1998) und Terhart (1999), Forschungsbedarf sehen Gerstenmaier/Henninger (1997): 178.

hierdurch vom Behaviorismus ab. Gegenüber dem Kognitivismus lehnt er die Wechselwirkung zwischen externer Präsentation und dem internen Verarbeitungsprozess ab. Wahrnehmung, Interpretation und Konstruktion haben eine wesentlich stärkere Bedeutung.[351] Während der beschriebene handlungsorientierte Ansatz den Aufbau und die Ausbildung zielgerichteter Handlungen zu erklären versucht, befassen sich konstruktivistische Ansätze mit den Prozessen des Lernens und der Optimierung förderlicher Lernbedingungen und -umgebungen. Der Wissenserwerb steht gegenüber der Wissensvermittlung im Mittelpunkt. Deshalb stehen puristische konstruktivistische Ansätze der Instruktion skeptisch gegenüber. Wenn nämlich Lernen primär durch das Individuum und nicht durch seine Umwelt bestimmt wird und Wissen als individuelle Konstruktionsleistung aufgefasst wird, ist Instruktion als ‚Vermittlung von Wissen' in einem strengen Sinne unmöglich. Zumindest ist es nach konstruktivistischer Auffassung nicht möglich, mittels einer speziellen Instruktion nach einer bestimmten Zeit ein erwünschtes Verhalten des Lernenden zu erzielen.[352] Aufgrund der Individualität der Lernprozesse ist es deshalb unmöglich eine Instruktionsstrategie zu finden, die den Lernprozess des Individuums optimiert, wie dies im Instructional Design angestrebt wird.

Will man nun Wissen vermitteln[353] und Kompetenzentwicklungsprozesse anregen und unterstützen, gibt es zunächst die beiden (ergänzenden) alternativen Ansatzpunkte: bei den Lernenden direkt[354] oder bei der Gestaltung der Umgebungsfaktoren. Beide Ansatzpunkte verlangen eine Gesamtdarstellung des Wissenserwerbs aus einem Blickwinkel. Die pädagogische Psychologie wählt für ihre Darstellung die systematisch besser zu betrachtende Prozessebene und löst den komplexen und schlecht strukturierten Vorgang des Lehrens in seine wichtigsten Aspekte auf, betont aber gleichzeitig deren Vernetzung:[355]

1. Wissenserwerb ist ein *aktiver Prozess*, d.h. Motivation und Interesse des Lernenden am Prozess oder Gegenstand sind unabdingbar. Vorhandenes Wissen wird aufgrund von neuen eigenen Erfahrungen verändert und neu konstruiert.

---

[351] Vgl. Tulodziecki/Hagemann et al. (1996): 46.

[352] Vgl. Knuth/Cunnigham (1991): 166.

[353] An dieser Stelle soll aufgrund der sprachlichen Einfachheit trotz des eingangs erwähnten irreführenden Wortes ‚Vermittlung' von Wissensvermittlung gesprochen werden, wobei der entscheidende Aspekt der Wissenskonstruktion mitgedacht werden muss.

[354] Hier stellt sich aber die Frage, mit was für einem Lerner-Typ ich es zu tun habe. Gagné (1980) unterscheidet z.B. acht ‚Lerntypen'. Siehe auch Holzkamp (1993): 178.

[355] Vgl. Shuell (1988): 277f und Simons (1993): 291ff.

2. Wissenserwerb ist ein *selbstgesteuerter Prozess*, d.h. der Lernende ergreift selbstbestimmt eine oder mehrere Selbststeuerungsmaßnahmen und überwacht eigenständig den Lernprozess. Zum selbstgesteuerten Lernen gehören jedoch nicht nur kognitive, sondern auch emotionale und motivationale Komponenten, die bei der Förderung der Selbststeuerung einzubeziehen sind. Ein Wissenserwerb ohne jeglichen Selbststeuerungsanteil ist nicht denkbar.

3. Wissenserwerb als *konstruktiver Prozess* impliziert, dass die Lernenden neue Wissensstrukturen aufbauen, untereinander vernetzen, mit bestehenden Konzepten verknüpfen und immer wieder in verschiedenen Situationen verwenden sowie mit neuen Kontexten verbinden.

4. Wissenserwerb ist immer ein *situativer Prozess*, d.h. Wissen und Fertigkeiten werden in Kontexten erworben, die die realen Anwendungsmöglichkeiten des Gelernten widerspiegeln.

5. Wissenserwerb ist aber auch ein *sozialer Prozess*, d.h. Wissen entsteht nicht nur aufgrund des individuellen Konstruktionsprozesses. Auf der Makroebene spiegeln sich soziale Merkmale als kulturelle Einflüsse und ‚Enkulturation' wider, auf der Mikroebene begegnen einem die sozialen Merkmale als kooperatives Lernen.[356]

Rorty[357] hat diese Aspekte aufgegriffen und hinsichtlich der Konsequenzen für den Prozess des Wissenserwerbs weiter ausgeführt. Demnach resultiert Verstehen aus der Interaktion mit der Umgebung. Motor des Lernens sind für ihn das Auftreten von Verwunderung, Neugierde oder eines kognitiven Konfliktes, der auch die Art und Weise dessen bestimmt, was gelernt wird. Dabei entwickelt sich Wissen im sozialen Disput durch die Bewertung von Informationen und den Austausch unter den Individuen.

Aus diesen Annahmen von Rorty lassen sich direkte Konsequenzen für die Gestaltung von Lehr-Lern-Arrangements ableiten, die Savery und Duffy[358] in *neun Gestaltungsempfehlungen* zusammengefasst haben:

1. Alle Lernaktivitäten sollen innerhalb eines breiteren Rahmens oder Problembereichs angesiedelt sein, der dem Lernen selbst eine Perspektive oder einen Zweck zuordnet.

2. Die Komplexität sollte angemessen gewählt und

---

[356] Vgl. Reinmann-Rotmeier/Mandl (1997): 460–475. Hier finden sich auch weiterführende Hinweise zu empirischen Studien, die diese Thesen untermauern. Ebenso Gerstenmaier/Mandl (1999); Gräsel (1997); Norman/Schmidt (2001).

[357] Rorty (1991), ebenso von Glasersfeld (1989).

[358] Savery/Duffy (1995): 31–38, siehe auch die von Simons (1993: 293ff) aufgestellten sekundären Charakteristika konstruktivistischen Lernens.

3. authentische Problemstellungen als Motor des Lernprozesses genutzt werden.

4. Der Lernende sollte die Möglichkeit besitzen, den Lernprozess selbst zu verwalten und zu planen.

5. Der Lernende sollte die Eigenverantwortlichkeit für Problemlöseprozesse
übernehmen.

6. Die Lernumgebung sollte dazu anregen, aktiv zu handeln und zu reflektieren,

7. Hypothesen zu entwickeln und zu testen und

8. über das Gelernte im Lernprozess zu reflektieren.

9. Der Lernende soll im Austausch mit der (sozialen) Umwelt andere Perspektiven einnehmen können und mit anderen kommunizieren.

Diese Überlegungen wurden im Anchored Instruction Ansatz, der Cognitive Flexibility Theory und dem Cognitive Apprenticeship-Ansatz umgesetzt.

3.3.5 Subjektwissenschaftliche Lerntheorie

Subjektwissenschaftliche Lerntheorien greifen den konstruktivistischen Blick auf das Lernen auf, sehen sich aber gleichzeitig einem stark individualisierten Lernbegriff verpflichtet, der den Interessen der Trainees nahe kommt.[359] Dieser individualisierte Lernbegriff findet seine Umsetzung in pädagogischen Konzepten zum selbstorganisierten Lernen[360], zum erfahrungsbezogenen Lernen im Alltag und in der Arbeit[361] sowie in der stärkeren Gewichtung nicht institutionalisierter Lehr- und Lernprozesse. Die Vermittlungsabsichten werden zugunsten der Lerninteressen zurückgenommen. Lernen wird vom Subjekt her gedacht.[362]

Objektive Bezüge wie Anforderungen und Reize bleiben vollständig ausgeklammert. Intentionales Lernen findet nur statt, wenn eine für die Lernenden konstitutive Relevanz gegeben ist. Aus Sicht des Lernenden bedeutet dies:

---

[359] Vgl. Arnold, R. (2004): 1099.

[360] Zur Kritik vgl. Ludwig (1999): 60–73.

[361] Vgl. z.B. Dehnbostel (1998) und seine Thesen zum ‚informellen Lernen‘ und ‚Erfahrungslernen‘ als Basis dezentraler Weiterbildungskonzepte.

[362] Vgl. Holzkamp (1996): 21.

„Woher kann ich vor dem Einsetzen der Lernhandlung eigentlich selbst wissen, wo und in welcher Weise es in einem bestimmten Falle etwas für mich zu lernen gibt?"[363]

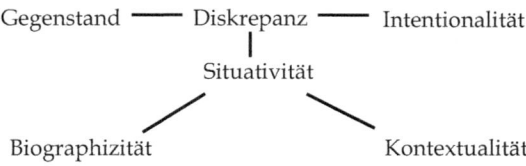

Abb. 8: Lernmodell von Holzkamp
(Faulstich (1998): 69).

Biographische, gesellschaftliche und situative Gegebenheiten bestimmen die „emotional-motivationale Qualität"[364] des Handlungszusammenhangs.

Dies wirft die Frage nach den betrieblichen Möglichkeiten und Grenzen einer Kompetenzentwicklung auf. Wenn Lernen nur noch als soziales, interessengeleitetes Handeln des Subjekts im gesellschaftlichen und betrieblichen Kontext zu verstehen ist, initiiert der Handelnde seinen Lernprozess nur dann, wenn er einen Handlungsproblemzustand vorfindet, der seiner Meinung nach mit der Erweiterung seiner eigenen Handlungsfähigkeit zu bewältigen ist.[365] Die Irritation des Handelnden (hier: des Trainees) in Form einer Diskrepanzerfahrung bildet somit den Ausgangspunkt für eigene Lernprozesse. Lernen, als soziale Kategorie interpretiert, hilft dem Lernenden somit seine Teilhabe an sozialen, politischen und ökonomischen Prozessen zu erhöhen.[366] Die gesellschaftlichen Bedeutungskonstellationen können folglich als Zwang oder als Ausgangspunkt für die Erweiterung der subjektiven Verfügungsmöglichkeiten verstanden werden.[367] In Schulen dominiert nach Holzkamp das ‚defensive Lernen', ein Lernen zur Vermeidung von Nachteilen.[368] Aber auch viele betriebliche Trainings ähneln oft dieser Situation. Der Wissensprozess bleibt flach und geht nicht in die Tiefe der immer allgemei-

---

[363] Holzkamp (1993): 212.

[364] Holzkamp (1993): 214.

[365] Vgl. Ludwig (2002): 102.

[366] Diese Sichtweise spiegelt die von Arnold (1996: 147) in die Diskussion eingebrachte ‚Erzeugungsdidaktik' wider.

[367] Vgl. Ludwig (1999): 69.

[368] Vgl. Faulstich (1998): 70.

neren Wissens- und Bedeutungsstrukturen.[369] Lernen und Wissenserwerb finden nur in Abwendung von Beeinträchtigungen und Bedrohungen statt.

Kompetenzentwicklung entspricht jedoch eher dem von Holzkamp vorgeschlagenen *,Expansiven Lernen'*.[370] Demnach sind es weniger pädagogische Motivations- und Vermittlungsprozesse, die ein Lernen verursachen, als die Bestrebungen des Lernenden, seine gesellschaftliche Teilhabe zu wahren, vielleicht auch zu erweitern. Folglich ergibt sich für den Didaktiker die Aufgabe nach gesellschaftlich-betrieblichen Erfahrungsmöglichkeiten, aber auch -grenzen zu suchen. Mögliche Diskrepanzerfahrungen rücken in das Interesse des Personalentwicklers, denn diese ermöglichen aus subjektiver Sicht die Aufnahme von Lernhandlungen im Prozess der Arbeit seitens der Akteure. Durch die in den Handlungsprozess eingebauten Lernschleifen wird versucht, die im primären Handlungsverlauf aufgetretenen nicht überwindbaren Schwierigkeiten zu überwinden.[371] Die Lernhandlung wird aus der Handlungsproblematik ausgegliedert.

Will der Didaktiker darüber hinaus dem Dilemma des defensiven Lernens entkommen, ist es erforderlich die Arbeitsbedingungen und Kommunikationsformen im Unternehmen so zu gestalten, dass die Mitarbeiter ihre wirklichen Lerninteressen systematisch äußern und diese auch bei der Bildungsplanung Berücksichtigung finden. Die Förderung von Kompetenzentwicklung erfolgt demnach über die Rücknahme defensiver Lernbegründungen und die Förderung expansiven Lernens.

3.4 Prinzipiengeleitete Ausrichtungen einer Trainee-Lernumgebung

Eine „kohärente und empirisch überprüfte Theorie speziell zum Lernen im Erwachsenenalter"[372] existiert noch nicht. Allerdings ist ein Lernen ohne aktive Beteiligung des Lernenden, einschließlich der Motivation und des Interesses des Lernenden, aus Sicht der Erwachsenenpädagogik und der Psychologie kaum denkbar.

Im Bereich der Personalentwicklung haben die steigenden Bildungskosten und der fehlende Anwendungsbezug der angebotenen Maßnahmen zu der in der Einleitung angesprochenen Diskussion um neue handlungsorientierte Lehr-Lernarrangements geführt. Der Fokus des Personalmanagements liegt hierbei auf der Sicherung des Transfers zwischen Lernfeld und Arbeitsfeld sowie auf einem möglichen Produktivitätsbei-

---

[369] Vgl. Holzkamp (1993): 224.
[370] Vgl. Holzkamp (1993): 190.
[371] Vgl. Holzkamp (1993): 182f.
[372] Reinmann-Rothmeier/Mandl (1997): 356.

trag während der eigentlichen Lernhandlung. Aber auch in diesem Forschungsfeld ist die Theoriebildung noch nicht abgeschlossen.

Deshalb sollen nachfolgend zwei prinzipiengeleitete wirtschaftsdidaktische Handlungskonzepte auf ihren Beitrag für die didaktische Planung
einer Trainee-Lernumgebung diskutiert werden.[373] Durch die Betonung
von problem- und handlungsorientiertem Lernen tritt die Systematisierung einzelner Lernschritte in der didaktischen Planung zurück und das
aus der konstruktivistischen Lernauffassung abgeleitete Schaffen von
Lerngelegenheiten gewinnt an Bedeutung.

3.4.1 Handlungsorientierung

Die Grundelemente handlungsorientierten Lernens sind keineswegs neu.
In seinem Kern greift das Anliegen nach Handlungsbezogenheit von
Lernen auf alte Konzepte aus dem 19. und 20. Jahrhundert zurück. An-
geführt seien exemplarisch Pestalozzis Forderung nach ganzheitlichem
Lernen und die reformpädagogische Bewegung im ersten Drittel des
20. Jahrhunderts. So postulierten Vertreter der Arbeitsschulbewegung in
Deutschland, dass Lernen an realen Handlungsabläufen für den perso-
nalen Aufbau am wirksamsten sei.[374] In den USA waren es Dewey und
Kilpatrick, die mit der Diskussion um den Pragmatismus und die Methode des projektorientierten Unterrichts wertvolle Vorarbeit für das
Konzept handlungsorientierten Lernens geleistet haben.[375] Wesentliche
Begründungselemente, die die Frage nach dem Bildungsanspruch und
der Bildungswirksamkeit handlungsorientierten Lernens stützen, wurden aber erst in der zweiten Hälfte des 20. Jahrhunderts durch vielfältige
Forschungsarbeiten auf den Gebieten der Handlungstheorie im berufs-
fachlichen Bereich und der Kognitionspsychologie erbracht.[376]

---

[373] Hinweise auf einen möglichen Einbezug von Handlungs- und Problemorientierung in die Personalentwicklungsarbeit liefern Küng (1999): 79 in der FN 234 und
Becker, M. (2005): 252ff.

[374] Die Arbeitsschulbewegung in Deutschland wurde maßgeblich durch Georg Kerschensteiner, Hugo Gaudig und Otto Scheibner geprägt. Sie nimmt Forderungen
des heutigen handlungsorientierten Lernens bereits vorweg. So erklärt Kerschensteiner (1928) die Selbsttätigkeit zur Grundlage allen Lernens. Die Vermittlung
von Kenntnissen und Fertigkeiten sollte soweit wie möglich in lebensnahen Situationen erfolgen.

[375] Zentrale Aussage des bekanntesten Vertreters des amerikanischen Pragmatismus
John Dewey ist, dass der Wissenserwerb weder vom sozialen Umfeld noch vom
konkreten Handeln zu trennen ist. Abzugrenzen ist von diesen Vorstellungen das
Konzept des Handelnden Unterrichts, das auf der materialistischen Aneignung-
stheorie sowjetischer Psychologen basiert. Vgl. Gudjons (1997): 41f.

[376] Vgl. Aebli (1980): 93; Hacker (1986).

Die historischen und lerntheoretischen Grundlagen bilden die Basis für eine Vielzahl von Konzepten handlungsorientierten Lernens[377], die alle zum Ziel haben, die „Defizite eines einseitig ausgerichteten ‚wissenschaftsorientierten Didaktikkonzepts'"[378] zu überwinden.

Der Begriff ‚Handlungsorientierung' wird dabei in dreifacher Weise verwendet:

- „Normative Orientierung

  als Vorgabe und Vermittlung von Wertmaßstäben, die für die Bewältigung zukünftiger Handlungssituationen maßgeblich sind,

- Praktische Orientierung

  als Vermittlung von Lerninhalten, die zur Bewältigung zukünftiger Berufs- und Lebenssituationen genutzt werden können, und

- Didaktisch-methodische Orientierung

  als sozial-integrative Bewältigung von Lernprozessen in der Sozialpartnerschaft von Lehrern und Schülern mit dem Ziel, teamorientiertes Arbeiten einzuüben."[379]

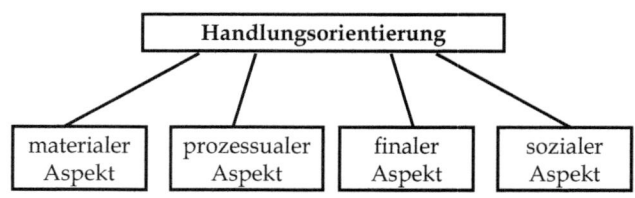

Abb. 9: Handlungsorientierung
(Becker, M. (2002): 141).[380]

Betrachtet man Handlungsorientierung unter *materialen* und *prozessualen* Aspekten so stehen Fragen nach dem Gegenstand des Handelns und dem Tätigkeitszusammenhang im Betrachtungszentrum. Für Gud-

---

[377] Vgl. Schelten (2004): 166ff; Ebner (1992), Aff (1993) und Braukmann (1993): 272; zu den theoretischen Grundlagen vgl. Bachmann (1988) und Achtenhagen/ Tramm et al. (1992): 30ff.

[378] Kaiser (1988): 124, ebenso Halfpap (1988): 85. Kritisch äußern sich Hurtz (1991): 29 und Schelten 2004): 179ff.

[379] Becker, M. (2002): 140.

[380] Vgl. auch Schelten (2000: 314), der fünf Umschreibungen zum Begriff des handlungsorientierten Unterrichts anbietet, die sich aber im Wesentlichen unter die von Becker vorgeschlagene Systematik einordnen lassen.

jons können die Gegenstände des handlungsorientierten Lernprozesses sowohl abstrakt als auch konkret sein.[381] Meyer/Jank heben die Bedeutung des produktiven Tuns und die konkreten Resultate der Lernprozesse hervor.[382] Diese Sichtweise wird auch mit „Lernen durch Handeln"[383] bezeichnet. Aktives Lernen determiniert die methodische Gestaltung. Sie steht unter der Prämisse der ‚Ganzheitlichkeit'. Der Lernende soll mit allen Sinnen angesprochen werden, was einerseits ein ausgewogenes Verhältnis von Kopf- Herz- und Handarbeit verlangt und andererseits den Einbezug aller Inhalte, Probleme und Fragestellungen des Handlungsgegenstandes in das methodische Arrangement impliziert.[384] Dabei ist der Umkehrschluss, dass handelndes Lernen automatisch auch handlungsorientiertes Lernen ist, unzulässig. Denn durch die einseitige

> „Betonung von Handeln als Merkmal läuft praktiziertes handlungsorientiertes Lernen Gefahr, auf Sinnhaftigkeit des Handelns zu verzichten und zu einem bloßen Aktionismus zu verkommen."[385]

Es geht bei diesem Begriff um ein planvolles bedingtes Handeln, das zielgerichtet zu einem Lernergebnis führen soll. Im Gegensatz dazu ist die Sozialisation nicht zielgerichtet. Hierbei handelt es sich lediglich um ein Handeln im Sozialisationsraum.

Wird der Fokus dagegen auf die *Zieldimension* von Handlungsorientierung gelegt, soll ein „Lernen zum Handeln"[386] erreicht werden.

> „Das Handelnkönnen im [Berufs-][387]Leben ist der Maßstab und Lernvorgänge sind so zu gestalten, daß Handlungskompetenz erreicht wird."[388]

Folgt man dieser Ansicht, ist die methodische Gestaltung prinzipiell offen, da allein das planvolle, zielgerichtete und bewusste Handeln im Zentrum der Handlungsorientierung steht.[389] Diese Einschätzung relativiert Zabeck allerdings in seinem Konzept der Handlungsorientierung, in dem er Menschen Wertmaßstäbe für zukünftige Handlungssituatio-

---

381 Vgl. Gudjons (1987): 12.
382 Vgl. Meyer/Jank (1994): 354.
383 Albers (2001): 261.
384 Vgl. Albers (2001): 261.
385 Albers (1995): 10. Zur Kritik handlungsorientierter Ansätze siehe Kahsnitz (1995), Czycholl/Ebner (1988) und Hentke (1987).
386 Albers (2001): 261.
387 Ergänzung des Autors.
388 Albers (2001), 243, siehe auch Albers (1995): 12.
389 Vgl. Dubs (1993) und (1993a).

nen vermitteln möchte.[390] Die didaktische Reduktion entfaltet sich demnach auf der Grundlage und entlang ethischer Prinzipien.[391]

Der *soziale* oder auch *interaktionistische* Aspekt sieht Handlungsorientierung als ein Konzept für unterrichtliches Handeln i.S. von Curriculum-Entwicklung und didaktischer Arbeit.[392] So bindet Steinmann handlungsorientierte Methoden in ein Curriculum ein, dessen Ziel eine „auf Mündigkeit ausgerichtete ökonomische Handlungskompetenz"[393] ist. Handlungsorientierte Methoden dienen dazu Selbsttätigkeit sowie Kommunikation und Kooperation zu fördern und tragen somit zur Vermittlung ökonomischer Handlungskompetenz bei.[394] Diese Sichtweise unterstützt auch Bauer, bei dem die Sicherung der Praxisrelevanz der Lehr/Lernprozesse im Zentrum seines Handlungsorientierungs-Verständnisses steht.[395]

Im Zusammenhang dieser Arbeit wird unter Handlungsorientierung fortan

> „die Vermittlung (Lehren), der Erwerb (Lernen) und das Anwenden von Kenntnissen, Fähigkeiten und Verhaltensweisen (Kompetenzen) mit dem Ziel kompetenter Arbeits- und Lebensbewältigung verstanden. Damit wird die Verwertungs- und Marktorientierung im Prozeß der Aneignung von Kompetenzen betont."[396]

3.4.1.1 Vier-Stufen-Konzept der Handlungsorientierung

Becker hat ein Vier-Stufen-Konzept der Handlungsorientierung entwickelt[397], in dem er die vier beschriebenen Gesichtspunkte (materialer, prozessualer, finaler und sozialer Aspekt) von Handlungsorientierung zusammenfasst und gemeinsam betrachtet. Er geht davon aus, dass diese vier Aspekte in Lernarrangements unterschiedlich intensiv beachtet und somit von Lehrenden und Lernenden auch ungleich wahrgenommen werden, wobei er aber dezidiert darauf hinweist, dass kein Aspekt vernachlässigbar sei. Vielmehr bestimmen alle vier Aspekte die Lehr- und Lernhandlungen. Mit Hilfe des Vier-Stufen-Konzepts versucht Be-

---

[390] Vgl. Zabeck (1984).

[391] Vgl. Ebner (1992): 35.

[392] Vgl. Achtenhagen (1984).

[393] Steinmann (1995): 11.

[394] Vgl. Steinmann (1995): 13.

[395] Vgl. Ebner (1992): 35.

[396] Becker, M. (1998): 181.

[397] Vgl. für die nachfolgenden Ausführung Becker, M. (1998) und Becker, M. (2005): 252ff.

cker die Intensität der Aspekte und deren Wahrnehmung seitens der Lehrenden und Lernenden wiederzugeben.[398]

Er unterscheidet fortan lediglich Handlungen im Lernfeld und Handlungen im Arbeitsfeld, vergleicht diese und analysiert die Intensität möglicher vorhandener Transfereffekte aus der Lehr-Lernsituation in die Arbeitssituation. Dadurch erhält er unterschiedliche Reichweiten handlungsorientierter Methoden, die dann Auskunft über die

„Leistungsfähigkeit der jeweils in einer Lern- oder Arbeitshandlung beabsichtigten Handlungswirkung und -folge"[399]

geben. Die Reichweite hängt von der jeweils gewählten Handlungsorientierungsform ab, deren Wahl aufgrund der intendierten Absicht, dem Resultat und den Folgen der Handlung erfolgt.

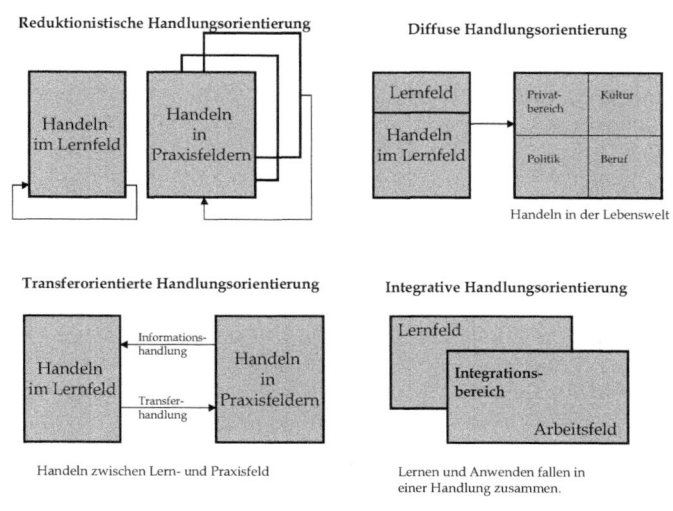

Abb. 10: Vier-Stufen-Konzept der Handlungsorientierung nach Becker, M. (2005): 253.

Reduktionistische Handlungsorientierung zielt auf Ergebnisse entweder im Lernfeld oder im Arbeitsfeld. Dabei erfolgt die Auswahl der Lerninhalte und Arbeitsinhalte, die Planung der Ausführung, die Durchführung und die Bewertung der Handlungsergebnisse dozenten/führungskraftzentriert oder aber kooperativ. In der betrieblichen Weiterbildung ist es die Unternehmensleitung oder aber die Personalabteilung, die die

---

[398] Vgl. Aebli (2003): 181ff.

[399] Becker, M. (2005): 252.

Ziele einer reduktionistischen, angebotsorientierten Weiterbildung festlegt.

Das Schaubild verdeutlicht, dass die Transferproblematik vom Lernfeld ins Arbeitsfeld bei diesem Vorgehen weitgehend ungelöst bleibt. Die Handlungsorientierung ist auf das pädagogische Feld reduziert und wird auch dort kontrolliert. Die Anwendung des Gelernten erfolgt allerdings im Handlungs- bzw. Arbeitsfeld. Dadurch kann der Transfer des Erlernten nicht gewährleistet werden.

Die *diffuse Handlungsorientierung* versucht auf vielfältige Tätigkeiten in der Lebenswelt vorzubereiten. Die Arbeits- und Lebensweltanforderungen sind zum Zeitpunkt der Lernhandlung noch nicht bestimmt. Becker spricht von einem „Lernen auf Vorrat"[400]. Bei der diffusen Handlungsorientierung steht die erfolgreiche Bewältigung der Anforderungen im Lernfeld im Vordergrund. Das Lernfeld ist das eigentliche Handlungsfeld, dessen Grenzen durch die Lehrpläne festgesetzt werden. Lernen erfolgt unter der Annahme, geeignete Inhaltsauswahl führe dazu, elementare Grundstrukturen von Handlung zu erlernen, die dann als Basisqualifikationen dazu geeignet sind, zukünftige Arbeitsprobleme zu bewältigen.

Formale Abschlüsse zertifizieren die Lernhandlung, wobei der Transfer aus dem Lernfeld in die Lebenswelt weitgehend ungeordnet und zerstreut bleibt.

Bei der *transferorientierten Handlungsorientierung* sind die Handlungen im Lernfeld mit denen im Arbeitsfeld über Informations- und Transferhandlungen verbunden. Becker beschreibt die Lernhandlungen im Lernfeld als Probehandlungen zur Bewältigung von Arbeitshandlungen im Arbeitsfeld.[401] Dies zieht die Schlussfolgerung nach sich, dass die Erfordernisse der Praxis grundsätzlich das Lehr- und Lerndesign im Lernfeld bestimmen. Der wechselseitige Austausch mittels Informationshandlung und Transferhandlung zwischen der Planung, Realisierung und Ausführung mildert in diesem Konzept die Transferproblematik.

Bei der *Integrativen Handlungsorientierung* erfolgen Lernhandlung und Arbeitshandlung am konkreten Handlungsobjekt. Die Erfordernisse der Praxis determinieren weitgehend das Lern- und Arbeitshandeln, so dass der gesamte Planungsprozess des Lern- und Arbeitshandelns kooperativ zwischen den beiden Bereichen ausgehandelt wird. Je nach Größe des Integrationsbereiches zwischen Lernfeld und Arbeitsfeld ist die Transferproblematik überwunden. Die methodische Ausgestaltung der inte-

---

[400] Becker, M. (1998): 183.

[401] Vgl. Becker, M. (2005): 252.

grativen Handlungsorientierung achtet dabei auf eine Rücknahme von Arbeitsteilung.

> „Sowohl vertikale Arbeitsteilung zwischen dispositiven Instanzen und ausführenden Funktionen als auch eine Rückintegration objektbezogener Tätigkeiten auf der horizontalen Ebene verlangen eine Reintegration von Lernen und Arbeiten."[402]

Dadurch wird Zeit gespart und Informationsverluste werden vermieden. Integrative Handlungsorientierung ist in hohem Maße kompetenzorientiertes Lernen und Tun.[403]

3.4.1.2 Gestaltungsempfehlungen für eine handlungsorientierte Bildungsmaßnahme

Für viele Wirtschaftsdidaktiker verbirgt sich hinter dem Konzept der Handlungsorientierung ein methodisches Repertoire, das Aktivität und Selbsttätigkeit der Lernenden stimuliert und erhöht. Im Zuge der neueren Diskussion um einen Wandel der Lernkulturen greifen Erwachsenenbildung und Weiterbildung auf eben diese handlungsorientierten Konzepte zur Förderung unterrichtlichen Lernens (z.B. Fallstudie, Plan- und Rollenspiel), auf Konzepte, die die betriebliche Realität simulieren (Lernbüro, Juniorenfirma), auf kreativitätsfördernde Methoden (z.B. Projektmethode) und auf Konzepte zur Förderung der Selbstständigkeit (z.B. Leittextmethode, Lerninseln) zurück.[404] Allerdings sind die von de Haan/Harenberg als „innovative Lernformen, -verfahren und -methoden"[405] vorgestellten Methoden aus wirtschaftsdidaktischer Sicht weit weniger „neu".

Die Wirtschaftsdidaktik/-pädagogik gibt bereits seit Jahren Gestaltungsempfehlungen für die Konzeption handlungsorientierter Lernumgebungen, die sich auf den beruflichen Bereich und die Methodenauswahl übertragen lassen:[406]

1. *Ganzheitlichkeit*

   Ganzheitlichkeit[407] bedeutet, dass das Lehr-/Lernarrangement realitätsbezogen und damit i.S. der subjektivistischen Lerntheorie le-

---

[402] Becker, M. (1998): 184.

[403] Siehe auch Minnameier (1997): 11.

[404] Vgl. Pätzold/Lang (1999): 155; Becker, M. (2005a): 170ff.

[405] de Haan/Harenberg (1999): 58.

[406] Die ausführliche Diskussion mit einer Auflistung aller wesentlichen Literaturverweise findet sich bei Braukmann (1993): 273–276. An dieser Stelle werden nur die Grundlinien der Diskussion dargestellt.

[407] Vgl. Halfpap (1992); Arnold, R./Müller (1992) und Becker, M. (1998): 184f.

bensbedeutsam für den Lernenden ist und sich dies in der didaktischen Strukturierung niederschlägt.[408] Diese sollte mehrdimensionales Lernen mit einer zielorientierten Ansprache[409] aller Verhaltensdimensionen[410] verbinden, wobei das Lernen in vollständigen[411] und komplexen[412] Handlungsvollzügen stattfinden sollte.[413] Dem (Handlungs-)Plan kommt hierbei eine wesentliche Bedeutung zu, da er das Handeln bestimmt. Er besteht aus dem Erfahrungswissen des Handelnden über sich selbst und seine Umwelt. Deshalb sollte die Gestaltung der Lernumgebung einen engen Theorie-Praxisbezug aufweisen[414] und sich fächerübergreifend bzw. integrativ mit Lehr-Lerngegenständen auseinandersetzen[415]. Somit liegen wesentliche Lernpotentiale im Bereich der Arbeitsstrukturierung und der stellengebundenen Methoden der Personalentwicklung sowie ganzheitlichen, szenariogestützten Lernformen.

2. *Lerneraktive, weitgehend selbstständige Aneignung von Lehr/Lerninhalten*

Dazu gehören Organisationsformen der Lernumgebung, die ein lerneraktives,

> „problemlösendes, relativ selbständig entdeckendes Lernen und interaktions- und kooperationsbetonte, soziale Lernprozesse ermöglichen"[416].

Ziel dieser Art des Lehrens ist die Förderung der Methodenkompetenz, die darin besteht, dass der lernende Mitarbeiter, den

> „eigenen Arbeits- und Lernprozeß bewusst, zielorientiert, ökonomisch und kreativ zu gestalten"[417] weiß.

3. *Lernerorientierung und Individualisierung des Unterrichts*

Der Lernende als handelndes Individuum steht im Mittelpunkt des Lernprozesses. Diese Prämisse handlungsorientierten Unterrichts verlangt ein gewisses Maß an Lernerorientierung und Binnendiffe-

---

[408] Vgl. Halfpap (1988): 83.

[409] Vgl. Kaiser (1988): 126.

[410] Vgl. Arnold, R./Müller (1992): 100f und 103f.

[411] Vgl. Schelten (2004): 181; Faulstich (1998): 136.

[412] Vgl. Achtenhagen (1992): 40 und Tramm (1992): 48.

[413] Vgl. Sonntag (1996): 61.

[414] Vgl. Kaiser (1988): 126.

[415] Vgl. Söltenfuß (1987): 72.

[416] Braukmann (1993): 275.

[417] Meyer (1994): 107.

renzierung bei der Auswahl der Lerninhalte und deren Gestaltung.[418]

4. *Reflexive bzw. metakognitive Auseinandersetzung mit Lernprozessen*[419]

Das „methodische Besinnen"[420] dient der Einübung des Problemlöse- und Lernhandelns.

3.4.2 Problemorientierung

Das Konzept problemorientiertes Lernen[421] weist eine hohe Affinität zum Konzept der Handlungsorientierung auf, begrenzt diese aber nicht auf die kognitiv-sachliche Dimension eines Problems, sondern integriert Aspekte zur Förderung von Selbst- und Sozialkompetenzen als überfachliche Dimensionen des Lernens. Der Problembezug dient als Brücke zwischen dem Erwerb von Handlungskompetenzen im Rahmen von verschiedenen Lernsituationen und der Anwendung dieser Kompetenzen in Praxissituationen. Die Entwicklung einer Problemlösung soll nicht als Abruf geschlossener Einheiten aus den kognitiven Strukturen verstanden werden, sondern Euler/Hahn wollen, dass

> „das erforderliche Wissen [...] durch die aktive Anpassung von bestehenden und durch die Erweiterung auf noch zu erschließende Strukturen konstruiert"[422]

wird. Sie messen einem Lernen in möglichst authentischen Problemstellungen eine erhöhte Lernwirksamkeit bei. Diese, auf konstruktivistischen Lerntheorien basierende Sichtweise deckt sich mit den Forderungen beim Lehren im Erwachsenenalter.[423]

Problemlösen als konstruktiver Entwicklungsprozess bedarf allerdings einer ‚kognitiven Flexibilität'[424], damit der Anwendungstransfer gelingen kann. Dies bedingt ein situiertes, also situations- und kontextgebundenes Lernen,

---

[418] Vgl. Pätzold (1992): 19.

[419] Vgl. Aebli (2003): 368.

[420] Aebli (2003): 368.

[421] Vgl. Euler/Hahn (2004): 110ff; Ross (1997); Barrows (1986); Zumbach (2003): 25; Gräsel (1997) und Reinmann-Rothmeier/Mandl (2001) zu den unterschiedlichen curricularen Typen, die jeweils auf verschiedenen Problemdarstellungen aufbauen.

[422] Euler/Hahn (2004): 111.

[423] Vgl. Reinmann-Rothmeier/Mandl (1997): 379.

[424] Vgl. Spiro/Feltovich/Jacobson (1991) und Spiro/Jehng (1990).

„flexible Zugänge [...] zu den Gegenständen des Lernens [..] beziehungsweise eine Vielzahl von Kontexten für das Problemlösen"[425].

Daraus ergeben sich drei weitere konstitutive Elemente, die die bereits aufgestellten Gestaltungsempfehlungen für eine handlungsorientierte Lernumgebung erweitern:

1. *Praxisbezogene und herausfordernde Problemstellung*

   Das Lernen muss an praxisbezogenen und für den Lernenden herausfordernden Problemstellungen angebunden sein.[426] Der geforderte Praxisbezug muss hierbei nicht in einer unmittelbaren Übernahme eines Praxisproblems bestehen. Reinmann-Rothmeier/ Mandl ergänzen, dass die Problemstellung für die Lernenden relevant und aktuell sein muss.[427] Motivierend wirkt sich aus, wenn zwischen den Anforderungen der äußeren Umgebung und dem, was das Individuum mitbringt, keine ,Passung' besteht[428], aber zielorientiertes Lernen zugelassen wird.

   Allerdings muss die Problemstellung mit den Voraussetzungen des Lernenden abgestimmt werden;

   > „in diesem Sinne kann eine Reduktion des Problemgehaltes durchaus lernförderlich oder sogar unverzichtbar für die Initiierung eines heraufordernden und nicht über- oder unterfordernden Lernprozesses sein"[429].

2. *Situiertheit*

   Der Ansatz ist situiert, d.h. die Problemstellungen können in unterschiedlichen Lernumgebungen implementiert sein.

   > „Wesentlich ist die Grundlegung einer subjektiv als herausfordernd wahrgenommenen Problemstellung, die Raum zum Nachdenken und Entwickeln von Lösungen bietet."[430]

   Im Lauf des Lernprozesses wird ein zunehmender Grad an Selbststeuerung und -bestimmung des Lernens durch den Lernenden angestrebt.

---

[425] Euler/Hahn (2004): 111.

[426] Diese Forderung steht in enger Verbindung zu den in der Erwachsenenbildung geforderten arbeitsplatzbezogenen Problemen. Erwachsene sind „problemoriented learners". Reinmann-Rothmeier/Mandl (1997): 380.

[427] Vgl. Reinmann-Rothmeier/Mandl (2001): 627.

[428] Vgl. Reinmann-Rothmeier/Mandl (1997a): 75.

[429] Euler/Hahn (2004): 112.

[430] Euler/Hahn (2004):113.

3. *Kommunikativität*

Der Ansatz ist kommunikativ. Er setzt eine Interaktion der Lernenden mit den Lehrern/Ausbildungsleiter und eine kritische Reflexion des eigenen Handelns sowie des problemorientierten Lösungsweges voraus.

Empirische Ergebnisse zum Themenfeld problemorientiertes Lernen liefern u.a. Zumbach (2003) und Kopp/Balk/Mandl (2002). Letztere haben eine erste größere Evaluation problemorientierten Lernens in der Mediziner-Ausbildung an der LMU München vorgelegt. Durch die konsequent problemorientierte Gestaltung der Angebote konnte eine hohe Kursqualität und ein hoher subjektiver Lernerfolg erreicht werden, was auch zu einem hohen Akzeptanzwert dieser Lernform führte. Die Studierenden schätzten besonders die Gruppenkoordination, die Betreuung durch die Tutoren, die hohe Praxisrelevanz sowie die Erweiterung des Fachwissens.

C. Untersuchungsrahmen

Didaktisches Handeln erfolgt entweder vergangenheitsbezogen-analytisch oder zukunftsbezogen-planerisch.[431] Ein zukunftsbezogen-planerisches Vorgehen erfordert ein differenziertes Herangehen im Sinne eines Planungsschemas, das die Grundlage zur Vorbereitung und Durchführung der intendierten Lehr-Lernsituation bildet.

Sonntag hat für den Bereich der Personalentwicklung mit seinem Phasenmodell der Personalentwicklung ein erstes didaktisch orientiertes Handlungsmodell für die betriebliche Praxis entworfen, das i.S. eines zukunftsbezogenen-planerischen Vorgehens als Hilfe geeignet ist, präskriptive Aussagen für die Gestaltung betrieblicher Personalentwicklungsarbeit zu liefern.[432]

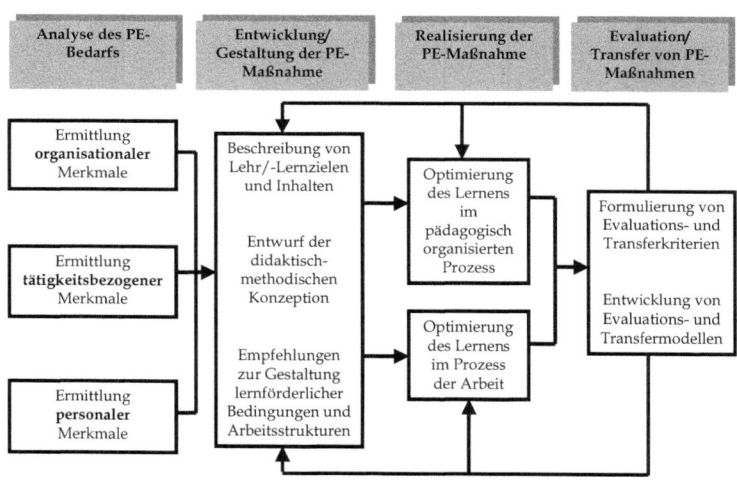

Abb. 11: Phasenmodell der Personalentwicklung
(Sonntag (1999): 21).

Dieses Planungsschema basiert mit seinen vier Phasen

- Analyse des Personalentwicklungsbedarfs,
- Entwicklung und Gestaltung der Personalentwicklungsmaßnahme,

---

[431] Vgl. Abschnitt B, Kapitel 3.1.

[432] Vgl. hierzu auch die Teilschritte für die Planung von betrieblicher Bildungsarbeit, die Gaugler (1989: 39f) aufgestellt hat oder die Abfolge der Planungsschritte bei Conradi (1983): 77ff.

- Realisierung der Personalentwicklungsmaßnahme und
- Evaluation und Transfer von Personalentwicklungsmaßnahmen

auf bekannten Personalentwicklungsplanungsschemata.[433] So umreißt Drumm bspw. in seiner instrumentellen Theorie der Personalentwicklung[434] mittels seines Planungsdreischrittes ‚Auswahl', ‚Ausführung' und ‚Kontrolle' das Vorgehen. Die zielorientierte Abstimmung der Maßnahmen untereinander steht bei ihm im Mittelpunkt. Aus personalwirtschaftlicher Sicht ergeben sich deshalb folgende Kriterien für die Personalentwicklungsplanung:

- maximaler Abbau von Deckungslücken,
- Erfüllung der Entwicklungsziele der Mitarbeiter, soweit diese Teil des Entwicklungsbedarfs sind,
- Minimierung der Produktions- und Transaktionskosten[435] der Einzelmaßnahme und
- Tragfähigkeit des Entwicklungsaufwandes.[436]

Diese Systematisierung vornehmlich deskriptiver Elemente stellt allerdings noch keine Hypothesen über die Zusammenhänge der aus verschiedenen Bereichen stammenden Variablen auf.[437] Vielmehr führt dieser ökonomische Fokus zu einer erhöhten Differenzierung der Teilschritte wie sie Sonntag in seinem Phasenmodell aufgenommen und im Kriterium ‚Analyse des Personalentwicklungsbedarfs' zusammengefasst hat.

Durch die Aufgliederung der Drumm'schen Planungsphase ‚Ausführung' in die Schritte ‚Entwicklung und Gestaltung der Personalentwicklungs-Maßnahme' und ‚Realisierung der Personalentwicklungs-Maßnahme' weist Sonntag der Maßnahmenplanung i.e.S. eine besondere Bedeutung zu, die in der betriebswirtschaftlichen Literatur zum Personal-Management nur selten thematisiert wird. Handlungsleitend für Sonntags Vorgehen ist die Erkenntnis, dass eine systematische und erfolgreiche Personalentwicklung aus mehr besteht, als lediglich unreflektiert aus

433 Vgl. für viele Staudt/Kröll/von Hören (1993); Ridder (1999): 208; Berthel/Becker, F.G. (2003): 280; Drumm/Scholz (1988): 168f; Becker, F.G./Günther (1999): 272; Bröckermann (2003): 407; Scholz (2000): 506 sowie Becker, M. (2005): 4 und (2005a).

434 Vgl. Drumm (2005): 405f.

435 Siehe hierzu Eigler (1996): 122.

436 Vgl. Berthel/Becker, F.G. (2003): 346 und Drumm (2005): 414.

437 Wissenschaftstheoretisch hat man es mit einem Beschreibungsmodell zu tun. Pawlowsky (1999): 97.

der Vielfalt an Instrumenten, Methoden und Techniken ein Entwicklungsinstrument auszuwählen und einzusetzen.[438]

Allerdings ist dieser von ihm entworfene Planungs- und Gestaltungsverlauf idealtypisch. Die *Praxis der Personalentwicklung* verhält sich zu einem großen Anteil nicht „theoriekonform"[439]. Diese, auf einer empirischen Erhebung beruhende Aussage von Berthel konnte Hanft in ihrer Fallstudie zur Implementierung von PE-Bereichen knapp zwei Jahrzehnte später bestätigen:

> „Die Fallstudien belegen, daß die betrieblichen Akteure bei der Implementierung von PE-Bereichen ihr Handeln nur vereinzelt an einer Ablaufplanung im Sinne des Phasenschemas Planung – Durchführung – Kontrolle ausrichten. Welche Instrumente und Methoden es sind, die als erste eingeführt werden, ist weniger beeinflußt durch normative Implementierungskonzepte als durch spezifische, in der Organisation vorherrschende Probleme und Handlungskonstellationen. Die PE-Verantwortlichen wählen ein pragmatisches Vorgehen, indem sie zunächst auf die Einführung der Instrumente oder Methoden konzentriert sind, für die sie einen unmittelbaren Bedarf verspüren."[440]

Auch Weber et al.[441] und Neuberger[442] sehen in Entscheidung über Weiterbildungsmaßnahmen im Unternehmen einen Prozess, der komplex ist, kollektiven Charakter hat und konflikthaltig verläuft. Bäumer schlussfolgert deshalb, dass

> „es sich bei der Weiterbildung allem Anschein nach um ein sehr komplexes Handlungsfeld [handelt], in dem nicht alles geplant und gemanagt wird (oder werden kann)"[443].

Zu Recht muss aus diesem Grund die Frage aufgeworfen werden, ob die von Berthel bereits in den 70er Jahren vermisste ‚Theoriekonformität' der Praxis nicht an Mängeln der Theorie selbst liegen könnte. Die vielfach betonte und beklagte Komplexität innerhalb des Handlungsfeldes Personalentwicklung kann u.a. durch den Einbezug didaktischer Forschungsergebnisse über die Interdependenz von Lehren und Lernen, Inhalt und Methodenwahl gelöst werden.[444] Auch der Forderung Drumms

---

438 Vgl. Sonntag (1999): 24.

439 Vgl. Berthel (1977): 84ff, womit er wohl ausdrücken möchte, dass sich die Praxis nicht an den Lehrbüchern zur Personalentwicklung orientiert. Vgl. auch Drumm (2005): 383 und Becker (2005a): 88.

440 Hanft (1995): 176

441 Vgl. Weber/Mayrhofer et al. (1991): 46.

442 Vgl. Neuberger (1994): 66.

443 Bäumer (1999): 16.

444 Vgl. den Hinweis von Berthel/Becker, F.G. (2003: 345) auf die Verortung dieser Fragen im Bereich der Pädagogik.

nach einem aktiven Lernen innerhalb der Unternehmung im Tätigkeitsfeld des Lernenden wird innerhalb der betriebswirtschaftlichen Personalentwicklungsdiskussion nicht weiter nachgegangen. Vielmehr wird konstatiert, dass dies nur bei gut planbarem Entwicklungsbedarf zu erwarten sei. Schlecht planbaren, innovativen Entwicklungsbedarf verlagert er ins unternehmensexterne Umfeld und stellt sich für diese Entwicklungsmaßnahmen eher passive Lernformen vor.[445] Diese Sichtweise ist exemplarisch für die in der personalwirtschaftlichen Literatur vorzufindende technisch-instrumentelle Sicht im Rahmen der Maßnahmenauswahl mit dem Fokus auf Planungs- und Verortungsfragen von Personalentwicklungsprogrammen. Deshalb muss der Untersuchungsrahmen um die im Personalwesen meist vernachlässigte Interdependenz von Lehren und Lernen, Inhalt und Methodenwahl[446] für die Gestaltung von Trainee-Programmen erweitert werden.[447] Somit rücken die beiden Ebenen der Programmplanung und der Veranstaltungsplanung in den Fokus der nachfolgenden Betrachtungen.[448]

Basis didaktischer Planung von Lehr-Lernprozessen sind didaktische Modelle. Hierbei unterscheidet man *Struktur- und Verlaufsmodelle*.[449] Erstere dienen dazu Lehr-Lernstrukturen zu erfassen und zu beschreiben. Sie helfen u.a. die Komplexität des Unterrichtsgeschehens auf eine überschaubare Anzahl an Faktoren oder Elementen zu reduzieren. Diese Reduzierung ermöglicht das Erkennen der strukturellen Zusammenhänge, auf denen Unterrichtsprozesse beruhen wie z.B. Inhalte, Ziele, Methoden und Medien. Im Gegensatz dazu schauen Verlaufsmodelle auf die Verlaufsform von Lehr- und Lernprozessen. In ihnen wird die Artikulation des Unterrichts dargestellt, wie sie sich z.B. in einer Unterrichtsstunde von der Hinführung zum Thema und der Zielangabe über die Erarbeitung, Vertiefung und Anwendung des Themas in Form von Hausaufgaben zeigt. Verlaufsmodelle werden besonders dann ange-

---

[445] Vgl. Drumm (2005): 418.

[446] Vgl. Drumm (2005: 400) der darauf hinweist, dass Ansätze der Personalentwicklung mitarbeiter- und unternehmungsorientiert sind, aber kaum methodenorientiert.

[447] Arnold, R. (1996: 138) weist darauf hin, dass die Professionalisierung weder im Bereich der Makro- noch im Bereich der Mikrodidaktik abgeschlossen ist. Siehe auch Bäumer (1999), der das Management der Rahmenbedingungen von Lehr- und Lernprozessen untersucht hat.

[448] Vgl. Conradi (1983), 75. Die wirtschaftsdidaktische Planung unterscheidet drei Planungsebenen: die Makro-, die Meso- und die Mikroebene. Die beiden letztgenannten Ebenen entsprechen der von Conradi eingeführten Systematik. Auf der Makroebene werden Fragen der Bildungspolitik und der normativen Bildungsphilosophie diskutiert. Vgl. Dubs (2004).

[449] Vgl. Kron (2004): 61.

wendet, wenn es um die Analyse und Planung sozialer Dimensionen von Lehr- und Lernabläufen geht. Dabei wird die Lehr-Lernplanung allerdings nicht als Produkt im Sinne eines Plans, sondern als Prozess interpretiert.[450]

Für die Konzeption einer Lernumgebung wird das von Sonntag entworfene Phasenschema der Personalentwicklung i.S. eines didaktischen Strukturmodells erweitert. Der didaktische Handlungsfokus[451] soll verstärkt auf die Inhalte, Ziele und Methoden gerichtet werden. Die Phasen ‚Analyse des PE-Bedarfs' sowie ‚Entwicklung und Gestaltung der Personalentwicklungsmaßnahme' werden mit Schritten aus der didaktischen Planung, die im Folgenden erläutert werden, ergänzt bzw. konkretisiert. Ziel dieses Vorgehens ist die systematische Aufbereitung des intendierten Lernstoffes.

Ausgehend von der Idee der Kompetenzentwicklung, stehen in der hier verfolgten didaktischen Planung der lernende Trainee und die zu erwerbenden Kompetenzen im Zentrum der Betrachtung. Damit soll zum Ausdruck gebracht werden, dass während des Planungsprozesses sowohl die Kompetenzstruktur als auch eine aktive Einbeziehung der Lernenden kritisch im Hinblick auf eine „(Handlungs-)systematik von Lernschritten"[452] analysiert werden. Dabei ist das Lernziel Ausgangspunkt für die Planung von Lehr-Lern-Prozessen und dies nicht, weil das Lernziel als gegeben betrachtet wird, sondern aus Interdependenz-Gesichtspunkten.[453] Vertreter lernzielorientierter Didaktik[454] versprechen sich von der Orientierung aller Unterrichtsplanung am Lernziel eine in didaktischer Sicht angemessenere Planung und dadurch auch eine effektivere Bildungsmaßnahme. Peterßen sieht in diesem Ansatz die heute allgemein anerkannte didaktische Auffassung zur Unterrichtsplanung.[455]

---

[450] Vgl. Kröll (1989): 479.

[451] Zum Begriff des didaktischen Handelns siehe Arnold, R. (1996): 140 und Flechsig (1989): 4. Wichtig erscheint die Aussage von Arnold, dass „der Begriff des didaktischen Handelns mehr umfaßt als die klassische Vorstellung einen engen ‚pädagogischen Bezugs' (Hermann Nohl) zwischen einem Lehrenden und einem Lernenden. Mit dem Begriff des didaktischen Handelns treten demgegenüber auch die Kernsituationen der Erwachsenenbildung stärker in den Blick, die etwas mit der bedarfsorientierten Planung von Programmen oder mit der Förderung des Lernens von Organisationen zu tun haben." Arnold, R. (1996): 141.

[452] Euler/Hahn (2004): 497.

[453] In der Didaktischen Analyse von Klafki orientierte sich die Planung an den Lerninhalten. Zum didaktischen Hintergrund der lernzielorientierten Didaktik siehe Peterßen (2000): 131ff.

[454] Bspw. Mager (1973).

[455] Peterßen (2000): 24. Allerdings werden die unterschiedlichen Konzepte einer lernzielorientierten Didaktik kontrovers diskutiert. Die Kritik richtet sich zum ei-

Durch die Fokussierung auf Lehr-Lernprozesse rekurriert der hier vertretene Ansatz auf konstruktivistische Theorien von Didaktik und Lerntheorie.[456] Lehren wird nicht als technische Lernbewirkung gesehen, sondern als die Gestaltung von Situationen und als Angebot an Lernmöglichkeiten. Der Lernende konstruiert in einem aktiven und selbstgesteuerten Prozess sein Wissen. Die Vorstellung eines deterministisch vorgegebenen und beeinflussten Lernprozesses wird abgelehnt. Stattdessen werden Annahmen über Merkmale und Prinzipien von ‚wirksamen' Lehr-Lernprozessen in Lernumgebungen getroffen, die in Teil E detailliert diskutiert werden.

Aus diesen Überlegungen leiten sich die wesentliche Analyseschritte für eine lernzielorientierte Gestaltung[457] in situierten Lehr-Lernsituationen ab:

- Bestimmung der Lernvoraussetzungen,
- Bestimmung und Ableitung der Lernziele,
- Überlegungen zur Sache sowie
- didaktische und
- methodische Überlegungen.

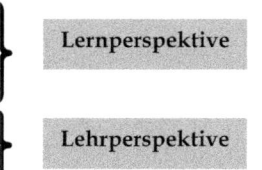

1. Lernvoraussetzungen

Unter dem Stichwort Lernvoraussetzung behandeln Didaktiker die Vorkenntnisse und Vorerfahrungen der Lernenden. Dabei werden nicht nur die fachlichen Vorerfahrungen betrachtet, die üblicher Weise in zertifizierter Form den Bewerbungsunterlagen oder der Personalakte entnommen werden können, sondern auch die Vorkenntnisse im Hinblick auf die Arbeits- und Sozialformen sowie den Umgang mit Medien. Des Weiteren werden psychologische und individuelle Voraussetzungen bedacht, die zusammen mit den Interessen und der Motivation der Lernenden am Thema in die Planung mit einfließen. Hinzu treten weitere

---

nen gegen die Operationalisierung von Lernzielen und zum anderen gegen die mit dem Vorgehen verbundene Zweckrationalität.

[456] Vgl. Kaiser/Kaminski (1999): 67f; Terhart (1999), 630ff und für die Weiterbildung Gerstenmaier/Mandl (1999).

[457] Grundzüge eines konstruktivistischen Unterrichtskonzeptes finden sich bei Ebner (2000) und Reich (2002). Exemplarisch für eine lehr-lerntheoretische Planung sind Euler/Hahn (2004): 499ff und Jank/Meyer (1994): 404; Vohland (1982) in Teilbereichen auch Euler (1994): 207f. Schofnegger/Zöpf (1977: 25) unterscheiden zwischen den folgenden Unterrichtsdeterminanten, die in vielen Veröffentlichung ähnlich aufgegriffen wurden: Schülern (WER?), Lehrzielen/Lehrinhalten (WAS wird unterrichtet?), Kontrolle der Zielerreichung (WAS, WIE, WIEVIEL soll kontrolliert werden?) und Methoden (WIE soll unterrichtet werden?)

individuelle Aspekte wie Konzentrationsfähigkeit, selbstständiges In-
formationserschließen oder auch Abstraktions- und Transferfähigkeit,
Gewohnheiten hinsichtlich spezifischer Lehr-Lernmethoden (bspw. Ein-
zel-, Gruppenarbeit) und sozial-kommunikative Kompetenzen, die die
Lernvoraussetzungen bestimmen.

Diese aus didaktischer Perspektive wichtigen Aspekte finden sich ansatzweise im Phasenmodell der Personalentwicklung wieder. Denn im
Rahmen der von Latham vorgeschlagenen dreischrittigen Bedarfsanalyse
werden abseits der Organisations- sowie der Aufgaben- und Anforderungsanalyse personale Potentiale und Defizite erhoben.[458] Bei der Auswahl der Entwicklungsadressaten dominiert unter der Restriktion des
Bildungsaufwandsbudgets eine Kombination aus Engpass-, Potential-
und Aufwandsregel. Methodisch versucht man bspw. mit Hilfe der As-
sessment-Center-Technik das Potential[459] der Bewerber und Mitarbeiter
zu erfassen.[460]

Didaktiker vermissen jedoch Informationen zum Umgang mit Medien
und unterschiedlichen Lernmethoden, zur Reflexionsfähigkeit der Kan-
didaten, zu ihrem Feedbackverhalten und ihrer Analysefähigkeit eigener
Stärken und Schwächen, um aufgrund dieser Erfahrungen Personalentwicklungsmaßnahmen effektiver planen zu können.[461]

2. Bestimmung und Ableitung der Lernziele

Jedes unternehmerische Handeln sollte sich an vorher definierten Zielen
orientieren, durch die festgelegt wird, was in der Zukunft erreicht werden soll. Neben den unternehmerischen Gesamtzielen gelten für jeden
Teilbereich der Unternehmung gewisse Teilziele. Auch die Personalentwicklung ist, soll sie effizient betrieben werden, auf ein Zielset angewiesen, so dass bei allen Beteiligten Klarheit über die zu erreichenden Ziele
besteht. Bereits in den einleitenden definitorischen Grundlagen ist deutlich geworden, dass sowohl die Trainees als auch die Unternehmung eigene Vorstellungen mit der Personalentwicklung verbinden.

---

[458] Vgl. Latham (1988): 549 und Sonntag (1999): 22. Siehe hierzu auch die vier
Schritte von Berthel/Becker, F.G. (2003): 284. Zu möglichen Abbildungs- und
Prognoseproblemen siehe Staudt/Kriegesmann (1999): 26ff.

[459] Vgl. Staudt/Kröll/von Hören (1993) und Kanning/Holling (2004). Zur Ermittlung der hierfür notwendigen personalen Merkmale siehe Schuler/Prochaska
(1999).

[460] Vgl. Sonntag (2004): 836f.

[461] Siehe hierzu auch die Vorschläge von McCall (1996: 50) zur Implementierung eines Executive Development Programms.

Lernziele beschreiben beabsichtigte, also intendierte Veränderungen oder auch den Lernzuwachs, der mittels der zu planenden Lehr-Lern-einheit erreicht werden soll.[462]

Bei den Lernzielen kann es sich um Qualifikations- oder Kompetenzziele handeln. Qualifikationsziele beschreiben Wissens-, Könnens- und Verhaltensmaßstäbe. Sie sind in ihrer Reichweite auf das Lernfeld beschränkt und äußern sich in kognitiven, sozialen, affektiven und/oder pragmatisch/psychomotorischen Lernzieldimensionen.[463] Kompetenzziele hingegen beschreiben Befähigungen, die im Arbeitsfeld anforderungsgerecht auszuführen sind (Aspekt der Performanz).

2.1 Lernzielformulierung

Auf der Ebene der Lernzielformulierung erweist sich auf den ersten Blick die stichworthafte Auflistung der erhobenen Trainee-Programm-Lernziele als problematisch, da nur selten Niveauanforderung (z.B. ,Kennenlernen', ,Aufbau' oder ,Förderung') thematisiert werden.

Formal handelt es sich bei den ermittelten Zielen um Groblernziele. Sie sind so konkret gehalten, dass zwar viele, aber nicht alle möglichen Interpretationen ausgeschlossen sind. Sie haben die Funktion von Generallernzielen, die innerhalb der Traineezeit erreicht werden sollen. Im Gegensatz zu Feinlernzielen, die so eindeutig formuliert sind, dass sie nur *eine* Interpretation ermöglichen, erlaubt dieses Vorgehen einen über die Programmdauer und darüber hinaus andauernden Kompetenzaufbau, der im Rahmen einer singulären Weiterbildungsmaßnahme nicht zu erreichen wäre. Der Abstraktionsgrad der formulierten Lernziele deckt sich mit den Ergebnissen, der von Dittmar vorgenommenen Analogiebetrachtung zwischen Personalentwicklung und Didaktik, in der er zeigt, dass in der Personalentwicklung selten Feinziele herausgearbeitet bzw. definiert werden.[464]

Durch diese Art der Formulierung wird eine Konkretisierung der zu ergreifenden Maßnahmen nach Inhalten, Verhaltensmaßstäben und Indikatoren erschwert. Für das weitere Vorgehen gewinnt deshalb vor dem Hintergrund des Aufbaus bzw. der Erweiterung der Handlungsfähigkeit eine notwendige *prozessbezogene* Zielvorstellung gegenüber einer *produktbezogenen* Sichtweise einen besonderen Stellenwert. Wobei allerdings allgemein zu diskutieren ist, welches Abstraktionsniveau als Zielformulierung angemessen ist: Dienen die Lernziele als *Orientierung* und

---

[462] Das Unterrichtsziel ist vom Lehrer aus gesehen ein Lehrziel, aus Schülersicht ein Lernziel.

[463] Vgl. Staehle (1999): 884.

[464] Vgl. Dittmar (2001): 157.

die Präzisierung wird den Lernenden und Lehrenden überlassen oder handelt es sich um *eindeutige Vorgaben,* die auf der Feinzielebene der Operationalisierung zu formulieren sind?

2.2 Strukturierung von Lernzielen

Die in der Didaktik lange Zeit übliche *Operationalisierung* von Lernzielen mittels Taxonomien[465] wurde von Conradi[466] für die Personalwirtschaft aufgegriffen. So wollte er standardisierte und möglichst eindeutige Vorgaben für die Curriculumkonstruktion erarbeiten. Was entwickelt wurde, war aber ein technokratisches Modellgebäude, verknüpft mit einer Lernzielprogrammatik, die überwiegend behavioristisch formuliert war.[467]

Neben dieser generellen Kritik standen gleich mehrere Aspekte einer erfolgreichen Rezeption der Lernzieltaxonomien innerhalb der Personalentwicklungsplanung entgegen: Personalentwicklung als Teildisziplin des betrieblichen Personalwesens verfügt selten über genügend personelle wie auch zeitliche Ressourcen, Lernziele nach den vorgelegten Taxonomien für den kognitiven, affektiven und psychomotorischen Bereich zu erschließen, so dass im betrieblichen Alltag die Konkretisierung schon bisher in der Verantwortung der Lehrenden lag. Darüber hinaus waren diese, ursprünglich zum Vergleich von Prüfungsaufgaben auf der Grundlage psychologischer und logischer, nicht didaktischer Überlegungen konstruierten Taxonomien kaum praktikabel. Die Taxonomien führten dazu, dass Lernziellisten erstellt wurden, die aufgrund der häufig ausschweifenden Formulierungen nahezu eine willkürliche Einordnung auslösten. Vor allem verdeckte diese Entwicklung, dass unterschiedlichen Zielen auch unterschiedliche Methoden entsprechen müssen.[468] Auch konnte das ‚Deduktionsproblem'[469], also die Ableitung[470] der (Fein-)Lernziele aus den Richtzielen über die Zwischenstufe der Grobziele und die damit scheinbar einhergehende Operationalisierung von Lernen auch in der Didaktik nicht befriedigend und praktikabel gelöst werden.

Dabei sind präzise Zielformulierungen eine wichtige Voraussetzung für die rationale Diskussion und spätere Evaluation des Lernarrangements.

---

[465] Z.B. Bloom/Engelhart et al. (1974).

[466] Siehe Conradi (1983): 85f. Sie findet sich auch noch in neueren Lehrbüchern, bspw. Becker, M. (2005a): 87ff.

[467] Vgl. Fischer (2004): 6.

[468] Vgl. Glöckel (1996): 139.

[469] Vgl. Meyer (1971): 106–132 und Kröll (1989): 493.

[470] Vgl. Möller (1997).

Denn nur so können Begründungen angeführt und daraus folgend die Legitimation der Handlungen hinterfragt werden, die zu der Zusammenstellung eines Curriculums, der Methodenwahl und der Situationsgestaltung geführt haben.[471] Allerdings spiegelt die dargestellte Operationalisierung von Lernzielen eine (ab-)geschlossene Vorstellung vom Lehren und Lernen vor, was dem Lernbegriff in situierten Lernumgebungen widerspricht. Sie be- oder verhindert sogar die Partizipation der Lernenden bei der Planung und Durchführung von Personalentwicklungsprogrammen und vernachlässigt die im betrieblichen Bildungswesen wichtigen Ziele komplexe Handlungskompetenzen aufzubauen. Vielmehr verleitet sie dazu, den Fokus auf Sachkompetenzen zu verlagern, da sie am einfachsten zu formulieren und zu prüfen sind, zumal für die Operationalisierung von beruflichen Handlungskompetenzen z.Z. noch keine abgerundeten Konzepte existieren.

Im Folgenden werden die Lernziele für Trainee-Programme innerhalb des größeren Zusammenhangs der Führungsnachwuchskräfteentwicklung gestellt und darin präzisiert. Dadurch soll eine rationale Argumentation der Erreichbarkeit gefördert werden und ein Reflexions- und Begründungszwang auf Seiten des Lehrenden entstehen.

Für die weitere systematische Betrachtung wird auf die von Euler/Hahn unterschiedenen Handlungsdimensionen zurückgegriffen, die es später erlauben werden, eine Konkretisierung der einzelnen Ziele von Trainee-Programmen innerhalb des umrissenen Rahmens vorzunehmen:[472]

- *Erkennen (Wissen)*: Der themenzentrierte Wissensaufbau steht im Vordergrund. Dabei werden die vom Bloom für die Verhaltenskomponenten formulierten Komplexitätsstufen angestrebt.[473]

- *Werten (Einstellungen)*: Werten bezieht sich auf die affektive Haltung gegenüber Beziehungen, Sachen aber auch der eigenen Person. Die Ausprägungen sind bspw. ‚sich interessieren‘, ‚tolerieren‘ und ‚sich verständigen‘ wie auch ‚sich einlassen‘ oder ‚beachten‘.

- *Können (Fertigkeiten)*: Diese Dimension fasst das Handhabend-Gestaltende zusammen und zeigt sich in den Ausprägungen ‚anfertigen‘, ‚produzieren‘, ‚klären‘, ‚interpretieren‘ sowie Strategien einsetzen.

---

[471] Zu Fragen der Zielbestimmung und -ableitung siehe Sloane (1983).

[472] Vgl. Euler/Hahn (2004): 131.

[473] Einzig für den kognitiven Bereich steht ein erprobtes Theorieangebot zur Verfügung. Vgl. Bloom/Engelhart et al. (1974). Die Taxonomien für die affektive und psychomotorische Dimension (Krathwohl/Bloom/Masia (1964) sowie Dave (1968)) haben sich in der Praxis nie bewährt.

Diese angestrebte Konkretisierung soll für die Lehrenden als Informationsquelle zum Schaffen anregender Lerngelegenheiten dienen.

Die nachfolgende Übersicht gibt den Zusammenhang von Kompetenzbereichen und Handlungsdimensionen wieder.

Handlungs-dimensionen / Handlungs-kompetenzbereiche	Erkennen (Wissen)	Werten (Einstellungen)	Können (Fertigkeiten)
Fachkompetenzen Umgang mit Sachen/ Fachinhalten • materiell • symbolisch	z.B. reproduzieren	z.B. sich interessieren, zuwenden, sich begeistern	z.B. anfertigen, produzieren, (be)arbeiten, machen, konstruieren
Sozialkompetenzen Umgang mit anderen Menschen • Dyade • Gruppe/Team • Gemeinschaft	verstehen anwenden analysieren	z.B. tolerieren, respektieren, billigen, akzeptieren, vertrauen, sich verständigen, durchsetzen	z.B. klären, interpretieren, artikulieren, Feedback geben, steuern, kultivieren
Methodenkompetenzen Umgang mit Problemen und Entscheidungen • personenbezogen • themenbezogen	entwerfen evaluieren	z.B. zulassen, beachten, sich einlassen, bewerten, durchsetzen, sich interessieren	z.B. Strategien einsetzen, routinisieren, Aufgaben bewältigen, strukturieren, reflexives und selbstorganisiertes Handeln

Abb. 12: Zusammenhang von Kompetenzbereichen und Handlungsdimensionen in Anlehnung an Euler/Hahn (2004): 131.

2.3 Erlernbarkeit der Lernziele

Die erhobenen Lernziele thematisieren Kenntnisse, Fähigkeiten und Verhaltensweisen. Bei einigen der aufgeführten Lernziele wird im Abschnitt D dieser Arbeit zu erörtern sein, inwieweit es sich um erlernbare Ziele und nicht um Persönlichkeitseigenschaften handelt, deren Beeinflussbarkeit deutliche Grenzen gesetzt sind.[474]
Sozial- und Methodenkompetenzen werden als didaktische Zielkategorien betrachtet. Es wird implizit davon ausgegangen, dass übereinstimmend mit der herrschenden Meinung von der Erlernbarkeit der Sozial-

---

[474] Vgl. z.B. die Studie von von Rosenstiel (1994).

kompetenzen auch im Erwachsenenalter ausgegangen werden kann.[475] Zwar sind verschiedene Facetten der Sozialkompetenz (Extraversion, emotionale Stabilität, Verträglichkeit, Gewissenhaftigkeit, Offenheit für Erfahrungen)[476] eng mit stabilen Persönlichkeitsmerkmalen verbunden, die teilweise genetisch bedingt sind; allerdings, so Wunderer/Dick,

> „sind zeitliche Stabilität und genetische Disposition nicht gleichbedeutend mit Unveränderbarkeit"[477].

Fundament für die Entwicklung von Sozialkompetenz ist ein positives Selbstkonzept, das eigene Erfahrungen und Kontrolle der Umwelt erlaubt und ermöglicht.

Darüber hinaus muss der Frage nachgegangen werden, inwieweit Lernziele zueinander in Verbindung stehen, ob es Lernziele mit unterschiedlichem Abstraktionsgrad gibt, deren Aufbau in diesem Fall hierarchisch zu betrachten wäre. Ebenso müssen Verbindungen zwischen Teilzielen erörtert werden, damit die Teilkompetenzen nicht voneinander isoliert, sondern bestenfalls vernetzt erworben werden.

Da der von Thom et al. definierte Lernzielbereich ‚Integration und Identifikationsfähigkeit' sowohl Lernziele als auch Sozialisationsziele umfasst, ist eine Abgrenzung vorzunehmen.[478] Dabei muss auf implizite Vorstellungen wie bspw. das Lernen am Modell oder verhaltenswissenschaftliche Bezüge zurückgegriffen werden, da eine explizite Diskussion noch nicht stattgefunden hat.[479]

3. Sachanalyse

An die Überlegungen zu den Lernzielen schließen sich im didaktischen Planungsschema die Überlegungen zur Sache, zur Struktur des zu lernenden Inhaltes oder der zu entwickelnden Kompetenz an. Dieser Schritt ist im Planungsschema der Personalentwicklung explizit nicht vorhanden und ist auch innerhalb der Didaktik nicht unumstritten. Roth forderte 1960 in seinem Aufsatz über die „Kunst der rechten Vorbereitung"[480] eine Art vorpädagogische Sachanalyse, wobei es ihm nicht um die ‚Stoffbeherrschung', sondern vielmehr um die Beziehung des Lehrers

---

[475] Zur Diskussion dieser Problematik siehe Volk (1988): 222f; Euler (2001): 346ff; Hennig-Thurau/Thurau (1999): 308f und Spinath (2002): 25ff.

[476] Vgl. Schuler/Barthelme (1995): 90.

[477] Wunderer/Dick (2002): 369.

[478] Siehe hierzu Abschnitt D, Kapitel 5.

[479] Vgl. Euler (2001): 346.

[480] Roth, H. (1969).

zu dem spezifischen ‚Kulturgut' ging.[481] Erst eine intensive Auseinandersetzung mit der Sache, aber auch mit den zu erwerbenden Kompetenzen,
so Roth, führt bei Lehrern zu jener Sachkenntnis, die die weiteren pädagogisch, didaktisch und methodischen Entscheidungen im Anschluss
erlauben. Dieser Ansicht ist zu folgen, denn erst bei der Betrachtung der
einzelnen Momente des Inhaltes oder auch der Kompetenz erschließt
sich der Zusammenhang, der in einer Lehr-Lernsituation umzusetzen
ist.[482] Häufig weisen die Inhalte bereits eine immanent-methodische
Struktur auf, so dass eine eingehende Analyse die Separierung von Phasen und daraufhin die Planung möglicher Lernprozesse erlaubt. In diesem Zusammenhang können den inhaltlichen Aussagen folgende Dimensionen zugeordnet werden: Einzelfakten, Zusammenhänge, Begriffe,
Regeln/Gesetze, Methoden/Theorien und Wertungen.[483]

Bei den zu lernenden Inhalten differenziert man zwischen denen, die
ohne Vorwissen erworben werden können, und denen, die nur aufgrund
bereits bestehender Kenntnisse verstanden werden können. Bei Letzteren sind innerhalb dieses Planungsschrittes die erforderlichen inhaltlichen Voraussetzungen zu klären, damit der Lernende sich mit den ausgewählten Inhalten auseinandersetzen kann. Auf diesem Zusammenhang hat Kröll in Anlehnung an von Cube mit seiner Unterscheidung
zwischen subjektivem und objektivem Informationsgehalt hingewiesen.
So ist der subjektive Informationsgehalt zum einen abhängig vom Wissensstand des Lernenden, zum anderen vom der subjektiven Bedeutung
für die individuelle Lebenswirklichkeit des Lernenden.[484]

Bedeutsam aus Sicht der Personalentwicklung ist hierbei ein zusätzlicher
Aspekt, der durch die Phasenbetrachtung ermöglicht wird. Unterschiedliche Struktur- und Lernphasen bedürfen einer differenzierten Lernun-
terstützung, die – vor allem im Bereich des Kompetenzaufbaus – die
Lernentwicklung effizienter werden lässt. Zusätzlich zeigt eine Strukturanalyse des Inhalts auch Eigentümlichkeiten des Zieles auf, die u.a.
den Zugang erschweren können und Lernen somit beeinträchtigten und
verlängern. Die Sachanalyse dient vor allem der argumentativen Vorbereitung und Begründung didaktischer Entscheidungen.[485]

---

481 Vgl. Roth, H. (1969): 119.
482 Vgl. Klafki (1980): 38.
483 Vgl. Kröll (1989): 494.
484 Vgl. Kröll (1989): 494.
485 Vgl. Jank/Meyer (1994): 411.

4. Entwurf der didaktischen und methodischen Konzeption

Sind die Überlegungen zur Sache abgeschlossen, beginnen im didaktischen Planungsschema die didaktischen *und* methodischen Überlegungen, die gleichzusetzen sind mit dem Entwurf der didaktisch-methodischen Konzeption.

Das Verhältnis von Didaktik zur Methodik ist seit der Aufstellung der Interdependenzthese der Berliner Schule umstritten. Methoden sind dabei Verfahren oder Wege der Vermittlung kultureller Inhalte und schließen Mittel und Medien, die im Rahmen des Lehr-Lernprozesses eingesetzt werden, mit ein. Sie betreffen auch die Formen der sozialen Organisation des Vermittlungsprozesses.[486] Die Methodik kümmert sich somit um die Sammlung und Reflexion aller Methoden. Sie konzentriert sich auf die eher speziellen Fragestellungen, wie sie in den Fachdidaktiken im Zusammenhang zu den Fachwissenschaften entstehen. Deshalb wird in der fachdidaktischen Diskussion stets aus dem Kontext heraus entschieden. Didaktik und Methodik stehen in einem inhaltlichen Verweisungszusammenhang.[487]

4.1 Lernumgebung

Ein wesentliches Entscheidungsmoment im Bereich der didaktisch-methodischen Überlegungen ist die Ausrichtung an einem didaktisch-methodischen Handlungskonzept:

> „Didaktik als Umsetzung von Handlungskonzepten i.S.e. normativen Gesamtorientierung didaktischen Handelns versucht, über situativ auszulegende Prinzipien dem didaktisch Handelnden eine Orientierung zu vermitteln. Sofern die Konzepte in der Form von Lehrprinzipien bestimmt werden, besitzen sie auch den Charakter von methodischen Leitvorstellungen. Sie betonen spezifische didaktische Handlungen, die in mehr oder weniger vorgeschriebener Form durchgeführt werden sollen, um die normativen Vorstellungen der Konzeption umzusetzen."[488]

Bereits mehrfach wurde auf die handlungsorientierte Ausrichtung wirtschaftsdidaktischen Forschens und Arbeitens hingewiesen und Handlungskompetenz als Zielkategorie allgemeiner und beruflicher Bildung thematisiert. Aus betrieblicher Sicht werden ferner Methoden und Lehr-Lernarrangements gefordert, die den Lerntransfer schnell und nachhaltig ermöglichen. Einen Ausweg bietet die dieser Arbeit zugrunde gelegte kognitivistisch-konstruktivistische Grundausrichtung, die die Konzepte

---

[486] Vgl. Kron (2004): 37.

[487] Vgl. Kaiser/Kaminski (1999): 14 und Meyer (1996): 227.

[488] Euler (1994): 114.

zum dezentralen Lernen stark beeinflusst hat.[489] Dezentrales Lernen wird zum einen unter der Begrifflichkeit des *Lernorts* und zum anderen unter dem Konzept der *Lernumgebung* diskutiert. In beiden Fällen geht es um einen umfassenderen Gestaltungsansatz gegenüber den herkömmlichen Lehr-Lernarrangements. Dehnbostel sieht in Lernorten zeitlich und lokal gegliederte Orte mit eigenständigen pädagogischen Funktionen im Lernprozess.[490] Der Begriff der Lernumgebungen steht hingegen nach Mandl/Reinmann-Rothmeier für das Zusammenspiel von Unterrichtsmethoden, Lernmaterialien und Medien in einer aktuellen zeitlichen, räumlichen und sozialen Lernsituation[491]. Die eigentlich didaktische Funktion wird im Lernumgebungsbegriff deutlich stärker hervorgehoben, da in ihm die didaktische Expertise weitaus stärker gefordert wird.

Vor dem Hintergrund der im Abschnitt B formulierten didaktischen und lerntheoretischen Grundorientierung werden reine *systemvermittelnde Lernumgebungen*[492] nicht weiter diskutiert, da sie eine rezeptive, behavioristisch orientierte Auffassung vom Lernen anstreben. Dies bedeutet, dass die Lernenden weitgehend passiv agieren und die Lernumgebung den Trainees fertige Systeme an Wissensbeständen vermitteln würde, deren Transferierbarkeit in die Arbeitwelt der Trainees nicht gesichert wäre.

In *problemorientierte Lernumgebungen* sind die Lernenden aktiv und erarbeiten sich vornehmlich selbst neue Inhalte und Fertigkeiten. Problemorientierte Lernumgebungen orientierten sich am Konzept des explorativen Lernens. Sie bietet den Trainees geeignete Probleme an. Allerdings fehlt in einer puristisch problemorientiert gestalteten Lernumgebung die gezielte und dosierte Unterstützung von außen. Deshalb wird auf das Konzept einer *adaptiven Lernumgebung* zurückgegriffen, deren Gestaltung sich an die Bedürfnisse der Lernenden anpasst und somit die Erkenntnisse der Erwachsenenpädagogik einbezieht. Lernen soll so zu einer

"Interaktion zwischen den konstruktiven Aktivitäten des Lernenden und der gestalteten und unterstützenden Lernumgebung"[493]

---

[489] On-the-job Lerntypen werden nur am Rande der Diskussion und in speziellen Einzelfällen berücksichtigt, da keine individuelle Trainee-Lernumgebung erstellt werden soll. Zu den verschiedenen Lerntypen und -strategien siehe Berings/Poell et al. (2005), die dem Bewusstsein der eigenen Lernstrategie eine besondere Bedeutung zuweisen.

[490] Vgl. Dehnbostel (1996) und Münch (1995): 39ff.

[491] Vgl. Reinmann-Rothmeier/Mandl (2001): 603.

[492] Vgl. Reinmann-Rothmeier/Mandl (1998): 474ff.

[493] Reinmann-Rothmeier/Mandl (1998): 486.

werden. Instruktionale Maßnahmen werden in adaptiven Lernumgebungen weitestgehend individualisiert, indem sie sich am Stärken-Schwächen-Profil des Lernenden orientieren und die Lernsituation aufgreifen. Der Lehrende erhält die Rolle eines facilitators[494], der den Wissenserwerb durch die Auswahl und Bereitstellung geeigneter Maßnahmen erleichtert. Ziel ist die Vermittlung von flexibel anwendbarem, domänenspezifischem Wissen und die Förderung kognitiver und metakognitiver Fertigkeiten und Strategien. Wesentlicher Baustein der Lernumgebung ist die Rückmeldung. Durch gezieltes Feedback soll der Wissenserwerb unterstützt werden.[495]

Adaptive Lernumgebungen versuchen, die Schwachstellen problemorientierter Lernumgebungen (hoher Zeitaufwand, mangelnde Unterstützung, Gefahr der Orientierungslosigkeit, Überforderung) durch eine Gestaltung zu vermeiden, die sich an die Bedürfnisse der Lernenden anpasst, d.h. sie lassen sowohl den notwendigen Freiraum für die individuelle Wissenskonstruktion der Trainees, bieten aber auch vielfältige Möglichkeiten der gezielten Unterstützung an.[496]

4.2   Methodische Überlegungen

Berthel/Becker, die in ihrem Lehrbuch zum Personal-Management Bildung, Arbeitsstrukturierung und Karriereplanung als Teilbereiche der Personalentwicklung isoliert betrachten, verlassen bei der Wahl der Personalentwicklungsmethode diese strikte Trennung, da nach ihnen

„die praktische Personalarbeit [...] nur sinnvoll als Kombination von Maßnahmen aus allen drei Bereichen"[497]

diskutiert werden kann. Sie sehen eine enge Verbindung zwischen dem Einsatz der Lehrmethode sowie den Lehrstoffen und -zielen, wobei der Träger (das Unternehmen selbst oder eine externe Organisation) der Personalentwicklungsmaßnahme allerdings die Lehrumwelt festlegt.[498] Vor diesem Hintergrund findet die von Sonntag eingebrachte Optimierung des Lernens im pädagogisch organisierten Prozess und im Prozess der Arbeit statt.

Die von Neuberger herausfordernd formulierte Frage ‚*Welche Methode passt zu welchem Lernziel*?' lässt sich nicht eindeutig beantworten, da es sich um kein wohlstrukturiertes Problem handelt.[499] Für Neuberger ver-

---

[494] Vgl. Leinhardt (1993).

[495] Vgl. Gardner (1994). Siehe auch Abschnitt E, Kapitel 1.1.5

[496] Vgl. Reinmann-Rothmeier/Mandl (1998): 485.

[497] Berthel/Becker, F.G. (2003): 344.

[498] Vgl. Berthel/Becker, F.G. (2003): 312.

[499] Vgl. Neuberger (1994): 179–183.

lagert sich das Problem deshalb in den Bereich der Selbst-Prüfung, die vielfältigen Restriktionen (Personal, Ort, Anlagen, Kosten etc.) unterliegt. Nach seinen Beobachtungen erfolgt die eigentliche Entscheidung in der Praxis nicht aufgrund des Personalentwicklungszieles, sondern vielmehr aufgrund pragmatischer Kompromisse. Leitkriterien bei diesen Entscheidungen sind nach seiner Erhebung: Kostengünstigkeit, Vertrautheit und Verfügbarkeit. Als nachrangig erwiesen sich Kriterien wie Verhaltensänderung und Einprägungswirkung. Sein ernüchterndes Fazit lautet:

> „Damit kann sich eine verkündete Intention (z.B. ‚effektiv Kenntnisse vermitteln') bei näherer Betrachtung sehr schnell als Lippenbekenntnis erweisen."[500]

Dabei existieren vielfältige Methoden, die den Wirkungsgrad von Personalentwicklung durch eine systematische Betrachtung der Lernziele und der zur Verfügung stehenden Methoden erheblich erhöhen können (vgl. Abschnitt E dieser Arbeit).

Die methodische Umsetzung der Maßnahme und somit ihre Realisierung kann grundsätzlich on-the-job oder off-the-job erfolgen.[501]

Die bereits angesprochene Personalentwicklung *on-the-job* bezeichnet die Weiterqualifizierung im Prozess der Arbeitstätigkeit.[502] Lernaufgabe und Lerninhalte sind identisch mit dem Arbeitsauftrag, so dass, bezieht man auch die ungeplante und unsystematisch stattfindende PE am Arbeitsplatz mit ein, sie die am weitesten verbreitete Personalentwicklungsmethode ist.[503] Die Qualifizierung soll hierbei bei der Erfüllung der Arbeitsaufgaben selbst erfolgen.[504] Sie entspricht dem von Drumm geforderten aktiven Lernen[505] innerhalb des Tätigkeitsfeldes. Die handelnde Auseinandersetzung mit der Arbeitsaufgabe steht im Zentrum des Lern- bzw. Qualifizierungsprozesses.

Sonntags ‚Optimierung des Lernens im Prozess der Arbeit' hingegen geht darüber hinaus. Er gliedert Lernen on-the-job in den bereits beschriebenen Bestandteil ‚Lernen in der Arbeit' und einen zweiten, eher

---

[500] Neuberger (1994): 183.

[501] Darüber hinaus existieren vielfältige Systematisierungsvorschläge (z.B. nach Einzel- und Gruppenbezogenen Maßnahmen. Vgl. Mentzel (2005): 179 oder die Systematisierung nach der zeitlichen und räumlichen Nähe zum Arbeitsplatz von Conradi (1983).

[502] Vgl. Conradi (1983): 65 für die deutschsprachige PE-Literatur. Die Arbeits- und Betriebspädagogik diskutiert seit den 90er Jahren Konzepte, die sich mit „arbeitsplatznaher Weiterbildung" (Severing 1994) oder „dezentralem Lernen" (Dehnbostel/Holz/Novak 1996) auseinandersetzen.

[503] Vgl. Staehle (1999): 886.

[504] Vgl. Baitsch/Frei (1980) und Severing (1999).

[505] Vgl. Drumm (2005): 418.

didaktisch-orientierten Bereich des ‚arbeitsplatzbezogenen Lernens'.[506] In diesem erfolgt Lernen explizit durch pädagogische Intervention in möglichst authentisch gestalteten Lernumgebungen. Die dort eingebrachten Lernaufgaben werden im Vorfeld konstruiert und basieren auf einer Analyse der Aufgaben-, Wissens- und Handlungsstruktur.[507] Beispiele für ein Training-on-the-job sind Job Enlargement, Job Enrichment, Job Rotation, Projektgruppeneinsatz oder ein Einsatz als Assistent bzw. Stellvertreter.

Personalentwicklung *off-the-job* kommt dem Begriff der Weiterbildung sehr nahe, den der Deutsche Bildungsrat als

> „Fortsetzung oder Wiederaufnahme organisierten Lernens nach Abschluß einer unterschiedlich ausgedehnten ersten Bildungsphase"[508]

definiert hat. Die Qualifikationsvermittlung erfolgt bei der Personalentwicklung off-the-job dem Wortlaut entsprechend losgelöst von der Erfüllung produktiver Tätigkeiten in einer Unternehmung. Für die Personalentwicklung außerhalb des Arbeitsplatzes existiert eine große Auswahl methodischer Möglichkeiten[509] wie Vortrag, Lehrgespräch, Fallstudie, Rollenspiel, Programmierte Unterweisung usw.[510] Verschiedene Systematisierungen versuchen mit Hilfe von Kriterien die Auswahl zu erleichtern. So differenzieren Berthel/Becker nach individuellen und kollektiven Methoden[511] und Neuberger präsentiert eine unkommentierte Aufzählung der in der Praxis am meisten eingesetzten Methoden.[512] Letztere ließe sich zwar mit Hilfe der von Neuberger selbst angebotenen Einteilung in personale, interpersonale und apersonale Methoden unterteilen, aber ein fundierterer lerntheoretischer Bezug für die Auswahl der einen oder anderen Methode würde trotzdem nicht deutlich.

Diese Sicht soll um die Personalentwicklung *near-the-job* ergänzt werden, die in räumlicher, zeitlicher und inhaltlicher Nähe zur Arbeitstätigkeit steht, bei der der Lernprozess jedoch nicht während der Arbeitstä-

---

[506] Siehe auch die Konzepte von Dehnbostel (1992) und Bergmann (1996).

[507] Vgl. Sonntag (2000): 183.

[508] Deutscher Bildungsrat (1970): 197.

[509] Auf eine Diskussion des Methodenbegriffs soll an dieser Stelle verzichtet werden. Eine Abgrenzung zu Maßnahmen usw. wird in die personalwirtschaftlichen Quellen nicht vorgenommen. Bei Methoden der Personalentwicklung handelt es sich um Vorgehensweisen oder auch Mittel, durch deren Anwendung aber auch Verwendung die Qualifikationen und Verhaltensweisen der Mitarbeiter zielorientiert verändert werden bzw. werden sollen.

[510] Innovative Weiterbildungsmethoden finden sich bei Hofmann/Regnet (2003).

[511] Beispiele finden sich bei Berthel/Becker, F.G. (2003): 361.

[512] Vgl. Neuberger (1994): 176–178. Weitere Aufzählung solcher Art finden sich bspw. bei Mentzel (1997): 170ff und Schaper/Sonntag (1999): 49ff.

tigkeit und nicht am Arbeitsplatz stattfindet. Typische Praxisbeispiele sind selten. Genannt werden Qualitätszirkel oder betriebliche Lern- oder Problemlösungsgruppen, was darauf zurückzuführen ist, dass dieses didaktisch-methodische Gestaltungsfeld für Personalentwicklung häufig nicht als Entwicklungs- und Gestaltungsfeld erkannt wird.[513]

4.3 Transfer und Evaluation

In der letzten Phase seines Modells betrachtet Sonntag den möglichen *Transfer des Gelernten* und der erworbenen Kompetenzen in den Arbeitsalltag.[514] Die Gewährleistung des Lerntransfers[515] stellt ein zentrales Problem jeder Personalenwicklungsmaßnahme dar. Der Zuwachs an Wissen oder die Veränderung von Verhaltensweisen in der Lernsituation muss am Ende der Weiterbildungsmaßnahme im Funktionsfeld oder am Arbeitsplatz anwendbar sein[516], ansonsten sind Motivationsbarrieren zu erwarten, die dem Erfolg der Trainingsmaßnahmen im Wege stehen können und die Effektivität der Maßnahme noch weiter senken.[517] Deshalb sind im Lernfeld mittels Arbeitsanalysen oder durch die problemorientierte Gestaltung von Lernumgebungen realitätsbezogene Aufgaben zu formulieren.[518] Auch diese Ideen entstammen psychologischen und pädagogischen Konzepten und wurden von Sonntag als zusätzliche Elemente in das Phasenmodell der Personalentwicklung integriert und werden bei der didaktischen Erweiterung Berücksichtigung finden. Allerdings weist die didaktische Theorie darauf hin, dass der Transfer einer neu erlernten Kompetenz nicht sozusagen automatisch eintritt. Er bedarf eigener Lernschritte innerhalb des Lehr-Lernprozesses und kann bspw. durch die Planung und Durchführung wiederholter Anwendungsphasen innerhalb des Lernprozesses gefördert werden.[519] Je höher der Grad der Abweichung zwischen Lernsituation und Anwendungssituation ist, desto geringer ist die Wahrscheinlichkeit, dass die in der Anwendungssituation gestellten Anforderungen unmittelbar bewältigt werden können.[520]

---

[513] Vgl. Conradi (1983): 72 und Küng (1999): 129.

[514] Aktuelle Studien zur Transferforschung hat Sonntag (2004: 867ff) zusammengetragen.

[515] Zu den unterschiedlichen Arten des Transfers siehe Bergmann/Sonntag (1999): 288.

[516] Siehe auch Mandl/Prenzel/Gräsel (1992).

[517] Vgl. Bergmann/Sonntag (1999): 286.

[518] Vgl. Sonntag (1999): 25.

[519] Vgl. Aebli (2003): 275ff und Euler (1996): 77.

[520] Vgl. die Ausführungen in Abschnitt B, Kapitel 3.4.1 zum Thema Handlungsorientierung.

Um eine zuverlässige und aussagekräftige Rückmeldung über die durchgeführte PE-Arbeit zu erlangen, ist es unabdingbar, die *Maßnahme zu evaluieren*. Ziel einer Evaluation[521] ist es, mehrere Handlungsalternativen auf ihre Zielbeitrag hin zu untersuchen, um so Entscheidungsprozesse im Vorfeld der Gestaltung der Maßnahmen zu unterstützen.

Derartige Kontrollerhebungen[522] werden aber in der betrieblichen Praxis häufig vernachlässigt.[523] Dies liegt u.a. im methodischen Bereich begründet, da Erfolg und Misserfolg von Evaluationsstudien entscheidend von der Designplanung abhängen. So existieren erhebliche Zurechnungsprobleme zwischen Entwicklungsmaßnahme und zukünftigen Verhaltensweisen.[524] Darüber hinaus wird der Nutzen für die Praxis meist noch nicht erkannt, da Maßnahmen der Personalentwicklung nur selten monokausal mit Änderungen des Unternehmenserfolges in Verbindung gebracht werden können.[525] Vielleicht sind es diese Gründe, wobei vor allem die Zurechnungsprobleme zu nennen sind, die dazu geführt haben, dass bei den Trainee-Programmen weitestgehend auf Kontrolle verzichtet wird.[526]

---

[521] Zum Begriff sowie zu den Kennzeichen von Evaluation siehe Thierau-Brunner/Stangel-Meseke/Wottawa (1999): 261.

[522] Die Literatur spricht auch vom Bildungs- oder Entwicklungscontrolling. Kontrollmodelle finden sich bei Drumm (2005): 427f.

[523] Vgl. Becker, M./Schwertner (2002): 189, ebenso Becker, F.G./Günther (1999) und Günther (2001).

[524] Vgl. Drumm (2005): 405. Siehe auch Berthel/Becker, F.G. (2003): 360 und die dort aufgeführten Transferhemmnisse und Transfer-Theorien.

[525] Eine detaillierte Auflistung weiterer Gründe für die mangelnde Evaluationstätigkeit von Personalentwicklungsmaßnahmen findet sich bei Thierau-Brunner/Stangel-Meseke/Wottawa (1999): 262ff und Berthel/Becker, F.G. (2003): 368 und 379.

[526] Vgl. Drumm (2005): 428; Thom (1987): 268–274; Drumm/Scholz (1988): 193f.

D. Lernperspektive

Aufbauend auf dem im Untersuchungsrahmen aufgezeigtem Vorgehen soll in diesem Abschnitt der Arbeit der erste Teil der didaktischen Planung vorgenommen werden: die Modellierung der Lernumgebung aus dem Blickwinkel der Lernprozesse beim Trainee. Dazu dient der Blick in die Lernvoraussetzungen und die sich daran anschließende Strukturanalyse der Lernziele. Jeweils am Ende eines Unterkapitels werden die Anforderungen an das Lernen und den Lernenden kurz zusammengefasst. Abschnitt E diskutiert im Anschluss daran die Lehrsicht.

1. Lernvoraussetzungen

Trainees verfügen aufgrund ihrer universitären, meist wirtschaftsbezogenen Ausbildung und durch die angesetzten Kriterien im Auswahlprozess über ein relativ homogenes Vorwissen. Zu den Auswahlkriterien zählen u.a. die Examensnote, Kommunikations- und Teamfähigkeit, Sprachkenntnisse, Engagement in Politik, Gesellschaft und Kultur, Praktika und praktische Erfahrungen sowie analytisches Denken und außeruniversitäre Aktivitäten. Die in der Praxis angewendeten Ausleseverfahren zeigen sich dabei als durchaus brauchbar.[527]

Allerdings liegt dieses Vorwissen nur in Form von Bildungsabschlüssen vor, die das explizite Wissen dokumentieren. Für die Entwicklung individueller Handlungskompetenz ist allerdings eine Einschätzung des impliziten Wissens der Trainees und ihrer individuellen Handlungsbereitschaft notwendig. Als Hilfestellung kann das Strukturmodell individueller Handlungsfähigkeit von Staudt und Kley (siehe Abb. 13)[528] dienen. Auf einem Wissenskontinuum zwischen den beiden Polen explizites und implizites Wissen ordnen beide die verschiedenen Wissenskomponenten an. Individuelle Handlungsfähigkeit als angestrebte Zielgröße setzt hierbei explizites Wissen in Form von Theoriewissen und Artefakten voraus und ist auf Erfahrungswissen, als hinreichende Komponente, angewiesen.[529]

---

[527] Vgl. hierzu die Erhebungen von Gulden (1996): 74–80; Thom/Friedli/Kuonen (2002): 31; Berner (1994) und Thom/Friedli (2005): 48.

[528] Die Ordinate ist in dieser Darstellung nicht definiert und die Streuung der Elemente ist nur einer besseren Übersichtlichkeit geschuldet. Vgl. Staudt/Kley (2001): 236.

[529] Vgl. Staudt/Kley (2001): 237 und Staudt/Kriegesmann (1999).

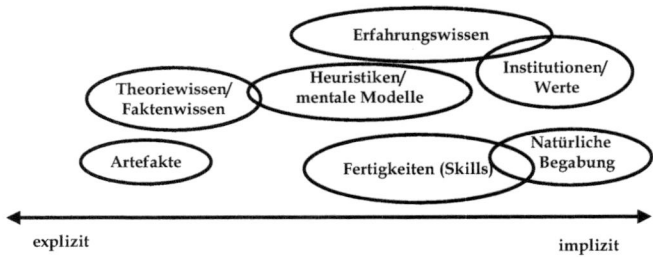

Abb. 13: Wissenskontinuum als Strukturmodell individueller Handlungsfähigkeit
(Staudt/Kley (2001): 236).

Studien[530] zeigen, dass bei Hochschulabsolventen

„eine Gleichzeitigkeit von Potentialüberhang und mangelnder Anwendungsfähigkeit des theoretischen Wissens zu beobachten"[531]

ist. Daher können die von Thom et al. erhobenen Lernziele als Defizitanalyse aus Unternehmenssicht interpretiert werden, die zeigt, dass vor allem in den Bereichen ,Sozial- und Methodenkompetenzen' und ,Integration' ein erhöhtes Maß an Aus-, Fort- und Weiterbildung notwendig ist. Dies ist auch eine primär wirtschaftsdidaktische Sichtweise, achten doch Didaktiker darauf, was ihren Adressaten im Hinblick auf die Erreichung der Lehr-Lernziele noch fehlt und arbeiten heraus, worauf beim Erwerb (bzw. der Vermittlung) der Teilkompetenzen besonders Wert zu legen ist.[532] Für das Erkennen, Verstehen und Bewerten von Kompetenzen hat die pädagogische und psychologische Forschung eine Vielfalt an Verfahren hervorgebracht, auf die an dieser Stelle nur verwiesen sei.[533]

Im Bereich ,Lernvoraussetzungen' wird darüber hinaus das subjektive Lernverhalten der Trainees, im Besonderen deren Einstellung zum Lernen und deren Offenheit gegenüber methodischen Zugängen diskutiert. Die Trainees verlassen mit Eintritt in das Berufsleben ihre bisherige

---

530 Vgl. Staudt/Kley (2001); Staudt/Kottmann/Merker (1996) und Gruber/Mandl/ Renkl (1999).

531 Staudt/Kley (2001): 249 und die Darstellung auf Seite 252.

532 Vgl. Minnameier (2003): 9.

533 Siehe hierzu das Handbuch Kompetenzmessung von Erpenbeck/von Rosenstiel (2003).

schulische und universitäre Ausbildung mit vorformulierten Zielen und vorgegebenen methodischen Arrangements und treffen auf eine Kultur der Selbstentwicklung. Lernen als lebensbegleitender Prozess rückt in ihr Bewusstsein.

Scholz charakterisiert die High Potentials in Analogie an die Menschentypen von McGregor[534] als Generation Y. Demnach agieren die High Potentials weitestgehend selbstmotiviert und ehrgeizig und verfolgen ihre eigenen Ideen, die nicht zwingend auch die Ziele des Unternehmens sind.[535] Die bereits mehrfach angesprochene Employability und der damit verbundene Erwerb von Handlungswissen leiten die Interessen der Trainees in der heutigen Generation. Die für den Lernerfolg wesentliche selbstbestimmte Motivation[536] dürfte somit gegeben sein. Allerdings ist es Aufgabe der Trainee-Programmverantwortlichen, das situationale Interesse, das wesentlich auf den situativen Gestaltungsmerkmalen der Lehr-Lern-Situation beruht, und den Motivationsgehalt des Sachverhaltes aufrecht zu erhalten, da ansonsten die Unzufriedenheit des Trainees steigt und folglich seine Bindungswilligkeit herabsetzt. Erfährt hingegen der Lerngegenstand eine positive individuelle Wertzuschreibung durch den Trainee, erlebt dieser die Beschäftigung mit ihm als positiv und weiterführend.

2. Überlegungen zur Struktur der Lernziele im Bereich der Sozialkompetenzen und der Persönlichkeitsentwicklung

2.1 Begriffliche Grundlegung

Betrachtet man Ausschreibungstexte aktueller Stellenangebote[537], so werden mit zunehmender Häufigkeit ‚Soziale Kompetenzen' als Einstellungskriterien gefordert. Unternehmen fordern – vor allem durch die Ausweitung des Dienstleistungs- und Informationssektors – vermehrt Kooperations- und Kommunikationsfähigkeit. Auch in der Pädagogik/ Didaktik prägt diese Begrifflichkeit seit Mitte der 90er Jahre die Diskussion, wobei allerdings immer noch die Aussage von Euler gilt, dass der Begriff Sozialkompetenz „häufiger zitiert als definiert"[538] wird. Es handelt sich um eine programmatische Formel,

---

[534] Vgl. McGregor (1960): 33ff und 47f.

[535] Vgl. Scholz (1999) und Scholz (2003a): 68 und 141.

[536] Vgl. Krapp (2001); Deci/Ryan (1993).

[537] Vgl. u.a. Wunderer/Dick (2001): 66 oder Sowarka (2000): 365.

[538] Euler (2001): 346.

„deren semantische Klärung und lerntheoretische Fundierung zumeist nur grob und vordergründig verfolgt"[539]

wird. ‚Sozialkompetenzen' sind ein interdisziplinäres Forschungsgebiet[540], mit dem sich neben Pädagogen vor allem Psychologen (Entwicklungs-, Persönlichkeits-, Sozial-, Arbeits-, Organisations- und klinische Psychologie) und Wirtschaftswissenschaftler (Personalwesen, Internes Marketing, Dienstleistungsmarketing)[541] auseinander setzen. Insofern spiegeln die Antwortmöglichkeiten auf die Frage ‚Was sind Sozialkompetenzen?' die verschiedenen Forschungstraditionen wider. Das Einfordern von Sozialkompetenzen umfasst eine Fülle von Fähigkeiten, Fertigkeiten und Einstellungen, so dass eine Konkretisierung des Sammelbegriffs[542] notwendig wird.

Der Begriff ‚soziale Kompetenz' ist ursprünglich ein aus der Psychologie stammendes Konstrukt, das theoretisch wie empirisch kaum fundiert ist.[543] Deshalb nähern sich Wunderer und Dick in ihrem Aufsatz zum Thema Sozialkompetenz der Begrifflichkeit durch einen Rückgriff auf bereits bestehende Operationalisierungsansätze[544].

Schuler und Barthelme[545] differenzieren in ihrer Aufzählung zwischen Sozialkompetenzen mit und ohne Verhaltensbezug. In der ersten Gruppe, in der die Kompetenzen aus dem Handeln der Personen direkt erkennbar sind, führen sie u.a. Kooperations- und Koordinationsfähigkeit, Konfliktfähigkeit sowie Teamfähigkeit auf. Die zweite Gruppe umfasst

---

[539] Euler (2001): 346.

[540] So ermittelte Karkoschka 1998 innerhalb der PsycLit-Datenbank (1/90–9/95) über 2000 Artikel, die im Titel oder Abstract die Begriffe „social competence" und/
oder „social skills" enthielten. Vgl. Wunderer/Dick (2002): 361.

[541] Vgl. Hennig-Thurau/Thurau (1999).

[542] Vgl. Euler/Reemtsma-Theis (1999): 169. Hennig-Thurau/Thurau (1999: 300f) erkennen lediglich bei zwei von neun analysierten Begriffsverständnissen ein wenigstens ansatzweise offengelegtes Konzept. Dabei nicht berücksichtigt wurden die hier unter didaktischen Gesichtspunkten favorisierten Konzepte von Euler/ Reemtsma-Theis (1999) und Wunderer/Dick (2002). Eine Übersicht über mögliche Begriffskonnotationen bietet Dumpert (2001): 18–23.

[543] Vgl. Schuler/Barthelme (1995): 115, ebenso Spinath (2002): 18. Zur Historie des Begriffs siehe Scheitler (2005): 112ff.

[544] U.a. diskutieren Wunderer/Dick (2002: 363) die Begriffsinhalte wie sie bei Krappmann, Argyle, Shure/Spivack und Petermann/Petermann vorzufinden sind. Eine Übersicht über den Kompetenzbegriff aus den verschiedenen wissenschaftlichen Disziplinen bieten Wunderer/Bruch (2000: 62f) an. Gerig (1998: 240f) stellt Sozialkompetenz als dichotomen Begriff dar, als einen Kompromiss zwischen Selbstverwirklichung und Anpassung.

[545] Vgl. Schuler/Barthelme (1995): 82ff.

Empathie, Durchsetzungsfähigkeit, Sensibilität und interpersonale Flexibilität. Ihr kommt die erklärende Funktion für das Zustandekommen von sozial kompetenten Verhalten zu.

Aus didaktischer Sicht kritisiert Dumpert[546] an den Katalogen sozialkommunikativer Teilkompetenzen, dass sie zwar die Verhaltenskomponente beschreiben, aber die Inhaltskomponente außer Acht lassen. Dadurch ist der situative Bezug meist nur implizit unterlegt. Darüber hinaus mangelt es bei solchen Aufzählungen an einem Ordnungszusammenhang, der es erlaubt, Aussagen darüber zu treffen, ob es sich bei den Fähigkeiten um unterschiedliche Abstraktionsniveaus derselben Fähigkeit (Teamfähigkeit und Kooperationsfähigkeit) oder um unterschiedliche Kompetenzen handelt. Erst im Fortgang dieser Überlegungen wird eine Abstimmung von Lernzielen und Lernvoraussetzungen möglich. Bei einigen Fähigkeiten (Offenheit, aktive Rolle usw.) stellt sich die Frage, ob es sich überhaupt um Fähigkeitskonstrukte i.S. einer Handlungskompetenz handelt, da bei ihnen die Erlernbarkeit zumindest zu prüfen ist. Vielfach wird es sich hierbei eher um Persönlichkeitseigenschaften als um Kompetenzen handeln.

Nach Scheitler sind soziale Kompetenzen Dispositionen, die kommunikatives und kooperatives Handeln ermöglichen,

> „das heißt Tätigkeiten, Aufgaben und Lösungen methodisch kreativ zu gestalten und von daher auch das geistige Vorgehen zu strukturieren"[547].

Dieser Definitionsvorschlag stellt Kommunikationsfähigkeit und Kooperationsfähigkeit ins Zentrum der Betrachtung, bleibt aber nicht bei einer einseitigen Diskussion stehen, sondern bezieht indirekt auch die eigentliche Bereitschaft hierzu ein. Insofern stimmt sie mit der herrschenden Meinung überein, nach der Kompetenz aus den Bereichen ‚Können' (Wissen, Fähigkeiten und Fertigkeiten) und ‚Wollen' (Werte, Einstellungen, Motive) besteht, so dass auch innerhalb einer Betrachtung sozialer Kompetenzen beide Bereiche berücksichtigt werden müssen.[548] Da Wunderer und Dick den Bereitschaftsaspekt in vielen Definitionen von Sozialkompetenz vermissen, betonten sie ihn in ihrem Definitionsvorschlag gesondert. Nach ihnen ist Sozialkompetenz

> „Fähigkeit und Motivation, mit sich selbst und anderen konstruktiv, eigenbestimmt, kooperativ und situationsgerecht umzugehen"[549].

---

[546] Vgl. Dumpert (2001): 19ff, der seine Kritik aus didaktischer Perspektive auf der grundlegenden Diskussion von Euler (1997): 286f aufbaut.

[547] Scheitler (2005): 93.

[548] Vgl. Wunderer/Bruch (2000): 71 und Wunderer/Dick (2002): 367.

[549] Wunderer/Dick (2002): 369, ähnlich Erpenbeck/Heyse (1996): 44.

Diese Definition ist die Grundlage des weiteren Vorgehens. Besonderer Ansatzpunkt dieses Definitionsvorschlages ist der Bezug zur Selbstorganisationstheorie von Maturana/Varela (1987) und die Annahme, dass Lernen in der Arbeitssituation soziale und personale Kompetenzen fördert.

2.2 Ein erster Ansatz zur Entwicklung von Sozialkompetenzen

In einem eigenen Entwurf zur Systematisierung des Sozialkompetenz-Begriffs wie auch der Sozialkompetenzentwicklung versuchen Wunderer und Dick, die angesprochenen Schwachstellen im Konstrukt ‚Sozialkompetenz' zu konkretisieren. Dazu beziehen sie

- die Dimensionen ‚Selbstständigkeit' und ‚Kooperation',
- Fähigkeits- und Motivationsaspekte,
- allgemeine Kompetenzkategorien sowie
- kognitive, emotionale und aktionale Kompetenzen von Sozialkompetenz

in ihre Betrachtungen ein. Ausdrücklich berufen sie sich hierbei auf die Arbeiten von Preiser (1977), Euler (2001) und Döpfner (1989).[550]

In einem ersten Schritt unterscheiden sie die beiden Hauptdimensionen ‚Selbstständigkeit' und ‚Kooperation'. Dieses Vorgehen basiert auf der Forschungsarbeit von Preiser (1977), der Sozialisationsbedingungen sozialen und politischen Handelns untersucht hat und dort herausgearbeitet, dass soziale Kompetenz sich auf der Grundlage von Erfahrungen entwickelt, die sowohl aus objektiven Umweltgegebenheiten und -ereignissen als auch aus deren subjektiver Verarbeitung bestehen können.[551] Als pädagogische Konsequenz ergibt sich für Preiser, dass soziale Kompetenz auf der einen Seite aus der Fähigkeit zu hilfsbereitem und solidarischem Handeln und auf der anderen Seite aus der Fähigkeit zu autonomem Handeln besteht. Vor allem die Teilkompetenz Selbstständigkeit wird in der Diskussion vielfach vernachlässigt, wenn nicht sogar ausgeblendet. Dabei verstellt eine Reduzierung der Sozialkompetenz auf Kooperation, wie es häufig in der populärwissenschaftlichen Literatur geschieht, den Blick darauf, dass das Individuum seine berechtigten Interessen auch durchsetzen muss. Hierzu ist autonomes und selbstbestimmtes Handeln notwendig.[552]

Diese erste Einteilung ‚sozialer Kompetenz' erfährt ihre Konkretisierung im zweiten Schritt durch die Arbeit von Euler (2001), der in einem zwei-

---

[550] Vgl. auch die Dissertation von Gerig (1998).

[551] Preiser (1977): 129.

[552] Vgl. Wunderer/Dick (2002): 367.

schrittigen Modell die allgemeinen Kompetenzkategorien für Situationstypen präzisiert.[553] Dazu hat er ein Grundmodell des sozialkommunikativen Handelns entwickelt, das situationsunabhängig die wesentlichen Komponenten einer sozialen Handlungssituation erfasst und so die Basis zur Bestimmung von Handlungsanforderungen und darauf bezogenen Kompetenzen zu ihrer Bewältigung bildet. Die Präzisierung erfolgt durch eine spezifische Auslegung des Grundmodells in Situationstypen. Beispiele für soziale Kommunikation in unterschiedlichen Situationskontexten sind Konflikte, Teamarbeit, Verhandlung oder auch Moderation.

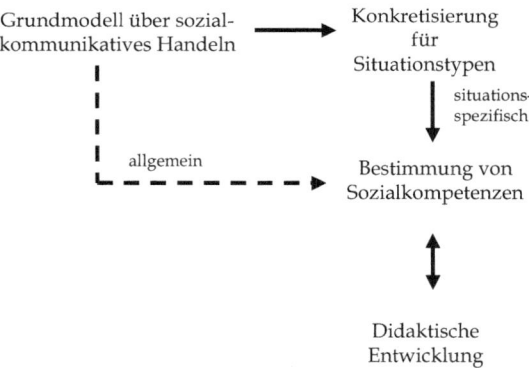

Abb. 14: Schritte der Bestimmung und Präzisierung von Sozialkompetenzen
(Euler (2001): 349).

In einem dritten Schritt zerlegen Wunderer und Dick die allgemeinen Kompetenzkategorien in kognitive, emotionale und aktionale Komponenten. Hierzu greifen sie auf die Arbeit von Döpfner (1989) zurück, der die sozial-kognitive Problemlösung als kognitiven Verarbeitungsprozess untersucht hat. Er geht davon aus, dass sozial kompetentes Handeln auf einem effektiven Denkprozess basiert. Diese effektive soziale Informationsverarbeitung ist nach ihm ein Element sozialer Kompetenz. Sie zeigt sich in der Verfügbarkeit und angemessenen Anwendung von

> „aktionalen (d.h. verbalen und non-verbalen), kognitiven und emotionalen Verhaltensweisen zur effektiven sozialen Interaktion in einem spezifischen sozialen Kontext"[554].

---

[553] Vgl. Euler (2001): 348f.
[554] Döpfner (1989): 2.

Kognitive soziale Kompetenz setzt nach Döpfner eine effektive soziale Informationsverarbeitung und eine angemessene Einstellung zur eigenen Person (Selbstvertrauen und Selbstbewusstsein) und zur sozialen Umwelt voraus. Mit der Komponente ‚emotionale soziale Kompetenz' (Selbstkontrolle und Empathie) möchte Döpfner die Entwicklung von Gefühlen beschreiben, die einer sozialen Situation angemessen sind. Der individuelle Bestand an verbalen und nonverbalen Verhaltensfertigkeiten (social skills) und deren angemessene Kombination bei der Ausführung eines Verhaltens bezeichnet nach Döpfner die Komponente ‚aktionale soziale Kompetenz'.[555] Die beschriebenen drei Schritte werden in Abb. 15 zusammengefasst.

Über den intendierten systematischen Zugang zum Konstrukt ‚Sozialkompetenz' hinaus bietet diese Darstellung Ansatzpunkte für eine Konkretisierung der Lernziele und für die Maßnahmenplanung zur Entwicklung von Sozialkompetenzen. So wird deutlich, dass soziale Kompetenz aus aktionalen, kognitiven und emotionalen Komponenten besteht, die in einer sozialen Situation zugleich interagieren, und dass soziales Handeln im Wesentlichen über sozial-kommunikatives Handeln in spezifischen Situationen stattfindet.[556] Allerdings fehlen in diesem Modell lehr-lerntheoretische Anknüpfungspunkte, die für eine Schulung von Handlungskompetenzen unerlässlich sind. Deshalb soll nachfolgend das Grundmodell sozial-kommunikativen Handelns von Euler/Reemtsma-Theis[557] (2. Schritt im Modell von Wunderer/Dick) als grundlegender Schulungsansatz detailliert vorgestellt werden.

---

[555] Vgl. Döpfner (1989): 2, ebenso Wunderer/Dick (2002): 369f.

[556] Vgl. die Forderung von Euler/Reemtsma-Theis (1999): 171, dass Handlungskompetenzen aus einer Verhaltenskomponente, einer Inhaltskomponente und einer Situationskomponente bestehen.

[557] Vgl. Euler/Reemtsma-Theis (1999) sowie die Vorüberlegungen von Euler (1997) und die Dissertation von Dumpert (2001).

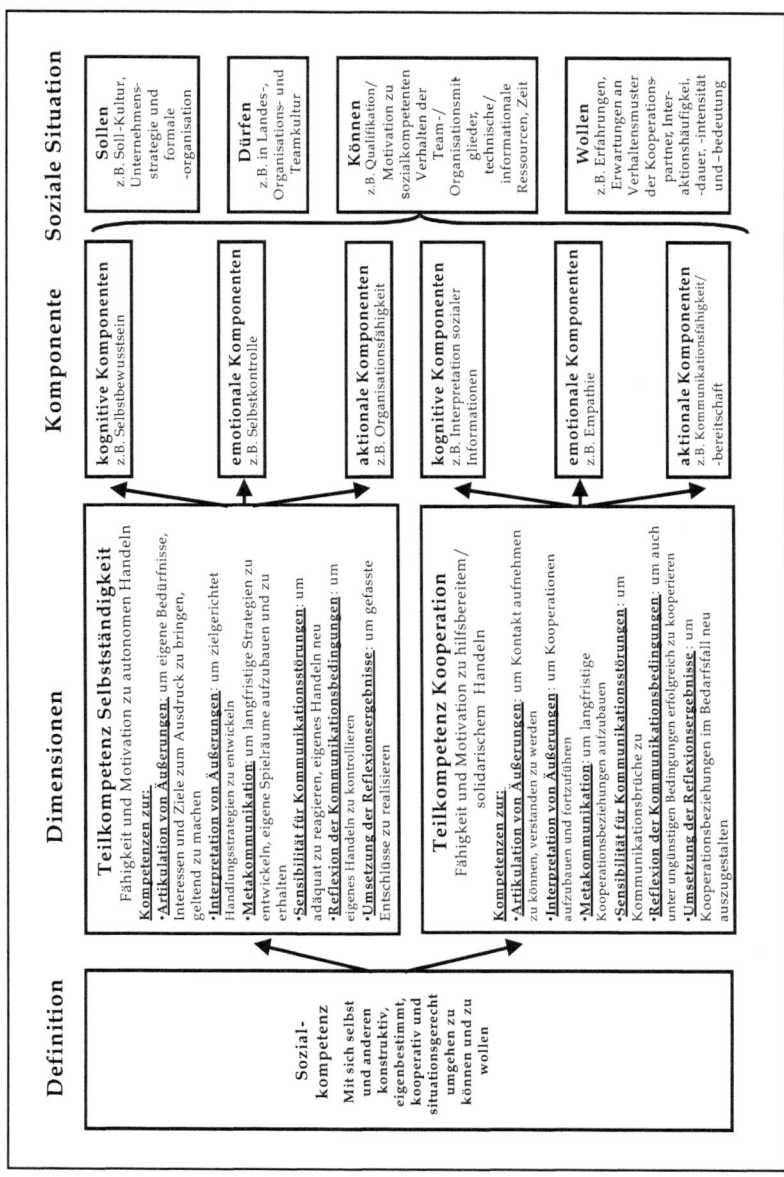

Abb. 15: Modell zum Konstrukt ‚Sozialkompetenzen‘ Wunderer/Dick (2002): 370.

2.3 Entwicklung sozial-kommunikativer Kompetenzen

2.3.1 Theoretisch-konzeptioneller Rahmen

Das Grundmodell sozial-kommunikativen Handelns von Euler/Reemtsma-Theis basiert auf der konstruktivistischen Kommunikationstheorie. Innerhalb dieses Ansatzes wird Kommunikation handlungsanalytisch als eine Ereignisfolge wechselseitiger Artikulationen und Interpretationen von verbalen und non-verbalen Äußerungen zwischen Gesprächspartnern verstanden.[558] D.h. im Gegensatz zu älteren Sender- und Empfänger-Modellen werden in diesem Modell die Äußerung und die ihr durch den Empfänger zugeordnete Bedeutung unterschiedlich behandelt.[559] Es wird davon ausgegangen, dass Menschen entsprechend ihrer Deutung der Situation handeln, und Bedeutung ist das, was die Menschen dafür halten. Entscheidend ist somit die Interpretation der Äußerung auf kognitiver, emotionaler und aktionaler Ebene durch den Empfänger und nicht das, was vom Sender gemeint ist. Eine direkte Konsequenz dieser konstruktivistischen Sicht von Kommunikation ist somit, dass sie sich permanent unter dem Risiko des Scheiterns vollzieht.

Durch die von Euler vorgenommene definitorische Gleichsetzung von Sozialkompetenz und sozial-kommunikativem Handeln über unterschiedliche Inhalte in spezifischen Situationen wird Kommunikationsfähigkeit zum Fundament der Sozialkompetenzen erhoben.[560] Diese Sichtweise vertritt auch Gerig, der gestützt auf die Studien von Mintzberg (1973) und Kotter (1982), die kommunikativen und interpersonalen Aktivitäten von Managern eine hohe Bedeutung zugewiesen haben, kommunikative Kompetenzen als Grundvoraussetzung für sozial-kompetentes Handeln bestimmt.[561] Deshalb wird an dieser Stelle die sozial-kommunikative Handlungskompetenz zuerst thematisiert, obwohl sie im Lernzielkatalog der Unternehmen erst an dritter Stelle der Nennungen im Bereich ‚Sozialkompetenzen' vorzufinden ist.

Erweitert man diese Sicht vor dem Hintergrund der zu erlernenden wertbezogenen Ziele, die sich bspw. im Bereich ‚Integration und Identifikationsfähigkeit' finden lassen, um die Kompetenz zur wertbewussten

---

[558] Vgl. Euler/Hahn (2004): 217.

[559] In älteren Kommunikationstheorien stand die Primärinformation im Mittelpunkt des Interesses. Der Inhaltsaspekt wurde auf Sachlichkeit und Logik der Argumente überprüft. Neuere Kommunikationstheorien beziehen die Beziehungsebene als Sekundärinformation mit in ihre Betrachtung ein.

[560] Vgl. Euler (2001): 349 und Euler/Reemtsma-Theis (1999): 171.

[561] Vgl. Gerig (1998): 250; ebenso Würzberg (2001): 21.

Kommunikation[562], ermöglicht dies eine Dimensionierung und Systematisierung in die bereits eingeführten Bereiche:

(1) *Erkennen/Wissen*: kognitive Handlungsschwerpunkte, wie z.B. das Wissen über Kommunikationsmodelle

(2) *Werten/Einstellungen*: affektive und moralische Schwerpunkte wie z.B. die Einstellung gegenüber dem Kommunikationspartner

(3) *Können/Fertigkeiten*: psychomotorische Schwerpunkte wie z.B. Präsentationstechniken.

Dieses Verständnis von Sozialkompetenzen erlaubt es – wie bereits im Konzept von Wunderer/Dick beschrieben –, die Teilkompetenzen gezielt zu bestimmen, indem es die Möglichkeit einräumt, Komponenten der Definition für relevante Situationstypen zu konkretisieren.[563] So ist der Didaktiker bei der Gestaltung der Lehr-Lernprozesse in der Lage, das Umfeld zu bestimmen, in dem die Handlungskompetenzen später entfaltet werden können.

So unterscheiden sich die Kommunikationssituationen in Beziehungskonflikten mit Kollegen, in Beratungssituationen mit Kunden oder in Verhandlungssituationen mit Lieferanten in ihrer Situationsausprägung, lassen sich aber methodisch ähnlich fördern. Es kommt darauf an, dass dem Kommunizierenden die eigenen Einstellungen und Werthaltungen bewusst werden, da in der Praxis widersprüchliche Werte (Mitarbeiter im Team sind zugleich Wettbewerber um die knappen Aufstiegspositionen) die eigene soziale Kommunikation und die der Kommunikationspartner beeinflussen.[564]

2.3.2 Grundmodell sozial-kommunikativen Handelns

Da Kommunikationsabläufe störanfällig sind und eine konstruktive Bewältigung dieser Störungen erwünscht ist, unterscheiden Euler und Reemtsma-Theis einen agentiven und einen reflexiven Schwerpunkt sozial-kommunikativen Handelns sowie die jeweiligen Übergänge zwischen den beiden Schwerpunkten[565]:

- Im Zentrum des agentiven Schwerpunkts steht das „unmittelbare kommunikative Geschehen"[566]. Die Kommunikationspartner äußern sich wechselseitig. Sie müssen sich den Kontext, in den die

---

[562] Vgl. Euler/Hahn (2004): 214.

[563] Vgl. Dumpert (2001): 17; Euler (1994): 126.

[564] Vgl. Euler (2003): 14.

[565] Vgl. im Folgenden den Aufsatz von Euler/Reemtsma-Theis (1999), in dem die Autoren ihr Grundmodell sozial-kommunikativen Handelns vorgestellt haben.

[566] Euler/Reemtsma-Theis (1999): 174.

Kommunikation eingebettet ist, nicht bewusst halten, da die Kommunikation störungsfrei verläuft. Verbale und non-verbale Kommunikation findet auf verschiedenen Inhaltsebenen statt.

- Erlebt ein Kommunikationspartner die Kommunikationssituation als auffällig, störend oder ‚nicht normal', so kann er den agentiven Schwerpunkt verlassen und in den reflexiven Schwerpunkt wechseln.

- In der Reflexion setzen sich die Kommunikationsteilnehmer mit den aufgetretenen und empfundenen Störungen auseinander. Die Störung wird analysiert, indem die relevanten Ursachen und die angemessenen Handlungsmöglichkeiten thematisiert werden.

- Die innerhalb der Reflexion entwickelten Handlungsabsichten werden auf dem Weg von der Reflexion zurück in den agentiven Schwerpunkt durch Artikulation und Interpretation umgesetzt.

2.3.2.1 Agentiver Schwerpunkt

Die eigentliche Aus- und Durchführung der Kommunikation findet im agentiven Schwerpunkt statt. Hierzu sind Teilkompetenzen erforderlich, die Artikulation und Interpretation von Äußerungen auf verschiedenen Inhaltsebenen erlauben. Sozial-kommunikative Fähigkeiten wie ‚Kooperieren (im Team)', ‚Konflikte lösen' oder ‚Präsentieren' können auf die Grundformen der Kommunikation, Artikulation und Interpretation zurückgeführt werden.

Euler/Reemtsma-Theis unterscheiden vier inhaltliche Bezüge, die in Anlehnung an Schulz von Thun[567] entwickelt wurden:

- „Auf der Sachebenen („Es") werden Sachverhalte und Ereignisse kommuniziert, die von den Handelnden – sozusagen als ‚objektivierte Welt' – aus ihrer Umwelt aufgenommen werden. [...]

- Auf der Beziehungsebene („Wir") stehen die offenen und unausgesprochenen Regeln und Einstellungen – die ‚intersubjektive Welt' – im Vordergrund, die die Beziehung zwischen den Kommunizierenden kennzeichnen. [...]

- Auf der Selbstkundgabeebene („Ich" im Hinblick auf die Artikulation/„Du" im Hinblick auf die Interpretation) steht die ‚subjektive Welt' eines der Handelnden im Blickpunkt, also insbesondere dessen Gefühle, ästhetischen Empfindungen, Stimmungen, moralischen Werte u.a.m. Insbesondere auf dieser Ebene erfolgt die Kommunikation häufig über non-verbale Formen. [...]

---

[567] Vgl. Schulz von Thun (1998).

- Auf der Absichtsebene (ebenfalls „Ich" im Hinblick auf die Arti-kulation/„Du" im Hinblick auf die Interpretation) geht es um die Wirkungsabsicht, d.h. um die Einflußversuche der Handelnden auf ihre Kommunikationspartner."[568]

Dumpert fasst die sozial-kommunikativen Teilkompetenzen im agenti-ven Bereich dementsprechend

> „als die Kompetenzen zur Artikulation und Interpretation (Verhaltens-komponente) von verbalen und non-verbalen Äußerungen auf der Sach-, Inhalts-, Beziehungs-, und Selbstkundgabeebene (Inhaltskompo-nente) in spezifischen Situationstypen (Situationskomponente)"[569]

zusammen. Darüber hinaus werden die vier Ebenen als Ordnung der unterschiedlichen Inhalte, d.h. als Klassifizierung des Sachinhalts i.S. von Schulz von Thun verwandt. Bei diesem Sachinhalt – Euler/Reemts-ma-Theis tauschen die Begrifflichkeit aus und nennen den Sachinhalt bewusst Sachebene – handelt es sich nicht nur um die inhaltliche Bot-schaft einer Äußerung, bei der es irrelevant ist, ob sie aus einem subjek-tiven, intersubjektiven oder objektivierten thematischen Bezug stammt,

> „sondern auch um die (dem objektivierten thematischen Bezug zuzu-ordnende) Sache im Sinne eines (von insgesamt vier) Klassifizierungs-merkmals der Inhaltskomponente der Sozialkompetenzen im agentiven Schwerpunkt"[570].

Durch die erfolgte Zusammenführung von reiner Inhaltskomponente und den vier Sachebenen wird die Störanfälligkeit besonders deutlich. Euler/Reemtsma-Theis gehen davon aus, dass

> „in einer Situation prinzipiell alle vier Ebenen fokussiert werden kön-nen, wenngleich zumeist eine einzelne Ebene im Vordergrund steht"[571].

So nennen sie als Beispiel ein sachbezogenes Gespräch, während dessen Verlauf einer der Kommunikationspartner thematisiert, dass er sich ernst genommen fühlt.

2.3.2.2 Übergang von der Aktion zur Reflexion

Der Übergang von der Aktion zur Reflexion erfordert von den Kommu-nikationspartnern die Fähigkeit und die Bereitschaft zur Identifizierung von Kommunikationsstörungen.

Was als störend empfunden wird, hängt von den individuellen Erfah-rungen des Kommunikationspartners sowie der Zielsetzung des Ge-

---

[568] Euler/Reemtsma-Theis (1999): 170f.

[569] Dumpert (2001): 25, ebenso Euler (2004): 22.

[570] Dumpert (2001): 27.

[571] Euler/Reemtsma-Theis (1999): 170.

sprächs ab. Deshalb erscheint eine situationsunabhängige Einordnung denkbarer Kommunikationsstörungen als unzweckmäßig. Insofern überrascht es nicht, dass Euler/Reemtsma-Theis hierzu keine weiteren Überlegungen anstellen. Zentral in diesem Zusammenhang ist vielmehr die Bereitschaft, auf Irritationen oder Ungewöhnliches in einem Gespräch aufmerksam zu werden, Schwierigkeiten wahrzunehmen und dies nicht als irrelevant einzustufen. Solange die Kommunikation nach dem subjektiven Verständnis allerdings als problemlos empfunden wird, bewegt man sich im agentiven Schwerpunkt.

2.3.2.3 Reflexiver Schwerpunkt

Der reflexive Schwerpunkt erlaubt es den Kommunikationsteilnehmern nach den Einflüssen der (gestörten) Kommunikation zu suchen und eine Klärung herbeizuführen. Ansatzpunkte für eine reflexive Betrachtung bieten die situativen und die personalen Bedingungen des sozial-kommunikativen Verhaltens. Dabei wirken die situativen Einflussfaktoren von außen auf den Kommunikationsprozess ein, wohingegen die personalen Einflussfaktoren in der Person der Kommunikationspartner liegen. Der Handelnde muss innerhalb der reflexiven Phase zwei Betrachtungsrichtungen einnehmen. Zum einen die eigene (‚Was bedeuten die Einflussfaktoren für mich?') und zum anderen die Perspektive seines Gesprächpartners (‚Was bedeuten die Einflussfaktoren für den/die anderen?').

Euler/Reemtsma-Theis unterscheiden als situative Bedingungen im Einzelnen:

- Klärung der zeitlichen und räumlichen Rahmenbedingungen,
- Klärung der ‚Nachwirkung' aus vorangegangen Ereignissen,
- Klärung der sozialen Erwartungen an die Gesprächspartner sowie
- Klärung der Wirkungen aus der Gruppenzusammensetzung.

Als personale Bedingungen nennen sie:

- Klärung der emotionalen Befindlichkeit (Gefühle),
- Klärung der normativen Ausrichtung des Handelns (Werte),
- Klärung der Handlungsprioritäten (Ziele),
- Klärung der fachlichen Grundlagen (Wissen) sowie
- Klärung des Selbstkonzepts („Bild" der Gesprächspartner von sich selbst).

2.3.2.4 Übergang von der Reflexion zur Aktion

Die Handlungskontrolle leitet den Übergang von der Reflexion situativer und/oder personaler Bedingungen zur Aktion ein. Durch die vertiefte reflektierte Betrachtung sollen die so entstandenen Handlungsabsichten zielbringend umgesetzt und ggf. in die Kommunikationssituation direkt eingebracht werden.

2.3.3 Präzisierung von sozial-kommunikativen Kompetenzen

Entsprechend der bereits einleitend eingeführten Systematik werden die wesentlichen Aspekte sozial-kommunikativen Verhaltens zusammengefasst:[572]

Sozial-kommunikative Kompetenzen in der Handlungsdimension **Wissen**: Die Trainees

- kennen die Komponenten (agentiver und reflexiver Schwerpunkt) des sozial-kommunikativen Modells und verstehen diese.

- verstehen sozial-kommunikative Handlungen hinsichtlich der zentralen Merkmale ‚Aufgabe und Rollen‘, ‚essenzielle Bestandteile‘, ‚Ablauf‘ und ‚kritische Ereignisse‘,

- kennen Kunden- bzw. Mitarbeiterorientierung als mögliche Wertausrichtung für die Führung von Gesprächen und

- verstehen und reflektieren typische Kommunikationsstörungen.

Sozial-kommunikative Kompetenzen in der Handlungsdimension **Einstellungen**: Die Trainees

- entwickeln Sensibilität für das Wahrnehmen von Kommunikationsstörungen,

- zeigen Bereitschaft, wahrgenommene Kommunikationsstörungen aufzugreifen und sich mit diesen auseinander zu setzen,

- zeigen Bereitschaft, Beziehungen zu Kunden, Mitarbeitern, Kollegen zu entwickeln.

Sozial-kommunikative Kompetenzen in der Handlungsdimension **Fertigkeiten**: Die Trainees

- interpretieren und bewerten auf der Sachebene verbale und nonverbale Äußerungen und erschließen deren Sachgehalt,

- verwenden situationsangemessene Sprache und stellen situationsangemessene Fragen,

---

[572] In Anlehnung an Euler (2004: 49f), der als Situationstyp das Beratungsgespräch gewählt hat.

- bringen Begründungen ein,

- zeigen dem Kommunikationspartner ihre Wertschätzung für die Offenheit auf der Beziehungsebene, wenn dieser bereit ist, persönliche Informationen zu geben,

- hinterfragen latente Kommunikationsstörungen während des Gespräches,

- setzen Techniken für die situationsgerechte Aufnahme von erkannten Kommunikationsstörungen (z.B. Bitte um Klärung) ein und

- nehmen kritische Ereignisse und Kommunikationsstörungen in der Gesprächsphase auf und gestalten diese.

2.3.4 Lernen von Sozialkompetenzen

Wesentlich für ein Lernen von Sozialkompetenzen ist das Wechselspiel von Aktion und Reflexion, das bereits im Grundmodell von Euler/ Reemtsma-Theis angesprochen wurde. Dieses Verständnis muss sich in der Methodenwahl und der Methodenausgestaltung wieder finden. Sozial-kommunikatives Verhalten und das Nachdenken über die Ziele, Rahmenbedingungen, die Umsetzung im agentiven Schwerpunkt sowie dessen Wirkung können in arrangierten Lernkontexten systematisch geschult werden. Dazu bedarf es zum einen der Vermittlung von spezifischem Wissen über Kommunikation in den verschiedenen Situationstypen. Zum anderen sind die angesprochenen Fertigkeiten bspw. durch Rollenspiele, Video-Schulungen und Diskussionsrunden off-the-job zu trainieren.

Für ein Lernen von Sozialkompetenzen im Arbeitsprozess hat Dumpert[573] ein Konzept vorgestellt, das den für ein Lernen sozial-kommunikativer Kompetenzen notwendigen Zweischritt von Aktion und Reflexion in sechs Phasen darstellt und das um den Aspekt der internen Reflexion im Sinne von Simons (1993) ergänzt wurde.

---

[573] Vgl. Dumpert (2001): 149ff und (2003): 84ff.

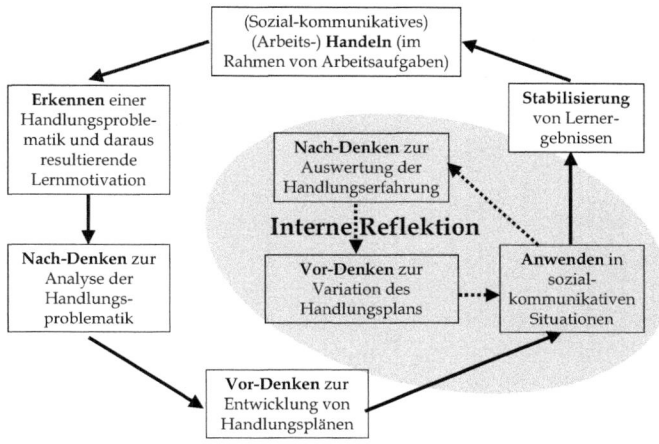

Abb. 16: Lernen von Sozialkompetenzen
in Anlehnung an Dumpert (2001): 149ff.

1. *Erkennen einer Handlungsproblematik* und die daraus resultierende Lernmotivation

   Zu Beginn steht eine Handlungsproblematik, die aufgrund einer Aktion in einem sozial-kommunikativen Umfeld aufgetreten ist. Allerdings entsteht aus dieser einfachen Problemstellung nicht ohne weiteres eine Motivation zum Lernen, da zum einen das Handlungsproblem klar erkannt werden muss und zum anderen auch die Erkenntnis vorhanden sein sollte, dass eine Veränderung des eigenen Verhaltens dazu beiträgt, den Soll-Zustand zu erreichen. Dumpert weist darauf hin, dass gerade Lernen im betrieblichen Kontext häufig an der letztgenannten Tatsache scheitert.

2. *Nach-Denken zur Analyse* der Handlungsproblematik[574]

   Analysiert der Handelnde sein sozial-kommunikatives Handlungsproblem, setzt er sich gedanklich damit auseinander und gelangt so zu einer konkreteren Vorstellung über die Ursachen, befindet er sich bereits in Phase 2 des Zyklus. Dazu bedarf es eines Ordnens der eigenen persönlichen und der situativen Gegebenheiten, wie dies im Grundkonzept auf der Ebene der reflexiven Schwerpunkte

---

[574] Dumpert (2001: 172) weist mit weiteren Literaturverweisen darauf hin, dass der Soll-Ist-Vergleich in den meisten Lernprozessen enthalten ist, ihm aber selten eine besondere Bedeutung zugewiesen wird.

dargestellt wurde. Durch die Reduzierung der Komplexität und durch das Einordnen in Teilschritte können mögliche sozial-kommunikative Defizite isoliert werden. Aber nicht jedes Handlungsproblem ist am Ende auch ein sozial-kommunikatives Handlungsproblem. Das Nachdenken kann auch dazu führen, dass eine intensivere Auseinandersetzung mit den fachlichen Grundlagen die wahrgenommenen sozial-kommunikativen Störungen beseitigen kann.

3. *Vor-Denken zur Entwicklung* von Handlungsplänen

Um eine mögliche Problemstellung zu erkennen und zu umgehen, müssen entsprechende Handlungen im Voraus geplant werden. Dumpert verweist in seinem Konzept hierbei auf das ‚Lernen am Modell' von Bandura. Danach findet Lernen durch Beobachtung des Verhaltens eines Kollegen in einer gewissen Situation und durch Einschätzung von dessen Erfolgschancen statt. Konstruktivistische Züge erhält dieses Lernen, wenn Trainee-Ausbilder oder Vorgesetzte ihre Ziele, die Ausgangslage und Zwischenschritte den Trainees verdeutlichen. Dadurch werden eigene Erfahrungen mit den Erfahrungen der ‚Experten' kombiniert.[575]

> „Im Ergebnis wird ein (verstandenes) sozial-kommunikatives Handlungswissen aufgebaut, das sich nicht nur aus strukturalen (Was?), sondern auch prozessualen (Wie?) und konditionalen (unter welcher Bedingungen?) Wissenselementen zusammensetzt."[576]

4. *Anwenden* in sozial-kommunikativen Situationen und *Auswerten* der Handlungserfahrungen

Das eigentliche Lernhandeln findet in einer sozial-kommunikativen Situation statt, in der das Wissen in sozial-kommunikatives Handeln umgesetzt wird. Durch das Verfolgen eines bestimmten Lernziels wird eine Schleife des Nach- und Vor-Denkens in Gang gesetzt. Auf der Basis der in der Phase 2 gemachten Analyse wird der neue Handlungsplan entworfen. Die in der Abbildung dargestellte Schleife kann mehrmals durchlaufen werden, wobei der Lernende während dieses Vorganges eine Anwendung und mögliche Variation seines Handlungsplanes fokussiert.[577]

---

[575] Vgl. bspw. den Cognitive Apprenticeship Ansatz, der in Abschnitt E Kapitel 1.1.5 dargestellt wird.

[576] Dumpert (2001): 174. Dabei gelten die dargestellten handlungstheoretischen Zusammenhänge, wobei sozial-kommunikatives Handeln nicht mit motorischem Handeln und der daraus abgeleiteten Handlungsregulationstheorie gleichgesetzt werden kann.

[577] Siehe hierzu Abschnitt E, Kapitel 1.1.1 zum Thema Arbeitsstrukturierung.

5. *Stabilisierung* von Lernergebnissen

Häufiger Anwendungsbezug des Handlungsplanes führt dazu, dass der Lernende sich in seiner Situation immer sicherer fühlt und keine ständigen Denkhandlungen durchführen muss. Eine Stabilisierung der Lernergebnisse erfolgt und das Denkhandeln des Lernenden tritt in den Hintergrund. Die verinnerlichten Handlungsschemata leiten das Handeln fortan an.[578] In der Stabilisierungsphase tritt die Lernabsicht zugunsten der Wiederholung und Variation des Handlungsplanes zurück. Es ist eine i.S. der Definition von Lernen relativ stabile Erweiterung der sozial-kommunikativen Handlungskompetenz eingetreten.

6. *Sozial-kommunikatives Handeln* im Rahmen der Arbeitsaufträge

Aus den verinnerlichten Handlungsschemata werden Handlungsmuster die nicht mehr der regelmäßigen kognitiven Regulation bedürfen. Sie werden ein Teil des alltäglichen Handelns.

Der von Dumpert entwickelte Lernprozess unterscheidet sich in den Phasen 1 und 6 von dem bereits einleitend dargestellten Lernprozess von Aebli. Zum einen müssen Lernmotivation und die Motivation zum Handeln differenziert betrachtet werden,

„denn die Motivation zu handeln muß nicht unbedingt auch die Motivation umfassen, aus diesem Handeln zu lernen"[579].

Zum anderen, da es sich um eine Handlungskompetenz handelt, die im Arbeitsprozess erlernt werden soll, muss der Prozess mit den Stationen Erprobung, Kontrolle und Auswertung mehrmals durchlaufen und reflektiert werden, bevor eine Stabilisierung eintritt.[580]

2.4 Entwicklung von Persönlichkeitsvariablen

2.4.1 Persönlichkeitsmerkmale

Abseits der sozial-kommunikativen Kompetenzen sowie der Problemlöse- und Entscheidungskompetenz sollen im Rahmen von Trainee-Programmen unter dem Stichwort ‚Sozialkompetenzen' Selbstständigkeit, Eigeninitiative und Eigenverantwortung, Teamorientierung, Flexibilität sowie die generelle Persönlichkeit entwickelt bzw. gefördert werden. Die hohe Bedeutung, aber auch die Notwendigkeit der Entwicklung dieser Persönlichkeitsvariablen lässt sich an den relativen Nennungshäufigkeiten und ihrer Bewertung ablesen.

---

[578] Vgl. Aebli (2003): 200ff.

[579] Straka (1998): 96.

[580] Vgl. Heyse/Erpenbeck (2004): 290.

Sozialkompetenz	In %[581]	Bewertung[582]
Förderung der Selbstständigkeit/Eigeninitiative/Eigenverantwortung (N = 100)	90,3	4,46
Förderung der Problemlösungskompetenz (N = 101)	87,4	4,31
Förderung der Kommunikationsfähigkeit (N = 102)	85,5	4,25
Förderung der Teamorientierung (N = 102)	78,7	4,13
Förderung der Entscheidungskompetenz und -umsetzung (N = 101)	78,6	4,17
Förderung der generellen Persönlichkeitsentwicklung (N = 101)	70,3	4,14
Förderung der *Flexibilität* (N = 102)	66,0	3,83

Tab. 8: Lernziele der Trainee-Programme
Vgl. Thom/Friedli/Kuonen (2002): 23.

Die hier vertretene Sichtweise von ‚Sozialkompetenz' mit den zentralen Definitionsmerkmalen Interaktion, Situationsspezifität, Zielrealisierung und Zweckrationalität[583] würde eine Subsumtion obiger Ziele unter den Kompetenzbegriff nicht decken. Denn anders als bei Kompetenzen beruhen allgemeine Persönlichkeitsvariablen wesentlich auf Einstellungen, Wertungen und individuellen Persönlichkeitseigenschaften. Trotzdem soll an dieser Stelle der von Thom et al. (2002) eingeführten Systematik gefolgt werden.

Alltagspsychologisch wird unter ‚Persönlichkeit'[584] u.a. Ausstrahlung und Reife (‚das ist aber eine herausragende Persönlichkeit') verstanden; in Bezug auf den Arbeitsplatz steht ‚Persönlichkeit' eher für Überzeugung, strategisches Denken und Handeln, Wertebezug, Energie und Leidenschaft, Kommunikation und Teamgespür. Diese Eigenschaften und Einstellungen lassen sich in singulären Seminarveranstaltungen nicht vermitteln, allenfalls eine Sensibilisierung erscheint möglich. Auch handelt es sich um langfristige Entwicklungsprozesse, weshalb im Folgenden der zeitliche Horizont über das eigentliche Trainee-Programm hinaus erweitert werden muss. Darüber hinaus sind es jetzt erstmals weniger die zu vermittelnden Techniken als vielmehr die Arbeits- und Umgebungsfaktoren, die einen Einstellungswandel hervorrufen können.[585]

---

[581] Die Prozentzahlen beziehen sich auf den Anteil Unternehmen, welche die folgenden Items mit wichtig oder sehr wichtig bewerteten.

[582] Die angewendete fünfstufige Skala lautet: 1 = unwichtig, 2 = weniger wichtig, 3 = eher wichtig, 4 = wichtig, 5 = sehr wichtig.

[583] Vgl. Schuler/Barthelme (1995): 81.

[584] Bei ‚Persönlichkeit' handelt es sich um ein Konstrukt, das je nach verhaltenswissenschaftlicher Sichtweise, unterschiedlich definiert wird. Vgl. Leidenfrost/Götz/Hellmeister (2000): 19–21.

[585] Vgl. die Studie von Graf (2002): 387.

Beide Aspekte der mittelfristigen Lernorientierung und der Gestaltung der Umgebungsfaktoren finden sich in der nachfolgenden kurzen Zusammenfassung des Forschungsstandes wieder.

Staehle unterscheidet mit Blick auf Persönlichkeitsvariablen zwischen der angelsächsischen Theorie, die mehr die Offenheit und Gestaltbarkeit der Person und der kontinentalen Theorie, die die Unabhängigkeit der Person von der Gesellschaft und die Stabilität des Personensystems thematisiert, wobei er einräumt, dass in der heutigen Diskussion diese strikte Trennung nicht mehr vorliegt.[586] Argyris, ein Vertreter des angelsächsischen Ansatzes, bietet in seinem Unreife-Reife-Kontinuum die Möglichkeit, Entwicklungsschritte und -stufen in sieben Dimensionen zu betrachten. Dabei kann in jeder Dimension ein eigenes Kontinuum erstellt werden, so dass sich das zu betrachtende Individuum in bestimmten Lebensphasen in unterschiedlichen Bereichen des Kontinuums aufhalten kann[587]:

Charakteristika einer unreifen Person	Charakteristika einer reifen Person
Passivität	Aktivität
Abhängigkeit	Unabhängigkeit
wenige Verhaltensalternativen	viele Verhaltensalternativen
oberflächliche Interessen	tiefergehende Interessen
kurze Zeitperspektive	lange Zeitperspektive
Unterordnung	Gleich- oder Überordnung
fehlende Selbsterkenntnis/Fremdkontrolle	Selbsterkenntnis und Selbstkontrolle

Abb. 17: Charakteristika einer reifen und unreifen
Person nach Argyris (1957): 50f.

Betrachtet man die Persönlichkeitsentwicklung aus Sicht der Differentiellen Psychologie, so stehen sich personale[588] und situative Ansätze gegenüber. Beide Paradigmata versucht der ‚Interaktionismus' zu verbinden. Nach diesem Ansatz ist Verhalten weder nur durch personinterne noch alleine durch externe Konstrukte hinreichend erklärbar. Vielmehr geht der Interaktionismus von einer wechselseitigen Beeinflussung von Person und Situation (dynamische Interaktionismus) aus.[589]

---

[586] Vgl. Staehle (1999): 186.

[587] Vgl. Argyris (1957): 50f.

[588] Diese Ansätze verfolgen das Eigenschaftsparadigma z.B. Extraversion/Introversion, Dominanz, Optimismus usw.. Allerdings wird dieser Sichtweise vorgeworfen, dass sie den Einfluss von Umweltbedingungen auf das Verhalten vernachlässigt. Vgl. Leidenfrost/Götz/Hellmeister (2000): 22 und Brandstätter (1999): 53.

[589] Vgl. Dieterich/Sowarka (2000): 433.

Demnach ist Persönlichkeit

> „eine für eine bestimmte Person charakteristische, über längere Zeit [...] beständige Art und Weise des Erlebens und Verhaltens in bestimmten Arten von Lebensumständen"[590].

Persönlichkeitsentwicklung basiert auf drei Aspekten[591]:

- die Struktur des Verhaltens einer Person und die Organisation der Umwelt sind auf mittlere Perspektive konstant,
- Persönlichkeitsfaktoren und Umweltdeterminanten sind langfristig veränderbar und
- Veränderungsprozesse innerhalb der Person und der Umwelt beeinflussen die Änderungen.

Ferner bestimmen persönliche Lebenseinstellung und gemachte Erfahrungen das Verhalten. Zu den Einstellungen zählen in einer etwas weiter gefassten Begriffsauslegung auch Werte und Interessen einer Person.[592] Bei Werten handelt es sich um individuell erstrebenswerte Zustände, denen bestimmte Merkmale zugeschrieben werden, die wiederum positive Gefühle und den Impuls zur Realisierung der Handlung auslösen. Ähnlich den Einstellungen verhält es sich mit Interessen. Auch dieser Begriff beschreibt eine positive Beziehung zu einem Gegenstand, einer Situation bzw. Lernsituation und Methodenwahl.

2.4.2 Persönlichkeitsmanagement und Persönlichkeitsentwicklung

Persönlichkeitsmanagement bewegt sich im Spannungsfeld von beruflichen und privaten Anforderungen. Abseits eines Lernens, sich selbst zu führen, sind es Aspekte der allgemeinen Persönlichkeitsentwicklung, die den Aufbau einer selbstständigen, aktiven, eigenverantwortlich handelnden und selbstbestimmten Führungskraft unterstützen. Die Fähigkeit, sich selbst und andere zu führen geht dabei einher mit einer persönlichen Weiterentwicklung im Bereich sozialer und auch sachbezogener Führungskompetenz. Comelli spricht in diesem Zusammenhang von einer ‚Selbst-Kontroll-Kompetenz', die die Führungskraft durch neue Erkenntnisse im Bereich der Methoden-, Fach- und Sozialkompetenz hinzugewinnt.[593] Somit ist Persönlichkeitsmanagement eine,

---

590 Vgl. Brandstätter (1999): 52.
591 Vgl. Leidenfrost/Götz/Hellmeister (2000): 22f.
592 Vgl. Brandstätter (1999): 61.
593 Vgl. Comelli (1995).

„auf die individuelle Person, auf ihr Erleben, Empfinden, Denken und Verhalten abzielende Variante des Veränderungsmanagements"[594].

Dazu bedarf es der Bereitschaft, sich selbst, sein Handeln, seine Gewohnheiten, aber auch seine Person zu hinterfragen und zur Disposition zu stellen. Interne und externe Reflexionsprozesse unterstützen diesen fortschreitenden Prozess des individuellen Erfahrens, Lernens und Veränderns.[595]

2.4.2.1 Selbstständigkeit, Eigeninitiative und Eigenverantwortung

Selbstständigkeit, Eigeninitiative und Eigenverantwortung als Zielbündel müssen auf mehreren, der von Argyris entwickelten Kontinua verortet werden. Selbstständigkeit korreliert mit Aktivität, Eigeninitiative hängt mit Unabhängigkeit und tiefergehenden Interessen zusammen, Eigenverantwortung ebenso mit Unabhängigkeit und der Ausnutzung des eigenen Handlungsspielraumes.

Synonyme Begriffe für Selbstständigkeit sind u.a. Autonomie, Emanzipation, Freiheit und Selbstbestimmung. Sie weisen – folgt man dem interaktionistischen Ansatz der Differenziellen Psychologie – auf mögliche Gestaltungsoptionen für die Entwicklung der individuellen Selbstständigkeit hin. Unter der bereits getroffenen Annahme, dass Persönlichkeitsentwicklung und Umweltdeterminanten sich gegenseitig beeinflussen und auf längere Sicht hin veränderbar sind, sollte es möglich sein, Lernumgebungen so zu gestalten, dass die Lernenden selbstständig z.B. eigene Projekte betreuen oder aber auch ihren eigenen Lernfortschritt selbstständig überwachen.[596]

Selbstständigkeit und Eigenverantwortung kann nicht vermittelt werden, sondern sie entwickelt sich nur in einer Umgebung, in der der Handelnde eine gewisse Freiheit oder Autonomie besitzt, eigenständig und selbstverantwortlich Entscheidungen zu treffen und für diese einzustehen, in der ihm aber auch die Gelegenheit gegeben wird zu experimentieren und Fehler zu machen.[597] Für eigenständiges und eigenverantwortliches Handeln bedarf es eines gewissen Reifegrades, der mit der Emanzipation, also der Selbstbestimmung und Selbstständigkeit, der Loslösung aus überkommenen Strukturen, Prozessen und Abhängigkeiten einhergeht.

---

594 Hofmann/Linneweh (2003): 334.
595 Vgl. Hofmann/Linneweh (2003): 339.
596 Vgl. Heyse/Erpenbeck (2004): 23.
597 Siehe Abschnitt E, Kapitel 1.1.1 (Arbeitsstrukturierung) und Kapitel 1.1.2 (Selbstorganisiertes Lernen).

Eigeninitiative, das Handeln aus eigenem Antrieb, muss aus Sicht der Motivationspsychologie betrachtet werden. Motivation ist ein

> „hypothetisches Konstrukt, das die aktivierende Ausrichtung des momentanen Lebensvollzugs auf einen positiv bewerteten Zielzustand"[598]

beschreiben und erklären soll. Dabei treffen bestimmte Personenmerkmale (Motive) mit den dazu passenden Situationsmerkmalen zusammen. Diese wirken als Anreize für ein bestimmtes Verhalten. Abseits der extrinsischen Motivation bestimmt die intrinsische Motivation wesentlich die Bereitschaft, selbst aktiv zu werden, sich einer Sache/Aufgabe anzunehmen und sie zu Ende zu führen. Intrinsische Motivation lässt sich über Erfolgsgefühle verstärken, ein genereller Aufbau ist während einer höchstens zweijährigen Programmdauer kaum möglich.

Helfen können konstruktivistische Ansätze der Pädagogischen Psychologie und die beiden prinzipiengeleiteten Handlungskonzepte der Wirtschaftsdidaktik (Handlungs- und Problemorientierung). Sie versuchen durch eine Aktivierung des Lernenden mit dem Fokus auf einem zielorientierten Lernprozess dessen Selbstständigkeit, aber auch dessen Verantwortung für seinen Lern- und Arbeitsprozess zu betonen. Allerdings wird an dieser Stelle wiederum deutlich, dass die angestrebten Ziele nicht die direkten inhaltlichen Ziele (Vermittlung von Selbstständigkeit) einer Personalentwicklungsmaßnahme sind, sondern als Oberziele für die Gestaltung einer Trainee-Lernumgebung betrachtet werden müssen.

2.4.2.2 Teamorientierung

Der Teambegriff ist in der Literatur nicht abschließend definiert. Vielmehr werden unterschiedliche Konstrukte hierunter subsumiert, wobei der Begriff der Gruppe häufig synonym verwendet wird.[599] Bungart definiert ein Team in der Arbeitswelt wie folgt:

> „Ein Team in einer Organisation repräsentiert eine kleine, nach funktionalen Gesichtspunkten strukturierte Arbeitsgruppe mit einer spezifischen Zielsetzung und entsprechenden Arbeitsformen, relativ intensiven Interaktionen untereinander und einem mehr oder weniger starken Gemeinschaftsgeist."[600]

Teamarbeit setzt Kooperation von Individuen mit dem Ziel einer gemeinschaftlichen Bewältigung einer bestimmten Aufgabe/eines Problems voraus.[601] Kooperation, also die Zusammenarbeit in einem Team,

---

[598] Rheinberg (2001): 478.

[599] Vgl. Forster (1978): 13.

[600] Bungart (2000): 407. Ähnlich definiert auch Antoni (1994): 24–25 und Wunderer/Grunwald (1980): 204.

[601] Vgl. Fallgatter/Koch (1998): 15, ebenso Schneider (1996): 96.

steht somit dem eher wettbewerbsorientierten Verhalten in der Arbeitswelt gegenüber. Zur Bildung eines Teams sind der Kooperationswille
der Gruppenmitglieder und die Kooperation in einem Gruppenarbeits-
prozess wesentliche Voraussetzungen.[602]

Kooperation bedarf der Koordination. Einzelne müssen aufgrund ihrer
Fähigkeiten und Kenntnisse bestimmte Rollen und Funktionen innerhalb
einer Gruppe übernehmen. Individuelle Interessen werden im Zuge eines sozial-kommunikativen Aushandelprozesses festgelegt, damit Konflikten vorgebeugt wird.[603] Die Kommunikation zwischen den Teammit-
gliedern ist somit eine Grundvoraussetzung, damit auch gegenseitige
Bezugnahme i.S. eines sozial-kommunikativen Handelns möglich ist und
Vertrauen entstehen kann. In diesem Punkt gestaltet sich der Füh-
rungsaspekt als besonders erwähnenswert. Der Teamleiter muss von den
Mitarbeitern als Führer des Teams und als Organisator der kooperativen
Bemühungen der Teammitarbeiter angesehen werden.[604]

Aber auch an dieser Stelle ist zu diskutieren, inwieweit die in der Gliederung vorgenommene Einordnung der Teamorientierung als Persönlichkeitsvariable gerechtfertigt ist oder ob sie nicht besser als eigenständiger
Gliederungspunkt unter den Sozialkompetenzen aufzuführen ist. Gegen
letztere Sicht spricht die von Thom et al.[605] vorgenommene Reduzierung
auf den Orientierungsbegriff. Teamfähigkeit ließe sich sicherlich als sozial-kommunikatives Verhalten über unterschiedliche Inhalte im Rahmen einer gemeinsamen Teamarbeit interpretieren und würde somit den
eingangs aufgeführten Definitionsbestandteilen einer Handlungskompetenz gerecht. Teamorientierung reduziert hingegen die Fähigkeit auf
eine bloße positive Einstellung zur Teamarbeit und somit zu einem Persönlichkeitsmerkmal.[606] Im Folgenden wird der Begriff Teamorientierung
als ein Schritt auf dem Weg zur Teamfähigkeit ausgelegt. Die Bereitschaft, sich reflexiv mit dem eigenen Selbstbild und dem eigenen Handeln zu beschäftigen, eigene Ideen einzubringen und Interessen und Gefühlen wie auch geistige Beweglichkeit und Aufgeschlossenheit gegenüber neuen Themen zu zeigen, werden dadurch in die Diskussion mit
einbezogen.[607] Teamorientierung und Teamfähigkeit setzten somit eine

---

[602] Vgl. Block (2000): 23.
[603] Siehe zum Kooperationsbegriff Fallgatter/Koch (1998): 14f und Block (2000): 127.
[604] Vgl. Walzik (2004): 16.
[505] Vgl. Thom/Friedli/Kuonen (2002): 23.
[506] Zur biographischen Seite der Teamorientierung siehe Bungart (2000): 411 und
Brandstätter (1999): 51.
[607] Vgl. Walzik (2004): 48f; Wunderer/Grunwald (1980) und Forster (1981): 156.

gewisse individuelle Reife mit entsprechenden sozialen Kompetenzen voraus.[608]

Versucht man diese, von Bungart formulierten Anforderungen aufzuschlüsseln, so zeigen sich notwendige Kompetenzen in den Bereichen ‚Erkennen (Wissen)', ‚Werten (Einstellungen)' und ‚Können (Fertigkeiten)'. Hierzu zählen:[609]

Teamfähigkeit in der Handlungsdimension **Wissen**: Die Trainees

- verfügen über eine überdurchschnittliche Fachkompetenz,
- kennen grundlegende Merkmale von Team- oder Gruppenarbeit und besitzen die kognitive Fähigkeit, diese auf konkrete Situationen beziehen zu können. Dazu gehört auch ein Bewusstsein für die Abhängigkeit des eigenen Tuns von den Aktivitäten der weiteren Teammitglieder,
- kennen gemeinsame Zielsetzungen für die zu lösenden Aufgaben,
- kennen und verstehen die bereits beschriebenen Aufgaben wie (Selbst-)Reflexion und Einnehmen anderer Sichtweisen und gegenseitige Bezugnahme sowie Akzeptanz der Gruppenziele,
- kennen die für den Teambildungs- und Kooperationsprozess typischen Phasen einschließlich möglicher Konflikt- und Konfrontationssituationen sowie deren Hintergründe,
- kennen wesentliche Faktoren des Gruppenprozesses wie bspw. Handlungsregulationsprozesse und den Transfer auf die konkrete Situation und
- wissen, dass der Erfolg des Teams dem Team als Ganzem gehört, der Einzelne also eine Teamposition innehat.

Teamfähigkeit in der Handlungsdimension **Einstellungen**: Die Trainees

- haben die positive innere Haltung und Einstellung sowie die Bereitschaft miteinander zusammen zu arbeiten (Konsensfähigkeit). Für die Teamarbeit ist vor allem die Annahme von aktiven Rollen erforderlich, denn Passivität verhindert das gewollte gegenseitige Helfen der Teammitglieder und das Erreichen der gemeinsamen Ziele.
- zeigen Verantwortung für die Gruppe und akzeptieren die Gruppenziele,

---

[608] Vgl. Bungart (2000): 410.

[609] Euler/Hahn (2004): 413ff; Walzik (2004): 88ff; Bungart (2000): 410; Schneider (1996): 103ff; Comelli (2003): 80; Delhees (1983): 370ff und Forster (1978): 58–63.

- und die anderen Gruppenteilnehmer vertrauen sich untereinander und haben auch Vertrauen in die Gruppenarbeit selbst,
- zeigen eine geistige Beweglichkeit und Aufgeschlossenheit gegenüber neuen Themen und Ideen,
- sind bereit, das eigene Verhalten zu reflektieren, auch vor dem Hintergrund der eigenen Interessen und die eigenen Intentionen der Gruppe gegenüber offen zu legen,
- entwickeln eine Sensibilität für Störungen des Gruppenprozesses,
- akzeptieren andere Persönlichkeitstypen und sind bereit die sich dadurch eröffnenden Möglichkeit zu nutzen,
- zeigen eine Bereitschaft sich mitzuteilen, eigenes Wissen, Interessen und Gefühle zu teilen, eigene Fähigkeiten der Gruppe zur Verfügung zu stellen und Handlungsregulationsprozesse zu initiieren,
- erkennen, dass Vertrauen nur entstehen kann, wenn man sich nicht ständig rechtfertigen muss und deshalb eine Abwehrhaltung einnimmt,
- sind experimentierfreudig und lernbereit.

Teamfähigkeit in der Handlungsdimension **Fertigkeiten**: Die Trainees

- können Äußerungen der Gruppenmitglieder auf den vier Ebenen der sozialen Kommunikation interpretieren,
- können Kommunikationsstörungen und kritische Ereignisse in der Interaktion deuten,
- sind in der Lage, angemessene Formen der Interventionen anzuwenden,
- artikulieren eigene Beiträge in spezifischen Phasen der Gruppenarbeit, wie bspw. tragen zur Klärung der Problemstellung bei, geben prozessbezogene Lernhilfen oder Feedback auf Präsentationen,
- unterstützen die Bildung von Vertrauen in der Gruppe
- nehmen gegenseitig aufeinander Bezug. Dies erfordert die Fähigkeit, das eigenen Handeln auf andere beziehen zu können,
- können die Reflexion der Gruppenarbeit auf der Sach- und Prozessebene moderieren.

Förderung der Teamorientierung bedeutet allerdings auch, dass Teamarbeit im Unternehmen kritisch hinterfragt werden darf und sie nicht als Dogma vorgegeben ist und

„mit entsprechenden Indoktrinations- und Tabuisierungsstrategien im betrieblichen Alltag abgesichert"[610]

wird. Teamorientierung kann nur in einer kooperativen Unternehmenskultur aufgebaut werden, da ansonsten der Wettbewerbsgedanke, der im Allgemeinen in der Wirtschaft vorherrschend ist, auch in der Teamarbeit gefördert wird.[611]

2.4.2.3 Flexibilität

Ähnlich der Persönlichkeitsvariable ‚Teamorientierung' kann das Ziel der Förderung der Flexibilität als eine Facette sozialer Kompetenz aufgefasst werden. Mit Flexibilität ist im Bereich der Trainee-Programme dabei in erster Linie die Ausbildung von flexiblen Nachwuchskräften gemeint. Abgeleitet aus dem Unternehmensziel der Schaffung einer breiten Personalressource bedeutet dies, dass Unternehmen bemüht sind, die Verwendungsbreite der Mitarbeiter, aber auch deren Mobilität zu erhöhen. Die Unternehmen sind so in der Lage ihre Mitarbeiter auf mehreren Positionen einzusetzen und verfügen bei der Besetzung von offenen Stellen über eine Vielzahl personeller Alternativen. Elemente dieser gewünschten Einsatzflexibilität sind Standortunabhängigkeit, auch international (Bedeutung der Sprachkompetenz), und eine Stellenunabhängigkeit i.S. einer generalistischen Ausbildung.[612]

Gerade letzterer Aspekt einer generalistischen Ausbildung verlangt aber vom Trainee eine gewisse interpersonale Flexibilität und Rollenflexibilität. Interpersonale Flexibilität oder auch ‚functional flexibility' bezeichnet dabei die Fähigkeit, sich an sich verändernde interpersonale Situationen anzupassen, wohingegen die Rollenflexibilität die Fähigkeit beschreibt, sich nicht nur reaktiv, sondern auch aktiv gestaltend an wandelnde Anforderungen an seine Person anzupassen.[613] Hierzu bedarf es einer Interpretation der eigenen Rolle, die von

- den Anforderungen der Organisation, ihren strukturellen und organisatorischen Gegebenheiten, dem Arbeitsvertrag und der Stellenbeschreibung,

- den Erwartungen der Organisationsmitglieder, die den teilweise vorhandenen Normen der Unternehmenskultur entspringen und/oder gruppen- oder personenspezifische Orientierungen wiedergeben und

---

[610] Bungart (2000): 406.

[611] Vgl. Bungart (1994): 333.

[612] Vgl. auch die erhobenen Daten von Thom/Friedli (2005): 47.

[613] Vgl. Schuler/Barthelme (1995): 85f.

- von den Erfahrungen des Positionsinhabers beeinflusst wird.[614]

Durch die in den Trainee-Programmen vorgesehene Job Rotation werden die Erwartungen an das Einfinden in die neue Rolle und die Rollenflexibilität der Trainees erhöht. Um die an sie gestellten Erwartungen wahrzunehmen und angemessen zu interpretieren, sind die Trainees auf soziale und interpersonale Sensibilität[615] angewiesen. Gleichzeitig müssen sie aber in der Lage sein, mittels ihrer individuellen interaktiven und kommunikativen Fähigkeiten die jeweilige Rolle auszugestalten.[616] Beide Rollenbestandteile lernt man durch das zunehmende Hineinwachsen in eine Rolle und durch eine Identifikation mit bestimmten sozialen Rollen. Job Rotation und Aufgabenwechsel erhöhen die Orientierungsnotwendigkeit und somit die situative Anpassungsfähigkeit der Trainees. Dieses dynamische Element fördert die Fähigkeit zu flexiblen Handeln.[617] Damit das Gefühl der Orientierungslosigkeit nicht auftritt, ist dieser Prozess zu begleiten.

2.4.2.4 Generelle Persönlichkeitsentwicklung

Generelle Persönlichkeitskonzepte greifen abseits der bereits angesprochenen Persönlichkeitsvariablen Aspekte wie Durchsetzungsfähigkeit, Konfliktlösung, Einsatzbereitschaft, Führung und Empathie auf.[618]

Durchsetzungsfähigkeit und die *Bewältigung von Veränderungen* gehört zu den am meisten genannten beruflichen Anforderungen, vor allem bei Managern. Durchsetzung wird dabei verstanden

> „als soziale Kompetenz zur Realisierung von Zielen (eigenen Vorstellungen, Interessen und Bedürfnissen) in Konkurrenzsituationen zu Interaktionspartnern"[619].

Validitätskriterium für Durchsetzungsfähigkeit ist der Handlungserfolg. Der Handelnde setzt soziale Beeinflussungsmechanismen ein, um die eigenen Ziele zu realisieren. Ähnlich der Konfliktlösung umfasst die Durchsetzungsfähigkeit ein breites Spektrum an Handlungen, Methoden und Techniken, um die Umsetzung der getroffenen Entscheidungen zu kommunizieren, zu steuern oder zu forcieren.

---

[614] Vgl. Wiendieck/Pütz (2000): 425.

[615] Man spricht auch von Wahrnehmungssensibilität.

[616] Für den Bereich des Managements hat Staehle (1991) vierundzwanzig verschiedene Rollen zusammengetragen, die hier im Einzelnen nicht zu diskutieren sind. Die Übersicht zeigt aber, dass Flexibilität ein erhöhtes Maß an Rollenbewusstsein und sozial-kommunikativen Fähigkeiten voraussetzt.

[617] Vgl. Schuler/Barthelme (1995): 86.

[618] Vgl. Sarges (2000): VI f und Heyse/Erpenbeck (2004).

[619] Six (2000): 401.

Soziale Einsicht kann als eine Vorstufe von *Empathie* aufgefasst werden. Empathie beschreibt dabei die Fähigkeit, sich in das Denken, Handeln, die Lage und Rolle des anderen hineinzuversetzen und dessen Reaktionen, aber auch Gefühle und Verhaltensweisen wahrzunehmen und vorherzusehen. Soziale Intelligenz als Persönlichkeitsmerkmal einer Führungskraft dient dem Management von Situationen, an denen Menschen unmittelbar beteiligt sind.[620]

Einsatzbereitschaft ist eine persönliche Grundhaltung. Sie zeigt sich in einem aktiven und nahezu vorbehaltlosen Engagement. Sie fordert und fördert Tatkraft und Verantwortungsbewusstsein und steht im Gegensatz zu passiver Gleichgültigkeit.[621] Eng mit ihr verknüpft ist die *Lernbereitschaft*, die ein wesentliches Einstellungskriterium für Trainees darstellen sollte.

Konfliktlösungsfähigkeit als Managementkompetenz erfordert zum einen die genaue Kenntnis der Konfliktursachen und -mechanismen, zum anderen sozial-kommunikative Kompetenzen, die es ermöglichen die aufgetretenen Spannungen zu lösen.[622]

Persönlichkeitsentwicklung bedeutet Veränderungen im Bereich der eigenen Person zulassen. Dazu muss den Trainees bewusst sein, dass ihre bisherige Lebensweise, ihre Art zu arbeiten und zu handeln, aber auch zu führen, zu kooperieren, zu entscheiden und auf verschiedene Situationen und Menschen zu reagieren, hinterfragt werden. Deshalb ist die Bereitschaft, sich vorbehaltlos mit den eigenen Stärken und Schwächen auseinander zu setzen, eine notwendige Bedingung.

Über diese Bereitschaft hinaus muss erwartet werden, dass eine Bereitschaft besteht sich aktiv in den Prozess der Veränderung von Persönlichkeitsvariablen mit der eigenen Person einzubringen, d.h. angebotene Freiräume zum Experimentieren zu nutzen.

Da eine direkte Beeinflussung/Schulung der Persönlichkeitsmerkmale wie Eigenständigkeit, Selbstvertrauen, Durchsetzungsfähigkeit, aber auch von Einstellungen und Werthaltungen als nicht möglich erachtet wird, wird auf die bisher vorgenommene Dimensionierung in die Bereiche Wissen, Einstellungen und Fähigkeiten und Fertigkeiten verzichtet.

2.4.3   Entwicklung von Persönlichkeitsmerkmalen

Betrachtet man die Studie von Leidenfrost/Götz/Hellmeister (2000), bestimmen Methoden, die Selbsterfahrung, gruppendynamische Erfahrun-

---

[620]   Vgl. Six (2000): 401 und Sowarka (2000): 365–379.

[621]   Vgl. Heyse/Erpenbeck (2004): 36.

[622]   Vgl. Heyse/Erpenbeck (2004): 329ff.

gen oder Körpererfahrungen fördern, die Praxis der Personalentwicklung, um so implizit eine Veränderung von Persönlichkeitsmerkmalen herbeizuführen. Die früher vorherrschende Tendenz der Beherrschung verschiedener Fähigkeiten (skill mastery) wird zunehmend durch eine situationsadäquate Erfahrung und einer der Situation entsprechende effektive Anwendung (skilfulness) ersetzt.[623] Die Erhebung von Thom et al. (1999) zeigt jedoch, dass im Bereich der Trainee-Programme die skill mastery-Technik noch einen hohen Stellenwert hat, da off-the-job verschiedene Kurse zu Themen wie Verhaltenstraining, Zeit- und Arbeitsmanagement wie auch Kreativitätstraining oder Verhandlungstechnik angeboten werden.[624] Dabei existieren vielfältige Methoden, die solche Erfahrungen ermöglichen wie z.B. arbeitsstrukturale Methoden, Lernbüro oder die In-Basket-Methode.

Darüber hinaus wird in den neuen Ansätzen zur Persönlichkeitsentwicklung der bewussten Reflexion der eigenen Person vermehrt Bedeutung zugewiesen. Es geht demnach weniger um eine Persönlichkeitsveränderung als vielmehr um eine Persönlichkeitsentfaltung.[625] Denn nachhaltige soziale Verhaltensänderungen lassen sich – wenn überhaupt – kaum durch reine Wissensvermittlung, sondern durch Reflexion der eigenen Erfahrungen, eingebunden in ein soziales System erzielen.[626] Hierbei kommt emotionalen Aspekten eine hervorgehobene Bedeutung zu. Aber auch die bereits häufiger thematisierte Interaktion zwischen Person und Umwelt beeinflusst maßgeblich die Veränderungsprozesse. Wollen, Können und Dürfen müssen bei der Gestaltung der Weiterbildungsmaßnahmen in Betracht gezogen werden. Insofern nähern sich die Persönlichkeitstrainings den Ansätzen zur Schulung von Handlungskompetenzen (problembezogene und authentische Kontexte, beratungs- und betreuungsorientierte Ansätze, Simulationen und Aufgabenstrukturierung) an. Auch bei ihnen wird der Reflexion der eigenen Handlungstätigkeit ein zentraler Stellenwert zugeschrieben. Allerdings sollte die Akzeptanz der Methode seitens der Trainees beachtet werden.

Einstellungsänderungen werden meist von einem mit dem Gegenstand ausgelösten Gefühl verbunden. So rufen angekündigte Veränderungsprozesse im Unternehmen im Allgemeinen Verängstigung hervor. Auch Teamorientierung lässt sich durch eine Anweisung nicht erreichen. Versucht man deshalb zu erklären, wie Einstellungen entstehen, so kommt dem konditionierten Lernen eine besondere Bedeutung zu. Bezogen auf die Förderung der Teamorientierung hat dies zur Konsequenz, dass ko-

[623] Vgl. Leidenfrost/Götz/Hellmeister (2000): 53.

[624] Vgl. auch die Darstellung im Abschnitt B, Kapitel 2.3.2.2.

[625] Vgl. Leidenfrost/Götz/Hellmeister (2000): 24.

[626] Vgl. Meyer-Menk (2002): 138.

operationsförderliche Einstellungen z.B. nur entstehen, wenn die Ziele und Motive des Menschen an seinem Arbeitsplatz häufiger befriedigt als frustriert werden. Das Verhalten kann durch Anreize gesteuert und verändert werden.[627] Das eigentliche Gruppentraining umfasst dann konkrete Einzelfertigkeiten wie z.B. Präsentieren oder das Leiten bzw. Moderieren von Gruppengesprächen.[628]

Dem zugrunde gelegten Begriff von Personalentwicklung folgend ist jede Entwicklung eine Selbst-Entwicklung, die nur von außen angestoßen werden muss.[629] Der betrieblichen Personalentwicklung kommt demnach die Aufgabe der Hilfe zur Selbsthilfe zu. Diese erstreckt sich im Bereich der Förderung der Wollens-Komponente auf eine partizipative Bildungs- und Lebensplananalyse. Auf Seiten der Könnens-Komponenten stellt sie sicher, dass die eigentliche Lernfähigkeit, die spezifischen Fähigkeiten, Verhaltensweisen und Einstellungen erhalten bleiben. Durch Arbeitsstrukturierung sorgt sie für die entwicklungsfreundlichen Rahmenbedingungen, die die Selbstentwicklung erst ermöglichen. Hierzu gehören neben der Unternehmenskultur, Aufgabenstrukturen, die

- abwechslungsreich und ganzheitlich gestaltet sind,
- in eine Arbeitsumgebung eingebettet sind, die anregt und stimuliert,
- soziale Kontakte fordern und ermöglichen,
- eine Bedeutung für das Unternehmen haben,
- den Durchführenden eine größtmögliche Autonomie bei der Durchführung einräumen und die
- am Ende der Bearbeitung rückgekoppelt und bewertet werden.

3. Überlegungen zur Struktur der Lernziele im Bereich der Methodenkompetenz

3.1 Problemlösen

3.1.1 Problemlösen als Managementaufgabe

Der Förderung des Problemlösens als Ziel einer systematischen Trainee-Entwicklung wird innerhalb der befragten Unternehmen eine zentrale

---

[627] Vgl. Brandstätter (1999): 62ff.

[628] Vgl. Bungart (1994): 340 und Schneider (1996): 109f zum Teamtraining off-the-job sowie Schneider/Knebel (1995): 65–73 zum Teamtraining anhand der Projektmethode.

[629] Vgl. Abschnitt B, Kapitel 1.

Bedeutung zugewiesen. In Unternehmen[630] wie auch innerhalb der Öffentlichkeit[631] gilt Problemlösefähigkeit als eine wichtige Eigenschaft von erfolgreichen Führungskräften und das Wissen um die Bewältigung unbestimmter und komplexer Probleme gewinnt im Zeitalter der Vernetzung für Führungskräfte an Bedeutung.[632] Doch was zeichnet Führungskräfte aus, die in der Lage sind, Probleme erfolgreich zu managen?

Psychologische Studien haben bereits in den 80er Jahren gezeigt, dass der Problemlöseerfolg nicht aus Intelligenztestleistungen prognostizierbar ist[633], wie auch aus dem Lösen eines Problemfalles nicht ohne weiteres auf den Erfolg bei anderen Problemen rückgeschlossen werden kann.[634] Jüngere Studien untersuchen aus diesem Grund die typischen Schwächen und Fehler des menschlichen Umgangs mit Komplexität, nennen limitierende Faktoren im Bereich menschlicher Fähigkeiten, komplexe Systeme zu steuern oder gehen der Frage nach, inwieweit problemlösendes Handeln vom Wissen abhängig ist[635].

Für den Bereich der Didaktik und der Pädagogischen Psychologie hat problemlösendes Denken seit der ersten PISA-Studie die Funktion einer Schlüsselqualifikation eingenommen, die als fächerübergreifende Kompetenz separat getestet wird. Studien mit Blick auf die Unternehmung beschäftigen sich u.a. mit strategischen Unternehmensentscheidungen aus der Sicht des problemlösenden Denkens[636] und mit Fertigkeiten zum Lösen komplexer Probleme bei Führungskräften[637].

3.1.2 Problemlösen – eine Definition

Dörner spricht von einem Problem, wenn ein Individuum eine aktuelle Situation in einen erwünschten Zielzustand überführen soll und dabei nicht weiß, wie es diese Transformation (Dörner spricht von ‚Barrieren', die diese Transformation behindern)[638] des Anfangszustandes in den Zielzustand vornehmen soll.[639] Im Gegensatz zum Problemlöseprozess

---

630 Vgl. Putz-Osterloh (2000): 240–246.

631 Vgl. Klieme/Funke et al. (2001) zum Thema Problemlösen als fächerübergreifende Kompetenz.

632 Vgl. Probst/Gomez (1989).

633 Vgl. Dörner (1986).

634 Vgl. hierzu die Literaturquellen bei Putz-Osterloh (2000): 240.

635 Vgl. Schaub/Strohschneider (1992) und Lind/Friege (2003).

636 Vgl. Wagner (1991), der bestehende Modelle für den ‚rationalen Manager' diskutiert.

637 Vgl. Zaccaro/Mumford et al. (2000).

638 Vgl. Dörner (1976): 11–15.

639 Vgl. Dörner (1976): 10, siehe auch Vollmeyer/Burns (1999): 101.

besteht bei der Ausführung einer Aufgabe diese Barriere nicht, da für deren Bewältigung die Methoden bereits durch vorhergehende Lernprozesse bekannt sind. Dieser, von Dörner in die Diskussion eingebrachte Hinweis auf die Unterscheidung von Problem und Aufgabe stellt pointiert die fehlende Handlungsroutine des Handelnden in den Mittelpunkt. Denn dadurch ist er gezwungen, mittels eines konstruktiven Prozesses (Aufbau von Erfahrungswissen) die Planungslücke zu schließen.[640]

Das noch notwendig zu klärende Verhältnis von Problemlösen und Entscheiden lässt sich handlungstheoretisch erläutern. Beim Problemlösen wird unter vielen verschiedenen Handlungsoptionen die Beste ausgewählt. Der Handelnde entscheidet sich bspw. für eine Strategie. Dies bedeutet aber nicht, dass Problemlöse- bzw. Entscheidungsforschung das gleiche Forschungsfeld betrachten. Entscheidungsforschung (vgl. Kapitel 3.2) befasst sich explizit nur mit den Prozessen, die zu einer bestimmten Entscheidung führen, die z.B. das Pro und Contra einer Entscheidungsalternative abwiegen. Problemlöseforschung betrachtet mehrere Entscheidungen, die in einen situativen Kontext eingebettet sind. Die singuläre Entscheidung findet sich in einem Entscheidungsszenario wieder, dessen Vernetzung die Komplexität der Problemlösung bestimmt.[641]

3.1.3 Theorien des problemlösenden Denkens

Funke[642] unterscheidet zwischen zahlreichen Theorien bzw. Ansätzen eines problemlösenden Denkens. Sie spiegeln die unterschiedlichen Zugänge (z.B. evolutionspsychologisch, handlungstheoretisch, funktional, gestalttheoretisch) zum Thema wider. Aufgrund der bereits im Vorfeld getroffenen lernpsychologischen Annahmen und der Problemsituationen im Management werden lediglich der funktionale Zugang Dörners (1976), der den Prozess des Problemlösens als Informationsverarbeitung sieht, sowie der handlungstheoretische Zugang über die Handlungsphasen, der u.a. bei Schaub (1993) dargestellt wird, diskutiert.

3.1.3.1 Problemlösen als Informationsverarbeitung

Dörner[643] sieht im Prozess des Problemlösens einen Prozess der Informationsverarbeitung. Er betrachtet Realitätsbereiche, die aus Operatoren

---

[640] In der angloamerikanischen Literatur entfällt diese Unterscheidung zwischen Problem und Aufgabe. Dort gibt es nur tasks. Vgl. Vollmeyer/Funke (1999): 214.

[641] Vgl. Funke (2003): 22f.

[642] Vgl. Funke (2003): 39–106.

[643] Dörner orientiert sich in seinem Konzept an der Konzeption von Newell/Simon (1972).

und Sachverhalten bestehen. Dabei beschreiben die Sachverhalte ganz bestimmte Zustände eines Realitätsbereiches. Den Operatoren wird die Aufgabe zugewiesen, diese Sachverhalte zu verändern. Dörners Ansatz gilt als Prototyp für die funktionalistischen Theorieansätze und soll deshalb kurz erläutert werden.

Sachverhalte weisen nach Dörner verschiedene Eigenschaften auf, die auch zur Charakterisierung komplexer Probleme herangezogen werden:

1. Komplexität
2. Vernetztheit
3. Dynamik
4. Intransparenz und
5. Polytelie[644]

Die *Komplexität* eines Problems äußert sich in der Anzahl der Variablen, die bei der Problembearbeitung zu berücksichtigen sind.[645] Der Problemlöser muss diese Komplexität vereinfachen, indem er sie auf wesentliche Aspekte reduziert. Die *Dynamik* wird dadurch deutlich, dass auch ohne Aktion des Problemlösers sich die Problemlage ändern kann. Häufig liegt dies an der *Intransparenz* des Problems, sei es, dass dem Problemlöser nicht die erforderlichen Daten vorliegen oder aber Einflussgrößen und Problemstruktur nicht vollständig durchschaut werden, da die Problemstruktur sich *vernetzt* darstellt. Lineare Kausalketten oder einfache Ursache-Wirkungsrelationen treten zugunsten von Wirkungsnetzen, bei denen Entscheidungen aus vielen verschiedenen sich gegenseitig beeinflussenden Variablen bestehen, zurück. Dabei sollen immer häufiger *mehrere konkurrierende Ziele* erreicht werden.[646] Die Vernetztheit verlangt von der problemlösenden Person, dass sie ein Modell dieser Abhängigkeiten aufbaut und dieses bei späteren Eingriffen berücksichtigt. Die Polytelie erfordert ein „Abwägen und Balancieren von eventuell kontradiktorischen Zielen"[647].

3.1.3.2 Handlungstheoretischer Ansatz

Handlungstheoretiker betrachten die konstituierenden Merkmale einer Handlung. Im Zentrum steht dabei die Intentionalität, die zielgerichtete absichtsvolle Aktion, die eine Handlung vom Verhalten abgrenzt. Weitere konstitutive Elemente einer Handlung sind die Kontrolle eines jeden

---

[644] Vgl. Funke (2003): 72; Schaub/Reinmann (1999): 169.

[645] Zur Definitionsproblematik siehe Funke (2003): 128.

[646] Diese Anforderung wird vermehrt an Manager gestellt. Siehe Mintzberg/Westley (2001):

[647] Funke (2003): 127.

Handlungsablaufs, da sie systematisch eine Handlung vom bloßen Ereignis trennt[648] und gewisse Regeln, u.a. gesetzliche Vorschriften, Normen oder Strukturmerkmalen, die die Spielräume und die gewünschten Abläufe der Handlung bestimmen. Ein letztes konstitutives Merkmal einer Handlung ist die Polyvalenz, wonach Handlungen und Handlungseffekte auf verschiedenen Ebenen beschrieben werden können.[649]

Elementar aus didaktischer Sicht ist die Unterscheidung verschiedener *Handlungsphasen*, deren empirische Evidenz zwar noch gering ist[650], die aber Hilfestellungen für eine spätere Betrachtung möglicher Trainingsmaßnahmen bieten. Funke unterscheidet:

1. *Zielausarbeitung*: Die Ausprägung des Ziels einer Handlung kann variieren. Ist ein Ziel unspezifisch formuliert, erhöht sich der Aufwand zur Zielausarbeitung. Dies trifft gerade auf dialektische Barrieren zu. Bei solchen Hindernissen besteht ein wesentlicher Teil der Arbeit in der Elaboration des Ziels.[651]

2. *Hypothesenbildung*: Um das Ziel zu erreichen muss der Handelnde Hypothesen bilden. Er muss Annahmen treffen, welche Zusammenhänge zwischen Variablen bestehen und wie diese Einfluss auf ihre Umwelt nehmen. Diese Hypothesenprüfung ist allerdings nur in seltenen Fällen während der einzelnen Schritte einer Handlung möglich, z.B. innerhalb einer Simulation am Computer.

3. *Planen und Entscheiden*: Innerhalb der Planung werden Eingriffsmöglichkeiten formuliert, die geeignet sind, den Anfangszustand in den gewünschten Zielzustand zu transformieren. Dies ist die konstruktive Tätigkeit des Problemlösers. Effizientes Handeln besteht aber darin, auf möglichst viele alte Erfahrungen zurückzugreifen und dadurch den Aufwand zu minimieren.

4. *Überwachung (Monitoring)*: In der Phase der Planüberwachung werden mögliche Störungen durch korrigierende Eingriffe oder am Ende auch Planabbruch behoben.

5. *Evaluation*: Hier findet der Abgleich zwischen intendierten Handlungsergebnis und erreichtem Ergebnis statt.

---

[648] Vgl. Vollmeyer/Burns (1999) und die Beschreibung des Problemlöseprozesses im Zwei-Räume-Modell.

[649] Vgl. zur ausführlichen Diskussion der konstituierenden Merkmale Funke (2003): 95ff.

[650] Vgl. Funke (2003): 97.

[651] Siehe Abschnitt E, Kapitel 1.1.4 zum Thema Aufgabenstellungen.

Die Theorie geplanten Verhaltens hat vor allem innerhalb der Sozialpsychologie viele Anhänger gefunden.[652]

Handlungstheoretische Überlegungen zum Problemlösen haben die Idee der Intention ins Zentrum der Betrachtung gestellt,

> „ist doch in dem Moment, in dem eine Intention erfolgreich umgesetzt werden konnte, kein Problem mehr gegeben"[653].

Darüber hinaus berücksichtigen handlungstheoretische Modelle im Gegensatz zu Modellen der Informationsverarbeitung neben den rein kognitiven Prozessen auch emotionale und motivationale Aspekte. Das System der Informationsverarbeitung wird um den handelnden Akteur und dessen intentionale Struktur erweitert.

3.1.4 Lernen von Problemlösungskompetenz

Soll das Problemlösen als didaktische Zielkategorie[654] untersucht werden, so muss der Vorgang des Problemlösens in die ihn konstituierenden Variablen zerlegt werden. Putz-Osterloh hat zwei miteinander interagierende Variablen isoliert, die aus didaktischer Sicht Ansatzpunkte bieten, Problemlösefähigkeit situativ zu schulen: Zum einen determinieren die Merkmale des Problems – das sind in der Regel die gestellten Anforderungen – den Problemlösungsprozess. Zum anderen sind es individuelle Merkmale des Problemlösers – vor allem dessen explizites Wissen –, die festlegen, ob und wie ein Problem gelöst wird.[655] Zu den individuellen Merkmalen muss auch die Motivation gezählt werden, die u.a. Problemlöseprozesse erst in Gang setzt.[656] Dörner diskutiert diese Fragen unter den Begriffen epistemische und heuristische Struktur.[657]

---

[652] Vgl. Funke (2003): 99 und Greve (2001): 436f.

[653] Funke (2003): 99.

[654] Es wird davon ausgegangen, dass Problemlösen lehr- und lernbar ist. Diskussionswürdig ist jedoch die Lehrbarkeit von Strategien. So hält Gagné (1980) alle Problemlösestrategien für gelernt, bestreitet aber ihre Lehrbarkeit. Eine Diskussion hierzu findet sich u.a. bei Klauer (1992), der allgemeine und bereichsspezifische Strategien experimentell verglichen hat.

[655] Vgl. Putz-Osterloh (2000): 241. In der Problemlöseforschung wird allgemein die These vertreten, dass Intelligenztestwerte nur wenig zur Vorhersage von Leistungsunterschieden beim Lösen komplexer Problemstellungen beitragen (bspw. Dörner 1984; Endres/Putz-Osterloh 1994: 56). Hörmann/Thomas (1989) weisen jedoch in ihrer Studie einen signifikanten Zusammenhang zwischen intellektuellen Fähigkeiten und Problemlösefähigkeiten nach.

[656] Vgl. hierzu die Studie von Dörner (1984) und die Hinweise zu den drei Komponenten individueller Handlungsfähigkeit in Abschnitt B, Kapitel 3.2.2 zum Thema Handlungskompetenz.

[657] Vgl. Dörner (1976): 116.

Für den Lernprozess bedeutsam ist darüber hinaus, dass bei der Analyse der Problemlöseleistung nicht nur die Endprodukte betrachtet werden, sondern dass individuelle Strategien erfasst werden, um so das Problemlöseverhalten zu diagnostizieren. Dazu muss das Wissen zur Bewältigung von Problemanforderung systematisiert werden.

Putz-Osterloh betrachtet zwei Dimensionen zur Klassifikation von unterscheidbaren Wissensarten:

- spezifisches und sicheres (algorithmisches) vs. generalisierbares, aber weniger sicheres (heuristisches) Wissen und

- Fakten- vs. Handlungswissen.[658]

Die erste Ausprägung unterscheidet nach der quantitativen erfolgreichen Anwendung. So zeichnet sich algorithmisches Wissen durch Handlungsfolgen oder -ketten aus. D.h. bei einer vorgegebenen Anfangssituation führt das spezifische Wissen zu einem exakt formulierbaren Zielzustand (z.B. alltägliches Autofahren). Heuristisches Wissen ist dagegen nicht spezifisch gebunden. Die Zustände, die möglicher Weise erreicht werden, sind nicht im Detail vorhersagbar.

Die zweite Klassifizierung grenzt Fakten- von Handlungswissen ab. Der notwendige Transfer des Faktenwissens in prozessuales Wissen und damit in effektives Handeln stellt ein zentrales Problem des Problemlösens, aber auch der Schulung des Lernenden dar. Folglich ist bei der didaktischen Umsetzung darauf zu achten, dass nicht die Problemlöse-Leistung im Zentrum des Interesses steht, sondern der Problemlöse-Prozess betrachtet und begleitet wird. Nur so kann mit Hilfe des noch zu diskutierenden Cognitive Apprenticeship-Ansatzes durch eine kontrollierte reflexionsfördernde Einflussnahme der Lernprozess unterstützt werden.[659]

Deshalb orientiert sich der nachfolgende Phasenverlauf an einer Beschreibung von Schaub/Reinmann (1999). Der Ablauf ist idealisierend dargestellt. Reale Problemlösungsprozesse folgen üblicher Weise nicht dieser Phaseneinteilung, sondern zeigen ein ungeordnetes Hin- und Herwechseln zwischen den einzelnen Abschnitten.[660]

---

[658] Vgl. Putz-Osterloh (2000): 242. Eine ähnliche Einteilung nehmen auch Schaub/Strohschneider (1992) vor.

[659] Deshalb wird auch nicht der von Heyse/Erpenbeck (2004: 382) vorgeschlagene Problemlöseprozess an dieser Stelle vorgestellt.

[660] Vgl. Schaub/Reinmann (1999): 171 und Wagner (1991): 169ff.

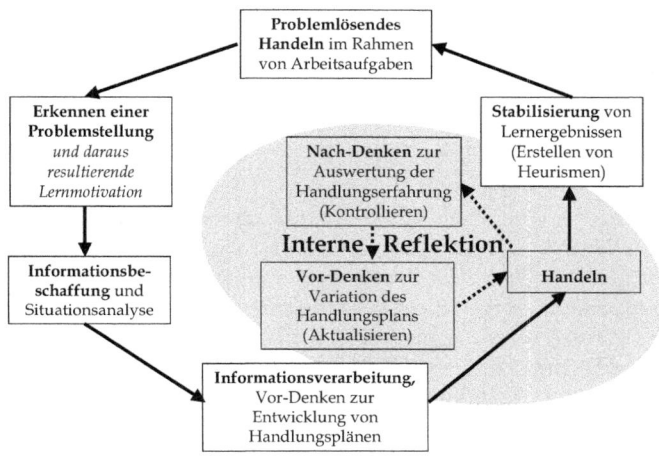

Abb. 18: Lernen von Problemlösekompetenz.

1. Erkennen einer Problemstellung

Trainees werden im Rahmen ihrer Programme mit vielfältigen Problemstellungen – häufig in Form von Projektarbeit – konfrontiert. Zum Lösen dieser Problemstellungen benötigen sie Wissen zu unterschiedlichen Themenbereichen. Dieses Wissen müssen sie sich im Rahmen der Zielelaboration erarbeiten bzw. erfragen (siehe die wissens- und erfahrungsorientierten Methoden im Abschnitt E, Kapitel 2.1 und 2.2)

Zu bedenken ist, dass je nach der individuellen Schwierigkeit der Problemlage Problemstellungen sowohl motivierend als auch demotivierend für den Trainee wirken können. Wesentlicher Erfolgsfaktor für eine motivierende und lernanregende Problembearbeitung ist eine nach dem unterschiedlichen Wissensstand fordernde Problemgestaltung, deren Lerngegenstände im Rahmen eines Spiralcurriculums immer wieder aufgegriffen werden sollten. So zeigt eine Studie von Hesse[661], dass Versuchspersonen, die mit einem abstrakten Problem konfrontiert waren, eine hohe Aktivität (gemachten Aufzeichnungen und Fragen) zeigten, allerdings bei der Bearbeitung der Problemstellung häufig einfache und effektive Maßnahmen übersahen. Schaub und Reinmann schlussfolgern daraus, dass das nutzbare Vorwissen auch Handlungswissen zur Ver-

---

661 Vgl. Hesse (1985).

fügung stellt und demnach je nach Thematik verschiedene Heurismen aktiviert werden.[662]

2. Informationsbeschaffung und Situationsanalyse

Aufgrund des unterschiedlichen Vorwissens in den verschiedenen unternehmensspezifischen Bereichen differiert die Ausgangssituation der Trainees z.T. erheblich. Die Zielelaboration beinhaltet eine Konkretisierung, Hierarchisierung und Balancierung der Problemstellung. So werden Trainees mit einem ausgeprägten Vorwissen über den zu bearbeitenden Realitätsbereich die kritischen Variablen deutlich leichter erkennen, was die Entwicklung und Ausarbeitung von Zielen vereinfachen kann.[663] Studien haben darüber hinaus nachgewiesen, dass Versuchspersonen bei der Konfrontation mit abstrakten Problemen deutlich weniger in der Lage sind, eine Hierarchisierung der Ziele vorzunehmen als dies bei semantisch eingebetteten Problemen mit einer überschaubaren Variablenanzahl der Fall ist.[664] Besonders positive Erfolge zeigen sich, wenn das bereits vorhandene Wissen in den Problemlöseprozess integriert und nutzbar gemacht werden kann. In solchen Situationen gibt es bestimmte Strukturierungsprinzipien, „die eine sinnvolle Ordnung der Informationen ermöglichen und die Modellbildung unterstützen"[665]. So zeigte eine Studie von Schaub/Strohschneider über das Problemlöseverhalten von Managern, dass sich diese bei der Problemexploration mehr Zeit nehmen. Sie versuchen, die Problemstruktur möglichst konkret zu erfassen, um so den Problemtyp besser einschätzen zu können. Dieses Vorgehen erhöhte die operative Flexibilität und den späteren Erfolg des Vorgehens.[666] Allerdings, und darauf weist Dörner[667] hin, kann ein umfangreiches Wissen zu einem Realitätsbereich dazu führen, dass eine neuartige Problemsituation mit einer bereits Bekannten analogisiert wird. Der lernende Trainee schließt aus dem bestehender Problemsituation und ihrer Struktur sowie den Zusammenhängen auf ein bereits bekanntes Lösungsmuster, ohne allerdings eine ausreichende vorherige Prüfung durchgeführt zu haben.

---

[662] Vgl. Schaub/Reinmann (1999): 173.

[663] Im Rahmen der Lohhausen-Studien von Dörner et al. (1994) wurden diese Ergebnisse empirisch fundiert. Vgl. auch Schaub/Reinmann (1999): 171, ebenso Schaub/Strohschneider (1992): 125.

[664] Vgl. Schaub/Reinmann (1999): 171.

[665] Schaub/Reinmann (1999): 172.

[666] Vgl. Schaub/Strohschneider (1992): 125.

[667] Vgl. Dörner (1995): 18.

3. Informationsverarbeitung

Die Informationsverarbeitung umfasst zum einen – im Falle einer nicht ausreichenden Wissensbasis – die Systematisierung und Strukturierung der eingehenden Informationen. Zum anderen hilft die Hintergrundkontrolle, durch systematische Nutzung des Vorwissens die Informationsselektion durchzuführen.

Darüber hinaus werden in dieser Phase erste Strategien entwickelt und mögliche Handlungsabläufe generiert. Das Vor-Denken als konstruktiver Prozess leitet den ersten Schritt ein, aus Fakten-Wissen Handlungswissen entstehen zu lassen.[668]

4. *Handeln und die didaktische Reflexionsschleife (interne Reflexion)*

Die vorhergehenden Schritte dienten der Generierung der Maßnahmen und der Planung sowie der Durchführung der Handlung. Die eigentliche Handlungsphase zeichnet sich durch die aus der Forschung bekannten ‚Experten-Novizen-Vergleiche‘ aus.[669] Experten und Novizen, so verschiedene Studien[670], unterscheiden sich nicht in ihrem Vorgehen bei der Informationssammlung. Vielmehr scheinen Experten,

> „neben ihrer inhaltlichen Expertise, allgemein anwendbares, bereichsübergreifendes, strategisches Wissen zum Umgang mit komplexen Problemsituationen zu entwickeln."[671]

Das eigentliche Lernhandeln erfolgt durch die in den Prozess eingebaute didaktische Reduktionsschleife. Sie dient zum einen der Kontrolle, um der ‚horizontalen Flucht‘ entgegenzuwirken. Dörner nennt so ein Verhalten, bei dem durch die bewusste Vermeidung der Kontrolle der Wissenserwerb erschwert wird.[672] Zum anderen wird innerhalb dieser Schleife die Handlungsabsicht aktualisiert. Methodisch kann dieser Prozess durch Selbstkontrollmethoden oder durch Anleitung und Beratung unterstützt werden.

Die Kontrolle bezieht sich sowohl auf das Strukturwissen als auch auf das Eigenschaftswissen. Das Strukturwissen umfasst neben der Feststellung des Zusammenhangs zweier oder mehrerer Variablen

---

[668] Vgl. hierzu auch die Ausführung zur strukturgenetischen Lerntheorie Aeblis im Abschnitt B, Kapitel 3.3.3.

[669] Siehe bspw. die Studie von Putz-Osterloh (1987).

[670] Vgl. hierzu die Aufzählung bei Schaub/Reimann (1999: 174) und die ebenfalls dort aufgeführte Kritik an den Experten-Novizen Studien.

[671] Schaub/Reimann (1999): 174.

[672] Vgl. Dörner (1995): 19.

sowie dessen Richtung und Art auch die Stärke der Relation.[673] Im Eigenschaftswissen werden die Eigenschaften der einzelnen Variablen gespeichert. Bei der Informationsbeschaffung und - zusammenstellung spielt dieses Eigenschaftswissen die größte Rolle. Erst im zweiten Schritt der Informationsaufarbeitung tritt das Strukturwissen hervor. Verfügt der Trainee über ein reichhaltiges Vorwissen, wird der Aufbau des Strukturwissens unterstützt, da

> „auch komplexere neue Zusammenhänge zwar nicht komplett, denn dann wären sie nicht neu, aber doch zu großen Teilen schemakonsistente Informationen darstellen und somit leichter in vorhandene Wissensbestände integriert werden können"[674].

Der Schritt des Aktualisierens beinhaltet eine Wissens- und Handlungsadaption, die wesentlich vom wahrgenommenen Erfolg der eigenen Handlung mitbestimmt wird. Vor allem bei Misserfolg wird am Ende der Handlung das eigene Wissen und das eigene Vorgehen überprüft und eine dementsprechende Modifikation der getroffenen Maßnahmen vorgenommen. Mit Erreichen des Handlungszieles ist dagegen der Erwerb von Strukturwissen meist beendet.[675]

> „Mißerfolge bedingen eine Anpassung, während erlangte Erfolge verdeutlichen, daß die eigenen Annahmen ja nicht komplett falsch sein können und somit die nötige Sicherheit für eine Umgestaltung geben."[676]

6. Stabilisierung und problemlösendes Handeln

Am Ende des Lernprozesses findet eine Stabilisierung der Lernergebnisse statt und es werden Heurismen abgespeichert, auf die in ähnlichen Problemstellungen dann zurückgegriffen werden kann.

Das problemlösende Handeln zeigt sich u.a. darin, dass die Ergebnisse des Problemlöseprozesses den Mitarbeitern bzw. Vorgesetzten mitgeteilt werden. Hierzu bedarf es zum einen der bereits dargestellten sozial-kommunikativen Handlungskompetenz und zum

---

[673] Allerdings zeigt Kluwe (2000), dass auch ohne umfangreiches Strukturwissen, Systeme erfolgreich gesteuert werden können.

[674] Schaub/Reimann (1999): 176.

[675] Vgl. Stark/Graf et al. (1995): 304ff.

[676] Schaub/Reimann (1999): 177. Der Prozess des Wissenserwerbs unterliegt dem „Gebot der kognitiven Sparsamkeit" (Schaub/Reinmann (1999: 176). Dies erklärt auch, warum bestehende Modelle erst verworfen werden, wenn ihre Zweckdienlichkeit offensichtlich nicht mehr vorhanden ist.

anderen wirkungsvoller Kommunikationsstrukturen im Unternehmen selbst.[677]

3.1.5 Präzisierung von Problemlösekompetenz

Präzisiert man die beschriebenen Anforderungen, so zeigen sich notwendige Kompetenzen in den Bereichen ‚Erkennen (Wissen)‘, ‚Werten (Einstellungen)‘ und ‚Können (Fertigkeiten)‘.

Problemlösekompetenz in der Handlungsdimension **Wissen**: Die Trainees

- besitzen das domänenspezifisches (Vor-)wissen,
- kennen die einzelnen Komponenten des Problemlöseprozesses und deren inneren Zusammenhang (heuristisches Wissen).

Problemlösekompetenz in der Handlungsdimension **Einstellungen**: Die Trainees

- verfügen über die notwendige Sensibilität für die Situationsanalyse,
- zeigen die Bereitschaft und die Motivation, sich der gestellten Problemlösung anzunehmen und sie lösen zu wollen,
- sind kritikfähig und bereit, das eigene Handeln zu reflektieren,
- lassen sich auf neue Problemlöseprozesse ein,
- wollen die eigene Problemlösekompetenz erweitern.

Problemlösekompetenz in der Handlungsdimension **Fertigkeiten**: Die Trainees

- sind in der Lage, Problemstellungen, problematische Situationen und Ziele in ihren Strukturen und voraussichtlichen Wirkungen zu erkennen und aufzufassen,
- führen Situationsanalysen durch, um sich die notwendigen Informationen zu beschaffen,
- strukturieren die gesammelten Informationen und bilden Hypothesen,
- führen eine Zielelaboration durch und entwerfen Problembewältigungsstrategien,
- initiieren mit einzelnen Mitarbeitern und Gruppen Problemlösungsprozesse und übernehmen dabei die Organisations- und Moderationsfunktion,

---

[677] Vgl. Hungenberg (1999): 73–92.

- schaffen die zur Lösung notwendigen Kommunikations- und Kooperationsstrukturen.

3.2 Entscheidungskompetenz und -umsetzung

3.2.1 Entscheiden als Managementaufgabe

„Als Funktion umfaßt das Management im weitesten Sinne alle zur Steuerung einer Unternehmung notwendigen Aufgaben."[678]

Dabei umschreibt Entscheiden und Umsetzen der Entscheidung die wohl umfassendste Managementfunktion[679], geht man davon aus, das Wirtschaften prinzipiell Entscheidungen erfordert.[680]

Eine prozessuale Sichtweise dieser Managementfunktion führt zum Managementprozess und seiner Phasenstruktur.[681] Nach einer systematischen Erfüllung der Phasenaufgaben Zielbildung, Problemfeststellung, Alternativensuche und Prognose ist der Manager oder auch eine Planungsgruppe in der Lage, eine begrenzte Anzahl von unabhängigen Optionen zu entwickeln, die auf ihre Zielwirksamkeit überprüft werden können. Allerdings kann nur ein Plan realisiert werden, so dass über die herausgearbeiteten Handlungsmöglichkeiten eine Entscheidung zu treffen ist. Dazu wägt der Manager alle positiven wie auch negativen Wirkungen gegeneinander ab. Bewertungen i.S. von Wertfeststellungen und Wertzuordnungen sind unumgänglich. Grundlage für die Entscheidung ist meist eine Rangordnung der Optionen. Dabei kann die Entscheidungstheorie helfen, das Entscheidungsproblem zu erkennen, aber auch zu formulieren, zu strukturieren und zu lösen. Bei der Positionierung der Entscheidung am Ende der Planung auf einer Rangliste muss allerdings berücksichtigt werden, dass zahlreiche Vorentscheidungen während der Planungsphase in die abschließend zu diskutierenden Wahlmöglichkeiten bereits eingeflossen sind. Deshalb wird die Entscheidung neben der Planung nicht als eigenständige Hauptfunktion des Managements betrachtet, wenn auch – wie Schierenbeck einräumt – diese Phase prozessgenetisch natürlich unerlässlich ist, um den Prozess der Willensbildung zu beenden.[682]

---

[678] Schierenbeck (2000): 86.

[679] Vgl. Schön (2003): 236f.

[680] Vgl. Heyse/Erpenbeck (2004): 243.

[681] Vgl. für viele Schierenbeck (2000): 87.

[682] Vgl. Schierenbeck (2000): 91.

Demgegenüber – fasst man unter Entscheidung lediglich den Auswahlakt – steht der in der Literatur weiter gefasste Entscheidungsbegriff, der Planungsmerkmale und organisatorische Tatbestände einbezieht.[683]

Auf die Entscheidung folgt die Durchsetzung der ausgewählten und beschlossenen Maßnahmen. Typischerweise treten in dieser Durchsetzungsphase immer dann Probleme auf, wenn

1. die Realisationsphase von der Entscheidungsphase aufgabenmäßig oder organisatorisch getrennt ist und/oder

2. bei bereichsübergreifenden Entscheidungen Interdependenzen zu beachten sind, aber die Entscheidungsträger unterschiedlichen Bereichen zugeordnet sind und/oder

3. die Entscheidungsträger nicht mit den unternehmensexternen Personen und Institutionen (z.B. Banken) übereinstimmen, die das angestrebte Ziel als von den Entscheidungen ‚Betroffene' beeinflussen können.[684]

Die Durchsetzung der eigentlichen Entscheidung erfolgt mit Hilfe von Anordnungen und Vorgaben, Verhandlungen, Stellenbildung oder -besetzung, Information oder Instruktion sowie Motivation. Vor allem während der Durchsetzungsphase sind sozial-kommunikative Fähigkeiten gefordert, von denen wesentlich abhängt, inwieweit die getroffenen Entscheidungen von den betroffenen Mitarbeitern mitgetragen werden. Deshalb kann die Entscheidungskompetenz und -umsetzung auch als eine Sozialkompetenz im weiteren Sinne aufgefasst werden, die sowohl im Entscheidungsprozess wie auch in der Entscheidungsphase und der sich anschließenden Umsetzung ein sozial-kommunikatives Handeln erfordert.

3.2.2 Entscheidungskompetenz und -umsetzung – eine Definition

Die normative Entscheidungstheorie basiert auf der Entscheidungslogik und den von dieser aufgestellten Regeln. Eine Vielzahl entscheidungsanalytischer Verfahren steht zur Verfügung, Handlungsoptionen zu generieren und zu evaluieren. Darüber hinaus sind entscheidungsanalytische Verfahren in der Lage, die Optionen herauszuarbeiten, die eine logische Konsistenz mit dem angestrebten Ziel herbeiführen.[685]

---

[683] Siehe hierzu Schierenbeck (2000): 91.

[684] Vgl. Schierenbeck (2000): 92.

[685] Vgl. Jungermann (2000): 247. Siehe hierzu auch unter dem Blickwinkel der Betriebswirtschaftslehre Eisenführ/Weber (2003) oder auch allgemein Wöhe (2000): 150f.

Die deskriptive Variante der Entscheidungsforschung versucht faktische Entscheidungen zu erklären. Sie beschäftigt sich mit dem tatsächlichen Verhalten der Entscheider in der Praxis[686] und betrachtet dabei sowohl die kognitiven Prozesse, die menschlichen Entscheidungen zugrunde liegen, als auch die Kontingenz menschlichen Verhaltens und dessen Einfluss auf die Bewältigung von Managementaufgaben.

Bestimmend für die Entscheidungskompetenz ist die eigentliche Entscheidungssituation, in der die Person im Allgemeinen

> „mit (mindestens zwei) Handlungsmöglichkeiten konfrontiert [wird], die jeweils zu bestimmten Konsequenzen führen können; diese sind mehr oder weniger erwünscht und – im allgemeinen – mehr oder weniger wahrscheinlich"[687].

Die eigentliche Entscheidung zwischen den Handlungsalternativen erfolgt aufgrund der Präferenz und der Wahrscheinlichkeit der mit der Entscheidung verbundenen Konsequenzen. Mit dem Begriff ‚Entscheidung' wird hier ein

> „mehr oder weniger überlegtes, konfliktbewusstes, abwägendes und zielorientiertes Handeln"[688]

gemeint. Die Optionen können hierbei Objekte (z.B. Computer) oder Handlungen (z.B. Anweisung an eine Person) sein. Ausgedrückt werden sie in Form einer Feststellung oder durch Verhalten.

Entscheidungen werden im Folgenden nicht als punktuelles Ereignis aufgefasst, sondern – in Anlehnung an den Managementprozess – als Prozess der Verarbeitung von Informationen.[689] Es wird davon ausgegangen, dass Entscheidungsbewusstsein vorhanden ist, d.h. die handelnde Person weiß, dass sie sich in einer Entscheidungssituation befindet und bewusst eine der möglichen Entscheidungsalternativen zu wählen hat.[690] Der Informationsverarbeitungsprozess wird allerdings durch die individuelle Kapazität limitiert.[691] Daher ist im Allgemeinen eine umfassende und systematische Analyse der entscheidungsrelevanten Daten nicht möglich.

Wie kommt man eigentlich zu Wissen oder Urteilen über die Unsicherheit, die mit den möglichen Entscheidungskonsequenzen verbunden ist? Diese Frage ist aus didaktischer und lerntheoretischer Sicht zentral, will

---

[686] Vgl. Wöhe (2000): 150f.

[687] Jungermann (2000): 248.

[688] Jungermann/Pfister/Fischer (2005): 3. Siehe auch den Forschungsüberblick von Hastie (2001) zum Thema 'Problems for judgement and decision making'.

[689] Siehe hierzu auch Wöhe (2000): 134f.

[690] Vgl. Jungermann/Pfister/Fischer (2005): 3.

[691] Vgl. Zimbardo/Gerrig (2004): 384.

man Entscheidungskompetenz, also die Fähigkeit und Fertigkeit, Entscheidungen aufgrund der vorliegenden Informationen vorzubereiten und später auch umzusetzen, schulen.

Einen Ansatzpunkt bietet die kognitionspsychologische Forschung an, die den Prozess der Informationsverarbeitung theoretisch differenziert und empirisch getestet hat. Demnach werden die Informationen aus der Umgebung aufgenommen oder auch im Gedächtnis abgerufen, sodann entsprechend der Struktur und Funktion der individuellen kognitiven Grundausstattung verarbeitet. Entscheiden ist folglich eine spezifische kognitive Funktion i.S. eines zielgerichteten und nach Regeln operierenden Prozesses. Charakteristisch für die Entscheidungsfunktion ist die Option des Vergleichens und Beurteilens und anschließenden Wählens, die sich von anderen Funktionen (wie z.B. Sprechen und Denken) abhebt.[692]

Wissen und Motivation bilden die Grundlage einer jeden Entscheidung. Der Handelnde kann eine Entscheidungssituation nur aufgrund seiner Erfahrungen und seiner Kenntnisse über die mögliche Handlungskonsequenzen analysieren und erfassen. Hierzu muss er sein eigenes Wissen aktivieren und ohne die Motivation, die Lösung auch selbst nach seinen eigenen Vorstellungen herbeiführen wollen, werden die in der Entscheidungssituation vorliegenden Wahlmöglichkeiten nicht wahrgenommen. Beide Bereiche, Wissen und Motivation, sind bisher nur selten direkt thematisiert worden.[693]

Die in der analytischen Darstellung des Entscheidungsprozesses vorgenommene Phaseneinteilung bietet aus didaktischer und lerntheoretischer Perspektive die Anknüpfungspunkte, wie Entscheidungsprozesse geschult und reflektiert werden können. Es geht hier nicht darum, bestimmte Entscheidungsregeln vorzustellen, sondern didaktische Zugänge zu eruieren, die Möglichkeiten eröffnen, innerhalb eines Personalentwicklungsprozesses verschiedene Entscheidungsverfahren einzuüben und zu trainieren. Die Reflexion des eigenen Handelns, aber auch das Experten-Novizen Problem der Psychologie könnten didaktische Handlungsmöglichkeiten eröffnen.

---

[692] Vgl. Jungermann/Pfister/Fischer (2005): 7.

[693] Auch der Einflusses von Emotionen auf die Entscheidungsfindung wurde bisher in der Forschung nahezu nicht thematisiert. Vgl. Jungermann/Pfister/Fischer (2005): 8.

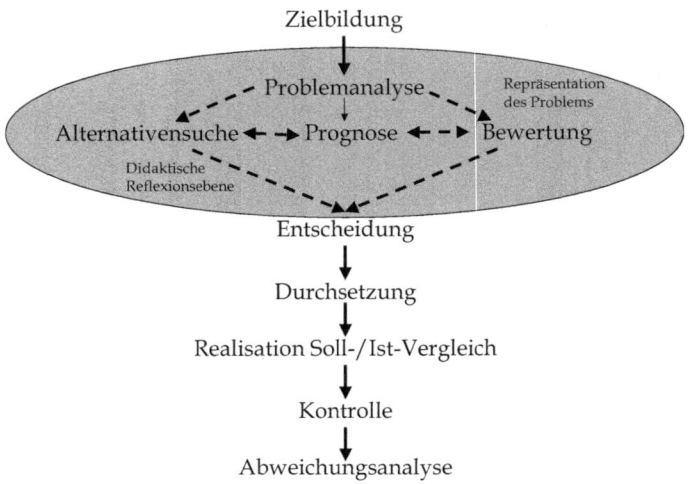

Abb. 19: Phasenmodell des Entscheidungsprozesses

Der eigentliche Prozessablauf erfolgt situations- und problemabhängig in der Phasenabfolge: ‚Repräsentation des Problems oder der Entscheidungssituation', ‚Beurteilung der Werte und Abschätzung der Wahrscheinlichkeiten der Handlungskonsequenzen', ‚Auswahl einer Handlungsoption' sowie schließlich ‚Realisierung dieser Wahl'.[694] Dieses, von Jungermann aus psychologischer Sicht aufgestellte Phasenschema entspricht dem Prozessschema der Planung mit den Phasen der Zielbildung, Problemanalyse, Alternativensuche, Prognose und Bewertung. Allerdings unterscheiden sich beide Ansätze in ihrer Betrachtungsweise der Entscheidungssituation. Der psychologische Ansatz betont die personelle Komponente des Planungs- und Entscheidungsprozesses, wohingegen der Managementprozess eher die Strukturdimensionen von Management sichtbar machen möchte. In diesem Fall geht es um die zielorientierte Koordination von Menschen, Aufgaben und Sachmitteln. Beide Sichtweisen sollen in der folgenden Einzelerörterung integriert betrachtet werden, da im eigentlichen Entscheidungsprozess auch beide Betrachtungsweisen zusammenfließen.

3.2.2.1 Repräsentation des Problems

Entscheidungen erfolgen unter Rückgriff auf individuelle Erfahrungen mehr oder weniger explizit und bewusst. Ziele und mögliche Handlungsoptionen wie auch Handlungsfolgen werden explorativ von der

---

[694] Vgl. Jungermann (2000): 249.

gegebenen Situation aus für die Zukunft abgeschätzt. Diese Phase wird mit der mentalen Repräsentation der eigentlichen Entscheidungssituation, ihrer wesentlichen Komponenten und Konsequenzen abgeschlossen. Allerdings ist eine solche ‚gut definierte' Entscheidungssituation eher untypisch für Managementprobleme. Managemententscheidungen sind i.d.R. nicht standardisierte oder routinisierte Prozeduren, sondern erfordern eine aktive und zielbewusste Auseinandersetzung mit der Entscheidungssituation. Man spricht auch von ‚schlecht definierten' Entscheidungssituationen, d.h.

> „Handlungen, Ereignisse und Konsequenzen müssen erst einmal generiert und strukturiert werden"[695].

Folglich entscheidet der Schritt der Repräsentation über die Qualität der weiteren Prozessstufen. Dies spiegelt sich in der aktuellen Forschungslage über den Abruf bzw. die Suche nach relevanten Informationen und die Bedeutung von Situations- und Problemschemata oder der Verknüpfung von Werte- und Tatsachenwissen wider.[696] Abseits dieser psychologischen Sicht formulierte Wild[697] ein Zielsystem, das formal an den Prozess zur Entwicklung von Zielen heranführt. Die Repräsentation des Problems erfolgt hier über Zielsuche, Operationalisierung der Ziele und Zielanalyse sowie -ordnung. Weitere Schritte sind Prüfung und Realisierbarkeit und Zielentscheidung.

Hier zeigt sich eine enge Verbindung zwischen der Problemrepräsentation und dem Problemlösen. Der kognitive Aufwand für die Bearbeitung des Entscheidungsproblems hängt ähnlich dem Problemlösen von der Repräsentation der entscheidungsrelevanten Informationen ab.

> „Zwischen weitgehend automatisierten und mühelos ablaufenden Entscheidungen einerseits und ausführliche Informationssuche und -verarbeitung erfordernden Entscheidungen andererseits gibt es ein Kontinuum der kognitiven Anstrengung in der Art und dem Umfang der Nutzung kognitiver Ressourcen."[698]

Die Dimension des kognitiven Aufwandes spiegelt sich im Ausmaß an Reflexion, der Bewusstheit der Entscheidung und der hierbei benötigten Unterstützung wider. Dabei werden vier Ebenen unterschieden[699]:

1. Bei *routinisierten Entscheidungen* sind die Optionen stets gleich. Es geht hier um automatisierte Prozesse, die nur einen geringen kognitiven Aufwand benötigen.

---

[695] Jungermann (2000): 249.

[696] Vgl. Jungermann (2000): 249.

[697] Vgl. Wild (1982): 57ff.

[698] Jungermann/Pfister/Fischer (2005): 31.

[699] Vgl. Jungermann/Pfister/Fischer (2005): 31–38.

2. *Stereotype Entscheidungen* werden nicht durch die Gesamtsituation, sondern durch die Art der möglichen Entscheidungsoptionen sowie durch einen geringen Bewertungsprozess bestimmt. Der erhöhte kognitive Aufwand führt zu einer bewusster empfundenen Entscheidung („Was will ich im Restaurant essen?'). Die Entscheidung erfolgt jedoch stereotyp, also musterhaft nach bereits erlernten Bewertungsschemata.

3. *Reflektierte Entscheidungen* zeichnen sich dadurch aus, dass die handelnde Person nicht auf habituell und stereotyp abrufbare Präferenzen zurückgreifen kann. Die eigenen Präferenzen stehen im Zentrum des Abwägensprozesses und die Merkmalsausprägungen werden in Hinblick auf ihre Wünschbarkeit bewerten.

4. *Konstruktive Entscheidungen* charakterisieren, dass die Optionen nicht vorgegeben oder nicht hinreichend spezifiziert sind. Darüber hinaus sind die persönlichen Werte, die maßgeblich reflektierte Entscheidungen bestimmt haben, unklar oder müssen erst noch aufgebaut werden. Zusätzlich bestimmt die Suche nach Informationen diesen auf kognitiver Ebene am höchsten einzustufenden Entscheidungstyp. Die Suche nach Informationen richtet sich hierbei nach dem bereits beschriebenen Problemlöseprozess.

3.2.2.2 Beurteilung des Wertes von Handlungsoptionen

Die Beurteilung der Handlungsoptionen erfolgt auf der Basis der Handlungskonsequenzen unter Berücksichtigung individueller Präferenzen.[700] Bei der Alternativensuche müssen Handlungsmöglichkeiten gesucht und konkretisiert werden, die geeignet erscheinen die Entscheidungssituation zu lösen. Die möglichen Ergebnisse werden im Rahmen eines Reflexionsprozesses beurteilt.

Präferenzen für die eine oder andere Handlungsmöglichkeit bilden dabei eine relative Bewertung („ziehe Aktion X Y vor') ab, wohingegen der Nutzen absolut gemessen wird („finde X gut'). Nutzen und Präferenz lassen sich bei Managemententscheidungen nicht immer bewusst und explizit herausarbeiten. Dies liegt u.a. auch an den unterschiedlichen Entscheidungstypen. Für die Beurteilung des Wertes der Handlungsal-

---

[700] Zu den Themen ‚Nutzenfunktionen' und ‚Präferenzen' siehe die Arbeiten von Kahneman und Tversky, die viele Experimente zum Thema Nutzen und Präferenzen durchgeführt haben und so die mikroökonomische Theorie erweitern konnten. Siehe bspw. Kahneman/Tversky (1979), (1982); Kahneman (1994) und Tversky/Kahneman (1971), (1986) und (1991).

ternativen existieren vielfältige Vorschläge, auf die an dieser Stelle nur verwiesen sei.[701]

Aus eignungsdiagnostischer Sicht werden in diesem Schritt einige kognitive Aktivitäten verdeutlicht, die als Eignungsprädiktoren eingesetzt werden können. Dazu zählen u.a. die Nutzenbeurteilung in unterschiedlich gestalteten Entscheidungssituationen sowie die Wahl von Strategien bei multidimensionalen Problemen.[702] Beide Prädiktoren können als Gestaltungsempfehlung für eine Trainee-Lernumgebung aufgefasst werden.

3.2.2.3 Abschätzung der Wahrscheinlichkeiten und Beurteilung der Konsequenzen der Handlungsoptionen

Sind die Konsequenzen unsicher, so muss die handelnde Person die Wahrscheinlichkeiten ihrer Wahl abschätzen. Hierbei greift sie i.d.R. auf Konzepte der probabilistischen Wahrnehmung, der statistischen Kalkulation sowie der subjektiven Wahrscheinlichkeiten zurück, deren Quellen sehr heterogen sein können.[703]

Fehlen bspw. Managern die notwendigen statistischen Daten zur Ableitung einer sicheren und informativen Prognose[704], so greifen sie häufig auf „kognitive Daumenregeln"[705], sog. Heuristiken, zurück, deren Zutreffen im allgemeinen angemessen ist, aber auch zu Fehlurteilen führen kann.[706]

3.2.2.4 Wahl einer Handlungsoption und Realisierung der Wahl

Die Wahl der Handlungsoption basiert i.d.R. auf wahrscheinlichkeitsgewichteten Aussagen über die Konsequenzen der zuvor geprüften Handlungsalternativen. Diese werden in dieser Phase auf ihre Zielwirksamkeit hin verglichen. Dabei sind eine Wertsynthese, Abstimmung mit den Zielen und Instrumenten anderer Unternehmensbereiche sowie eine

---

[701] Vgl. aus psychologischer Sicht Jungermann/Pfister/Fischer (2005): 47–101 und aus dem Blickwinkel der Betriebswirtschaftslehre exemplarisch Eisenführ/Weber (2003).

[702] Vgl. Jungermann (2000): 250.

[703] Vgl. Jungermann/Pfister/Fischer (2005): 141–199.

[704] Es soll nur auf den faktisch nicht auflösbaren Widerspruch hingewiesen werden, der zwischen den hohen Anforderungen an die Qualität der Prognose und den immer beschränkten Möglichkeiten besteht. Vgl. Schierenbeck (2000): 89.

[705] Vgl. Jungermann (2000): 251.

[706] Zu den Gründen für mögliche Fehlurteile siehe Hammond/Keeney/Raiffa (1999) und Betsch/Haberstroh et al. (2004).

Risikoanalyse vorzunehmen.[707] Die Entscheidung i.e.S. schließt die Planung als systematisch-methodischen Prozess der Erkenntnisgewinnung und der Lösung von Zukunftsproblemen ab.

Die Umsetzung der Wahl ist nicht selbstverständlich, wenn im Zeitraum zwischen dem Zeitpunkt der Entscheidung und der Handlung stabilisierende oder destabilisierende Faktoren auftreten. Ursachen solcher Nicht-Handlungen sind nach Jungermann unzureichende Antizipation der Attraktivität oder Unattraktivität der Handlungskonsequenzen, aber auch die Trägheit im Moment der Entscheidung.[708]

3.2.3 Präzisierung der Entscheidungskompetenz

Wiederum sollen die beschriebenen Anforderungen in den Bereichen ‚Wissen', ‚Einstellungen' und ‚Fertigkeiten' unter Lerngesichtspunkten zusammengefasst werden.

Entscheidungskompetenz in der Handlungsdimension **Wissen**: Die Trainees

- verfügen über domänenspezifisches Wissen,
- kennen die Abläufe von Managementprozessen und Entscheidungsprozessen,
- kennen die vier Entscheidungstypen,
- sind sich bewusst, dass individuelle Präferenzen die Entscheidungen beeinflussen.

Entscheidungskompetenz in der Handlungsdimension **Einstellungen**: Die Trainees

- wollen in Entscheidungssituationen auch Entscheidungen treffen,
- setzen sich aktiv und zielbewusst mit der Entscheidungssituation auseinander,
- nehmen sich des Zieles an,
- reflektieren den Entscheidungsprozess sowie die individuellen Präferenzen und deren Einfluss auf die getroffene Entscheidung.

Entscheidungskompetenz in der Handlungsdimension **Fertigkeiten**: Die Trainees

- suchen sich Informationen und strukturieren diese,
- beurteilen Handlungsalternativen und arbeiten mögliche Handlungskonsequenzen heraus,

---

[707] Vgl. Schierenbeck (2000): 89ff.

[708] Vgl. Jungermann (2000): 252 und Jungermann/Pfister/Fischer (2005): 261–303.

- sind in der Lage die Konsequenzen der Entscheidungen abzuschätzen. Dazu zählt auch der Umgang mit so genannten ‚Daumenregeln', Statistiken und Heuristiken.
- können die Zielwirksamkeit der Entscheidung abschätzen,
- setzen die getroffene Entscheidung mit Hilfe sozial-kommunikativer und administrativer Mittel um.

3.2.4 Lernen von Entscheidungskompetenz

„Der Entscheidungsprozess ist in seinem Verlauf und Ergebnis von den Charakteristika des Entscheidungsproblems, der Entscheidungssituation und des Entscheidungssubjekts abhängig. Wichtig ist vor allem, dass (1) nicht immer alle Phasen nötig bzw. möglich sind, (2) fast jeder Entscheidungsprozess zahlreiche Schleifen enthält und (3) die einzelnen Phasen nicht immer bewusst, systematisch und rational bearbeitet werden"[709]

Aus lernpsychologischer und didaktischer Perspektive erfolgt der Trainingszugriff bei dieser Thematik über zwei parallel ablaufende Ansätze. Der erste Ansatz versucht, ähnlich dem Problemlösen, die spezifische Handlungskompetenz (Entscheiden) systematisch und informatorisch zu fundieren und zu schulen. Dieser Prozess der informatorischen Fundierung wurde bereits im Problemlösungsprozess ausführlich dargestellt.

Der zweite Ansatz versucht den ‚Erfahrungsschatz an Entscheidungssituationen', über den ein Manager verfügt und der die Qualität der zu treffenden Entscheidungen nicht unerheblich determiniert, aus lernpsychologischer Sicht aufzubauen.[710] Damit geht ein Sensibilisieren der heranwachsenden Entscheider für bestimmte Entscheidungssituationen einher. Diskutiert wird dieser Ansatz unter dem Stichwort ‚Experten-Novizen-Problem', das aus Lehrsicht im Cognitive Apprenticeship Ansatz aufgegriffen wird.[711]

Experten zeichnen sich durch ein reichhaltiges deklaratives und prozedurales Wissen über meist verschiedene Inhaltsbereiche aus. Sie sind in der Lage, dieses Wissen zu organisieren und zwischen ihren Wissensbereichen Beziehungen herzustellen. Sternberg hat in seinen Fähigkeitsstudien festgestellt, dass Experten mehr Zeit darauf verwenden, Aufgabenstellungen zu analysieren und zu repräsentieren als nach möglichen Lösungsstrategien zu suchen oder anzuwenden.[712] Während des Repräsentationsprozesses versuchen die Experten Ähnlichkeiten mit bereits

---

[709] Jungermann (2000): 252.

[710] Vgl. Schön (2003): 18 und die Studie von Aarts/Verplanken/Knippenberg (1998).

[711] Vgl. hierzu Seel (2003): 228–235 und Abschnitt E, Kapitel 1.1.5.

[712] Vgl. Schön (2003): 18.

bearbeiteten Aufgabenstellungen herauszufinden, um später das Problem auf der Grundlage bereits behandelter Strukturen lösen zu können.[713]

Bei diesen Strukturen handelt es sich um prozedurales Handlungswissen, Wissen über effektive Problemlösungen für bestimmte Aufgaben. Die Effektivität beruht auf einem hohen Automatisierungsgrad bestimmter Schrittfolgen. Überdies sind erfahrene Manager meist besser als Nichtexperten in der Lage, bestimmte Schwierigkeiten, z.B. bei der Beurteilung der Entscheidung und bei der Abwägung der Konsequenzen, vorherzusagen. Dies resultiert u.a. aus der Beobachtung und Kontrolle eigener Strategien und Denkprozesse. Diese Eigenschaften der Selbstbeobachtung und Kontrolle fasst man u.a. unter die Fähigkeit des metakognitiven Denkens.[714]

Metakognitives Denken im oben beschriebenen Sinn lässt sich nicht durch Instruktion lernen. Metakognition setzt einen reflexiven Denk- und Lernprozess voraus, der extern oder intern verlaufen kann.

Externe Reflexion erfolgt durch außengesteuerte, angestoßene Prozesse. Ein Coach oder auch ein Fachvorgesetzter reflektiert zusammen mit dem Trainee den Entscheidungsprozess. Die verschiedenen Phasen werden im Rahmen eines Feedbackgespräches einzeln aufgegriffen, so dass die Beweggründe des Handelns eruiert und systematisch hinterfragt werden. Hierbei ist es wichtig, dass der Experte sein Wissen und seine Erfahrungen in das Feedbackgespräch einbringt und mit dem Trainee diskutiert, so dass der Aufbau des metakognitiven Wissens beim Trainee von einer außenstehenden Instanz kritisch und hinterfragend begleitet wird.[715]

Interne Reflexion geschieht durch Introspektion, die bspw. durch Selbstreflexionstechniken geschult werden kann. Simons (1993) sieht in der introspektiven Kontrolle eine Verbindung zwischen metakognitivem Wissen und metakognitiver Kontrolle. Diese äußert sich im Nachdenken des Entscheiders über seinen eigenen Entscheidungsprozess. Schön nennt diese Fähigkeit „reflection-in-action"[716].

> „Managers do reflect-in-action, but they seldom reflect on their reflection-in-action. Hence this crucially important dimension of their art tends to remain private and inaccessible to others. Moreover, because awareness of one's intuitive thinking usually grows out of practice in

---

[713] Vgl. Schön (2003): 131.

[714] Vgl. Seel (2003): 229.

[715] Vgl. auch die Ausführungen zur sozial-kognitiven Lerntheorie im Abschnitt B, Kapitel 3.3.1.

[716] Schön (2003): 130.

articulating it to others, managers often have little access to their own reflection-in-action."[717]

Dies führt im Nachgang zu Veränderungen bei der zukünftigen Informationsverarbeitung und zu metakognitiven Wissen über den Entscheidungsprozess.

> „Als Bindeglied zwischen Denken und Handeln stellt die Reflexion – als ein Betrachten der eigenen Gedanken und Handlungen bei der Bearbeitung kognitiver Aufgaben – weitreichende Informationen über die Effektivität bestimmter Lernstrategien bereit und schafft dadurch die Grundlage dafür, daß der Lernende allgemeines strategisches Wissen aus spezifischen Lernaktivitäten herleitet."[718]

Die von Simons in die Diskussion eingebrachte Reflexion ähnelt Schöns Konzept der ‚reflection-in-action'. Nach Simons wird das metakognitive Wissen über Aufgaben, die eigene Person und Strategien innerhalb des Steuerungsprozesses aufgebaut, der aus den zentralen Handlungskomponenten Planen, Beobachten und Kontrollieren besteht. Abwägens-, Kontroll- und Veränderungsprozesse dienen dem Aufbau der internen Reflexion. Dazu sind Aufgabenstellungen notwendig, die genau diese Prozesse fordern und fördern. Der Trainee muss ein Bewusstsein dessen aufbauen, was er gerade tut, welchen Stand er in der Abfolge der zu bearbeitenden Schritte aktuell innehat und welche Planungsschritte als nächstes zu erledigen sind. Diese Sichtweise basiert auf dem Grundmodell selbstregulierten Lernens, das von Zimmermann et. al.[719] aufgestellt wurde.[720]

---

[717] Schön (2003): 243.

[718] Seel (2003): 236.

[719] Vgl. Zimmermann/Bonner/Kovach (1996).

[720] Bereits Dewey (1933) regte die Beobachtung und Kontrolle der eigenen kognitiven Leistungen an. Nach ihm ist die Reflexion das „Gütezeichen intelligentem Verhaltens". Seel (2003): 236.

Abb. 20: Grundmodell selbstregulierten Lernens
(Seel (2003): 234).

3.3 Anforderungen aus der Lernerperspektive für die Gestaltung von sozial- und methodenkompetenzfördernden Lernumgebungen

Die didaktische Analyse der Ziele in den Bereichen ‚Sozial- und Methodenkompetenzen' hat, bezogen auf die Unterziele, verschiedene Lernschritte offenbart, die bei einer Gestaltung von Lernumgebungen zu aktivieren sind.

Euler schlägt für die Gestaltung einer sozialkompetenz- und methodenkompetenzfördernden Lernumgebung ein Vorgehen vor, das sich an einem ‚dramaturgischen Prinzip'[721] orientiert und das der Idee einer Entwicklung von der unbewussten Inkompetenz zur unbewussten Kompetenz folgt.

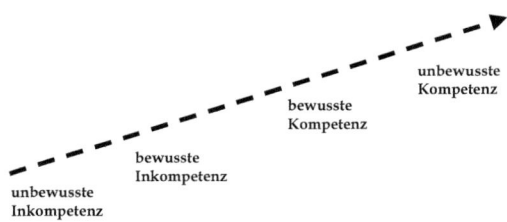

Abb. 21: Dramaturgisches Prinzip (Euler (2004): 55).

Ausgehend vom Zustand der unbewussten Inkompetenz werden in einem ersten Schritt dem Trainee seine eigenen Schwächen bewusst ge-

---

[721] Vgl. Euler (2004): 55.

macht. Dadurch verlässt er die für ihn bisher charakteristische Situation der Unwissenheit. Bestehende Unzulänglichkeiten fallen ihm erstmals auf. Auf der Basis dieses Bewusstseins kann in der nächsten Entwicklungsstufe eine Situation der bewussten Kompetenz aufgebaut werden. In dieser Phase wird auf ein angemessenes Verhalten geachtet. Ziel der Entwicklung ist die Phase der unbewussten Kompetenz, da hier die Kompetenzanforderungen unbewusst richtig bewältig werden. Die Handlungsabfolgen liegen bei Erreichen dieser Stufe als Routinen vor.

Diese, von Euler formulierte Sichtweise impliziert ein Prozessdenken. Das Lernen von Sozial- und Methodenkompetenzen kann demnach nicht als ein Ereignis (z.B. einmaliges Seminar oder einfacher Arbeitsplatzwechsel) aufgefasst, sondern muss als (unter Umständen) längerer Prozess betrachtet werden. Der Kompetenzaufbau erfolgt innerhalb dieses Prozesses schrittweise[722], auch aufgrund der engen Verknüpfung von Reflexion und Aktion. Eulers ‚dramaturgisches Prinzip' orientiert sich hierbei an den Experten-Novizen Entwicklungskonzepten der Psychologie.[723]

Rauner greift eines dieser Experten-Novizen-Konzepte auf, indem er das Modell der fünf Entwicklungsstufen von Dreyfus/Dreyfus[724] mit Lernbereichen zur Kompetenzentwicklung kombiniert. Dadurch gelingt es ihm, die Lehrinhalte zu strukturieren und das Verständnis für Lehr-Lernprozesse zu systematisieren.[725]

---

[722] Zur Frage der Kontinuität und Diskontinuität bei Kompetenzentwicklungsprozessen siehe Minnameier (2003): 5ff.

[723] Vgl. Schön (2003); Simons (1993); Zimmermann (1986).

[724] Vgl. Dreyfus/Dreyfus (1987).

[725] Vgl. Rauner (2002): 117.

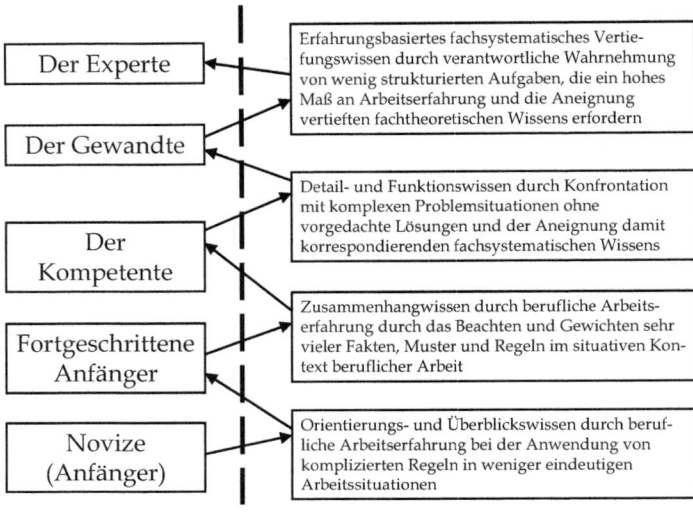

Abb. 22: Vier Lernbereiche vom Anfänger zum Experten
(Rauner (2002): 117).

Die Lernbereiche werfen dabei Fragen

> „nach den für jede Entwicklungsstufe charakteristischen Merkmalen der Handlungssituation und den für diese Situationen entsprechenden Fähigkeiten und Handlungen bzw. Handlungsspielräumen"[726]

auf und beschreiben so den Übergang von einer Entwicklungsstufe zur nächst höheren.

Die nachfolgende Übersicht (Abb. 23) von Rauner versucht diese Fragen zu beantworten, indem sie, bezogen auf die aktuelle Situation des Lernenden, die benötigten Fähigkeiten und typischen Handlungsabläufe thematisiert und Lernchancen beschreibt.

Bei diesem, von Rauner gewählten Ansatz handelt es sich um ein entwicklungslogisch aufgebautes Curriculum auf subjekttheoretischer Basis. Allerdings, so räumt er selbst ein, kann eine konkrete Entwicklung letzten Endes nicht curricular abgebildet werden. Ein entsprechendes Curriculum ist nur in der Lage mit seiner innewohnenden potenziellen Logik diese Entwicklung anzuregen und zu fördern.

---

[726] Rauner (2002): 117.

				Situationen	Fähigkeiten	Handlungen
Intuition und besonnene Rationalität	Experte	V	KNOW HOW	Ganzheitliche bzw. komplexe Problemsituation wird im Kontext erlebt – der Experte befindet sich *in* der Situation	Können als „Teil der Person", die in der Situation weiß, was zu tun ist – ohne sich dessen bewusst zu sein; intuitives Erkennen von Ähnlichkeiten der Problemsituation	Engagiertes, distanzloses Lösen von Problemen, geübtes, intuitives Handeln in der Situation, teilnehmendes, erfahrungsgestütztes Können, geübt-intuitive Aktivität
	Gewandter Professioneller	IV		Lernchancen durch	*Übertragen verantwortlicher Aufgaben jenseits der Grenzen des zweckrationalen Handelns in wenig strukturierten Aufgabenfeldern*	
				Engagierte Erfassung der Aufgabe unter aktuellem Blickwinkel, eingebunden in eine sinnlich wahrgenommene Gesamtsituation	Erinnerung löst Pläne und Hypothesen aus. Fähigkeit, intuitiv auf komplexe Muster zurückzugreifen, holistisches Erkennen von Ähnlichkeiten; müheloses Verstehen	Rationale, reflektierte Kombination von intuitivem, engagiertem Handeln und analysierender Reflexion von Erfahrenem und dem darauf beruhenden Handeln
Bewusster Gebrauch kalkulierender Rationalität	Kompetenter Akteur	III	KNOW THAT	Lernchancen durch	*Konfrontation mit komplexen Handlungs- und Problemsituationen ohne vorgedachte Lösungen, nur über erfahrungsgestützte Fähigkeiten lösbar*	
				Kombination aus objektiver Notwendigkeit und Subjektivität; Strukturierung der Problemlösebedingungen nach ausgewählten Zielen	Das Wesentliche der Situation und Faktorenkonstellation erkennen und interpretieren; schlussfolgern, Hypothesen formulieren; reflektiertes Verstehen und Entscheiden	Hierarchisch-sequentiell geordnetes Handeln nach gewähltem Plan; Situationen organisieren nach der relativ kleinen Menge relevanter Fakten (Auswahl der relevanten Fakten); subjektive Verbindlichkeit der Handlung
	Fortgeschrittener Anfänger	II		Lernchancen durch	*Konfrontation mit Situationen, in denen sehr viele Fakten, Muster und Regeln zu beachten und in ihrem situativen Kontext zu gewichten sind*	
				Wirkliche Situation, gekennzeichnet durch viele kontextfreie Fakten und Regeln	Verstehen, wie Fakten und Muster zusammenwirken in ihrer Funktion bzw. Bedeutung für Handlungen; Fakten situativ interpretieren und gewichten	Handeln nach kontextfreien und situativen Elementen unter Einbeziehung praktischer Erfahrung
	Neuling (Anfänger)	I		Lernchancen durch	*Erfahrungsmöglichkeiten in „wirklichen" Situationen und bei der Anwendung von „komplizierten" Regeln und weniger eindeutigen Tatbeständen*	
				Objektive, klare, kontextfreie, unabhängige Tatbestände	Unterschiedliche Fakten, Muster und eindeutige Zuordnungsregeln zwischen Fakten und Handlungen erkennen und anwenden	Handeln nach kontextfreien Regeln: „Informationsverarbeitung"

Abb. 23: Stufen und Bedingungen auf dem Weg vom Anfänger zum Experten
(Rauner (2002): 116).

Die besten Förderungsergebnisse erhält man, wenn der Trainee gestufte problemhaltige Aufgaben (siehe Abb. 23 ‚Lernchancen durch...') zu bewältigen hat, die Erfahrungslernen zulassen. Das angestrebte Reflektieren erfolgt über die erlebte Situation bzw. im Vorfeld vor der eigenen

Erprobung. Sozialkompetenz- oder methodenkompetenzfördernde Lernumgebungen sind dementsprechend so zu gestalten, dass Reflexionsanlässe geschaffen werden und erwünschtes Verhalten vorgelebt wird.[727]

4. Überlegungen zur Struktur der Lernziele im Bereich der Fachkompetenzen

4.1 Diskussion der Fachkompetenzen

Fachkompetenz ist neben der Sozial- und Methodenkompetenz ein Element der übergreifenden beruflichen Handlungskompetenz. Sie

> „bezeichnet die Bereitschaft und Fähigkeit, auf der Grundlage fachlichen Wissens und Könnens Aufgaben und Probleme zielorientiert, sachgerecht, methodengeleitet und selbstständig zu lösen und das Ergebnis zu beurteilen."[728]

Fachkompetenz beinhaltet sowohl allgemeine fachliche Kenntnissen, Fähigkeiten und Fertigkeiten als auch bereichsspezifisches Wissen, das es ermöglicht, innerhalb des Aufgabengebietes zu handeln.[729] Aus Unternehmenssicht schließt Fachkompetenz den Umgang mit den entsprechenden Hilfsmitteln wie auch den zielgerichteten Umgang mit dem Fachwissen ein.[730]

In der von Thom et al. vorgenommenen Gliederung fasst der Oberbegriff ‚Fachkompetenz' allgemeine, branchenspezifische und unternehmensspezifische Wissensinhalte zusammen. Nachdem die Trainees an der Universität bzw. Fachhochschule durch ihr Studium die fachwissenschaftlichen Grundlagen gelegt haben, ist es ein Ziel der Trainee-Programme, dieses eher generelle und meist deklarative Wissen in den Unternehmenskontext einzugliedern, es anzuwenden und unternehmens- und branchenspezifisch zu erweitern. Dies zeigt auch die generelle Einschätzung zu Zielen und Aufgaben des Ausbildungsprogramms. Immerhin 82,6% der befragten Unternehmen führten die Erhöhung der fachlichen Qualifikation als Ziel an und bewerten es mit durchschnittlich 4,33 auf einer fünf-stufigen Skala von 1 = unwichtig bis 5 = sehr wichtig.[731]

---

[727] Vgl. hierzu Euler (2004: 55f), der diese Aufteilung für die sozial-kommunikative Kompetenzentwicklung vorgenommen hat. Ebenso Euler (1997): 297.

[728] Kultusministerkonferenz (2004): 4.

[729] Vgl. Schelten (2004): 172.

[730] Vgl. Antoni/Sommerlatte (1999).

[731] Vgl. Thom/Friedli/Kuonen (2002): 21.

Fachkompetenz	In %[732]	Bewertung[733]
Vermittlung von firmen- bzw. produktspezifischen Wissen (N = 103)	78,6	4,20
Kennenlernen von Arbeitstechniken der Praxis (N = 103)	76,7	4,04
Vermittlung von Managementwissen der Branche (Fachwissen) (N = 102)	51,5	3,49
Aufbau von IT-Kenntnissen (N = 103)	28,2	2,91
Fremdsprachenkenntnisse verbessern (N = 102)	16,5	2,25

Tab. 9: Übersicht über die zu erwerbenden Fachkompetenzen
(Thom/Friedli/Kuonen (2002): 23).

Aus der Tabelle geht hervor, dass die eher generellen Ziele wie der Aufbau von IT-Kenntnissen und Fremdsprachenkenntnisse heute nur noch einen geringen Stellenwert besitzen. Dies wird besonders deutlich, wenn man die Ergebnisse seit den ersten Studien im Zeitablauf betrachtet. Der Umgang mit Standardsoftware wird im Allgemeinen vorausgesetzt. Allerdings müssen im Bereich betriebsspezifischer Software (bspw. SAP/ R3 oder Datev-Produkte) zusätzliche Kenntnisse vermittelt werden. Allgemeine Fremdsprachenkenntnisse gehören ähnlich den IT-Kenntnissen zu den obligatorischen Einstellungskriterien. Bei der angestrebten Verbesserung der Sprachkompetenz handelt es sich um eine branchenspezifische Erweiterung der allgemeinen Sprachkompetenz der Trainees. Eng mit diesem Ziel ist die angestrebte Förderung der internationalen Einsetzbarkeit verknüpft.

Firmen- und produktspezifisches Wissen wie auch das Kennenlernen von Arbeitstechniken der Praxis gewinnen hingegen an Bedeutung. Die Kenntnisse, aber auch die Fähigkeiten und Fertigkeiten aus diesen beiden Bereichen sind an den Hochschulen kaum vermittelbar, so dass notwendiger Weise die Unternehmen ihren Mitarbeitern Lernangebote anbieten müssen. Gründe für den Bedeutungszuwachs lassen sich aufgrund der Datenlage nur intuitiv erschließen. So spielen im Bereich des firmen- und produktspezifischen Wissens sicherlich der ständig steigende Komplexitätsgrad der Produkte und die u.U. damit einhergehende Diversifizierung der Produktpalette eine wichtige Rolle. Darüber hinaus dürften die schwierigere Wettbewerbssituation und die mangelnde Markttransparenz sicherlich zur Erläuterung des Bedeutungsanstieges

---

[732] Die Prozentzahlen beziehen sich auf den Anteil Unternehmen, welche die folgenden Items mit wichtig oder sehr wichtig bewerteten.

[733] Die angewendete fünfstufige Skala lautet: 1 = unwichtig, 2 = weniger wichtig, 3 = eher wichtig, 4 = wichtig, 5 = sehr wichtig.

beitragen. Abseits dieser externen Faktoren fehlen den Trainees das nötige Wissen und der nötige Einblick in die Organisationsstruktur des Unternehmens sowie die dort vorzufindenden Prozessabläufe.

Handelt es sich bei der Vermittlung von produkt- und firmenspezifischem Wissen eher um deklarative und prozedurale Wissensbestandteile, so ist im Bereich der Arbeitstechniken vornehmlich prozedurales Wissen i.S. von implizitem Handlungswissen aufzubauen. Hierbei geht es um das Erlernen von Arbeitsabläufen und um den Aufbau von Arbeitsroutinen. Tätigkeitsstudien bei Führungskräften zeigen dabei, dass Manager nur selten lineare Abfolgen von Tätigkeit erledigen. Vielmehr dominieren

- *offene Zyklen*, d.h. die Tätigkeiten weisen keinen klaren Anfang und kein eindeutiges Ende auf. Problemlösungsprozesse stehen im Mittelpunkt.

- *zerstückelte Arbeitstage*, d.h. Manager müssen meist viele, im zeitlichen Umfang sehr geringe Einzelaktivitäten durchführen. Häufig bleibt nur die Reaktion auf Missstände.

- *verbale Kommunikationsformen*, d.h. 70-90% der Arbeitszeit erfolgt in kommunikativen Situationen.

- *komplexe Aufgaben* und *Ungewissheit* in Bezug auf die vorgeschlagenen Maßnahmen.[734]

Das angestrebte Ziel ‚Managementwissen vermitteln' steht im Branchenkontext. Wissen über den Markt, das Wettbewerbsumfeld, Produkte, aber auch über Fachvokabular, Kontakte und Gepflogenheiten können hierunter gefasst werden. Es handelt sich sowohl um deklarative als auch prozedurale Wissensbestandteile, wobei dem Erfahrungswissen ein besonderer Stellenwert zukommt.

4.2 Präzisierung von Fachkompetenz

Folgende Dimensionen werden durch die angestrebten Ziele angesprochen:

Fachkompetenz in der Handlungsdimension **Wissen**: Die Trainees

- verfügen über firmen- und produktspezifisches Wissen,
- kennen den Markt und die Kunden,
- besitzen Wissen über die Wettbewerber,
- verfügen über das notwendige Methodenwissen i.S. von Arbeitstechniken und Managementwissen der Branche,

---

[734] Vgl. Steinmann/Schreyögg (2005): 15.

- verfügen über IT-Kenntnisse, Fremdsprachenkenntnisse und fach-übergreifende Kenntnisse.

Fachkompetenz in der Handlungsdimension **Einstellung**: Die Trainees

- eignen sich die neuen Wissensbereiche an (Lernbereitschaft sowohl im Prozess der Arbeit als auch durch Weiterbildung),
- kommunizieren und tauschen sich mit Kollegen und Vorgesetzten aus,
- fordern aktiv Informationen ein,
- sind offen, sich unterstützen, u.U. korrigieren und belehren zu lassen,
- wollen selbstständig und eigenverantwortlich lernen.

Fachkompetenz in der Handlungsdimension **Fertigkeiten**: Die Trainees

- können Kontexte herstellen,
- sind in der Lage theoretisches Managementwissen im Unternehmensalltag anzuwenden,
- verfügen über sozial-kommunikative Fertigkeiten,
- verbinden Vorwissen mit neuen Wissensbestandteilen,
- bauen neue Wissensstrukturen auf und strukturieren Wissen,
- verfügen über Strategien und Techniken der Informationsbeschaffung,
- entwickeln Arbeits- und Organisationsmethoden und führen diese ein,
- tauschen sich mit Kollegen aus und hören diesen zu,
- kommunizieren in fremder Sprache,
- gehen mit neuen Medien sicher um,
- stellen eigenes Wissen in einen Anwendungskontext und können es in anderen Bereichen anwenden.

4.3 Anforderungen aus der Lernerperspektive an das Lernen von Fachkompetenzen

Bereits die Diskussion der lerntheoretischen Grundlagen zeigte, dass Vermittlung sich nicht auf den bloßen Transport des Wissens beschränkt, sondern vom Individuum Konstruktionsprozesse erfordert, die bestehendes Wissen mit neuen Wissensbestandteilen verbinden. Dadurch soll träges, nicht verknüpftes Wissen vermieden werden. Wissenserwerb umfasst in diesem Kontext sowohl den Aufbau neuer Wissensstrukturen als auch die Vertiefung, Präzisierung und Umstrukturierung bestehender Wissensstrukturen. Darüber hinaus ist Wissenserwerb gerade im beruflichen Kontext „auf die Anwendung und Umsetzung des Wissens am Arbeitsplatz gerichtet"[735]. Arbeitsplatznahe und anwendungsorientierte Lernformen gelten vor dem Hintergrund möglicher Transferverluste aus Sicht der Didaktik als denkbare Lösungsmöglichkeiten. Diese Sicht verdrängt auch zunehmend die gängige wissenschaftlich-systematische Präsentation des zu erwerbenden Wissens in der Fort- und Weiterbildung und führt zu veränderten Lehrformen, die sich bspw. in der kognitiven Lehre widerspiegeln.[736]

Fachkompetenz kann im Zuge einer systematischen Betrachtung in deklarative und prozedurale Wissensbestandteile aufgegliedert werden, da nach den angestrebten Lernzielen die Trainees sowohl domänenspezifisches Wissen als auch heuristische Fertigkeiten und Strategien erwerben sollen. Aus Sicht des Anwendungsbezugs ist aus wirtschaftsdidaktischer/berufspädagogischer Perspektive gegen ein learning-on-the-job nichts einzuwenden. Allerdings sind die Trainees bei ihrem Erwerb von firmen- und produktspezifischen Wissen wie auch von Managementwissen (Fachwissen) der Branche im Sinn einer adaptiven Lernumgebung[737] auf eine dosierte und gezielte Unterstützung und Hilfe von außen angewiesen.

> „Lernen wird zur Interaktion zwischen den konstruktivistischen Aktivitäten des Lernenden und der gestalteten und unterstützenden Lernumgebung [...]. Instruktionale Maßnahmen werden in adaptiven Lernumgebungen in dem Sinne individualisiert, als daß sie sich an den Stärken und Schwächen des einzelnen Lernenden orientieren und sich nach den aktuellen Erfordernissen der Lernsituation richten."[738]

Firmen- und produktspezifisches Wissen lässt sich bspw. mit Hilfe von Seminaren/Vorträgen oder Informationsbroschüren darstellen und transportieren. Allerdings bestimmt aus konstruktivistischer Sicht der Trainee, wie er die angebotenen Informationen aufnimmt und diese mit seinen bestehenden Kenntnissen verknüpft. In diesem Zusammenhang können Wissensmanagementsysteme in Unternehmen eine wichtige Informationsquelle darstellen. Stellen sie doch Daten- und Informationsbestandteile zur Verfügung, damit diese für den Unternehmenserfolg mobilisiert und nutzbar gemacht werden können. Daten bilden im Wissensmanagement die Ausgangsbasis für Wissen. Durch ein Zugänglich-Machen dieser meist nicht zielbezogenen und dementsprechend nicht strukturierten Datensammlung entstehen Informationen. Aus den Informationen wird Wissen, wenn sie

---

[735] Sonntag/Schaper (2006): 256.

[736] Vgl. Abschnitt E, Kapitel 1.1.5.

[737] Vgl. Abschnitt C, Kapitel 4.1.

[738] Reinmann-Rothmeier/Mandl (1998): 486.

„durch subjektive Einstellungen, Annahmen, Theorien und Schlussfolgerungen ergänzt werden"[739],

sie sich als anschlussfähig ans Vorwissen der Trainees erweisen. Solche Systeme erlauben ein selbstständiges und selbstorganisiertes Lernen der Trainees. Allerdings können Wissensmanagementsysteme nicht den Aufbau von Begriffen, Operationen und Handlungen sicherstellen. Einzig der der Handwerkerausbildung entlehnte Ansatz der kognitiven Lehre (Abschnitt E, Kapitel 1.1.5) ermöglicht einen gesicherten und effektiven Aufbau von domänenspezifischen Wissen, indem fachgebundenes Wissen veranschaulicht und unter den Bedingungen gelernt wird, unter denen es eingesetzt wird.

So ist auch der Aufbau von *Managementwissen* und das *Kennenlernen von Arbeitstechniken* der Praxis, abseits der Möglichkeit des Lernens am Modell, auf Unterstützung angewiesen. In Frage kommen zum einen Mentoren und Ausbilder, die als Ratgeber und Initiatoren von Reflexionsrunden die Arbeitstätigkeit begleiten und unterstützen. Zum anderen bieten Simulationen die Möglichkeit, Managementwissen bspw. in Form von Rollenspielen oder computergestützten Planspielen durch eigenes Handeln im Simulationsraum situativ und problemorientiert zu erfahren.

Branchenspezifisches Wissen über Zusammenhänge und Beziehungen ist Teil des Erfahrungsschatzes von Managern und somit nur schwer verbalisier- und darstellbar. Die Weitergabe der Management-Erfahrung kann bspw. mit Hilfe eines organisierten Coaching- oder Mentoring-Systems angeregt werden. Auch hier könnte der Ansatz der kognitiven Lehre den Prozess der Kompetenzentwicklung unterstützen.

Eigene Erfahrungen bedürfen darüber hinaus einer offenen Umgebung, die Erfahrungslernen ermöglicht und im Lernprozess auftretende Fehler respektiert und reflektieren hilft.

Das Lernziel ,*Verbesserung der Fremdsprachenkenntnisse'* wird in vielen Unternehmen mit dem Angebot von Sprachunterricht und in den Programmablauf implementierten Auslandsaufenthalten unterstützt.[740] Dabei kann die Sprachkompetenz, die zu einem wesentlichen Anteil auf einem aktiven Kommunikationsverhalten in der zu lernenden Sprache beruht, durch weitere kooperative Lernformen bzw. mit Hilfe von grenzüberschreitenden Projekten gefördert werden.

Zusammenfassend ergeben sich aus der Lernerperspektive folgende Anforderungen:

---

[739] Bühner (2001): 886.

[740] Vgl. Thom/Friedli/Kuonen (2002): 23.

1. Der Wissenserwerb im Bereich Fachkompetenz ist auf die *Bereitstellung von Informationen* angewiesen. Die Informationen sollten auf unterschiedlichen Wegen (Seminare, Broschüre, Datenbanken usw.) dargeboten werden, damit der individuell bevorzugte Zugang gewählt werden kann. Aber nicht nur verschriftliches Wissen fördert den Wissenserwerb. Die Trainees sind auf vielfältige Unterstützung durch Kollegen, Vorgesetzte, Coachs oder Mentoren angewiesen, durch die ihnen eher implizites erfahrungsgeleitetes Wissen vermittelt wird. Dazu ist es notwendig, dass sowohl Beobachtungssituationen ermöglicht und Beratungssituationen initiiert werden als auch der Informationsaustausch gewährleistet wird.

2. Die angebotenen Informationen müssen *anschlussfähig* sein, d.h. der Trainee muss die Chance haben, das dargebotene Wissen mit seinem Vorwissen verknüpfen zu können.

3. Für den Wissenserwerb, vor allem im Bereich von Fähigkeiten und Fertigkeiten, ist ein *Experimentierraum* notwendig, in dem Fehler toleriert und reflektiert werden.

4. Daran schließt sich gleichzeitig die *Notwendigkeit eines Heranführens an das angestrebte Ziel* an, d.h. im Zuge der Ausbildung muss die Unterstützung nachlassen, damit der Trainee eigenverantwortlich und selbstbestimmt Aufgaben übernimmt.

5. Überlegungen zur Struktur der Lernziele im Bereich der Integration und Identifikationsfähigkeit

Unter dem Stichwort ‚Integration und Identifikationsfähigkeit' fassen Thom et al.[741] die Lernziele zusammen, die das Wissen über das Unternehmen, seine Organisation, seine Kultur, seine Entscheidungs- und Sozialstrukturen intendieren. Parallel zu den kognitiven Aspekten der Lernziele sollen die Trainees in die betrieblichen Sozialstrukturen integriert und ihre internationale Einsetzbarkeit gefördert werden.

---

[741] Vgl. Thom/Friedli/Kuonen (2002): 23.

Integration und Identifikationsfähigkeit	In %[742]	Bewertung[743]
Kennenlernen der Firmenphilosophie/Unternehmenskultur (N = 102)	78,7	4,12
Kennenlernen der Organisations- und Entscheidungsstrukturen (N = 103)	74,8	4,01
Integration in die betrieblichen Sozialstrukturen (N = 101)	55,4	3,56
Förderung der internationalen Einsetzbarkeit der Mitarbeiter (N = 102)	22,3	2,41

Tab. 10: Lernziele aus dem Bereich Integration und Identifikationsfähigkeit
(Thom/Friedli/Kuonen (2002): 23).

Die in der Studie gewählten Oberbegriffe ‚Integration und Identifikation' stellen zentrale Aspekte der betrieblichen Personaleinführung dar. Dabei umfasst die Personaleinführung

> „zum einen den Qualifizierungsprozess für die neue Position („tätigkeitsbezogene Einführung") und zum anderen den Sozialisierungsprozess in der Organisation und Arbeitsgruppe („soziale Eingliederung", „Integration")"[744].

Synonym werden die Termini Integration, Induktionsprogramm, Personalentwicklung into-the-job oder Inplacement-Training verwendet.

Bei einer theoretischen Betrachtung des *betrieblichen Sozialisationsprozesses* lassen sich fünf Phasen herausarbeiten: (1) Vor-Eintrittsphase, (2) Vorbereitungs- und Entscheidungsphase, (3) Konfrontationsphase, (4) Einarbeitungsphase und parallel dazu (5) die Integrationsphase.[745] Unter der Annahme, dass bereits durch die Personalauswahl auf eine grundlegende Übereinstimmung individueller und organisationaler Werte und Normen geachtet wurde, soll diese Phase hier nicht weiter thematisiert werden. Bedeutsamer sind aus lerntheoretischer und motivationaler Sicht die sich anschließenden vier Phasen.

Sowohl auf Unternehmensseite wie auch auf Bewerberseite besteht aufgrund der vorhandenen Informationen in der *Vorbereitungs- und Entscheidungsphase* (z.B. Ausschreibungstext, Bewerbung) eine gewisse Erwartungshaltung. Überzogene Erwartungen und unvollständige Infor-

---

[742] Die Prozentzahlen beziehen sich auf den Anteil Unternehmen, welche die folgenden Items mit wichtig oder sehr wichtig bewerteten.

[743] Die angewendete fünfstufige Skala lautet: 1 = unwichtig, 2 = weniger wichtig, 3 = eher wichtig, 4 = wichtig, 5 = sehr wichtig.

[744] Berthel/Becker, F.G. (2003): 231.

[745] Vgl. Kieser/Nagel et al. (1985): 5ff und 46; Berthel/Becker, F.G. (2003): 234–238, ähnlich Neuberger (1994): 122ff.

mationen führen zu unzutreffenden Erwartungsbildern, unrealistischen Annahmen und in Folge dessen zu Desillusion während des Arbeitsalltages.[746] Besonders im Bereich der Trainee-Programmangebote scheinen die Vor-Information über Stellung und Tätigkeiten von Trainees und die späteren realen Tätigkeitsbereiche zu divergieren, da gerade diese Aspekte bei den Problemen von Trainee-Programmen immer wieder thematisiert werden.[747]

In der *Konfrontationsphase* findet der Eintritt in die Organisation statt. Der Trainee begegnet erstmals den neuen Kollegen und wird mit dem neuen Arbeitsplatz, den Aufgaben wie auch mit der Organisationskultur konfrontiert; dabei wirken Angst und Unsicherheit zu Beginn destabilisierend auf die eigene Persönlichkeit.[748] Den vielen, zu Beginn auftretenden Fragen wird häufig eine mehr oder weniger systematische ‚Informationsflut' entgegengesetzt.[749] Während dieser Phase treffen Erwartungen und Realität erstmals aufeinander. Je nach Ausprägung der Desillusionierung spricht man von einem „Realitätsschock"[750], bei dessen Eintritt die Einführung konkret gefährdet ist.

Die *Einarbeitungsphase* schließt sich der Konfrontationsphase unmittelbar an. Gerade in der Einführungsphase können Rollenunklarheit und Konflikte durch klare Anforderungen und Aufgaben vermieden werden. Es geht während dieses Abschnittes darum, den in der Auswahlphase formulierten ‚psychologischen Vertrag' zu konkretisieren und einzulösen.[751]

Während der *Integrationsphase* erfolgt die soziale Eingliederung in den Arbeitsbereich und in die Organisation. Vor allem die innere Bindung (‚Commitment') der Trainees an die Organisation wie auch die daraus entstehende Identifikation sind wichtige Ziele dieser Phase. Innere Bindung ist allerdings mehr als Loyalität, sie setzt eine aktive Beziehung zwischen Mitarbeiter und Unternehmen voraus. Der Trainee gewinnt einen wesentlichen Teil seiner eigenen Motivation dadurch, dass er seinen Beitrag im Unternehmen als einen Beitrag zur Erreichung der Unternehmensziele sieht und das Unternehmen dem Trainee das Gefühl vermittelt, sich um ihn zu kümmern.

---

[746] Vgl. Conradi (1983): 55.

[747] Vgl. für viele Arnold, A. (1999): 80 und Thom/Friedli/Kuonen (2002): 25.

[748] Vgl. Neuberger (1994): 124.

[749] Vgl. Arnold, A. (1999): 80.

[750] Kieser/Nagel et al. (1985): 70.

[751] Berthel/Becker, F.G. (2003): 237.

5.1 Unternehmenskultur und Organisationsstrukturen – eine Definition

Die beiden Ziele ‚Kennenlernen der Firmenphilosophie/Unternehmenskultur[752] und der Organisations- und Entscheidungsstrukturen' sollen an dieser Stelle zusammen betrachtet werden.

Wirtschaftssoziologisch gesehen, können Unternehmen als Miniaturgesellschaften betrachtet werden, die eine ihnen eigene unverwechselbare Kultur entwickelt haben. Kultur wird in diesen Fall verstanden als

„Muster von gemeinsamen Wert- und Normenvorstellungen [...], die über bestimmte Denk- und Verhaltensmuster Entscheidungen, Haltungen und Aktivitäten einer sozialen Gruppe beeinflussen"[753].

Unternehmenskultur ist somit ein „implizites Phänomen"[754], das sich nicht direkt beobachten lässt. Kulturunterschiede zwischen Unternehmen werden erst sichtbar, wenn man die Werte und Normen wie z.B. die Einstellung zum Kunden, zum Gewinn oder auch zum Produkt und die spezifischen Praktiken der Organisationsmitglieder – dazu gehören bspw. Rituale und Sprache – vergleicht. Dabei wird deutlich, dass die Werte und Praktiken das „integrative Fundament einer Organisation"[755] bilden und die gemeinsamen Ziele die Entwicklungsrichtung bestimmen.[756] Die Muster oder Handlungsweisen die unter dem Stichwort ‚Unternehmenskultur' diskutiert werden, sind das Ergebnis eines Lernprozesses der Unternehmung im Umgang mit internen und externen Problemen. Die Wege des Denkens und Problemlösens mutieren zu Orientierungsmustern, die

„zu mehr oder weniger selbstverständlichen Voraussetzungen des organisatorischen Handelns werden"[757].

Vermittelt wird die Unternehmenskultur innerhalb des Sozialisationsprozesses im Unternehmen. So werden bspw. die Mechanismen des richtigen oder falschen Handelns selten bewusst gelernt[758], zumal die Organisationsmitglieder als Teil dieser Kultur ihre Umwelt mit produzieren und eine wechselseitige Beeinflussung stattfindet.[759]

---

[752] Im Allgemeinen wird synonym auch der Begriff ‚Organisationskultur' verwendet. Vgl. Becker, F.G. (2002): 389.

[753] Heinen/Dill (1986): 207, ebenso Staehle (1999): 498 und die etwas umfassendere Definition von Steinmann/Schreyögg (2005): 711f.

[754] Steinmann/Schreyögg (2005): 711.

[755] Ridder (1999): 540.

[756] Vgl. hierzu auch die Kulturebenen von Schein (1995): 29ff.

[757] Steinmann/Schreyögg (2005): 712.

[758] Vgl. Steinmann/Schreyögg (2005): 712.

[759] Vgl. Ridder (1999): 540; Schein (1995): 25; Neuberger/Kompa (1987): 17ff.

Sathe[760] unterscheidet bspw. vier Formen, in denen sich Kultur ausdrückten kann:

- Shared things, wie bspw. Unternehmenslogo und einheitliches Outfit,
- Shared sayings, wie bspw. Legenden und Geschichten,
- Shared doings, wie bspw. Routinen, Bräuche und Feiern,
- Shared feelings, wie bspw. Sicherheit, Stolz auf das Unternehmen, aber auch Gleichbehandlung der Mitarbeiter.

Die *Arbeits- oder Organisationsstruktur* wie auch die *Entscheidungsstruktur* werden vom Management und der Unternehmensstrategie, der Umwelt sowie den Aufgaben und der eingesetzten Technologie vorgegeben.[761] Durch sie sollen die Ziele des Unternehmens erreicht werden. Mit ihrer Hilfe soll das Verhalten der Mitarbeiter

> „primär auf die Zielerreichung der Organisation [ausrichtet werden], dabei aber auch die Befriedigung persönlicher Ziele ermöglichen"[762].

Die Organisationsstruktur kennzeichnet eine zielgerichtete und bewusste Gestaltung von mehr oder weniger formalisierten Regeln der Zusammenarbeit innerhalb des Unternehmens und muss von spontan und ungeplant entstandenen Verhaltensregelmäßigkeiten abgegrenzt werden. Letztere sind dem Bereich der Selbstorganisation zuzuordnen und werden kurz unter dem Stichwort ‚Integration in die betrieblichen Sozialstrukturen' thematisiert.

5.2   Integration in die betrieblichen Sozialstrukturen

Eine Integration geht über ein bloßes Kennenlernen hinaus. Wer in ein Unternehmen, eine Arbeitsgruppe integriert ist, der ist ein Teil des Ganzen, der hat die Phase der Einarbeitung überwunden und darf sich als vollwertiger Mitarbeiter verstehen. Erst jetzt baut er eine ‚innere Bindung' zur Organisation auf.

Maier et al.[763] beschreiben in Anlehnung an Van Maanen und Schein[764] die Sozialisation von Trainees aufgrund ihrer Studie als individuell, informal, flexibel und variabel:

---

[760] Vgl. Sathe (1985): 17ff, siehe auch die Aufzählung bei Ridder (1999): 541; Schein (1995): 21f.

[761] Vgl. Staehle (1999): 475.

[762] Staehle (1999): 452.

[763] Vgl. Maier/Kahlert/Löffler (1989): 4.

[764] Vgl. Van Maanen/Schein (1979): 232ff.

- Die Sozialisation innerhalb eines Trainee-Programms ist *individu-ell*, weil der Trainee i.d.R. allein bestimmte betriebliche Situationen bewältigen muss und von kollektiven Erfahrungen ausgeschlossen ist. Einzig die gemeinsamen Seminare und Trainee-Treffen lassen ein kollektives Zusammengehörigkeitsgefühl entstehen.

- Die Sozialisation ist auch eher *informal*, da die Rollenanforderungen an den Trainee nicht klar umrissen, sondern vielmehr unbestimmt sind. Außerdem findet aufgrund der Job Rotation und den dadurch eher ungeplanten und eher nebenbei stattfindenden Kontakten mit einer Vielzahl von Organisationsmitgliedern keine vertiefte Sozialisation statt.

- Die *Flexibilität* begründen Maier et al. mit der eher zufälligen Abfolge der Stationen und der Möglichkeit der Einflussnahme der Trainees auf ihren persönlichen Programmablauf.

- Die Sozialisation ist *variabel*, weil mit dem Ende des Programmdurchlaufes der Zielzustand ‚Führungskraft' noch nicht erreicht ist, sondern allenfalls Anhaltspunkte für einen eventuellen Übergang auf eine solche Position vorhanden sind.

Zu Beginn wird das Einfinden in die neue Rolle[765] (‚lernender Edelstift' vs. Mitarbeiter in einer Abteilung vs. möglicher Führungsnachwuchs[766]) durch die bereits vorgegebene Sozialstruktur erschwert. Kritische Situationen sind u.a. der Umgang mit unterfordernden Tätigkeiten, die ständige Rotation, die Beurteilungen sowie die Zukunftsperspektiven über das Programmende hinaus.[767] Gerade der Umgang mit unterfordernden Tätigkeiten ruft häufig Frustration, aber auch das Problem der Auswahl der richtigen Verhaltensalternative (Unterordnung, Austauschverhalten, Differenzierung) hervor, denn die Aufnahme des Neuen verändert nicht nur den Trainee selbst, sondern beide Seiten.[768] Latent wird so bspw. über die Delegation von Aufgaben die Hierarchie innerhalb des Unternehmens gelernt und die eigene Position in der Interaktion mit den Kollegen gefunden. Je gewachsener das Gefüge in einer Abteilung, einem Arbeitsbereich aber ist, desto eher wird der Trainee dabei als Eindringling empfunden. Verstärkt wird dieser Effekt durch die in den Pro-

---

[765] An dieser Stelle soll nur auf die Rollenflexibilität verwiesen werden. Einfinden bedeutet nicht lediglich die reaktive Übernahme einer Rolle, sondern beinhaltet auch die aktiv gestaltende Anpassung an sich wandelnde Erwartungen der Umwelt. D.h. interaktive und kommunikative Fähigkeiten und Fertigkeiten gewinnen an Bedeutung.

[766] Vgl. Maier/Kahlert/Löffler (1989): 5.

[767] Vgl. Maier/Kahlert/Löffler (1989): 15–27.

[768] Vgl. Neuberger (1994): 123.

grammen vorgesehene Job Rotation. Da die „Entschlüsselung"[769] der eigenen neuen Rolle[770] durch gewisse Ablaufroutinen und deren nur zögerliche Preisgabe erschwert wird, erhöht sich das Problem der Orientierungslosigkeit. Hier müssen die beiden Ziele ‚Einblicke in Unternehmensbereiche und eine längerfristige Bindung' gegeneinander abgewogen werden. Trotzdem ist der Einstieg in das Berufsleben mittels eines Trainee-Programms ganz nach dessen Intention eine im Vergleich zum Direkteinstieg ‚abgefederte Variante'.[771]

> „Der Status als Lernender ermöglicht (stressfreies) Probehandeln ohne den Erfolgsdruck, den ein „normaler" Stelleninhaber hat."[772]

5.3 Lernen in den Bereichen Unternehmenskultur, Organisationsstrukturen und Integration

Jeder Mensch trägt aufgrund seiner Sozialisation bestimmte Muster (‚mentale Programme') in sich, die sein Denken, Handeln und Fühlen beeinflussen.[773] Sie geben die grundsätzliche Richtung seines Verhaltens vor, allerdings determinieren sie dieses nicht vollständig. Der Trainee ist grundsätzlich in der Lage, neue Muster (z.B. beim Eintritt in ein Unternehmen) zu bilden und von Alten abzuweichen, wenn zwei unterschiedliche, zumindest nicht deckungsgleiche Wertsysteme aufeinander treffen.[774]

Das Kennenlernen von Werten und Praktiken setzt zum einen einen Verständnisprozess voraus.[775] Wesentliche kognitive Bestandteile der Unternehmensphilosophie, des Wertekanons können durch *Einführungsmaterialien* oder auch in speziellen *Orientierungskursen* (siehe auch die persönlichkeits- und erlebnisorientierten Methoden im Abschnitt E, Kapitel 2.3.4) vermittelt werden.[776] Eine Integration geht jedoch über diese rein

---

[769] Berthel/Becker, F.G. (2003): 238.

[770] Hierunter ist u.a. auch der Übergang vom Studenten zum Arbeitnehmer zu verstehen, der einhergeht mit einem gleichförmigen Tagesablauf und einer geringeren Dispositionsfreiheit.

[771] Vgl. Abschnitt B, Kapitel 2.1.1.

[772] Maier/Kahlert/Löffler (1989): 12.

[773] Vgl. Hofstede (1993): 18.

[774] Vgl. die lerntheoretischen Grundlagen (Akkomodation und Assimilation) bei Piaget.

[775] Bei Bauer/Morrison/Callister (1998) findet sich eine Übersicht über Studien zur Sozialisation von neuen Mitarbeitern ins Unternehmen. Überraschend ist, dass nur wenige Studien sich mit dem Thema beschäftigen, wie die ‚Neuen' Werte und Normen lernen.

[776] Vgl. Kieser (2003: 186ff) und seine Anmerkungen zu den Bausteinen eines Einarbeitungsprogramms. Zur Wirksamkeit von Einführungskursen siehe die Studie

kognitiven Prozesse des Erkennens hinaus. Sie beinhaltet auch die Vermittlung sozialer Normen, von Verhaltensweisen, Rollenmustern und Einstellungen, die nur mittels eines Austauschprozesses und einer gegenseitigen Annäherung angeeignet werden können. Lernen beinhaltet somit auch, sich

> „innerhalb einer *community of practice* zu enkulturieren und damit entsprechende soziale Gewohnheiten, Überzeugungen, Kommunikationsstile und Konventionen aller Art zu erlernen"[777].

Der Prozess der Enkulturation bezeichnet Lave als „legitimate peripheral participation"[778]. Dahinter verbirgt sich die bereits thematisierte Entwicklung vom Novizen zum Experten.

Die konstruktive Entschlüsselung der eigenen neuen Rolle innerhalb des sozialen Gefüges hängt wesentlich von der bestehenden Gruppenstruktur und der Aufnahmebereitschaft der Gruppe ab. Hilfe können dabei Orientierungen in Form von Werten bieten, die gerade zu Beginn der Trainee dankbar aufnehmen wird, da sie eine gemeinsame Basis anbieten und Interpretationsmuster bereitstellen, die von allen Mitarbeitern geteilt werden.[779]

Kieser et al.[780] haben in einer empirischen Studie ein Ranking der größten Einarbeitungsprobleme vorgelegt. An erster Stelle steht die quantitative Rollenüberlastung, gefolgt von der qualitativen Unterforderung, der Rollenunklarheit sowie von Feedback- und Führungsdefiziten. Aus Sicht der hier thematisierten Trainee-Programme sowie aus lerntheoretischer und motivationaler Sicht bedeutsam ist erstens der festzustellende Zusammenhang zwischen qualitativer Unterforderung und sinkender Motivation und der damit korrelierenden schwächeren Bindung an die Unternehmung[781] und zweitens die Bedeutung von Feedbackprozessen. So treten nach Kieser/Nagel bei fehlendem Feedback bei den Trainees Erwartungsenttäuschungen auf, da sie nicht einschätzen können, ob man mit ihrer Leistung zufrieden ist und wie sie ihre Leistung verbessern können. Dies führt dazu, dass der Trainee nicht in der Lage ist, ein

---

von Klein/Weaver (2000). Der Forschungsstand zu diesem Thema lässt sich bei Bauer/Morrison/Callister (1998) nachlesen.

[777] Reinmann-Rothmeier/Mandl (1998): 471. Die Hervorhebung erfolgte durch den Autor dieser Arbeit.

[778] Lave (1991): 63.

[779] Vgl. Kieser/Nagel et al. (1985): 29.

[780] Kieser/Nagel et al. (1985): 91ff.

[781] In einem begrenzten und motivationstheoretisch geplanten Umfang kann allerdings quantitative Rollenüberlastung zu einer erhöhten Bereitschaft des Mitarbeiters führen und zusätzliche Reserven freizusetzen.

Selbstbewusstsein zu entwickeln. Die mit der Einarbeitungssituation verbundene Unsicherheit bleibt daraufhin längere Zeit erhalten.[782]

In der Literatur werden verschiedene *Einführungsstrategien* diskutiert[783], die z.T. aber die Bedürfnisse der einzuführenden Mitarbeiter ignorieren. Einen abgestuften Einführungsprozess beschreibt Neuberger[784], der die Stufen ,ins Wasser werfen', ,Grenzen aufzeigen', ,arbeitsbegleitendes Training', ,trainingsbegleitende Übernahmen' und ,vollzeitliches Training' umfasst. In diesem Sinne bieten Unternehmen Einführungsseminare für eine Gruppe von neuen Mitarbeitern und Patenkonzepte an. Vor allem Einführungsseminare werden im Rahmen der Traineeausbildung eingesetzt, da sie zusätzlich das Kennenlernen der Trainees untereinander, den Informationsaustausch und die Diskussion eventueller (Einarbeitungs-)Probleme fördern.

Untersuchungen zur organisationalen Sozialisation haben zeigen können, dass die Unterstützung durch Mitarbeiter (u.a. Paten) des Arbeitsbereiches wie ein ,Puffer' gegen Enttäuschungen gewirkt hat. Der neue Mitarbeiter wurde sozusagen von der Arbeitsgruppe ,aufgefangen'.[785]

Die von Sathe, Schein oder Ridder[786] herausgearbeiteten Bestandteile einer *Unternehmenskultur* können vielfach nur implizit durch das Handeln in der Gruppe erlernt werden. Hierzu gehörten neben wiederkehrenden Verhaltensweisen (z.B. Sprache) auch die internen Spielregeln sowie Klima, Denkgewohnheiten und Symbole. Sie werden innerhalb eines Sozialisationsprozesses vermittelt.

> „Organisationen entwickeln zumeist eine Reihe von Mechanismen, die dem neuen Organisationsmitglied verdeutlichen, wie im Sinne der kulturellen Tradition zu handeln, welches Verhalten richtig und welches falsch ist."[787]

Nur die offiziell bekundeten Werte und Philosophien lassen sich leicht schriftlich fixieren und kognitiv vermitteln.

5.4 Internationale Einsetzbarkeit

Das Ziel der internationalen Einsetzbarkeit kann unter das Oberziel der flexiblen Einsetzbarkeit der Trainees und der zunehmenden Globalisie-

---

[782] Vgl. Kieser/Nagel (1986): 958 und Kieser (2003): 189.

[783] Vgl. Berthel/Becker, F.G. (2003): 234; Becker, M. (2002): 296 und Neuberger (1994): 126ff.

[784] Vgl. Neuberger (1994): 126f.

[785] Vgl. Moser/Schmook (2006): 242.

[786] Vgl. Sathe (1985): 17ff; Ridder (1999): 541; Schein (1995): 21f.

[787] Steinmann/Schreyögg (2005): 712.

rung und Internationalisierung der Unternehmen untergeordnet werden. So will ein wesentlicher Anteil der Trainee-Programmanbieter eine ‚Allround-Ausbildung' vermitteln, damit das Unternehmen für seine interne Personalrekrutierung auf einen gut ausgebildeten und breit einsetzbaren Nachwuchspool zugreifen kann. Ganz in diesem Sinne stieg der Anteil der Auslandsaufenthalte innerhalb eines Trainee-Programmdurchlaufs von 28% (1995) auf 43,7% (2001). Die durchschnittliche Dauer betrug ca. drei Monate.[788]

Internationale Einsetzbarkeit umfasst neben den dazu notwendigen sprachlichen Fähigkeiten auch Kenntnisse über Kulturen und Kulturunterschiede und gewisse Einstellungen und Werthaltungen. Diese Anforderungen werden unter dem Stichwort ‚interkulturelle Kompetenz' diskutiert. Neben das Fakten- und Fachwissen tritt eine spezifische soziale Kompetenz im Umgang und in der Interaktion mit Personen aus anderen Kulturkreisen.[789] Dabei zeigt sich, dass vor allem Einstellungen und Werthaltungen bei einer möglichen Auslandstätigkeit, aber auch bei einer interkulturellen Zusammenarbeit kritisch zu reflektieren sind. Ein Instrument zur Vorbereitung möglicher Auslandseinsätze ist das interkulturelle Training[790], mit dessen Hilfe versucht wird, neben der bloßen Vermittlung von Faktenwissen die Teilnehmer für andere Kulturkreise und damit verbunden auch für andere Kulturmerkmale zu sensibilisieren.[791] Davon abzugrenzen ist die interkulturelle Auslandsvorbereitung für Expatriats.

Annahme eines jeden kulturellen Trainings ist die Überzeugung, dass die Sozialisation in unterschiedlichen Kulturen sich in unterschiedlichen Werten, Normen, Rollenerwartungen ausdrückt, die dann das Verhalten in bestimmten Situationen steuern. Dabei kann die Kultur das Handeln der Mitarbeiter unmittelbar durch die individuelle Sozialisation und

---

[788] Vgl. Thom/Friedli/Kuonen (2002): 18.

[789] Vgl. hierzu den Überblicksaufsatz von Müller/Gelbrich (2001).

[790] Vorläufer des interkulturellen Trainings sind die in den sechziger Jahren in den USA entwickelten Culture Awarness-Trainings, mit deren Hilfe versucht wurde, den Teilnehmern die Angst vor dem ‚Fremden' zu nehmen. Sie sollten lernen, dass ihr eigenes Handeln kulturdeterminiert ist und dass die eigene Prägung den Kontakt zur fremden Kultur erschweren kann. Deshalb versuchten diese Programme eine positive Herangehensweise an beliebige fremde Kulturen zu stärken. Allerdings ist dieser Zugang nur dann geeignet, „wenn mit Teilnehmern gearbeitet werden soll, die kein konkretes Interesse an der Bewältigung ganz bestimmter Situationen in einer bestimmten Kultur haben." Bittner (2003): 117.

[791] Hofstede (1980) und Trompenaars (1994) haben z.B. Studien zu einzelnen Kulturmerkmalen verfasst. Zum interkulturellen Training vergleiche bspw. Kühlmann (1995) und Bittner (2003).

mittelbar durch Managementtechniken, Anreizsystem und Führungs-
philosophien prägen.

5.5 Präzisierung der Lernziele im Bereich internationale Einsetzbarkeit

Die Lernziele interkultureller Personalentwicklung lassen sich nach dem
bereits bekannten Schema den drei Bereichen Wissen, Einstellungen und
Fertigkeiten zuordnen.[792]

Interkulturelle Kompetenz in der Handlungsdimension **Wissen**: Die
Trainees

- wissen, dass Werte, Normen und Rollenerwartungen kulturell bedingt sind und sich folglich unterscheiden können,
- kennen politisch-institutionelle Gegebenheiten möglicher Einsatz-
länder sowie deren Rechts- und Wirtschaftsordnung und Sozialstruktur,
- sind informiert über die Kultur, Mentalität sowie über Umgangs-
regeln und Tabus,
- kennen die speziellen Beziehungen zwischen dem Heimatland und
dem möglichen Gastland sowie mögliche internationale Verflech-
tungen,
- wissen über die Kulturabhängigkeit menschlicher Lebensweisen
(z.B. Geschlechterrollen) und die kulturtypischen Erlebens- und
Verhaltensformen (z.B. Bedeutung bestimmter Gebärden),
- kennen das Selbstkonzept wichtiger Gruppen in der Gastkultur
(z.B. das Selbstverständnis der Beamten) und den Verhaltensspiel-
raums in verschiedenen Lebenssituationen, der als angemessen
betrachtet wird (z.B. Trinkgeld).

Interkulturelle Kompetenz in der Handlungsdimension **Einstellungen**:
Die Trainees

- bauen mögliche kulturelle Vorurteile und eine mögliche psychische Distanz zu den in Frage kommenden Einsatzländern ab,
- sind anpassungsfähig an andere Mentalitäten und Arbeits- und
Lebensverhältnisse,
- zeigen ein Verständnis für Normen und Rollen, die Verhalten in
sozialen Situationen regulieren,
- reflektieren sich und die eigene Rolle,

---

[792] Vgl. Kühlmann (1995): 147, Müller/Gelbrich (2001): 257ff und Groenewald (1990):
6f.

- sind offen, neugierig und zeigen Lernbereitschaft.

Interkulturelle Kompetenz in der Handlungsdimension **Fertigkeiten**: Die Trainees

- können in der Landessprache, ersatzweise in einer im Gastland verbreiteten Fremdsprache kommunizieren.
- beherrschen die zur Kommunikation im Gastland dazugehörigen non-verbalen Signale,
- zeigen Einfühlungsvermögen, kulturelle Sensibilität und Empathiefähigkeit,
- sind in der Lage zur Introspektion.

5.6   Lernen im Bereich internationale Einsetzbarkeit

Aber auch beim Thema interkulturelle Kompetenz muss – ähnlich der Persönlichkeitsentwicklung – diskutiert werden, in wieweit sie erwerbbar und somit auch veränderbar ist. Geht der attributionstheoretische oder auch der Overseasmanship Ansatz nur davon aus, dass es interkulturelle Traits gebe, so stellt der lerntheoretische Ansatz Fähigkeiten ins Zentrum seiner Betrachtung, die durch Training und Erfahrung im Gastland erworben werden können.

> „Erfahrungen spielen folglich die zentrale Rolle für die Ausbildung interkultureller Kompetenz: Sie ,formen' eine Person und sorgen für ihre Anpassung an die neue Umgebung (und nicht a priori vorhandene Fähigkeiten)."[793]

Folglich setzt das Training internationaler Einsetzbarkeit zum einen beim Erwerb von Faktenwissen auf klassische lehrerzentrierte, darstellende Verfahren (Vorträge über ,Land und Leute'). Die begleitenden Sprachkurse pflegen einen interaktionistischen Stil und in den Bereichen der Förderung von Selbsterfahrung und Verhaltensmodifikation werden lernerzentrierte Methoden eingesetzt. Trainings für internationale Einsetzbarkeit sind meist verbunden mit einem klar definierten Auslandseinsatz des Mitarbeiters. Sie sollen helfen, die zu entsendenden Mitarbeiter auf ihre Tätigkeit im Ausland vorzubereiten. Generelle Trainings für internationale Einsätze bilden eher die Ausnahme. Kühlmann nennt den gesamten beschriebenen Bereich ,Kulturlernen'. Darunter versteht er die Befähigung,

---

[793] Müller/Gelbrich (2001): 250.

„die Besonderheiten der Gastkultur wahrzunehmen, sie zu verstehen, mit deren Mitgliedern zu kommunizieren und erfolgreich die gesetzten Ziele des Aufenthaltes zu verfolgen"[794].

Innerhalb der Trainee-Programme geht es zuerst einmal darum, Auslandserfahrung innerhalb einer im Ausland zu absolvierenden Ausbildungsstation zu sammeln. Damit diese Erfahrungen positiv belegt werden, sollte auch dieser Kurzzeitaufenthalte vorbereitet und nachbereitet werden.

Da der Erwerb von Erfahrungswissen aber auf vielfältige Lernkontexte angewiesen ist, kann durch einen einmaligen Auslandsaufenthalt keine internationale Einsetzbarkeit aufgebaut werden. Bausteine einer interkulturellen Personalarbeit wie z.B. die Projektarbeit in multikulturellen Teams und interkulturellen Teams bieten weitere Erfahrungsmöglichkeiten.[795]

> „Ob jemand kompetent ist, also zum Beispiel mitfühlend oder tolerant, offenbart sich in Interaktionen mit anderen. Nun können Menschen sowohl im intra- als auch interkulturellen Kontext miteinander interagieren, was nahe legt, dass in beiden Fällen, zumindest teilweise, dieselbe Art von Kompetenz vonnöten ist."[796]

---

[794] Kühlmann (1995): 147. Siehe auch sein Konzept zum Kulturlernen auf den Seiten 148–153.

[795] Vgl. Kühlmann/Dowling (2004): Sp. 931.

[796] Müller/Gelbrich (2001): 257.

E. Lehrperspektive: Vorschläge zur Gestaltung und Implementierung einer Trainee-Lernumgebung

Aufbauend auf der Analyse der Inhalte und idealtypischen Abläufe der Lernprozesse soll nun der Fokus auf die Förderung und Entwicklung der angestrebten Ziele gerichtet werden. Somit wird die Lernperspektive verlassen und die für die Unternehmen wichtige Lehrperspektive eingenommen, die sich in Gestaltungsvorschlägen für eine Trainee-Lernumgebung verbunden mit Methodenentscheidungen konkretisiert.

Die Analyse der Trainee-Programme im Hinblick auf die eingesetzten Lehr-Lernmethoden ergab einen eindeutigen Schwerpunkt im Bereich ‚learning by doing‘ und Projektarbeit. Trainees sollen durch ihre produktive Mitarbeit im Tagesgeschäft das angestrebte Handlungs- und Erfahrungswissen aufbauen und durch Projektarbeit ihr interdisziplinäres Denken und Handeln schulen. Begleitet wird der Wissens- und Kompetenzerwerb durch off-the-job Maßnahmen und eine systematische Job Rotation, durch die zum einen das notwendige Faktenwissen vermittelt und zum anderen Fach- und Führungserfahrung erworben werden sollen.

Vor dem Hintergrund der hergeleiteten Lernperspektive ist die systematische und gesicherte Vermittlung der angestrebten expliziten und impliziten Wissensziele sowie der intendierten Kompetenzen jedoch mehr als fraglich. Die erhobenen Methoden (Schulungen, Trainings sowie Patenkonzepte) alleine lassen keine klare Kompetenzentwicklung mit dem wesentlichen Fokus auf der Schulung der eigenen Reflexion und einem arbeitsintegrierten Lernprozess erkennen. Auch im Bereich der Persönlichkeitsentwicklung bleiben Fragen offen, da die klare Verbindung zwischen Arbeitsstrukturierung und persönlichkeitsfördernder Arbeitsgestaltung nicht deutlich wird.

Aufbauend auf den Ergebnissen der Sachanalyse erweist sich die Gestaltung einer Trainee-Lernumgebung als anspruchsvolles Lehr-Lernarrangement. Darunter werden Konzepte zusammengefasst,

> „die einen beruflichen oder arbeitsbezogenen Kompetenzerwerb anstreben und dafür Gestaltungsmaßnahmen in einem Arbeits- oder Lernkontext erfordern.“ [...] „‚Anspruchsvoll‘ bedeutet ferner, dass die Lehr-Lernarrangements nicht nur auf die Vermittlung isolierter Qualifikationen, sondern auf umfassende berufliche Kompetenzen ausgerichtet sind“.[797]

---

[797] Schaper/Sonntag (1999): 49.

1. Anforderungen an ein Lehren innerhalb von Trainee-Programmen

Lehren und Lernen können nicht isoliert voneinander diskutiert werden.[798] Vielmehr muss eine Lehrstrategie als ein Pendant zur Lernstrategie betrachtet werden. Aus konstruktivistischer Sicht bedeutet Lehren demzufolge, Lernsituationen so zu arrangieren, dass in ihnen Lernende konstruktiv tätig werden können.[799] Lehren ist daher eine Form der Impulsgebung, eine *Hilfe* bzw. *Förderung beim Lernen*. Abzugrenzen hiervon sind jegliche Aktivitäten, die eine Erweiterung der Handlungskompetenzen erschweren, verhindern oder aber keinen Einfluss zeigen.

Lehren erstreckt sich darüber hinaus auf die *Organisation der Lehrhilfen*, so dass diese aus Sicht des Lernenden zu Lernhilfen werden.

> „Lehren als organisierter Methodengebrauch wird dabei als ein Arrangieren der ‚äußeren' Bedingungen des ‚inneren', eigenaktiven Lernprozesses der Lernenden verstanden."[800]

Das *Methodenarrangement* erfolgt lernzielorientiert, wobei der Lehrende als Unterstützer des Lernenden bei der Organisation neuer Erfahrungen fungiert.[801] Lernformen, bei denen der Handelnde die wesentlichen Entscheidungen, ob, wozu, was, wann, wie und woraufhin er lernt[802], selbst treffen kann, werden als selbstgesteuert bezeichnet. Lehren in diesem Sinne ist ein Mittel zur Förderung von Lernen.

Lehren im hier verwendeten umfassenden Verständnis schließt zusätzlich zum Lehren i.e.S. und zum Arrangieren einer Lernumgebung ein *Beraten und Anleiten* ein. Dies impliziert zum einen eine besondere Beziehung zwischen Trainee und Betreuer, die auch durch die Fähigkeit des Betreuers gekennzeichnet ist, seinen Trainee zu motivieren, zum anderen wird hierdurch auf den wichtigen Aspekt der Reflexion hingewiesen. Kompetenzentwicklungsprozesse beruhen wesentlich auf der Fähigkeit, selbst oder mit Hilfe eines Betreuers sich und sein Verhalten/ Vorgehen zu hinterfragen.[803] Dazu ist ein Sensibilisieren und Anleiten im

---

[798] Vgl. Shuell (1993).

[799] Vgl. Kron (2004): 192.

[800] Euler (1994): 160.

[801] Siehe Terhart (1999: 636–640), der eine wesentliche Funktion des Lehrers in einer konstruktivistischen Didaktik darin sieht, „Lernumwelten aufzubauen bzw. zu inszenieren, in denen Lernen als ein in sozialen und situativen Kontexten stattfindendes Ko-Konstruieren und Rekonstruieren wahrscheinlich wird." Terhart (1999): 637, vgl. auch Dubs (1995): 893f und Terhart (1999a): 30.

[802] Vgl. Faulstich (1998): 143.

[803] Diagnose und Reflexion gehören nach Simons (1993: 291) zu den zentralen Charakteristika konstruktiven Lernens.

Sinne des von Euler aufgestellten ‚dramaturgischen Prinzips'[804] und eine Weitergabe von Erfahrungswissen notwendig.

Schließlich umfasst der hier zugrunde gelegte Lehrbegriff die *Festlegung der Inhalte und Lernziele* wie auch die *Analyse der Lernvoraussetzungen* der Trainees.

Da ein Wissens- und Kompetenzerwerb ohne einen situativen Bezug nur begrenzt möglich erscheint, steht der Anwendungsbezug bei der Traineeausbildung im Zentrum. Um sicher zu stellen, dass hierbei die Transferhemmnisse möglichst gering sind, sollten authentische Lehr-Lernsituationen gewählt werden.[805]

Lehren innerhalb des Arbeitsprozesses bezieht sich somit auf

- die aufgabenbezogene Lerngestaltung (z.B. Vollständigkeit, Problemhaltigkeit und Variabilität der Tätigkeiten),

- die Gestaltung des Arbeits- und Lernumfeldes (z.B. Handlungsspielräume, Kooperationserfordernisse, zeitliche Spielräume),

- die Gestaltung der Anleitung und Betreuung im Rahme der kognitiven Lehre sowie auf die

- Gestaltung der Lerninfrastruktur (Förderung des selbstgesteuerten Lernens durch Aufbau einer Lerninfrastruktur, die Literatur, Datenbanken und Dokumentationen anbietet; Auswahl von Methoden, die on-the-job und near-the-job den Kompetenz- und Wissensaufbau fördern).[806]

Außerhalb des Arbeitsprozesses bezieht sich Lehren auf die

- Organisation des Trainee-Programms (z.B. Analyse der Lernvoraussetzungen, Zusammenstellung des Curriculums und der Trainee-Stationen, Akquise und Schulung der Ansprechpartner und Lehrer in den verschiedenen Abteilungen),

- Auswahl von off-the-job Methoden, die den Kompetenzaufbau und den notwendigen Wissensaufbau unterstützen und kooperatives Lernen ermöglichen und die

- Kontrolle während und am Ende des Trainee-Programms.

---

[804] Vgl. Abschnitt D, Kapitel 3.3.

[805] Vgl. Abschnitt B, Kapitel 3.4.1.2 zum Thema Handlungsorientierung.

[806] Vgl. Schaper (2003).

Abgeleitet aus dem Lehrverständnis lassen sich mehrere Gestaltungsbereiche identifizieren:

- Arbeitsstrukturierung
- Aufgabenstellung
- Selbstorganisiertes Lernen
- Kooperatives Lernen
- Cognitive Apprenticeship
- Auswahl der Lernorte
- Methodische Gestaltung

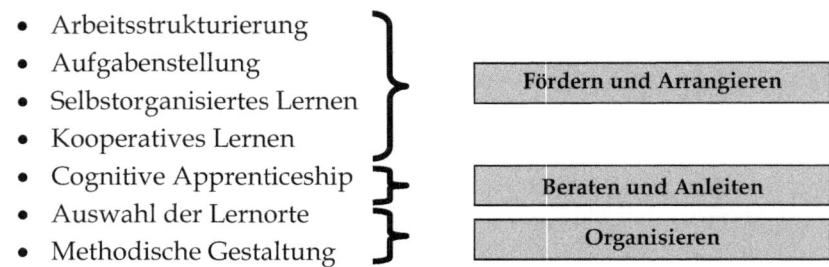

Fördern und Arrangieren

Beraten und Anleiten

Organisieren

1.1 Lehrfunktionen während des Arbeitsprozesses

1.1.1 Arbeitsstrukturierung

Arbeitsstrukturierung zielt auf die Schaffung von Lern- und Qualifizierungschancen für Trainees und entspricht der Lehraufgabe ‚Fördern und Arrangieren'. Bei der Arbeitsstrukturierung geht es um die Gestaltung von Arbeitsinhalten und Arbeitsabläufen.

Arbeitsstrukturale Dimensionen für die Gestaltung persönlichkeitsförderlicher Arbeitsaufgaben und -bedingungen sind nach Ulich/Baitsch Ganzheitlichkeit, Anforderungsvielfalt, Kooperationserfordernisse, Lernmöglichkeiten und Autonomie.[807] Diese persönlichkeitsförderlichen Bedingungen können durch individuelle und kollektive Aufgabenerweiterung erreicht werden. Bei der individuellen Aufgabenerweiterung werden Planungs-, Ausführungs- und Kontrolltätigkeiten i.S. der Gestaltungsmerkmale handlungsorientierten Lernens in die Aufgabe integriert. Die kollektive Aufgabenerweiterung strebt bspw. durch die Bildung teilautonomer Arbeitsgruppen eine erweiterte Verantwortungsübertragung an.

Hacker erweitert die von Ulich/Baitsch aufgestellten Merkmale um zusätzliche fördernde Kriterien: Freiheitsgrade für Entscheidungen und Zielbildung, vielfältige, komplexe und flexible Anforderungen, Möglichkeiten zur Kooperation, zur Weiterentwicklung von Eigenschaften sowie Aufgaben mit der Möglichkeit selbstständig zu handeln und Verantwortung zu übernehmen.[808]

Arbeitsstrukturierung steht in einem engen Bezug zur Persönlichkeitsförderung[809], da alle Arbeitsanforderungen, die Qualifizierungsprozesse

---

[807] Vgl. Ulich/Baitsch (1987): 501. Siehe auch die Prinzipien konstruktivistischer Lernumgebungen nach Bergmann/Sonntag (1999): 298.

[808] Vgl. Hacker (1998): 786.

[809] Vgl. Abschnitt D, Kapitel 2.4.

oder die generalisierbare oder innovatorische Qualifikationen ermöglichen, aufgrund der durchzuführenden vollständigen Handlung und der
zur Verfügung stehenden Handlungsspielräume als persönlichkeitsför-
dernd gelten.[810] Dabei setzt sich der zur Verfügung zu stellende Handlungsspielraum aus den drei Dimensionen Tätigkeitsspielraum, Ent-
scheidungs- und Kontrollspielraum sowie Interaktionsspielraum zusammen.[811] Durch die Erweiterung der jeweiligen Dimension kann die
Entwicklungs- und Persönlichkeitsförderlichkeit der Arbeit erhöht werden.[812] So lässt sich der Tätigkeitsspielraum bspw. durch Job Rotation
und Job Enlargement erweitern. Die entsprechende Maßnahme für den
Entscheidungs- und Kontrollspielraum wäre Job Enrichment. Eine mögliche kollektive Selbstregulation einer Arbeitsgruppe wäre ein Ansatzpunkt für die Erweiterung des Interaktionsspielraumes (siehe auch die
methodischen Elemente in Kapitel 2.2.2).

Dabei ist das Verhältnis zwischen Arbeit und Persönlichkeitsentwicklung wechselseitig. Zum einen sind Persönlichkeitsmerkmale eine Voraussetzung für die Übernahme spezifischer Tätigkeiten (Selektionsper-
spektive), zum anderen, und diese Perspektive soll in erster Linie betrachtet werden, können sie das Lern- oder Entwicklungsergebnis aus
Arbeitstätigkeiten sein (Sozialisationsperspektive) oder sich in der Arbeitstätigkeit zeigen (Arbeitsstile).[813] Dementsprechend können, ausgehend von dem Konzept der Qualifikationsanforderungen, Lernpotentiale
modelliert werden. In einer Arbeitssituation liegt ein Lernpotential vor,
wenn sich aus dem Verhältnis von aktuellen Anforderungen der Aufgaben und vorhandenen Leistungsvoraussetzungen des Mitarbeiters ein
Lernerfordernis ergibt (Lehrfunktion: Analyse der Lernvoraussetzungen). Die zu bearbeitende Aufgabe ist in diesen Fällen nicht einfach mit
den vorhandenen Handlungsroutinen oder den Verhaltensprogrammen
des Trainees lösbar, sondern erfordert ein Hinzulernen oder Erweite-
rungslernen.[814] Folglich ist das Lernpotential nicht statisch, sondern verändert sich mit vollzogenen Lernprozessen (Lehrfunktion: Kontrolle).[815]
Dies bedeutet für die Lehrperson, dass sie differentielle und dynamische
Arbeitsgestaltung vornehmen muss, die sowohl inter wie auch intrain-

---

[810] Vgl. Baitsch/Frei (1980): 30f und Bergmann (1996) : 175f.

[811] Vgl. Hacker (1998): 124ff.

[812] Lernen in der Arbeit wird häufig auch als ,learning by doing' (Weiß 1990: 104)
oder „lernorientiertes Arbeiten" (Lellmann 1989: 79) bezeichnet. Jedoch ist bei der
didaktischen Bewertung dieser Lernformen auf die Entwicklungs- und Persönlichkeitsförderlichkeit der Arbeit abzustellen.

[813] Vgl. Hacker (1998).

[814] Vgl. die Ausführungen zur subjektivistischen Lerntheorie in Abschnitt B, Kapitel
3.3.5.

[815] Vgl. Hacker (1998): 756.

dividuellen Differenzen Rechnung trägt.[816] Diese didaktische Differenzierung erfolgt durch eine der Kompetenzstufe angepasste Aufgabenstellung (Kapitel 1.1.4) sowie durch den Einsatz von erfahrungs- und kompetenzorientierten Methoden (bspw. Kapitel 2.2.2).

1.1.2 Selbstorganisiertes Lernen gestalten

In modernen Arbeitsorganisationen, vor allem aber im Fach- und Führungskräftebereich sind die Arbeitsanforderungen weder uniform noch im Zeitablauf gleichförmig und stabil. Neue Aufgabenstrukturen, Brüche und Diskontinuitäten prägen den Arbeitsablauf, weshalb eine quantitative und qualitative Prognose der Qualifikationserfordernisse sich nicht verlässlich antizipieren lässt.[817] Deshalb setzten Selbststeuerungsmodelle[818] beim lernenden Individuum an. Sie wollen es motivieren, die Entwicklung in die eigene Hand zu nehmen:

> „Lernen und Weiterbildung werden so zur Holschuld, die vom Mitarbeiter eingefordert und zum Teil auch selbst realisiert werden wird."[819]

Das Ziel ist der eigenständig, auch während des Arbeitsprozesses lernende Trainee.[820] Staudt/Kriegesmann sehen in den Konzepten der Selbstregulation und Eigeninitiative den einzig möglichen Weg,

> „zentral nicht oder nicht mit vertretbarem Aufwand zu steuernde Aufgaben durch dezentrale vorhandene oder zu bildende Problemlösungskapazitäten komplexitätsreduzierend zu bewältigen."[821]

Diese Forderungen decken sich mit den bereits diskutierten konstruktivistischen Ansätzen, die den eigenständigen, handlungsorientierten Lernprozess betonen. Notwendig ist allerdings ein Orientierungsrahmen, der Selbstregulation nicht zu einem Suchen im Unendlichen ausweitet. Deshalb setzt selbstorganisiertes Lernen in Abgrenzung zum selbstgesteuerten Lernen bei den Dispositionen des Systems an, die es erweitert und vertiefen will und verzichtet auf eine völlige Selbstbestimmung der Lernziele, -methoden, -formen, -inhalte und -zeitpunkte.[822]

---

[816] Vgl. Ulich (1999).

[817] Vgl. die Ausführungen zur Analyse des Entwicklungsbedarfs Abschnitt C, Kapitel 1.

[818] „Self-regulation processes in learning consist of monitoring, testing and questioning, revision and evaluation." Simons (1993): 298. Dabei werden die Lernziele, Operationen/Strategien und Kontrollprozesse teilweise oder vollständig durch den Trainee selbst bestimmt. Vgl. Erpenbeck (1997): 310.

[819] Weiß (1998): 203.

[820] Vgl. Thom/Friedli/Kuonen (2002): 27.

[821] Staudt/Kriegesmann (1999): 30.

[822] Vgl. Erpenbeck (1997): 310; Baitsch (1999): 259f.

Expansives Lernen i.S. der subjektorientierten Lerntheorie Holzkamps kann so unterstützt werden. Allerdings hat sich diese, von Erpenbeck und Baitsch eingeführte inhaltliche Abgrenzung der Begrifflichkeiten und Konzepte bisher noch nicht allgemein durchsetzen können, weshalb im Folgenden die nahezu synonyme Verwendung fortgeführt wird.[823] Damit das Konzept der Selbststeuerung/-organisation nicht nur auf der Ebene einer ‚Worthülse' bestehen bleibt, sind u.U. grundlegende, auch organisatorische Veränderungen im Unternehmen erforderlich, die somit ebenfalls im Zuge der Gestaltung einer Trainee-Lernumgebung zu diskutieren sind. Es werden aber auch bewährte Methoden mit dem Ziel, die Selbstorganisation und Selbstlernkompetenz der Trainees zu fördern, neu arrangiert, da es ‚die Methode' selbstgesteuertes Lernen nicht gibt. Aus Lehr-Lernperspektive[824] ergeben sich folgende Notwendigkeiten:

- *Arbeitsabläufe*

  Aus Sicht eines ganzheitlichen Lernens ist es von Bedeutung, dass die Trainees alle direkten und indirekten Aufgaben übernehmen, die in den Arbeitsprozessen der Abteilungen anfallen. Die Arbeitsabläufe sind so zu gestalten, dass der Trainee nicht als zeitlich begrenzte, zusätzliche, nicht eingearbeitete Arbeitskraft in der Abteilung wahrgenommen und aus diesem Grund nur mit dem Tagesgeschäft betraut wird. Denn dadurch werden seine Lernmöglichkeiten, aber auch sein Wissenszuwachs eingeschränkt. Zwar lernt er so die Arbeitsabläufe kennen, ist aber nicht zwangsläufig in der Lage, diese in Beziehung zu anderen betrieblichen Abläufen zu setzen. Die angestrebten Ziele wie Problemlöse- und Entscheidungskompetenz oder auch eher implizites Branchen- und Managementwissen kann er dementsprechend aufgrund fehlender Informationen, Einblicke und Kontakte zu Mitarbeitern nur eingeschränkt entwickeln. Deshalb müssen die Arbeitsabläufe für ihn transparent und nachvollziehbar unter dem Gesichtspunkt der Ganzheitlichkeit gestaltet werden, so dass seine Eigeninitiative angeregt wird und ein Erleben ermöglicht wird. Organisatorisch kann dies bspw. durch die Einrichtung von Handlungsfeldern gefördert werden. Als Methoden stehen die Leittextmethode, problemorientierte Entwicklungsaufgaben[825], szenariogestützte Lern-

---

[823] Vgl. Erpenbeck (1997): 310; Faulstich (1998): 143 oder Küng (1999): 89.

[824] Vgl. Baitsch (1999): 255; Schiersmann/Remmele (2002): 55ff.

[825] Das Konzept der Entwicklungsaufgabe sieht in der Bewältigung von problemhaltigen Aufgaben eine Möglichkeit, die Persönlichkeit und die Handlungskompetenzen zu erweitern. Dabei können die Ziele sowohl vorgegeben als auch selbst bestimmt sein. Vgl. Bergmann (1996): 171.

formen sowie der Cognitive Apprenticeship-Ansatz zur Verfügung.

- *Handlungsräume*

Die Praxis der Traineeausbildung besteht nicht selten aus Restriktionen. Restriktionen, die aufgrund der vorgegebenen Zeitpläne oder eines geringen Personalbestands und hoher Qualitätsanforderungen die Gestaltungsspielräume für selbstorganisiertes Lernen verengen.[826] Selbstorganisiertes Lernen ist auf Handlungsspielräume angewiesen:

> „Arbeitsstrukturen sind zur Bewältigung von Nichtroutine-Aufgaben so zu gestalten, daß die erwünschten personellen Flexibilitätspotentiale, Eigeninitiative und Fähigkeiten zur Selbstregulation geschaffen, gefördert, erhalten und damit praktisch wirksam werden können.“[827]

Darüber hinaus sollte der Trainee Zugang zu vielfältigen Informationsquellen haben, damit er eigenständig in der Lage ist, explorativ das Unternehmen zu erkunden und Probleme durch eigene Recherche zu bearbeiten.

Zu den Handlungsräumen zählt auch die Möglichkeit, Qualifikationsdefizite eigenständig im Zuge von Selbstreflexionsprozessen zu diagnostizieren und in Absprache mit den Ausbildern zu beheben.

- *Offenheit*

Normalerweise tendieren soziale Systeme zu ihrer eigenen Reproduktion und damit zu ihrer eigenen Stabilität. Dies impliziert, dass die für Lernprozesse notwendige Umweltoffenheit und Suche nach neuen Herausforderungen nicht selbstverständlich gegeben ist. Darüber hinaus tendieren soziale Systeme dazu, ein problemloses Feld zu konstruieren und zu erhalten. Probleme als Lernmotivatoren stören somit das soziale Gleichgewicht.

- *Die angebotenen Methoden und Materialien sollten Informationscharakter haben und die (Selbst-)Entwicklung des Trainees unterstützen.*

Die für die Traineeausbildung zuständigen Betreuer sollten den Trainees an ihren Arbeitsstationen eine sinnvolle Beschäftigung anbieten, die die Motivation und somit auch die Lernbereitschaft der Trainees fördert. Dem liegt das Konzept des Interesses zugrunde, das eine inhalts- und objektspezifische Form der Motivation beschreibt, die durch eine besondere Beziehung einer Person

---

[826] Vgl. Weiß (1998): 203.

[827] Staudt/Kriegesmann (1999): 30.

zum Gegenstand charakterisierbar ist.[828] Zwei Formen des Interesses werden hierbei unterschieden: das eher kurzfristige situationale Interesse und das eher dauerhafte individuelle Interesse.[829] Nach der Interessentheorie[830] wird der Interessengegenstand durch die Person wahrgenommen und mit einem individuellen positiven Wert belegt, wodurch die Beschäftigung der Person mit dem Interessensgegenstand als positiv erlebt wird. Hierzu zählen bspw. computergestützte mediale Programme zur Wissensvermittlung (Kapitel 2.1.3) und erfahrungsorientierte Methoden (Kapitel 2.2).

- *Selbstorganisiertes Lernen arrangieren und Kontrolle des Lernfortschritts*

  Die Arbeit des Betreuers/Lehrenden verlagert sich aus der eigentlichen Lehr-Lernsituation heraus in die Vorbereitungsphase. Dort muss sich der Ausbilder überlegen, wie er selbstgesteuerte Lernprozesse initiieren will, welche Ziele der Lernende durch die von ihm geforderte Arbeit erreichen kann und welche Arbeitsweise/Methode diesem Anliegen dienlich ist. Der Lernfortschritt sollte durch eine regelmäßige Kontrolle der erledigten Aufgaben überwacht werden (siehe auch Kapitel 1.2.3).

Limitiert wird selbstorganisiertes Lernen durch die notwendige Erfahrung. Wenn der Lernende noch nie selbstgesteuert gelernt hat oder wenn es um Kompetenzentwicklungsprozesse oder die Vermittlung prozeduralen Wissens geht, wird er schnell an seine Grenzen stoßen. Ersteres Problem kann durch ein so genanntes prozessorientiertes Lehren gefördert werden, bei dem der Lehrende dem Lernenden zeigt, wie er selbst die das Lernen steuernden Aktivitäten übernehmen kann.[831] Kompetenzentwicklungsprozesse und somit die Erweiterung des Erfahrungsschatzes lassen sich durch Planspiele und Simulationen stimulieren, aber implizites, erfahrungsgeleitetes Wissen, das von seiner ‚Natur' aus nicht kodifiziert vorliegt, kann effektiv nur mit Hilfe von Betreuungs- und Beratungskonzepten vermittelt werden. Personalentwicklungsaufgaben verlagern sich in die Fachabteilungen und müssen dort von Mitarbeitern und Führungskräften wahrgenommen werden.[832]

---

[828] Vgl. Krapp (2001) und ausführlich Krapp (1999).

[829] Vgl. Lewalter (2006): 49.

[830] Vgl. Krapp (2001).

[831] Vgl. Reinmann-Rothmeier/Mandl (1998): 465.

[832] Vgl. Flohr/Niederfeichtner (1982): 15 und Staudt/Kriegesmann (1999): 31.

1.1.3 Kooperatives Lernen gestalten

Lernen muss nicht ein individueller Vorgang sein, wenn auch die Prozesse der Informationsaufnahme, -verarbeitung und -speicherung von jedem Trainee selbstständig vorgenommen werden müssen. Lernen ist vielfacher Hinsicht ein sozialer, kooperativer Prozess.

> „Durch gemeinsames Erleben, Sprechen und Handeln erwerben wir Gewohnheiten, Überzeugungen, Kommunikationsstile und Konventionen, was letztlich dazu führt, daß wir in die jeweilige Gemeinschaft hineinwachsen."[833]

Kooperatives Lernen ist dabei nur ein Ausschnitt des Lernens als sozialer Prozess. Die Lernenden können sich zusätzlich gegenseitig anregen und motivieren und parallel hierzu ihre sozial-kommunikativen Fertigkeiten trainieren.[834] Kooperative Lernformen fördern den fachlichen Diskurs, regen zu neuen Fragen an und vertiefen auf diese Weise die eigenen Kenntnisse. In diesem Zusammenhang lassen sich Problemlösen und kooperatives Lernen miteinander verzahnen, indem in einer Gruppe arbeitsbezogene Probleme aufgegriffen und diskutiert werden.

1.1.4 Aufgabenstellungen

Ein immer wieder geäußertes Problem bei der Durchführung von Trainee-Programmen besteht in der Auswahl von Aufgabenstellungen und dem Formulieren von Projekten.[835] An das Lernpotential, das problem- und adressatengerechte Fragestellungen aufweisen, wird dabei meist noch nicht einmal gedacht.

Lernprozesse werden durch herausfordernde Problemstellungen eingeleitet. Der Trainee stößt auf eine Schwierigkeit bzw. Barriere. Diese Barriere kann er selbst überwinden, aber nicht in der Form, dass er eine schon fertige Struktur aus seiner individuellen kognitiven Struktur abruft, sondern indem er gezwungen ist, seine eigenen Wissensbestandteile zu aktivieren, diese neu zu kombinieren oder durch weiteres Nachdenken zu vervollständigen.[836] Dazu benötigt er Sachverhalts-, Prozess- und Handlungswissen (epistemisches Wissen) sowie Problemlösemethoden (heuristisches Wissen).

Die Frage nach einer guten Problemstellung und somit nach einer guten Lernaufgabe hängt zum einen von der Stufe der Schwierigkeit ab, da problemhaltige Aufgaben Anreizbedingungen darstellen und damit ge-

---

[833] Reinmann-Rothmeier/Mandl (1995): 194.

[834] Vgl. Neber (2001): 361 und die Studie von Udris (1998).

[835] Vgl. Abschnitt B, Kapitel 2.5

[836] Vgl. Euler/Hahn (2004): 344.

mäß der Selbstbestimmungstheorie der Motivation[837] das Bedürfnis nach Kompetenz ansprechen. Problematisch ist jedoch, dass gerade die Art der Problemstellung auch zu Überforderung und somit Demotivation und Aufmerksamkeitsverlust führen kann. Deshalb ist die Frage nach der richtigen Problemstellung alles andere als trivial. Dörner unterscheidet drei Problemtypen: Interpolationshindernisse, Synthese-Hindernisse sowie Dialektische Barrieren.[838] Für die Formulierung geeigneter Traineeaufgaben kommt es auf die Kombination von Informationsvoraussetzungen und dem durchzuführenden Transformationsprozess an.

Interpolationshindernisse liegen vor, wenn es bei den zu lösenden Problemen darum geht,

> „die richtige Kombination oder Folge aus einer Reihe bekannter Operationen zu bilden"[839].

Die effektive Anordnung der durchzuführenden Transformationen (Interpolation) zwischen Anfangs- und Zielzustand ist behindert. Sind die Ausgangslagen nur relativ unscharf und auch der Endzustand nicht detailliert bestimmt, liegt ein ‚Gestaltungsproblem' vor, das Aebli zusammen mit dem ‚Interpolationsproblem' in der Problemgruppe ‚Probleme mit Lücke' zusammenfasst.[840]

Bei *Synthese-Hindernissen* kommt es darauf an, nicht nur die richtige Kombination der Operationen zu bilden, sondern zuerst einmal brauchbare Operationen zusammenzustellen. Bei Problemen mit Synthesebarrieren ist das Operatorinventar offen. Häufig führen nur neue Lösungsmethoden, die bisher nicht im methodischen Inventar vorhanden waren, zur Lösung. Euler/Hahn sprechen in diesem Zusammenhang von Strukturierungs- und Entdeckungsproblemen und ergänzen diese Art von Problemen durch den von Aebli als ‚Probleme mit unnötigen Komplikationen' beschriebenen Typus. In diesem Fall erschweren dem Lernenden zusätzliche Informationen die Problembearbeitung.[841]

Dialektische Barrieren zeichnen sich meist durch Komparativkriterien aus.[842] Der Zielzustand wird durch bestimmte Kriterien umschrieben, die aber in den seltensten Fällen dezidiert formuliert werden (können). Die Lösung dieser Problemart erfolgt in einem dialektischen Prozess, indem der umrissene Zielzustand auf äußere und innere Widersprüche über-

---

[837] Vgl. Deci/Ryan (1993) und Csikszentmihalyi (1985).
[838] Vgl. Dörner (1976): 11–15.
[839] Dörner (1976): 12.
[840] Vgl. Aebli (2003): 278ff.
[841] Vgl. Euler/Hahn (2004): 349.
[842] Ein Beispiel ist das Ziel eine neue Wohnung einzurichten, die schöner sein soll, als die bisherige. Unklar bleibt bei dieser Zieldefinition, um wie viel schöner.

prüft wird.[843] Innerhalb dieses dialektischen bzw. „zirkulären"[844] Prozesses werden Vorschläge zur Erreichung des Ziels entworfen, dann geprüft und verworfen bzw. entsprechend dem Endzustand geändert.

Darüber hinaus kann der Zielzustand schlecht oder gar nicht definiert sein. Es gilt,

> „je weniger Informationen über Zustände und/oder Transformationen eines Problems vorgegeben sind, desto mehr Wissen muß ein Problemlöser intern aus seinem Gedächtnis aktivieren oder desto mehr Zusatzinformationen muß er extern einholen, um ein Problem bewältigen zu können"[845].

Zusätzlich führt Aebli noch ‚*Probleme mit Widerspruch*' an. Solche Probleme ergeben sich dort,

> „wo zwischen verschiedenen Aussagen über den gleichen Tatbestand eine logische Unvereinbarkeit besteht"[846],

welche den Lernenden zum Denken anregt. Widersprüche in Handlungsabsichten zwischen Individuen müssen durch „genaues Durchdenken der gegensätzlichen Positionen"[847] und damit das Finden einer Lösung überwunden werden.

		Klarheit der Zielkriterien	
		hoch	gering
Bekanntheitsgrad der Mittel	hoch	Interpolationsbarriere	dialektische Barriere
	gering	Synthese-Barriere	dialektische Barriere und Synthese-Barriere

Abb. 24: Klassifikation von Barrieretypen
in Anlehnung an Dörner (1976): 14.

1.1.5 Cognitive Apprenticeship

Die Lehrfunktion des Anleitens und Beratens steht in der Tradition handwerklicher Ausbildung und ist ein zentraler Bestandteil von Lernprozessen natürlich entstandener Communities of Practice.[848]

---

843 Vgl. Dörner (1976): 13.

844 Vgl. Euler/Hahn (2004): 350.

845 Putz-Osterloh (2000): 241f.

846 Aebli (2003): 290.

847 Aebli (2003): 291.

848 Weitere mögliche Ansätze, die aber aufgrund des intendierten Kompetenzerwerbs nicht diskutiert werden, sind der Anchored Instruction-Ansatz, goalbased scenarios und der Cognitive Flexibility-Ansatz. Eine Kurzdarstellung findet sich Gruber/Mandl/Renkl (1999): 8ff.

Der Cognitive Apprenticeship-Ansatz entstammt der konstruktivistischen Instruktionspsychologie und geht auf Methoden des Lehrens und Lernens in situierten Kontexten zurück, die Collins, Brown und Newman beschrieben haben.[849] Dabei steht das Handeln von Experten im Zentrum der Betrachtung: Wie gehen Experten vor, wenn sie bspw. komplexe Aufgaben bearbeiten oder Entscheidungen treffen? Ziel dieses lehr-lerntheoretischen Ansatzes ist es, Begriffs- und Faktenwissen in Zusammenhänge einzubinden, in denen es auch eingesetzt wird. Auf diese Weise wird fachgebundenes Wissen veranschaulicht und unter den Bedingungen gelernt, unter denen es eingesetzt wird. Dadurch entsteht ein Netz von Zusammenhängen und dem mehrfach angesprochenen ‚trägen Wissen' wird vorgebeugt.[850] Durch die im Cognitive Apprenticeship-Ansatz vorgesehene Art des kooperativen Lernens sollen sich die Novizen zu Mitgliedern der Expertenkultur entwickeln.

Verschiedene Studien konnten die Wirksamkeit dieses Ansatzes bestätigen. So zeigte eine Feldstudie von Schaper und Sonntag (1998) bei Instandhaltern, dass das Training mit Hilfe des Cognitive Apprenticeship-Ansatzes eine positive Wirkung auf die praktischen Fähigkeiten hatte. Auch Hron, Lauche und Schultz-Gambard (2000) konnten mit Hilfe des Ansatzes den Erwerb von Qualitätswissen in ein Handeln am Arbeitsplatz umsetzen. Darüber hinaus weisen die Ergebnisse von Sonntag et al. (2000) auf einen erfolgreichen Erwerb insbesondere von Fach- und Methodenkompetenz bei Auszubildenden hin, wenn die Lernumgebung auf Grundlage des Cognitive Apprenticeship-Ansatzes gestaltet wird.

Wesentliche Elemente des Cognitive Apprenticeship-Ansatzes sind:

1. *Modellhaftes Vorführen* (modeling)[851]

   Der Experte zeigt dem Lernenden, wie er eine Aufgabe bearbeitet, damit dieser den Prozess beobachten (i.S. der sozial-kognitiven Lerntheorie Banduras) und sich davon eine Begriffsvorstellung machen kann. Dies setzt voraus, dass die normalerweise von den Experten verinnerlichten Abläufe verdeutlicht werden. So können Trainees in die grundlegenden Arbeitsprozesse eingeführt werden. Hierzu gehört auch die Einführung in das domänenspezifische

---

[849] Vgl. Collins/Brown/Newman (1989): 453–494. Der scheinbare Widerspruch in der Formulierung ‚konstruktivistische Instruktionspsychologie' lässt sich bspw. durch einen gut geführten Dialog (Scaffolding) entkräften, da innerhalb dessen Wissen konstruiert werden kann. Vgl. Dubs (2004).

[850] Zur Passung zwischen Cognitive Apprenticeship-Ansatz und Erwachsenenlernen siehe Gerstenmaier/Henniger (1996): 191.

[851] Vgl. zu den folgenden Ausführungen Collins/Brown/Newmann (1989): 481ff im Original und die Übersetzung in Straka/Macke (2002): 134.

Wissen, in heuristische Strategien und in Kontroll- und Lernstrategien bspw. mit Hilfe von kognitiven Trainingsverfahren.

2. *Anleiten* (coaching)

Der Experte beobachtet den Lernenden bei der Bearbeitung einer Aufgabe und unterstützt ihn durch Hinweise, Hilfe, aber auch durch Rückmeldung. Methodisch stehen hierfür stellenungebundene instruktionale Lernformen (Kapitel 2.1.2), arbeitsplatzbezogene kooperative Formen des Wissenserwerbs (Kapitel 2.2.1) und stellengebundene aufgabenstrukturale Ansätze (Kapitel 2.2.2) zur Verfügung. Vor allem neue Aufgabenstellungen mit wachsenden Schwierigkeitsgraden sollen den Lernenden schrittweise an das Wissens- und Kompetenzniveau des Experten heranführen.

Anleiten bedeutet darüber hinaus, den Trainee auf mögliche Aspekte hinzuweisen, die er bisher noch nicht bedacht hat. Coaching muss sich deshalb darauf konzentrieren,

> „Fertigkeiten so darzustellen und zu verknüpfen, dass mittels wechselseitiger und situationsbezogener Rückmeldungen und Vorschläge die angestrebten Fertigkeiten tatsächlich erworben werden."[852]

Anleiten ist also unmittelbar auf spezielle Vorkommnisse oder Probleme bezogen, die Lernende haben, wenn sie versuchen, eine gestellte Aufgabe zu bearbeiten. In diesem Kontext können bspw. sozial-kommunikative Probleme i.S. des Sensibilisierens nach dem ‚dramaturgischen Prinzip' Eulers angesprochen werden.

3. *Strukturiertes Unterstützen* (scaffolding) und allmähliche *Rücknahme* (fading)

Unter strukturiertem Unterstützen verstehen Collins et al. die Hilfestellungen, die ein Experte dem ihm anvertrauten Trainee bei der Lösung von Teilaufgaben bietet. Man könnte auch von kooperativen Problemlöseprozessen zwischen Trainee und Lehrkraft sprechen. Ziel dieses Vorgehens ist es, dass der Lernende mit der Zeit die Verantwortung für die Bearbeitung der Aufgaben vollständig übernimmt. Deshalb schlagen Collins et al. eine allmähliche Rücknahme der Hilfestellungen vor. Der Lernende sollte zunehmend auf sich selbst gestellt werden.

Diesen drei Lehr-Lernmethoden stehen drei begleitende Tätigkeiten zur Seite:

---

[852] Straka/Macke (2002): 127.

1. *Artikulation*

Unter dem Stichpunkt ‚Artikulation' wollen Collins et al. darauf aufmerksam machen, dass es bedeutsam ist, dass die Trainees ihr Wissen und Denken, ihr Entscheidungs- und Problemlöseverhalten in einem Bereich artikulieren lernen. Methodisch fassen sie hierunter das erkundende Lehren („inquiry teaching"[853]), das die Lernenden dazu anregen soll, subjektive Theorien zu bereichsspezifischem Wissen, heuristischen Strategien, Kontrollstrategien oder Lernstrategien zu entwerfen, um dadurch ihr eigenes Lernverhalten zu formulieren und zu verfeinern (siehe hierzu auch die methodischen Ansätze in Kapitel 2). Eine ähnliche Funktion hat auch das Festhalten von Gedanken, die während des Problemlöseprozesses auftreten. Ziel der Artikulation ist die Kritik und Überwachung der eigenen Aktivität (siehe hierzu auch die Lehrfunktion ‚Kontrolle' in Kapitel 1.2.3).

2. *Reflexion*

Innerhalb des Lehr-Lernprozesses soll der Trainee befähigt werden, sein eigenes Vorgehen (z.B. beim Problemlösen oder Entscheiden) oder seine Vorstellung von Fachkundigkeit mit der Sichtweise des Experten oder anderer Trainees zu vergleichen. Der Einsatz geeigneter Wiedergabetechniken und der dadurch mögliche Leistungsvergleich zwischen Experte und Trainee erhöhen die Reflexionsfähigkeiten der Trainees. Als Beispiele führen Straka/Macke Video- oder Audioaufzeichnungen und Computeranimationen auf. Ebenfalls können Reflexionen durch einen Mitschnitt der Gedanken (‚lautes Denken') der Lernenden angeregt werden, wenn diese mit dem Denken von Fachleuten und anderen Trainees verglichen werden.[854] Verallgemeinert bedeutet dies, dass sich die Reflexion zum einen auf die Arbeitsaufgabe, auf die eingesetzten Verfahren und auf die Instrumente und deren Ergebnisse beziehen muss. Hierzu bedarf es einer ausgeprägten Fach- und Methodenkompetenz. Zum anderen bezieht sich die Reflexivität auf das Selbstbild, die Rollenmuster und die soziale Interaktion des Trainees. Notwendig hierfür sind personale und soziale Kompetenzen.

3. *Erkunden* (exploration)

Dem Trainee wird die Möglichkeit eingeräumt, selbstständig Probleme zu lösen. Diese Methode stellt den Wendepunkt zwischen Unterstützung und allmählicher Rücknahme dar. Allerdings müssen die Trainees in der Lage sein, die Fragen und Probleme der

---

[853] Collins/Brown/Newmann (1989): 482.

[854] Straka/Macke (2002): 128.

Aufgabe einzugrenzen und zu bearbeiten. Ein allzu früher ‚Wurf ins kalte Wasser' kann zu Demotivation und Misserfolgserlebnissen führen, die ein erfolgreiches Lernen verhindern können.

1.2 Lehrfunktionen außerhalb des Arbeitsprozesses

1.2.1 Auswahl der Traineeausbildungsstationen

Die Auswahl der betrieblichen Lernorte für Trainees erfordert ein Umdenken. Zwar erfolgt die Auswahl und Einrichtung systematisch, aber die Entscheidungsgesichtspunkte sind selten lern- und arbeitspsychologische Kriterien. Vielmehr bestimmen Vorgaben der Personalplanung und individuelle Interessen der Trainees die Einsatzbereiche. Dabei muss aus didaktischer Sicht zum einen eine Übereinstimmung von Curriculum, Kompetenzentwicklung und betrieblichem Lernort gegeben sein; zum anderen erfordern die intendierten Ziele ganzheitliche Lernprozesse. Dies führt dazu, dass auf der Ebene der Programmplanung eine unter didaktischen Gesichtspunkten geplante Job Rotation vorzuziehen ist, bei der Kompetenzorientierung und Tätigkeitsbezug, aber auch ein fächerübergreifender Ansatz im Mittelpunkt stehen.[855] Das Gestaltungsziel Ganzheitlichkeit verlangt, wie es bereits im Kapitel zur Selbststeuerung ausgeführt wurde, dass die Trainees alle direkten und indirekten Aufgaben übernehmen, die in den Arbeitsprozessen der Abteilungen anfallen und dass ihre Arbeitszeit so bemessen ist, dass ihr Lernpotential nicht durch Zeitdruck und Arbeitsbelastung eingeschränkt wird. Die Übernahme der Aufgaben setzt eine strukturierte Einführung in die einzelnen Arbeitsbereiche voraus.

1.2.2 Auswahl der Methoden

Die Auswahl der Methoden (Lehrfunktion: Lernen organisieren) orientiert sich am didaktisch-methodischen Gesamtkonzept, das in den Kapiteln B und C vorgestellt wurde. Der selbstständigen Erarbeitung der Lerninhalte (siehe hierzu das Konzept zum selbstorganisierten Lernen) kommt im Falle der Traineeausbildung aus Motivations- und Effektivitätsgründen eine erhöhte Bedeutung zu.

Bei der Auswahl der Methoden ist auf eine methodenimmanente Eigenkontrolle zum Aufbau und zur Förderung der Selbstevaluation im Rah-

---

[855] Vgl. hierzu das Lernfeldkonzept der Kultusministerkonferenz (1999). Lernfelder sind didaktisch aufbereitete Handlungs- und Tätigkeitsfelder, die den fachsystematischen Lehrplan durch ein nach Tätigkeitsfeldern gegliedertes Curriculum abgelöst haben. Siehe hierzu auch die Ausführungen zum Konzept der Job Families in Kapitel 2.2.3

men der Kompetenz- und Persönlichkeitsentwicklung zu achten. Diese Eigenkontrolle kann durch Feedbackgespräche mit den Betreuern bzw. durch Gesprächsrunden ersetzt werden.

Außerdem bestimmt die Akzeptanz der Methode – vor allem im Rahmen der Erwachsenenbildung – deren Einsatz, da defensives Lernen ohne die Einbindung der Lernenden unzweckmäßig erscheint.

Die in Frage kommenden methodischen Optionen werden im folgenden Kapitel 2 vorgestellt.

1.2.3 Kontrolle

Die Lernerfolgskontrolle erfolgt auf der Basis der Lernziele und ist ein essentieller Bestandteil der Lehrfunktion. Sie stellt zum einen die Lernergebnisse fest. Zum anderen hilft sie, den Lernerfolg zu beurteilen. Da diese Kontrolle zumeist nur nach Abschluss des Lernens erfolgt, ist die Lehrfunktion ‚Kontrollieren' im Hinblick auf die Gestaltung einer Trainee-Lernumgebung zu erweitern:

- die Lernziele und -inhalte können sich auch während des Lernprozesses ändern, können ersetzt oder präzisiert werden,

- die Beobachtungen aus der bereits als prozessbegleitenden Lehrfunktion angesprochene ‚Diagnose der Lernvoraussetzungen' werden dazu genutzt, die Informationen über die Trainees zu überprüfen,

- die Lernerfolgskontrolle wird als prozessbegleitende Komponente eingesetzt.[856]

Die untersuchten Trainee-Programmkonzeptionen sehen Traineeberichte und Traineebefragungen als Kontrollinstrumente vor. Der Bericht sollte nach den Aussagen der befragten Unternehmen eine Tätigkeitsbeschreibung sowie Aussagen darüber enthalten, wie der Trainee in die Arbeit eingebunden wurde, ob er quantitativ und qualitativ ausgelastet war und welche Empfehlungen der berichtende Trainee anderen Trainees gibt. Ähnlich der beruflichen Erstausbildung werden diese Berichte als Wochen-, Monats- und/oder Stationsberichte verfasst. Das eigentliche Lernpotential wird allerdings meist verkannt. Gezielte Aufgabenstellungen können die Artikulation und Reflexion der Tätigkeiten fördern und fordern und so den Wirkungsgrad der Berichte erhöhen.

Die zusätzlich eingesetzten Traineebefragungen geben Aufschluss über Unter-/Überforderung und einen zielbezogenen Ablauf des Programms.[857]

---

[856] Vgl. Euler/Hahn (2004): 168.

[857] Vgl. Thom/Giesen (1998): 17.

Wesentlich bei dieser Art der Kontrolle ist die Standardisierung, da nur sie eine systematische Diagnose gewährleisten kann.

Zusätzlich zu den Berichten sollten die Trainees in einem regelmäßigen Rhythmus beurteilt werden. Denn nur so lassen sich frühzeitig Fehlentwicklungen erkennen und korrigieren. Die Traineebeurteilung kann als Instrument zur Optimierung der individuellen Traineeausbildung gesehen werden. Die Verfahren (Formulare, Traineegespräche, freie Komponenten, 360-Grad-Feedback usw.) und die Gültigkeitsdauer der Beurteilungen (bis zum Programmende oder auch darüber hinaus) sind allerdings im Vorfeld zu klären.

1.3 Praktische Umsetzung des Lehrens

Für die praktische Umsetzung stellt sich im Anschluss an die theoretischen Überlegungen die Frage, wer die in den Kapitel 1.1 und 1.2 dargestellte Lehrfunktion innerhalb eines Trainee-Programms ausüben soll und kann.

In Frage kommen:

- Führungskräfte der Fachabteilungen/Ausbildungsstationen,
- Mentoren,
- Paten,
- Mitarbeiter der Personalabteilung und
- externe Personalentwicklungsdienstleister.

Zur Strukturierung der Diskussion und späteren besseren Vergleichbarkeit der Ergebnisse soll anhand von vier Kriterien das Potential der verschiedenen möglichen Trainee-Ausbilder abgeschätzt werden.

1. Fachliche Kompetenz

Die Lehrenden müssen zwingend notwendig über die fachliche Kompetenz i.S von explizitem und implizitem Wissen und über die notwendigen Fertigkeiten verfügen, damit ein Lehren, Anleiten und Hilfestellung Geben überhaupt möglich wird. Darüber hinaus sollten die Lehrenden über die erforderlichen Erfahrungen im Bereich des Managements verfügen, die den Trainees zur Erhöhung ihrer Marktfähigkeit verhelfen können.

2. Lehrkompetenz

Sie sollten über die erforderlichen Lehrvoraussetzungen verfügen. Dazu gehört neben der Fähigkeit, Lernprozesse zu initiieren, zu unterstützen und zu kontrollieren, auch die hierfür notwendige eigene Motivation. Deshalb ist die Lehrkompetenz

„eine zentrale strategische Größe hinsichtlich der zielbezogenen Umsetzung einer Methodenkonzeption bzw. einer differenzierten Verfolgung eines Ziels"[858].

Ferner geht von der Verhaltenskomponente des Lehrenden (siehe die sozial-kognitive Lerntheorie Banduras) eine zusätzliche Wirkung aus. Als Modell bzw. Vorbild werden seine Handlungen wahrgenommen und in das Handlungsrepertoire des Trainees übernommen. Dies bestätigt auch eine Studie von Staudt/Kley, in der zwei Drittel der befragten Führungskräfte angaben, dass sie durch Beobachten und Orientieren sowie durch gezieltes Befragen ihren Erfahrungsschatz aufgebaut hätten.[859]

Besonders Sozialisationseinflüsse verstärken den Kompetenzerwerb[860], so dass das soziale Umfeld der Lehrenden nicht außer Acht gelassen werden kann.

3. Beurteilungsverhältnis

Die vorherrschende Organisations- und Teamkultur sollte den Aufbau einer didaktischen Beziehung ermöglichen, zumindest nicht erschweren. Führungskräfte sind bspw. einem Zielkonflikt ausgesetzt, da sie zum einen die Aufgabe der Beurteilung und Kontrolle von Mitarbeitern ausführen, zum anderen aber die didaktische Aufgabe der beratenden Funktion wahrnehmen sollen. Dumpert spricht im Zusammenhang dieses Rollenkonfliktes von einer „Beziehungskonfusion"[861]. Übernehmen hingegen Mitarbeiter aus den Fachabteilungen die Ausbildung der Trainees, so können Konflikte durch eine mögliche Erwartungshaltung (‚Führungskraft') der Trainees oder Vorurteile der Mitarbeiter einen Lernfortschritt behindern.

4. Betreuungsrelation und zeitliche Belastung

Die Organisationsstruktur sollte so konzipiert sein, dass Restriktionen auf Seiten der Ausbilder (z.B. zeitliche, organisatorische) die Umsetzung didaktischer Aufgaben nicht unmöglich machen. Empirische Hinweise, dass diese Voraussetzung in den Unternehmen häufig nicht gegeben ist, liefert Lang. Er bezweifelt, dass Reflexion und Lernen in den meisten Unternehmen verankert und institutio-

---

[858] Vgl. Euler (1997): 296.

[859] Vgl. Staudt/Kley (2001): 255. Das „Learning by Communication" (Erpenbeck/ Heyse 1999: 47) stellt für Führungskräfte eine charakteristische Lernform dar.

[860] Inwieweit kann von den Trainees Teamfähigkeit, Konfliktfähigkeit usw. erwartet werden, wenn sie in ihrem Arbeitsumfeld eine starke Konkurrenz-, Rivalitäts- und Wettbewerbskultur vorfinden.

[861] Dumpert (2001): 210.

nalisiert sind[862], denn das größte Problem ist die Zeitknappheit. So hat Neuberger die Arbeitssituation von Führungskräften untersucht und dabei festgestellt, dass die Anzahl der Mitarbeiter pro Vorgesetzten zwischen 1 und 300 schwankt.[863] Bereits bei über 30 Mitarbeitern dürfte die Möglichkeit, einen intensiven und individuellen Kontakt zu pflegen, problematisch werden. Die Übernahme einer Lehrfunktion erscheint illusorisch. Maßgeblich für eine erfolgreiche Entwicklung der Trainees ist somit die Betreuungsrelation und zeitliche Belastung der Lehrenden.

Wendet man diese Kriterien und die theoretischen Grundlagen des ‚Lehrens' auf die eingangs angesprochenen Personengruppen an, so lassen sich aus lehr-lerntheoretischer Sicht verschiedene Argumente für die eine oder andere Personengruppe finden.

1.3.1 Führungskräfte der Fachabteilungen

Lehren durch den direkten Vorgesetzten ist seit den 80er Jahren mit dem Begriff des ‚Coaching'[864] verbunden.[865] Heute wird Coaching als ein Teil der Führungsrolle einer jeden Führungskraft und somit als Führungsaufgabe im Rahmen eines Personalentwicklungskonzeptes betrachtet.[866] Dabei hat sich das Begriffsverständnisses vom Instruieren und Anweisen (direkte Einflussnahme) zum Beraten (indirekte Einflussnahme) verschoben.[867] Coaching im heutigen Begriffsverständnis ist

> „die professionelle Beratung, Begleitung und Unterstützung von Personen mit Führungs-/Steuerungsfunktion und von Experten in Unternehmen/Organisationen. Zielsetzung von Coaching ist die Weiterentwicklung von individuellen oder kollektiven Lern- und Leistungsprozessen bzgl. primär beruflicher Anliegen."[868]

---

[862] Vgl. Lang (1996): 274.

[863] Vgl. Neuberger (2004): 17.

[864] Zum Begriff ‚Coaching' und dessen Inhalte siehe Böning (1994) und Rauen (1999).

[865] Vgl. Thomas (1998); Rauen (1999): 48f.

[866] Vgl. die Coaching-Varianten in Kaschube/von Rosenstiel (2004): 584; Schneider (2004): 653f und Küng (1999): 100.

[867] Vgl. Schneider (2004): 652; ebenso Steinmann/Schreyögg (2005): 658, die in Coaching durch Führungskräfte ein neues Wort für personenorientierte Führung sehen.

[868] Böning/Fritschle (2005): 42. Andere Definitionsvorschläge verzichten auf die Eingrenzung der Personengruppe und lassen diese bewusst offen. Vgl. Schneider (2004): 653.

Die Kontextgebundenheit und Aufgabenzentriertheit des Coaching unterscheidet es von der Persönlichkeitsentwicklung i.e.S.[869]; sein Fokus auf die langfristige Entwicklung von Fähigkeiten grenzt es gegenüber den eher kurzfristig orientierten Zielen von Training-on-the-job Maßnahmen ab.[870]

Für die Beurteilung und Einschätzung der Lehrperspektive sind die bisherigen Inhaltsbereiche von Coaching-Maßnahmen maßgeblich.[871] Nach Stenzel gehören hierzu:[872]

- das Schaffen von Rahmenbedingungen (z.B. im Rahmen von Arbeitsstrukturierung), die es den Mitarbeitern ermöglichen, ihre Aufgaben selbstständig, kompetent und effizient zu erfüllen.[873]

- das Angebot an Qualifizierungs- und Orientierungshilfe in der Karriereplanung für die Mitarbeiter. Die direkte Förderung hängt allerdings wesentlich von der generellen Lehrbereitschaft der Führungskräfte ab.[874]

- ein entwicklungsorientiertes Führen von Mitarbeitern zu einem höheren Reifegrad. Ein didaktisch orientiertes Führungsverhalten ist sicherlich prinzipiell erlernbar, allerdings liegen positive Befunde über die Trainierbarkeit des Coaching-Stils bei Führungskräften kaum vor.[875]

Erstellt man für die Lehrkompetenz von Führungskräften ein Chancen-Risiken-Profil, so sind aus didaktischer Perspektive deren Motivation, Lehrbereitschaft und individuelle Fähigkeiten sowie die organisatorischen Rahmenbedingungen als kritische Erfolgsfaktoren zu diskutieren.

Die tätigkeitsbezogene, fachliche Kompetenz der Vorgesetzten kann vorausgesetzt werden. Sie dürfte im Vergleich zu externen Trainern im Bereich unternehmens- und organisationsspezifischer Kenntnisse weitaus fundierter sein.[876] Allerdings kann davon ausgegangen werden, dass we-

---

[869] Vgl. hierzu die Ausführungen in Abschnitt D, Kapitel 2.4.

[870] Vgl. Bickle (2000): 170f.

[871] Siehe auch die vier Coaching-Rollen bei Flato/Reinbold-Scheible (2006): 220ff.

[872] Vgl. Stenzel (2006): 313.

[873] Vgl. Steinmann/Schreyögg (2005): 823.

[874] Vgl. Holling (2000): 238 und bspw. die Form der Verhaltensmodellierung nach Latham/Saari (1979), die unter dem Stichwort ‚Behavior Modeling' noch ausführlicher thematisiert wird.

[875] Vgl. Kaschube/von Rosenstiel (2004): 584. Ein Beispiel für einen positiven Trainingserfolg liefert Bickle (2000): 171.

[876] Sollten jedoch persönliche Bedingungen (z.B. Schicksalsschläge) Gegenstand der Gespräche sein, kann vom Vorgesetzten keine professionelle therapeutische Hilfe erwartet werden.

sentliche Aspekte des Kompetenzaufbaus und der Kompetenzentwicklung, die innerhalb der didaktischen Analyse herausgearbeitet wurden, den Vorgesetzten direkt nicht bewusst sind, so dass eine differenzierte Unterstützung nicht erwartet werden kann.[877] Implizit mögen sie in ihrem Erfahrungsschatz über Kompetenzmuster verfügen, jedoch besteht das Problem in der Verbalisierung und Vermittlung dieser Erfahrungen.

Der professionelle und zielorientierte Einsatz von Methoden, Medien und Materialien kann ebenfalls nicht erwartet werden. Dies schließt auch die Analyse der Lernvoraussetzung und die Ableitung lernförderlicher Aufgaben mit ein, so dass der Lernerfolg der Trainees nicht gesichert vorausgesagt werden kann. Allerdings sind die Vorgesetzten in der Lage, Lernprozesse zu initiieren, indem sie in Einzelgesprächen gezielt auf die spezifischen und situativ relevanten Probleme der Trainees eingehen und in ihrer Rolle als Feedback-Geber den Trainees einen umfassenden Überblick über ihre Stärken und Schwächen geben. So können sie im Rahmen ihrer Coaching-Rolle Aspekte der kognitiven Lehre aufnehmen (Anleiten und Beraten) und so die Lernprozesse unterstützen. Scherm sieht im Feedback durch Führungskräfte einen viel versprechenden Weg, die individuelle und verhaltensrelevante Lernfähigkeit der Trainees zu beeinflussen.[878]

Ein kritisch zu bewertender Aspekt betrifft die aus psychologischer Sicht notwendige Kontinuität innerhalb eines Kompetenzaufbaus. Das den Trainee-Programmen immanente Ziel flexibel einsetzbare Führungsnachwuchskräfte auszubilden, ist auf eine breite, erfahrungsgestützte Wissensbasis angewiesen. Deshalb kann vom Programmbaustein der Job Rotation nicht Abstand genommen werden. Durch den ständigen Wechsel werden die Ausbildungsaufgaben von einem Vorgesetzten zum nächsten weitergereicht, was alleine schon aufgrund der immer wieder notwendigen Übergabe zu Brüchen wie auch Redundanzen führt und somit den notwendigen kontinuierlichen Kompetenzaufbau nicht sicher stellt.

Resümierend kann deshalb die Eignung des direkten Vorgesetzten als Lehrperson nur als eingeschränkt positiv bewertet werden. Zeigt die Führungskraft keine Bereitschaft, die eigenen Maßnahmen und das Handeln der Trainees didaktisch zu reflektieren und die Reflexionsergebnisse in seine Arbeit einfließen zu lassen, sollte von dieser Lehrvariante Abstand genommen werden. Ebenfalls muss die Aufmerksamkeit der Führungskraft auf das Lernen des Trainees vorausgesetzt werden.

---

[877] Steinmann/Schreyögg (2005: 823) weisen darauf hin, dass man die Leistungsfähigkeit von Führungskräften als Coaches ihrer Mitarbeiter nicht überschätzen sollte.

[878] Vgl. Scherm (1998): 286.

Deshalb ist situationsspezifisch zu klären, ob ein möglicher um weitere Lehrinhalte erweiterter Coaching-Prozess durch den direkten Vorgesetzten für den Trainee individuell durchgeführt werden kann und sollte. Der dadurch entstehenden Möglichkeit, gezielt die Leistungsmöglichkeiten und Barrieren im Lern- und Berufsprozess herauszuarbeiten, steht ein hoher zeitlicher Bedarf entgegen.

Wenn auch der unmittelbare Vorgesetzte aus Sicht der Gestaltung einer Trainee-Lernumgebung, vor allem aufgrund der Zeitknappheit, nicht die optimale Lehrperson darstellt, so sollte seine Kompetenz als Fachvorgesetzter eingebunden werden. Durch Aufgabenstrukturierung, Job Enlargement, Job Enrichment oder durch die Übertragung von Assistententätigkeiten kann er den Lernprozess des Trainees maßgeblich unterstützen. Inwieweit seine zeitlichen Ressourcen es erlauben, im Rahmen einer Cognitive Apprenticeship-Lehre die Entwicklung des Trainees zu unterstützen, muss situationsabhängig entschieden werden.[879] Allerdings, so Küng, tun sich Führungskräfte heute noch schwer, arbeitsbezogene Personalentwicklungsprozesse zuzulassen bzw. zu fördern.[880] Dubs führt dies auf ideologische Gründe in Bezug auf diese Form der PE und auf fehlende Erfahrungen oder Bezüge aus der eigenen betrieblichen Lernentwicklung zurück.[881] Möglicher Weise stellen differenzierte Beurteilungssysteme (z.B. 360-Grad-Feedback) mit zuerst klar strukturierten und tief gegliederten Zielen und Aufgaben, die sich im Laufe der Ausbildung dem Lernfortschritt und der erreichbaren Komplexitätsstufe der Aufgaben anpassen, eine methodische Gestaltungsoption für ein zielorientiertes Beraten dar.[882]

Für die Gestaltung der Lernumgebung ist die Führungskraft durch ihre methodischen Gestaltungsmöglichkeiten eine der maßgeblichen Einflussgrößen on-the-job.[883] Sie kann durch das Einräumen von Lernzeit und durch die Übertragung von lernförderlichen Aufgaben selbstgesteuerte Lernprozesse und Persönlichkeitsentwicklungsprozesse bei den

---

[879] Eine Erhebung bei Führungskräften zeigte, dass 52% der Befragten Coaching und Mentoring als effektiv empfanden. Bessere Werte bekamen allerdings ‚Einweisen und Anlernen' (71%) sowie die Kategorien ‚Beobachten und Orientieren' (65%) und ‚gezieltes Befragen' (66%). Vgl. Staudt/Kley (2001): 254.

[880] Vgl. Küng (1999): 101.

[881] Vgl. Dubs (1997): 70f.

[882] Vgl. Kaschube/von Rosenstiel (2004): 588; Neuberger (2000) und Day (2001: 588ff), der darauf hinweist, dass das 360-Grad-Feedback keine Hilfe zur Veränderung von Verhaltensweisen anbietet.

[883] Ihr stehen stellenungebundene instruktionale Lernformen, arbeitsplatzbezogene kooperative Formen des Wissenserwerbs und stellengebundene aufgabenstrukturale Ansätze zur Verfügung.

Trainees initiieren, ohne, dass sie selbst als Lehrperson i.e.S. auftreten muss.

1.3.2 Mentoren

Mentoring gewinnt seit den 80er Jahren bei der Entwicklung der obersten Führungsnachwuchskräfte an Bedeutung, da mehrere Studien gezeigt haben, dass Führungskräfte mit Mentoren im Vergleich zu denen ohne Mentoren ihre Potenziale beruflich besser entfalten konnten.[884] Ein Mentor ist Begleiter, Partner und Vertrauter des Mentee und sollte eine Vorbildfunktion für ihn haben.[885] Er sorgt dafür, dass der Mentee Gelegenheit erhält, sein Können und Wissen einzusetzen.

> „Mentoring setzt u.a. eine Vertrauenskultur im Unternehmen, eine starke Sozialkompetenz seitens des Mentors und eine ausgeprägte Lernbereitschaft seitens des Mentees voraus."[886]

Der Mentor will den Mentee in die Organisation einführen, seine Persönlichkeit weiterentwickeln und seine berufliche Karriere fördern.[887] Mentoring-Programme werden deshalb individuell konzipiert und bestehen aus beratenden und lehrenden Programmelementen.[888] Im Mittelpunkt der Mentoring-Gespräche finden sich folglich Inhalte wie[889]:

- die Beratung der Mentees in konkreten Situationen oder zu aktuellen Fragen, Projekten oder Problemen,
- das Feedback,
- die Planung der Karriere und Besprechung möglicher Hindernisse,
- die Erarbeitung beruflicher Strategien,
- die Einführung in Netzwerke und das Vermitteln von Kontakten,
- die Weitergabe von Erfahrungen des Mentors[890] und

---

[884] Vgl. Hilb (2004): 1151; Blickle (2000): 168; Day (2001): 594 und Allen/Eby et al. (2004). Studien und Meta-Analysen liegen in einer Vielzahl vor, bspw. Noe (1988); Wanberg/Welsh et al. (2003); D'Abate/Eddy et al. (2003); Allen/Eby et al. (2004).

[885] Eine Literaturdiskussion zur Abgrenzung zwischen Mentor, Coach und weiteren Konstrukten findet sich bei D'Abate et al. (2003).

[886] Hilb (2004): 1151.

[887] Vgl. Wanberg/Welsh et al. (2003): 54f.

[888] Internes Mentoring und internes Coaching haben sicherlich Parallelen. Ein wesentliches Unterscheidungskriterium liegt aber in der hierarchischen Unabhängigkeit des Mentees vom Mentor.

[889] Vgl. Reichelt (2006): 326. Ähnliche Kriterien führt auch Bickle (2000: 167) auf.

[890] Dybowski (1999: 14) stellt die Bedeutung des erfahrungsgeleiteten Lernens in den Mittelpunkt ihres Aufsatzes.

- die Einführung in informelles Wissen über Aufbau und Ablauforganisation im Unternehmen bzw. der Austausch über Firmen- und Brancheninformationen.

Bezogen auf die eingangs formulierten Lernziele von Trainee-Programmen und die Anforderungen an die Lehrenden zeigt sich, dass der Mentor in seiner Funktion als Lehrer in der Lage ist, den Lernfortschritt der Trainees zu forcieren. Durch die – betrachtet man nur das interne Mentoring[891] – hervorgehobene Stellung des Mentors, kann er seinem Mentee einen vertraulichen und geschützten Rahmen bieten, innerhalb dessen der Trainee experimentieren, lernen und Fehler machen kann. Der Einsatz von Mentoring ist besonders dann geeignet, wenn Wissensvermittlung und Persönlichkeitsentwicklung gemeinsam betrieben werden sollen. Allerdings sollte Mentoring in ein Förderprogramm (Training-near-/off-the-job, Job Rotation usw.) eingebettet und nicht als ein isoliertes Personalentwicklungsinstrument eingesetzt werden, da nicht davon auszugehen ist, dass der Mentor, ähnlich dem Vorgesetzten, theoretische Konzepte der Kompetenzentwicklung kennt.

Die Unterstützung des Mentors ist fachlicher und sozialer Natur.[892] Der Mentor ist in der Lage, dem Trainee informale Strukturen zu vermitteln und Kontakte herzustellen. Dabei haben emotionale Kriterien wie Vertrauen, Wertschätzung und Anerkennung eine hohe Bedeutung.[893]

Kritisch zu diskutieren ist, inwieweit der Mentor aufgrund seiner eigenen zeitlichen Belastung in der Lage, aber auch bereit ist, den Lernprozess der Trainees zu unterstützen. Positiv wirkt sich sicherlich die Kontinuität der Mentoring-Beziehung aus, da – anders als der direkte Vorgesetzte – der Mentor während des gesamten Programms und vielleicht darüber hinaus, Berater und Lehrer bleibt.[894] Dadurch entstehen während der Ausbildung keinerlei Brüche. Jedoch ist der Mentor nicht Teil

---

[891] Grundsätzlich unterscheidet man nach dem Zustandekommen des Kontaktes zwischen informellem und formellem Mentoring und nach dem Ort der Durchführung (Standort des Mentors) zwischen internem, externem Mentoring sowie Cross-Mentoring. Da es um einen systematischen Wissens- und Kompetenzaufbau innerhalb der Trainee-Programme geht, wird das zufällig zustande kommende informelle Mentoring nicht weiter thematisiert. Externes und Cross-Mentoring werden ebenfalls nicht betrachtet, da beide Formen eher auf die Unterstützung bestimmter Gruppen (z.B. Existenzgründer, Frauen, Arbeitslose) fokussiert sind und es weniger um die in Trainee-Programmen angestrebten Lernziele geht. Vgl. Rauner (1999): 69ff.

[892] Vgl. Flato/Reinbold-Scheible (2006): 70.

[893] Vgl. Bickle (2000): 169; Wanberg/Welsh et al. (2003): 41–43.

[894] Eine der wesentlichen Funktionen von Mentoring ist, den Mitarbeiter an die Organisation zu binden. Deshalb sind Mentoren im Unterschied zu externen Coaches nicht neutral. Vgl. Rauen (1999): 71.

der Arbeitsabteilung des Trainees, so dass sein Einfluss auf die Aufgabenstrukturierung und Schaffung einer erfahrungsorientierten Lernumgebung eingeschränkt sein dürfte. Da ihm zusätzlich das Wissen über Methoden und Medien der Lernumgebungsgestaltung fehlen dürfte, ist es für ihn schwierig – abgesehen von der Möglichkeit Frei- und Experimentierräume zu schaffen – den Lernprozess des Trainees zu diagnostizieren und zu forcieren.

Weitere organisatorische Probleme formeller Mentoringstrukturen sind die Akquise und Auswahl der Mentoren[895] sowie das spätere Matching.[896] Die Kunst sowohl sachlich als auch menschlich harmonierende Tandems zu bilden, stellt ein wesentliches Erfolgsrisiko für die Lernbeziehung und somit für den Lernprozess dar.[897] Auch die Mentoren müssen – wie auch die Fachvorgesetzten – auf ihr Aufgabegebiet als institutionalisierter ‚Lehrer‘ vorbereitet werden, denn es gilt nicht nur Ziele, Strukturen und Ablauf der Trainee-Programme zu kennen, sondern auch die eigene Rolle und Aufgabe zu reflektieren. Auch müssen Erwartungen und Ziele der Mentees und des Mentoring-Programms geklärt werden. Darüber hinaus ist es häufig notwendig, die Mentoren vor allem im kommunikativen Bereich auf ihre neue Rolle vorzubereiten. Die Zusammenschau dieser vielfältigen Aspekte führt dazu, dass Mentoren in formalen Programmen häufig weit weniger bereit sind, sich zu engagieren als in informellen Programmen und das ihr Einsatz deshalb als institutionalisierter ‚Lehrer‘ problematisch ist.[898]

1.3.3 Paten

Einen Ausweg könnten Patenschaften darstellen, die ebenfalls wie das Mentoring auf einer 1:1 Beziehung basieren, deren Dauer aber i.d.R. kürzer ist. Dies liegt daran, dass ihr Fokus nicht auf die Karrierefunktion gerichtet ist, sondern sie den Trainee in der aktuellen Aufgabensituation

---

[895] Studien zeigen, dass auf der Seite der Mentoren die Teilnahme auf Freiwilligkeit beruhen sollte. Die Mentees sind im Allgemeinen froh, dass sie Abschnitt dieser Programme sind. Vgl. Wanberg/Welsh et al. (2003): 103.

[896] Diese Probleme treten beim informellen Mentoring nicht auf, da Mentee und Mentor freiwillig die Beziehung aufnehmen und ausgestalten. Vgl. Wanberg/ Welsh et al. (2003): 83. Studien zeigen, dass aus Sicht der Mentoren der Mentee ein attraktiver Gesprächspartner sein muss, um die hohe zeitliche Investition zu kompensieren. Vgl. Allen/Poteet et al. (1997).

[897] Deshalb wird häufig vorgeschlagen, den eigentlichen Matching-Prozess außerhalb des Unternehmens durchzuführen, damit mögliche Zwänge aufgrund des Dienstortes oder Arbeitsplatzes nicht aufkommen. Trotzdem lässt sich in informell initiierten Mentor-Protegé-Beziehungen die exakte Passung leichter herstellen. Vgl. Kaschube/von Rosenstiel (2004): 587.

[898] Vgl. Wanberg/Welsh et al. (2003): 84–96.

unterstützen, damit er erfolgreich und motiviert weiterarbeitet und lernt und sich an das Unternehmen gebunden fühlt. Deshalb müssen Paten in der Hierarchie nicht zwangsläufig über den Trainees stehen, sondern können auch erfahrene Mitarbeiter oder Projektleiter[899] des Unternehmens sein.[900] In einer Studie von Staudt und Kley (2001) gaben 71% der befragten Führungskräfte an, dass sie von der Einweisung und dem Anlernen durch Kollegen als eine Facette des Training-on-the-job stark oder sogar sehr stark profitiert hätten.[901] Allerdings, so zeigt es eine Studie von Sue-Chan/Latham (2004), erreichen externe Coaches und Selbstcoaching-Aktivitäten einen höheren Effektivitätsgrad als das Coaching durch einen gleichrangigen Peer.

In ihren Aufgaben ähneln die Paten den Mentoren, wobei die fachliche und organisatorische Einarbeitung und die Anleitung zum selbstständigen Handeln stärker ausgeprägt sein dürfte als bei Mentoren, deren Blick – auch aufgrund ihrer hierarchisch höheren Stellung im Unternehmen – eher auf die Karriere ihrer Mentees gerichtet ist. Patenschaften können als ein Element des Wissensmanagements gesehen werden, da sie die Weitergabe von Experten- und Erfahrungswissen on-the-job garantieren. Der Trainee wird systematisch in die Arbeitsabläufe, die Organisation und die Kultur der Fachabteilung eingeführt; allerdings sichert diese Art der Einführung nicht den Blick über die Fachabteilung hinaus und widerspricht dem eher generalistischen Ansatz der Trainee-Programme. Dieser erfordert die Einnahme der Perspektive der Unternehmensebene, da auf dieser die Zusammenhänge und Abhängigkeiten deutlich werden. Patenschaften sichern die schnelle Produktivität des Trainees durch ihre praxisnahe Ausbildung[902] und fördern somit den Aufbau einer praxisnahen Employability.

Fraglich bei diesem Konzept ist, inwieweit die Persönlichkeitsentwicklung unterstützt wird und soziale wie auch methodische Kompetenzen fortentwickelt werden. Mentoren und Fachvorgesetzte können, wenn sie auch nicht über die theoretischen Hintergründe verfügen, aus ihrem Erfahrungsschatz als Führungskraft durch situative Beispiele zum Erfahrungslernen der Trainees beitragen. Dieses implizite Wissen dürfte den Mitarbeitern – vor allem im Bereich der Managementkompetenzen – zum Teil fehlen.

Kompetenzentwicklung setzt darüber hinaus Aktivität seitens der Trainees voraus. Werden die Mitarbeiter in den Fachabteilungen als Paten

---

[899] Küng (1999): 159 fasst die potentiell in Frage kommenden Paten als Eliten im Unternehmen zusammen.

[900] Vgl. Berthel/Becker, F.G. (2003): 239.

[901] Vgl. Staudt/Kley (2001): 255.

[902] Vgl. Maier/Spieß (1994): 261f.

gewonnen, so werden sie nicht eigenmächtig den Tätigkeitsbereich der Trainees durch Arbeitsbereicherung sowie -ausweitung lernförderlich gestalten dürfen. Dadurch werden die Optionen der Trainees, ihre Problem- und Entscheidungskompetenz anzuwenden, eingeschränkt. Die Mitarbeiter-Paten sind nur Ausbilder mit eingeschränktem Gestaltungspotential, die jedoch die Integration der Trainees in die Arbeitsgruppe am besten gewährleisten können.

Kritisch merken Berthel/Becker an, dass Patensysteme dazu führen können, dass der Kontakt zum Vorgesetzten abgeschnitten wird, da er letztendlich die Beurteilungsfunktion übernimmt. Ebenfalls kritisch sehen sie auch eine neue mögliche Konkurrenzsituation, die aufgrund der neuen Aufgabe und der damit einhergehenden Schulungen der fachlichen und pädagogischen Fähigkeiten des Paten zwischen ihm und dem Vorgesetzten entstehen kann. Weiterhin kann die Übernahme einer Patenschaft auch den Mitarbeiter überfordern, da Patenaufgaben mit Sachaufgaben kollidieren.[903] Allerdings dürfte ihre Motivation durch die Übertragung dieser Aufgabe und ihre zeitliche Verfügbarkeit durch eine partielle Freistellung für diese Aufgabe gerade im Bereich der Einarbeitung und Integration der Trainees in das Unternehmen, sowie bei der Vermittlung von Werten und Normen eine effektive Lehr-Variante darstellen, die allerdings aufgrund der Zugehörigkeit der Paten zu einer Fachabteilung nicht zu einem überschneidungsfreien Kompetenzaufbau führt.

1.3.4 Mitarbeiter der Personalabteilung

Ebenfalls eine Variante des Coaching ist die Beratung von Mitgliedern unterer bis mittlerer Führungsebenen durch Vertreter der Personalentwicklung/-abteilung oder durch interne Trainer.[904] Bei dieser Form des Coaching geht es um die Förderung des Transfers gelernter Inhalte und um die individuelle Problembearbeitung im Umfeld von Führungskräftetrainings. Der organisationsinterne Coach führt hierbei entweder Einzel-Coaching oder Gruppen-Coaching-Maßnahmen durch. Empirische Befunde existieren allerdings kaum, da diese internen Verfahren selten systematisch eingesetzt und dementsprechend dokumentiert werden.[905]

Beide internen Varianten weisen jedoch Potential auf, da erwartet werden kann, dass die Mitarbeiter der Personalabteilung über die notwen-

---

[903] Vgl. Berthel/Becker, F.G. (2003): 239.

[904] Vgl. Rauen (1999): 47 und 51.

[905] Vgl. Kaschube/von Rosenstiel (2004: 584). Hall/Otazo/Hollenbeck (1999) konnten in einer kleinen Stichprobe von Führungskräften einer Stadtverwaltung nachweisen, dass die gecoachte Gruppe eine um 65% höhere Produktivitätssteigerung aufwies.

dige Expertise verfügen, Kompetenzentwicklungsprozesse zu initiieren und zu unterstützen.[906] Sie stehen für eine kontinuierliche interne Ausbildung und dürften im Vergleich zu externen Anbieter kostengünstiger sein.

Da die Personalabteilung in der Mehrzahl der Unternehmen als zentrale Koordinierungsstelle die Planung des Traineeausbildungsprogramms übernimmt, kann sie eine zielorientierte Gestaltung der Trainee-Lernumgebung gewährleisten. Durch ihren direkten Kontakt zu den Fachabteilungen kann sie – anders als externe Anbieter – die Ausbildungsinhalte on-the-job mit off-the-job- und near-the-job-Angeboten abstimmen. Darüber hinaus können Personalentwicklungsangebote für andere Mitarbeitergruppen (z.B. im Rahmen einer Corporate University) in das Trainee-Programm einbezogen werden, um so einen unternehmensinternen Wissens- und Erfahrungsaustausch zu initiieren, aber auch um Kosten zu sparen.

Übernimmt die Personalabteilung die Koordination der Programme, so ist es auch ihre Aufgabe, die Ausbildungsstationen auszusuchen und vorzubereiten. Sie kann, aufgrund ihrer Erfahrung, die Trainees in ihren individuellen Lernprozessen durch die Gestaltung eines lernförderlichen Curriculums unterstützen. Dazu beitragen würde ein regelmäßiges Reporting der Trainees an die Trainee-Beauftragten der Personalabteilung und die Rückkopplung der Ergebnisse an die Fachabteilungen und die Trainees. Dieser Schritt entlastet zum einen die direkten Vorgesetzten/Mentoren zeitlich, zum anderen könnten die zuständigen Trainee-Betreuer der Personalabteilung alleine aufgrund ihres methodischen Know-hows auf eventuelle Defizite reagieren.

Durch die Zuweisung einiger Lehraufgaben in den Bereich der Personalabteilung ergibt sich die Option Einzel- und Gruppenmaßnahmen durchzuführen. In Gruppenveranstaltungen können die Trainees bspw. ihre vielfältigen Erfahrungen in der Konfrontation mit den gerade aktuellen Arbeitsthemen einbringen und diskutieren. Dieser Erfahrungsaustausch birgt ein hohes Lernpotential, da er das kollaborative Lernen (alle beschäftigen sich mit aktuellen Problemstellungen) fördert.[907]

Einzig die Vermittlung erfahrungsbasierten Führungskräftewissens und die wichtige Funktion des Lernens am Modell der Führungskraft lassen sich nur schwer mit den zwar unternehmensbezogenen, doch in ihrer Ausgestaltung eher generalistischen Angeboten der Personalabteilung vereinbaren. Zu beachten ist bei dieser Lehrvariante, dass instruktionale

---

906 Vgl. Müller-Vorbrüggen (2006): 575ff.
907 Siehe auch die methodischen Möglichkeiten in Kapitel 2.2.

Komponenten wie bspw. Seminare und Vorträge nicht überhand nehmen.

Für einen effektiven Kompetenzaufbau ist es von Bedeutung, dass die Trainees sich selbstgesteuert und handlungsorientiert das notwendige Wissen und die intendierten sozialen und methodischen Kompetenzen konstruktiv aneignen, so dass Planspiele und Fallstudien als ergänzende Angebote der Personalabteilung zur Ausbildung on-the-job in Betracht kommen, deren situative und problembezogene Darstellung erfahrenen Personalentwicklern gelingen dürfte. Allerdings muss die Vorstellung, Personalentwicklung sei alleine Aufgabe einer (zentralen) Einheit aufgegeben werden. Selbst eine gut strukturierte und organisierte Personalabteilung kann nur einen kleinen Ausschnitt der intendierten Entwicklung tragen.[908] Limitiert wird das Lehren durch Mitarbeiter der Personalabteilung durch eine mögliche fachliche, aber auch räumliche Distanz zu den notwendigen on-the-job-Inhalten. Ihnen bleiben der Trainingsraum near-the-job und off-the-job vorbehalten. Deshalb können sie auch die Integration der Trainees ins Unternehmen nur durch begleitende Aktivitäten fördern. Ein ganzheitlicher, erfahrungsorientierter Kompetenz- und Wissenserwerb ist auf die Trias Fachvorgesetzte, Paten und Personalabteilung angewiesen, da nur sie die umfassende Lehrkompetenz garantieren kann.

1.3.5 Externe Personalentwicklungsdienstleister

Externe Anbieter von Personalentwicklungsmaßnahmen sind ausgebildete Fachkräfte auf gewissen Spezialgebieten. Sie sind in der Lage didaktisch und lerntheoretisch ansprechende Personalentwicklungsmaßnahmen durchzuführen, kennen aber für gewöhnlich das Unternehmen, die internen Arbeitsabläufe, Machstrukturen usw. nicht. Sie sind professionelle Partner und Vermittler auf Zeit. Dafür entstehen, anders als bei internen Lösungen, allerdings Kosten, die von der Qualifikation und dem Umfang der Angebote abhängen und nicht nur in der Inanspruchnahme zeitlicher Ressourcen bestehen. Positiv ist sicherlich die Professionalität der angebotenen Leistungen zu bewerten, kritisch muss jedoch auf die Distanz zum Unternehmen hingewiesen werden. Sollen über das Coaching hinaus Lern- und Entwicklungsprozesse initiiert werden, so müssen entweder interne Organisationsmitglieder die Qualifikationsdefizite erheben oder sich auf die Expertise der externen Anbieter verlassen. Inwieweit die aus den Defiziten abgeleiteten Veränderungen im Trainee-Programm letztendlich umgesetzt werden, bleibt fraglich.

---

[908] Vgl. zu diesem Problemfeld auch Küng (1999): 104.

Externe Anbieter von Bildungsangeboten sollten nur für einzelne near-the-job und off-the-job Maßnahmen hinzugezogen werden, bei denen ihre fachliche Expertise benötigt wird. Beispiele wären Rhetorik- und Präsentationsschulungen oder externe Planspiele.

1.4 Zusammenfassung und Potentialdarstellung

Die Traineeausbildung ist nicht an eine bestimmte Person gebunden, sondern muss als ein Zusammenwirken von Trainee und mehreren an der Ausbildung beteiligten Personen/Bereichen aufgefasst werden. Die gemäßigt konstruktivistische Sicht definiert die Aufgaben und Rollen der Mitarbeiter z.T. neu, was dazu führt, dass Verantwortung für die Entwicklung der Trainees an die Mitarbeiter in den Ausbildungsabteilungen delegiert wird. Dies erfordert von den Mitarbeitern eine vergrößerte Lern- und Lehrwilligkeit, aber auch Lehrfähigkeit sowie ausgeprägte soziale und persönliche Kompetenzen.

Legende zur nachfolgenden Übersicht

?	fraglich
✔	geeignet, gegeben
✔ ✔	sehr gut geeignet, vollständig gegeben

	Führungskräfte der Fachabteilungen	Internes Mentoring	Paten	Mitarbeiter der Personalabteilung	Externe Anbieter
Fokus des Lehrenden	Einführung der Trainees in die Organisation und Förderung der Trainees in ihrer persönlichen und beruflichen Entwicklung.	Der Mentor will seinen Mentee ohne Erwartung einer Gegenleistung unterstützen, in die Netzwerke des Unternehmens einführen und den Trainee bei seiner persönlichen und beruflichen Entwicklung fördern.	Der Pate will seinen Trainee in seinen Arbeitsbereich einführen und ihm das Unternehmen vom Grunde auf näher bringen.	Die internen Personalentwickler bieten professionelle Unterstützung und Anleitung und betonen hierbei den Unternehmenskontextes.	Externe Personaldienstleister bieten professionelle Anleitung und Unterstützung auf Zeit.
Teilnehmer und Art der Beziehung	Sie haben die Verantwortung für den Unternehmensbereich, die Fachabteilung. Sie sind u.U. der direkte Vorgesetzte des Trainees. Deshalb kann der Vertrauensaufbau bspw. durch mangelnde Wahlmöglichkeiten beeinträchtigt werden.	Mentoren sind i.d.R. ältere, erfahrene Organisationsmitglieder, sie haben keine Personalverantwortung für die Trainees. U.U. besteht eine hierarchische Beziehung zwischen Mentor und Trainee.	Mitarbeiter der Fachabteilung sind als Organisationsmitglieder Teil des Unternehmens. Es bestehen (keine) hierarchische(n) Unterschiede zu den Trainees.	Mitarbeiter der Personalabteilung gehören dem Unternehmen an, kennen dessen Kultur und Organisation. Sie pflegen eine professionelle, eher pädagogische Beziehung.	Externe Anbieter werden bei Bedarf hinzugezogen. Sie bieten eine professionelle Beziehung auf Zeit, ohne hierarchische Abhängigkeiten.
Fachkompetenz	✓✓	✓✓	✓✓	✓	✓
Wissen im Bereich der Persönlichkeits- und Kompetenzentwicklung	?	?	?	✓✓	✓✓
Lehrkompetenz	✓	✓	✓	✓✓	✓✓
initiieren	✓	?	✓	✓✓	✓✓
unterstützen	✓	✓	✓✓	✓✓	✓
methodisch gestalten	?	?	?	✓✓	✓
kontrollieren	✓✓	✓	✓	✓✓	✓
Vorbildfunktion	✓✓	✓✓	✓✓	?	?

	Führungskräfte der Fachabteilungen	Internes Mentoring	Paten	Mitarbeiter der Personalabteilung	Externe Anbieter
Lehrerrolle					
Motivation	✓	✓✓	✓✓	✓	✓
Zeitliche Belastung	✓✓	✓✓	✓✓	✓	✓
Personelle Belastung	Vorgesetzter mit Personal- und Budgetverantwortung	Meist Vorgesetzter mit Personal- und Budgetverantwortung	Keine	Keine	Keine
Zeitspanne	Dauer richtet sich nach der Zugehörigkeit des Trainees zum Team	Längerfristig bis lebenslang	Dauer richtet sich nach der Zugehörigkeit des Trainees zum Team	Trainee-Programmdauer	Richtet sich nach dem Auftrag
Kosten	Organisationsinterne Kosten durch die Beratungszeit	Organisationsinterne Kosten durch die Beratungszeit	Organisationsinterne Kosten durch die Beratungszeit	Organisationsinterne Kosten durch die Beratungszeit	Meist hohe Kosten
Potential für die Traineeausbildung	Lernen am Modell und die Möglichkeit der Arbeitsstrukturierung zur Förderung der Persönlichkeits- und Kompetenzentwicklung	Karrierehilfe und Integration in den Führungskräftebereich	Effektive Integration ins Unternehmen und Einarbeitung in die Arbeitsbereiche, die Trias aus Führungskräften, Paten und internen Personalentwicklern verspricht den höchsten Ausbildungserfolg	Angebot einführender Veranstaltung zu den Sozial- und Methodenkompetenzen, Organisation des Trainee-Programms, Beratung bei methodisch-didaktischen Fragen, Vorbereitung der Ausbilder und Kontrolle des Lernfortschritts	Einzelne Bildungsangebote
Risiken	Latenter Konflikt zwischen den Interessen des Managers/Unternehmens und denen des Trainees	formelles Mentoring	Konfliktpotential zwischen Trainee und Pate sowie zwischen Pate und Vorgesetztem	fehlendes Erfahrungs- und Managementwissen, vielleicht auch Branchenwissen	fehlendes Erfahrungswissen und Managementwissen, vielleicht auch fehlendes Branchenwissen

Tab. 11: Zusammenfassung der Ergebnisse.

2. Unterstützen von Lernhandlungen

Am Ende der didaktischen Planung steht die Methodenentscheidung, also die Frage wie Lernhandlungen zusätzlich zu den beschriebenen Anforderungen an ein Lehren i.e.S. im Rahmen von Trainee-Programmen initiiert, unterstützt und arrangiert werden können.

Ohne die bereits beschriebene theoretische Diskussion um das Verhältnis von Didaktik und Methodik nochmals aufzugreifen, soll an dieser Stelle die Wahl der Lehr-Lernmethode von den in der didaktischen Lernzielanalyse herausgearbeiteten Teillernzielen in den Bereichen Wissen, Fertigkeiten und Einstellungen abhängig gemacht werden. Zur Begrenzung der methodischen und medialen Vielfalt[909] und somit zur besseren Darstellbarkeit der Diskussion orientiert sich die methodische Auswahl an den in der personalwirtschaftlichen und arbeitspsychologischen Literatur gängigen Lehr-Lernmethoden.[910]

In den nächsten drei Kapiteln werden wissens-, erfahrungs- und kompetenzorientierte sowie verhaltens- und persönlichkeitsorientierte Lehr-Lernmethoden vor dem Hintergrund eines möglichen Einsatzes innerhalb einer Trainee-Lernumgebung diskutiert. Die Zuordnung der einzelnen Personalentwicklungsinstrumente ist hierbei nicht immer eindeutig, da – vor allem im Bereich des Managementtrainings – bspw. mehrere Lern- und Entwicklungsziele durch eine Methode abgedeckt werden können. Die hier vorgenommene Einteilung dient lediglich der Systematisierung der nachfolgenden Diskussion.

Folgende *Leitfragen* sollen helfen, eine begründete Auswahl an Lehr-Lernmethoden zu treffen:

1. Welche Lernziele fördert die Methode direkt, welche indirekt; ergeben sich hieraus mögliche Synergiepotentiale?

2. Entspricht die Methode den aufgestellten lehr-lerntheoretischen Kriterien und

3. lässt sie sich in den Aufbau eines ressortübergreifenden Trainee-Programms integrieren?

---

[909] Vgl. die Darstellungen bei Neuberger (1994): 176ff; Mentzel (2005); Sonntag/Stegmaier (2006); Sonntag/Schaper (2006); Becker, M. (2002); Mudra (2004): 373ff und Berthel/Becker, F.G. (2003): 312ff.

[910] So haben Grünewald/Moraal et al. (1998: 38) durch eine Befragung unter 500 deutschen Unternehmen die relative Begrenztheit der klassischen Weiterbildung (extern und intern) deutlich machen können. Mit zehn Unterformen konnten sie die betriebliche methodische Weiterbildungsrealität abbilden.

4. Wie wird die Trainingseffektivität anhand von Studien eingeschätzt und

5. wird die Methode als Ausbildungsmethode akzeptiert?[911]

6. Wie wird die Transferwirkung[912], also die Übertragbarkeit der während des Lernprozesses gelernten Erkenntnisse, Fähigkeiten und Fertigkeiten in die unternehmerische Realität bewertet?[913]

2.1 Wissensorientierte Methoden

Mit Hilfe von wissensfördernden Lernumgebungen soll der Erwerb von Fachkompetenz i.S. von Fakten- und Erfahrungswissen, beruflichen Fertigkeiten und flexibel einsetzbaren kognitiven Fähigkeiten gefördert werden. Die hier ausgewählten Verfahren unterstützen ein – entsprechend den Annahmen dieser Arbeit – problemorientiertes und arbeitsplatzbezogenes Lernen und geben den Trainees darüber hinaus Raum für einen selbstorganisierten und kooperativen Wissenserwerb.

---

[911] Problematisch beim Rückgriff auf empirische Studien ist der meist nur eingeschränkte Nutzen, da entweder einzelne Methoden auf ihre Zielerreichung überprüft werden bzw. ein Methodenvergleich vorgenommen wird. Die Effektivität der Methode sowie mögliche Synergieeffekte beim kombinierten Einsatz mehrerer Methoden werden hingegen vernachlässigt. Ferner soll bereits an dieser Stelle auf ein Problem älterer Studien hingewiesen werden, die Studierende als Probanden benutzt haben. Die Übertragung dieser Ergebnisse muss somit geprüft und ggf. eingeschränkt werden. Vgl. Tannenbaum/Yukl (1992): 404.

[912] Vgl. May/Kahnweiler (2000): 353 und Bergmann (1996): 178ff.

[913] Der Transfer kann dabei nach Baldwin/Ford (1988) als ein Zusammenspiel von drei Faktoren betrachtet werden: trainee characteristics, work environment and learning retention. Siehe auch Abschnitt C, Kapitel 4.3.

Gestaltungsansatz	Intentionen/Gegenstände der Förderung	Varianten
Kognitives Training	• Grundlagen zur Regulation komplexer Tätigkeiten • verallgemeinerte Arbeitsverfahren • Problemlösefähigkeit	• Heuristische Regeln • Selbstreflexionstechniken • Selbstinstruktionstechniken/Leittextmethode • Multiples kognitives Training
Stellenungebundene, instruktionale Lernformen	• fach- und branchenspezifisches Wissen	• Seminare/Workshops • Vorlesung • Unterweisung/Lehrgespräch
Computer- und netzbasierte mediale Lernprogramme (E-Learning)	• Kenntnisse und Fertigkeiten • Problemlösefähigkeiten • mentale Modelle	• Trainingssysteme • Tutorielle Systeme • Simulationssysteme • Online-Teachings und -Tutorials • Kooperative Lernszenarien im Netz

Tab. 12: Übersicht zu den wissensorientierten Methoden
in Anlehnung an Sonntag/Schaper (2006): 262.

2.1.1 Kognitive Trainingsverfahren

Kognitive Trainingsverfahren sollen die Trainees befähigen, komplexe Arbeitsaufgaben zu bewältigen. Ihr Ablauf orientiert sich gemäß handlungstheoretischer Prämissen an ganzheitlichen, gedanklichen Handlungsvollzügen.[914] Dazu gehören Denkleistungen wie Probehandeln, Planen und Entscheiden bei bestimmten Arbeitsaufgaben und daran anschließend die selbstkritische, aber auch angeleitete Reflexion der Handlungsverläufe.

Kognitive Verfahren stützen sich auf das Lernen durch Sprache und Sprechen, da durch die sprachliche Regulation von Tätigkeiten die zu lernenden Begriffe und Abläufe genutzt und verbalisiert werden. Sprache ist somit einerseits als Kommunikationsmittel ein Werkzeug für die individuelle und kooperative Aneignung gesellschaftlicher Erfahrungen, andererseits bestimmen Sprechen und Sprache das menschliche Denken.[915] Die Selbstinstruktionswirkung des Verbalisierens wird dazu eingesetzt, die Wahrnehmungsprozesse zu beschleunigen[916] und als eine Art von mitlaufendem Parallelprozess die Selbstreflexion zu unterstützen.

---

[914] Vgl. die Ausführungen zur strukturgenetischen Lerntheorie Aeblies in Abschnitt B, Kapitel 3.3.3 und Bergmann (1996): 198; Sonntag/Schaper (1988): 129.

[915] Vgl. Dörner (1984): 14. Gediga/Schöttke/Tücke (1983) bestätigen in ihrer Studie diese Annahme, dass Verbalisierung Problemlöseprozesse begünstigen.

[916] Vgl. Bergmann (1996): 210f.

Hervorzuheben ist vor allem die Bedeutung der Sprache für die Verallgemeinerung von Prozessen und für die Einsicht in regelhafte und gesetzmäßige Zusammenhänge. Verbalisieren führt zu einer Aktivitätssteigerung und fördert so die selbstständige Tätigkeitsplanung.[917]

2.1.1.1 Heuristische Regeln

Heuristische Regeln sind

> „denkpsychologische Hilfen bei der Planung, Realisierung und Kontrolle komplexer Arbeitstätigkeiten"[918].

Diese, ursprünglich im technischen Bereich eingesetzten, sprachlich gefassten Regeln können Trainees helfen, komplexe Diagnosestrukturen selbstständig zu planen und später auszuführen. Sie regen zu einer präziseren Situationsanalyse an, gestalten den Problemraum mit und fordern den Trainee auf, bereits vollzogene Denkschritte zu bewerten.[919] Heuristische Regeln können dabei sowohl tätigkeitsbezogen als auch allgemein formuliert sein. Ein Beispiel für eine allgemeine heuristische Regel wäre der Prozess der Entscheidungsfindung und Planung mit seinem bereits dargestellten idealtypischen Ablauf und der didaktischen Reflexionsschleife. Hat der Trainee das Arbeitsverfahren verinnerlicht, unterstützt dieses Wissen das Erlernen der situationsgerechten Kombination von Handlungen zu Arbeitsverfahren. Heuristische Regeln können somit als Hilfsmittel zur Analyse komplexer Arbeitssituationen für die Trainees betrachtet werden.

So wirkt das von Dörner für den Bereich der Problemlösekompetenz entworfene strategische Training auf die heuristische Struktur des Lernenden ein. Es wird gezielt versucht, den mit dem Problemlöseprozess verbundenen Denkprozess zu beeinflussen. Anders als beim taktischen Training, das auf die Schulung des Informationsverarbeitungsprozesses zielt, stehen beim strategischen Training die Gesamtabläufe im Vordergrund. Dörner[920] schlägt folgende Trainingsbestandteile vor:

1. Die lernenden Problemlöser sollen sich mit Kategorisierungen von Problemen und Realitätsbereichen auseinandersetzen.

2. Sie sollen Heurismen und heuristische Prinzipien lernen, die beim Lösen von Managementproblemen/Führungsproblemen nützlich

---

[917] Vgl. Sonntag (1989): 94f; Weiß (1998): 205; Ulich (2005): 419 und die Arbeiten von Galperin (1966), Hacker/Skell (1993).

[918] Sonntag/Schaper (2006): 263.

[919] Vgl. Sonntag/Schaper (1988): 129 und Friedrich/Mandl (1992): 31.

[920] Vgl. Dörner (1976): 139.

sein können. Dörner weist explizit darauf hin, dass hierfür der Trainingsbestandteil 1) eine Voraussetzung ist.

3. Die Trainees sollten darüber hinaus in die Strukturmerkmale von Heurismen eingeführt werden, damit sie erkennen, dass Lösungsstrategien aus˘ verschiedenen Komponenten und nach ganz bestimmten Bauplänen aufgebaut sind. Hierfür ist wiederum das Wissen aus 2) eine Voraussetzung.

Vorgegebene Heurismen dürfen allerdings nicht als Vorschriften oder unveränderbare Regeln missverstanden werden, sondern müssen als entwicklungsfähig und entwicklungsbedürftig empfunden werden. Dazu beitragen kann ein Übungstraining, das mit Selbstreflexionstechniken verbunden wird und so ein konstruktives Verhältnis zu den eigenen Denkfehlern schafft.

„Fehler müssen als Signal zur Veränderung der eigenen kognitiven Struktur verstanden werden."[921]

Sonntag/Schaper konnten die Wirksamkeit von heuristischen Regeln in den Bereichen ‚Verbesserung der technischen Planung von Arbeitsaufgaben', ‚hohes Maß an Selbststeuerung bei den Lernenden' sowie ‚Gewinnung von Informationen' nachweisen.[922] Positive Trainingsergebnisse wurden auch in einer Studie mit allgemein gehaltenen Verfahrensvorschriften erzielt.[923]

Da kognitive Trainingsverfahren arbeitsplatzbezogen eingesetzt werden, geht der Anwendung eine detaillierte Analyse der Teiltätigkeiten voraus. Darüber hinaus erfordert ein erfolgreicher Einsatz dieser Methode einen im Vergleich erhöhten Einarbeitungsaufwand bei den Lehrkräften und Lernenden. Dadurch bedingt können Motivationsbarrieren auf Seiten der Lehrenden auftreten.[924] Kritisch muss der Einsatz dieser Methode auch vor dem Hintergrund des bei den Trainees vorhandenen Vorwissens gesehen werden. So zeigte eine Studie von Sonntag/Schaper einen gewissen Unwillen aber auch ein gewisses Unvermögen, bereits erworbene Orientierungs- und Handlungsmuster, die sich gefestigt und möglicher Weise bewährt hatten, durch neue heuristische Regeln zu ersetzten.[925]

---

[921] Dörner (1976): 139.

[922] Vgl. Sonntag/Schaper (1988): 129.

[923] Vgl. Sonntag (1989): 98.

[924] Vgl. Sonntag/Schaper (1988): 131.

[925] Vgl. Sonntag/Schaper (1988): 136, ebenso Friedrich/Mandl (1992): 33.

2.1.1.2 Selbstreflexionstechniken

Selbstreflexionstechniken wurden innerhalb der Lernzielanalyse in mehreren Kompetenzbereichen als entwicklungsförderlich herausgearbeitet.[926] Der gezielte Einsatz von Selbstreflexionstechniken kann bspw. den Trainee im Rahmen oder im Anschluss an eine sozial-kommunikative Situation oder an einen Problemlöseprozess zur Reflexion und Modifikation des eigenen Denkens und Handelns anregen.[927] Selbstreflexionstechniken bieten sich aber auch als Gestaltungsmerkmal für die Traineeberichte an.[928]

Betrachtet man Problemlösen als einen Suchprozess nach einer möglichen Transformation, mit deren Hilfe man eine bestimmte Barriere überwinden möchte, so könnte die Vermutung von Putz-Osterloh zutreffen, dass

> „die Fähigkeit zur Selbstreflexion eine wichtige Quelle für interindividuelle Unterschiede bei der Bewältigung neuartiger, sehr komplexer Anforderung ist".[929]

Sonntag/Schaper konnten in einer Studie zum Training mit Selbstreflexionstechniken

> „eine Verbesserung der eigenständigen Verhaltensorganisation, eine Erhöhung der Handlungsflexibilität und eine Verbesserung von Problemlösefähigkeiten"[930]

nachweisen und Tisdale (1993) zeigte, dass ein Training mit Selbstreflexionstechniken zu einer Verbesserung des Transfers von Problemlösefähigkeiten führte.

Ein mögliches Training von Selbstreflexionstechniken sollte folgende Ziele verfolgen:

- die Selbstreflexion nach Beendigung einer Tätigkeit, z.B. in Form eines Berichtes, der detailliert die vollzogenen Handlungsschritte reflektiert,
- die gemeinsame Reflexion des Vorgehens zwischen Trainee und seinem Betreuer, der seine Arbeitsschritte beobachtet hat,

---

[926] Vgl. Abschnitt D, Kapitel 2.3.4, 2.4, 3.1.4 und 3.2.4.

[927] Für Funke (2003: 228) kann durch eine induzierte Selbstreflexion, also einem Nachdenken über das eigene Denken, eine Optimierung des Problemlösungsprozesses eintreten.

[928] Vgl. Kapitel 1.2.3.

[929] Putz-Osterloh (1988): 251.

[930] Sonntag/Schaper (2006): 263.

- ein Vergleich, eine Diskussion und eine Verallgemeinerung des Vorgehens, z.B. innerhalb von Trainee-Treffen auf der Unternehmensebene.

Unter Transfergesichtspunkten reicht es allerdings nicht aus, dass der Trainee Kontroll- und Selbstreflexionsstrategien einübt und den Prozess der Selbststeuerung an einem Modell beobachtet. Er muss später in der Lage sein, zu wissen, wann und warum eine bestimmte Strategie hilfreich ist. Deshalb sollte ihm abseits der eigentlichen Technik die situative Einbettung der Methode vermittelt werden. Dazu ist es notwendig, ihm die Wirkungen und Anwendungsbedingungen mitzuteilen.[931] Diese Methode ist auf eine positive Einstellung der Trainees zu Feedback-Gesprächen angewiesen.

2.1.1.3 Selbstinstruktionstechniken und Leittextmethode

Mit Hilfe von Selbstinstruktionstechniken können Trainees dazu angeleitet werden, sich aufgabenrelevante Kenntnisse selbstständig und selbstgesteuert anzueignen. Die Methode der Selbstinstruktion greift hierzu auf das Protokollieren von Arbeitsschritten, deren Bewertung und Korrektur oder auch das Beobachten von erfahrenen Kollegen zurück. Eingesetzt und erforscht wurde diese Methode bisher im Bereich ausführender, meist industrieller Tätigkeiten. Eng verbunden mit der Methode der Selbstinstruktion ist eine weitere Form indirekter Förderung, die Leittextmethode.[932] Sie versucht, Lernende systematisch so anzuleiten, dass „komplexe Aufgabenstellungen planmäßig und selbständig gelöst werden können"[933]. Didaktisch wird diese Methode durch Leitfragen, Arbeitspläne, Kontrollbogen und Leitsätze unterstützt.[934] Leitsätze sind hierbei kurze Zusammenfassungen der fachlichen Kenntnisse. Die Methode ist selbstbestimmt und erfordert eine eigenständige Erarbeitung der Wissensinhalte, indem Informationen aktiv beschafft (bspw. mit Hilfe von Hypermediasystemen und Wissensdatenbanken) und in die Zusammenhänge eingebunden werden müssen. Der Trainee übernimmt somit einen Teil der Verantwortung für seinen eigenen Lernfortschritt z.B. im Bereich des branchen- und unternehmensspezifischen Wissens.

---

[931] Vgl. Reinmann-Rothmeier/Mandl (2001): 634 und O'Sullivan/Pressley (1984).

[932] Die Leittextmethode wurde ursprünglich für die berufliche Erstausbildung entwickelt. Achtenhagen et al. haben sie als eine Methode in ihre mehrdimensionalen Lehr-Lernarrangements integriert, mit deren Hilfe der Umgang mit komplexen Wissens- und Handlungsanforderungen im beruflichen Alltag trainiert werden sollen. Vgl. Achtenhagen/John (1992); Achtenhagen/Tramm et al. (1992).

[933] Sonntag (1989): 99.

[934] Vgl. Pätzold/Lang (1999): 209ff; Berthel/Becker, F.G. (2003): 351f.

Zum Teil kämpft die Leittextmethode allerdings mit Akzeptanzproblemen auf Seiten der Lehrenden, da die Erarbeitung der Leittexte und die spätere Beratung der Lernenden zeitaufwendig sind. Allerdings ist die Methode bei mehrmaliger Nutzung aufgrund ihres hohen Effektivitätsgrades kostengünstig und bei den Lernenden im Vergleich zu stellenungebundenen instruktionalen Lernformen (Vorlesung usw.) beliebter.[935]

2.1.1.4 Multiples kognitives Training

Die Methode des multiplen kognitiven Trainings kombiniert verschiedene kognitive Trainingsmethoden. Dabei wechseln sich

> „observative (Beobachtungslernen) mit aktionalen und verbalen (sprachgestützten) Trainingselementen ab, wobei Reflexionsphasen zum Überdenken der ausgeführten Handlungsschritte zwischengeschaltet werden"[936].

Ziel dieser Methode ist es, durch verschiedene Zugänge (Sprache, Beobachtung) das eigene Wissen zu vergegenwärtigen, damit dieses mehrfach kodiert und elaboriert im Gedächtnis vorliegt und zum Problemlösen eingesetzt werden kann. So konnten Bergmann/Wiedemann/Zehrt (1997) in einer Studie zeigen, dass die trainierten Mitarbeiter diese Strategien nicht nur erwerben, sondern diese auch in beruflichen Situationen anwenden konnten.

Kognitive Trainingsmethoden bieten sich immer an, wenn Strategien und metakognitive Fähigkeiten gezielt gefördert werden sollen. Direkte wie auch indirekte Förderansätze führen zu einer Verbesserung selbstgesteuerten Lernens, die auch trainierbar sind.[937] Allerdings haben die direkten Trainings nicht auf alle Personen die gleiche Wirkung, so dass auch der Transfer ausbleiben kann. Reinmann-Rothmeier/Mandl (2001) führen dies auf eine zu geringe Beachtung der Gestaltung der Lernumgebung zurück.

2.1.2 Stellenungebundene instruktionale Lernformen

Stellenungebundene instruktionale Lernformen unterscheiden sich von stellengebundenen Alternativen durch die fehlende Verbindung von Qualifikationsvermittlung und der Erfüllung produktiver Tätigkeiten im Unternehmen. Dem liegt die Erkenntnis zugrunde, dass nicht alle Qualifikationskomponenten on-the-job oder near-the-job vermittelbar sind. Dies gilt bspw. für Wissensgebiete die einem schnellen und häufigen Wandel unterliegen oder die systematisch aufgearbeitet, sich effizient

---

[935] Vgl. Becker, F.G. (2002): 331f.

[936] Sonntag/Schaper (2006): 283.

[937] Vgl. Reinmann-Rothmeier/Mandl (2001): 634.

vermitteln lassen wie bspw. Teile des Produkt- und Branchenwissens oder IT-Kenntnisse.

2.1.2.1 Programmierte Unterweisung

Die programmierte Unterweisung versucht durch eine systematische Abfolge von Information-Frage-Antwort und Kontrolle deklaratives Wissen zu vermitteln. Ihr Einsatz wird meist durch Lehrbücher und audiovisuelle Medien eingeleitet, wobei der Lehrinhalt in einzelne, aufeinander aufbauende Lehreinheiten gegliedert wird. Das Tempo des Lernprozesses, die Kontrolle und eventuelle Wiederholungen legt der Trainee im Regelfall selbst fest. Im Gegensatz zur bereits vorgestellten Leittext-Methode fehlt dieser Personalentwicklungsmaßnahme der handlungs- und problemorientierte Zugang. Wesentlicher Vorteil der programmierten Unterweisung ist ihr kostengünstiger, wieder verwertbarer, jederzeit durchführbarer und zeitlich variierbarer Einsatz. Allerdings bedarf der Einsatz dieser Methode einer im Vorfeld vorgenommenen klaren Strukturierung der Lerninhalte. Gerade dieser Aspekt stellt aber – betrachtet man die von den Trainees beklagte Informationsflut – ein Problem dar und dies, obwohl Trainee-Programme in der Regel nicht einmalig und für eine Person konzipiert werden, so dass sich die mit der Vorbereitung verbundenen höheren Kosten einer programmierten Unterweisung eigentlich amortisieren sollten.[938]

Innerhalb einer instruktionalen Unterweisung durch Lehrgespräche[939] können darüber hinaus sozial-kommunikative Handlungskompetenzen vermittelt werden, indem abseits des prozessbezogenen Lehrgesprächs sozial-kommunikative Kompetenzen wie der Artikulation von Fragen und Beiträgen, dem Einhalten von Gesprächsregeln, der Fähigkeit, die emotionalen Beziehungsstruktur zu gestalten, Raum im reflexiven Bereich eingeräumt wird.[940] Allerdings wird durch diese Form der Vermittlung keinerlei aktives Erfahrungswissen erworben, da lediglich bereits vorhandene Erfahrungen auf neue vergleichbare Problemstellungen übertragen werden. Der mit dieser Methode verbundene Zeitaufwand begrenzt ihren Einsatz[941] und die Akzeptanz aus Unternehmens- und Traineesicht ist nicht sonderlich hoch.

---

[938] Vgl. Becker, F.G. (2002): 463; Berthel/Becker, F.G. (2003): 362.

[939] Vgl. Mentzel (2005): 202ff.

[940] Vgl. Bauer-Klebl/Euler/Hahn (2001): 172ff.

[941] Vgl. Mentzel (2005): 203.

2.1.2.2 Vorlesung und Seminar

Kollektive, instruktionale Maßnahmen sind Vortrag/Vorlesung sowie Seminar. Bei der Vorlesungsmethode handelt es sich um eine passive Lehrmethode, durch die systematisch Wissensgebiete vermittelt werden können. Der methodenbedingt einseitige Kommunikations- und Informationsprozess führt zum bereits angesprochenen Problem des ‚trägen Wissens', da die Trainees in Passivität verharren und kein Feedback über Lernerfolge bzw. Wissenslücken erhalten.

Vortrag und Vorlesung bieten sich nur dann an, wenn ein systematisch aufgearbeiteter deklarativer Wissensbereich in relativ kurzer Zeit mehreren Trainees gleichzeitig vermittelt werden soll. Mit Hilfe von Diskussionsrunden und einem fragend-entwickelnden Vorlesungsstil können die Trainees in die Erarbeitung des Wissensgebietes einbezogen und somit aktiviert werden. Allerdings zeigt die Erhebung von Staudt/Kley (2001), dass dem Konsum expliziten Wissens off-the-job bei Einstiegen von Führungskräften die geringste Akzeptanz entgegengebracht wird. Gegenüber formell organisierter Instruktion wurde von den Befragten Führungskräften die Selbstinstruktion eindeutig vorgezogen.

Seminare oder Workshops ähneln in ihrer Art der bereits besprochenen Methode Vortrag/Vorlesung, nur dass hier die Trainees den vortragenden Part übernehmen, indem sie Themen verschiedenster Art ausarbeiten und darbieten. Zusätzlich zur Wissensvermittlung können innerhalb von Seminaren rhetorische Fähigkeiten, Präsentationstechniken und sozial-kommunikative Aspekte geschult werden. Workshops bieten darüber hinaus Übungen und möglicher Weise auch thematische handlungsorientierte Angebote zum Wissenserwerb an, die zu einem Erfahrungsaustausch einladen. Allerdings zeigt die bereits zitierte Studie von Staudt/Kley (2001) erstaunlicher Weise, dass Workshops mit dem Ziel ‚Austausch von Erfahrungen' nur von 41% der befragten Führungskräften nach ihrem Berufseinstieg als effektiv angesehen werden, obwohl aus didaktischer Sicht dem inszenierten Erfahrungsaustausch eine hohe Bedeutung für die Kompetenzentwicklung zugesprochen wird. In der gleichen Befragung sprachen sich 53% der Führungskräfte trotz der bevorzugten Selbstinstruktion für kursförmige Lehrarrangements beim Einstieg aus.[942] Diese Einschätzung deckt sich mit den didaktisch-methodischen Überlegungen. Vor allem vor dem fachlichen Hintergrund der zu entwickelnden sozialen und methodischen Kompetenzen, aber auch der einführend zu vermittelnden fachlichen brachenspezifischen Inhalte, stellen kursförmige Lehrangebote, seien es Seminare, Vorlesungen oder Workshops eine effektive instruktionale Gestaltungsmöglichkeit dar. So können allen Trainees des Unternehmens gleichzeitig die erforderlichen

---

[942] Vgl. Staudt/Kley (2001): 253.

Grundlagen vermittelt werden, bevor diese in Einzeltrainings geübt und reflektiert werden. Für den späteren Austausch von Erfahrungen während des Programms bieten sich speziell hierfür eingerichtete Methoden wie Qualitätszirkel, Lernstatt oder Trainee-Treffen an. Bei der Ausgestaltung der Seminare und Workshops mit handlungsorientierten Angeboten sollte auf eine inhaltliche Nähe zwischen Lernaufgabe und Arbeitsfeld geachtet werden.

2.1.3 Computergestützte mediale Programme zur Wissensvermittlung

Der Markt für computergestützte mediale Programme weist ein breites Spektrum verschiedener Lernzugänge auf. Vom Lernen durch Wiederholen oder Memorieren über interaktive Programme bis zu konstruktiv, entdeckenden hypermedialen Systemen und Simulationsprogrammen kann der berufliche Wissenserwerb lokal wie auch netzbasiert erfolgen.[943] Neben den bisher bereits beschriebenen Ansätzen individuellen und gruppenbezogenen Lernens zur Kompetenzentwicklung kann der Einsatz von Computern eine sinnvolle und teilweise auch notwendige Ergänzung für die didaktisch-methodische Ausgestaltung liefern.

2.1.3.1 Trainingsprogramme

So lassen sich Trainingsprogramme bspw. im Bereich der Vertiefung von EDV-Kenntnissen anwenden, da hier in erster Linie nur einfach erlernbare Prozeduren vermittelt werden sollen. Ein aktives, selbstgesteuertes Lernen wird im Bereich von Anwendungssoftware eher nicht gefordert.

Computer-Based-Trainings (CBT) mit tutorieller Anleitung und Unterstützung können den Lernprozess beschleunigen.[944] Übernimmt das Programm die tutorielle Unterstützung, so sind in komplexen Domänen die Möglichkeiten jedoch beschränkt.[945] Deshalb geht der Trend in den letzten fünf Jahren wieder zurück zu menschlichen Tutoren in Verbindung mit computerunterstütztem Lernen.[946]

2.1.3.2 Hypermediasysteme

Hypermediasysteme sind hingegen lernergesteuert, da die Lerninhalte in einzelne Bausteine aufgegliedert werden, die miteinander verknüpft, ei-

---

[943] Vgl. Kerres (2001).

[944] Vgl. Reinmann-Rothmeier/Mandl (2001): 643.

[945] Vgl. Kerres (2001): 70.

[946] Unter dem Stichwort ‚Blended Learning' werden unterschiedliche Lehr-Lernarrangements diskutiert.

nen flexiblen Zugang zum Lerngebiet und den in elektronischer Form ablegten Daten bieten.

> „Vom Lerner erfordern solche Lernumgebungen das selbstgesteuerte Aufsuche, Explorieren, kognitive Verarbeiten und Umstrukturieren von Lern- bzw. Wissensinhalten."[947]

Solche Systeme eignen sich für eine fall- und problemorientierte Erarbeitung von Wissensinhalten. In ihnen wird der betreffende Gegenstandsbereich unter Verwendung multipler Formen der Informationskodierung repräsentiert.

Allerdings verfügen nicht alle Lernenden über eine solche Selbstlernkompetenz und können die Hypertexte entsprechend einsetzen. Jacobson/Spiro (1995) konnten jedoch zeigen, dass Hypertext-/-mediasysteme gegenüber den reinen Instruktionssystemen die Lernenden besser auf die Anwendung des Erlernten – auch in neuen Situationen – vorbereitet haben.[948]

Anwendungen von Hypermediasystemen im beruflichen Lernkontext liegen in vielfältiger Form vor.[949] Eine Metaanalyse von Chen/Rada (1996) zu Hypermediasystemen kommt allerdings zu dem Schluss, dass deren Nutzen eher begrenzt ist, da Hypermediasysteme in erster Linie keine Lehr-Lernsysteme darstellen, sondern Informationssysteme sind. Deshalb ist es auch einsichtig, dass bisher kein positiver Effekt von multi- und telemedialen Lernsystemen gegenüber traditionellen Lernumgebungen nachgewiesen wurde. Vorteilhaft wirkt sich deren Einsatz jedoch für ein selbstgesteuertes Training der schnellen Informationssuche in umfangreichen Datenbeständen und bei der Bearbeitung von problemhaltigen Aufgaben aus.[950] Hier zeigen die angebotenen Tools wie Indizes, Inhaltsverzeichnisse und graphische Übersichten einen positiven Einfluss auf das Lernen.

2.1.3.3 Onlinegestützte Methoden

Online- bzw. netzgestützte Methoden wie Online-Teachings, Online-Tutorials oder kooperative Lernszenarien im Netz nutzen telekommunikative Medien wie E-Mail, Videokonferenzen oder Diskussionsforen. Die verschiedenen Methoden unterscheiden sich im Kommunikationsverhalten von Lernenden und Lehrenden. So setzt das Online-Teaching auf

---

[947] Sonntag/Schaper (2006): 267.

[948] Sie fördern die ‚cognitive flexibility' und den Transfer komplexen Wissens. Vgl. Jacobson/Spiro (1995): 301 und 329.

[949] Vgl. Issing/Klimsa (1997) und die ausführliche Diskussion bei Schüßler (2004): 48ff.

[950] Vgl. Chen/Rada (1996): 146f.

eine einseitige Kommunikationsbeziehung zwischen einem Lehrenden und einem Lernenden, wohingegen Online-Tutorials einen gegenseitigen Austausch praktizieren. Kooperative Lernlösungen wollen das Lernen in einer Gruppe und den Austausch über Lerngegenstände und/oder die arbeitsteilige Bearbeitung von Lernaufgaben fördern. Dazu setzen sie dem sozial-konstruktivistischen ‚Community-of-Practice-Ansatz'[951] folgend Lernplattformen ein. Lernen wird als „Hineinwachsen in eine Gemeinschaft praktisch tätiger Menschen interpretiert"[952]. So wird der Erwerb von Kenntnissen und Fertigkeiten gefördert, wie auch gruppenspezifische Denkmuster, Einstellungen, normative Standards und Expertenwissen teilweise implizit mit vermittelt.[953] Hierbei kommt der Gestaltung der Lernbedingungen für den Erfolg kollaborativen Lernens eine wesentliche Bedeutung zu.[954] Kooperative Lernszenarien im Netz entfalten ihren größten Nutzen, wenn eine räumliche Distanz ein kollaboratives Lernen der Trainees ansonsten verhindert.

Abschließend muss bei der Diskussion über computergestützten medialen Programmen zur Wissensvermittlung auf die hohen Kosten hingewiesen werden, die mit der Erstellung dieser Lernsysteme verbunden sind. Zwar existieren vielfältige kommerzielle Anwendungen, jedoch sollte im Einzelfall deren Eignung im Hinblick auf einen möglichen Unternehmensbezug und deren Adaptivität überprüft werden. Werden die Inhalte nicht unternehmensspezifisch erarbeitet und gepflegt, so ist nicht gewährleistet, dass ein Erfahrungsaustausch und das Generieren impliziten Wissens erfolgt.[955]

2.2 Erfahrungs- und kompetenzorientierte Verfahren

Erfahrungs- und kompetenzorientierte Verfahren legen den Fokus auf den Erwerb von Arbeitsprozesswissen und Methodenwissen. Es handelt sich vornehmlich um handlungsorientierte, situative Methoden, die den Aufbau von implizitem Wissen und den Erwerb von situationsübergreifendem, flexibel einzusetzenden kognitiven Fähigkeiten fördern.

---

[951] Nach diesem Ansatz findet Lernen vorrangig in und durch praktisches Handeln in einer Gemeinschaft statt. Vgl. Lave/Wenige (1991).

[952] Reinmann-Rothmeier/Mandl (2001): 636.

[953] Vgl. Sonntag (2004): 851; Reinmann-Rothmeier/Mandl (2001): 636 und Sonntag/Schaper (2006): 270

[954] Siehe die detaillierte Übersicht zu Aspekten wie kognitiver Orientierung, Anreizstruktur und organisatorischer Rahmen bei Reinmann-Rothmeier/Mandl (2001): 636.

[955] Vgl. auch die Anmerkungen in Abschnitt B, Kapitel 3.4.1.1.

Die hier aufgeführten Methoden greifen z.T. auf Techniken des Managementtrainings zurück.[956] Durch die von ihrer Struktur eher heterogenen Tätigkeit von Führungskräften im Vergleich zu den operativen Tätigkeit von Angestellten[957] ist die bereits angesprochene eindeutige Zuordnung der Trainingsverfahren zum wissensorientierten oder auch persönlichkeitsorientierten Bereich nicht möglich. So beziehen sich Managementtrainings sowohl auf aufgaben- und entscheidungsorientierte Fähigkeiten als auch auf das Training von sozial-kommunikativen Fähigkeiten, die Motivation von Mitarbeitern und die Steuerung von Mitarbeitern.

Gestaltungsansatz	Intentionen/Gegenstände der Förderung	Varianten
Kooperative arbeitsplatzbezogene Lernformen	• Arbeitsprozesswissen • Expertenwissen/-kultur	• Aufgabenorientierter Informationsaustausch • Lernstatt • Kognitive Lehre im Rahmen von Experten/Novizen-Gemeinschaften, Vier-Stufen-Methode
Stellengebundene handlungsorientierte Lernformen	• Arbeitsprozesswissen • Problemlöse- und Entscheidungskompetenz • Persönlichkeitsentwicklung • Branchen- und Managementwissen	• Arbeitsstrukturierung • Understudy-Arbeit, Job Assignment, Assistententätigkeit und Stellvertretung • Sonderaufgabe • Gremienarbeit/Junior Board • Projektmethode/Training-on-the-project
Stellenübergreifende handlungsorientierte Lernformen	• Arbeitsprozesswissen, Experten- und Erfahrungswissen	• Job Rotation/Job Family • Auslandseinsatz
Szenario-gestützte Lernformen	• Kenntnisse und Fertigkeiten • Problemlösefähigkeiten • Mentale Modelle • Fachübergreifende Qualifikationen • Berufliche Handlungskompetenz	• Simulationssysteme (Planspiele) • Kooperative Lernszenarien im Netz • Lernbüro/Übungsfirmen/Junior-Firma • Fallstudien

Tab. 13: Übersicht zu den erfahrungsorientierten Methoden
in Anlehnung an Schaper/Sonntag (1999): 50.

---

[956] Zum Wandel und zur Vielfältigkeit des Begriffs ‚Management Development' siehe Cullen/Turnbull (2005). Eine ausführliche Diskussion ausgewählter, häufig verwendeter Management-Training-Methoden finden sich bei Day (2001).

[957] Vgl. Kaschube/von Rosenstiel (2004): 567 und Yammarino (2000).

2.2.1 Arbeitsplatzbezogene kooperative Formen des Wissenserwerbs

2.2.1.1 Aufgabenorientierter Informationsaustausch und Lernstatt

Bestehen am Arbeitsplatz der Trainees genügend Freiräume für individuelle Lernaktivitäten, so ist der aufgabenorientierte Informationsaustausch ein methodischer Ansatz, der moderiert den Wissens- und Erfahrungsaustausch am Arbeitsplatz fördert und sowohl für die Verbesserung von Arbeitsabläufen als auch für die Qualifizierung von Trainees und anderen Mitarbeitern genutzt werden kann.[958] Durch das Zusammentreffen von Mitarbeitern unterschiedlichster Berufserfahrung und Qualifikation, die gemeinsam Arbeitsabläufe analysieren, verbessern und dokumentieren, kann ein – unter Lern- und Informationsaustausch betrachteten Gesichtspunkten – für Trainees äußerst effektiver Rahmen geschaffen werden, der sie systematisch in die Arbeitsabläufe und -strukturen der jeweiligen Fachabteilungen einführt. Die der Methode zugeschriebene positive Lernwirkung in Bezug auf tätigkeitsrelevantes Wissen und Fähigkeiten belegen Studien von Neubert/Tomczyk (1986) und Schaper (2000). Schaper konnte zusätzlich in seiner Evaluationsstudie in der Chemieindustrie die Förderung methodischer und sozialer Kompetenzen nachweisen.

Ähnlich dem aufgabenorientierten Informationsaustausch versucht auch die Einrichtung einer Lernstatt den Erfahrungsaustausch der Mitarbeiter untereinander zu fördern.

> „Die Lernstatt stellt eine prozess- und/oder ergebnisorientierte, temporäre Gruppenarbeit dar"[959],

wobei die Gruppengröße zwischen fünf und zehn Mitgliedern beträgt. Die Treffen sind freiwillig und während der Arbeitszeit. In ihnen werden selbstgestellte oder eingebrachte Probleme aus dem eigenen Arbeitsbereich diskutiert. Nach deren Lösung wird die Gruppe wieder aufgelöst. Lernstattrunden werden durch einen Moderator begleitet. Ähnlich dem Lernstatt-Konzept arbeiten auch Qualitätszirkel auf der Basis des Community-of-Practice-Ansatzes.[960]

Im Rahmen von Trainee-Programmen wird dem Erfahrungsaustausch und den dadurch angeregten Lernprozessen eine hohe Bedeutung zugewiesen. Allerdings sind mögliche Probleme der Trainees selten dazu

---

[958] Vgl. Schaper (2000): 200; Sonntag/Schaper (2006): 265; Ulich (2005): 425.

[959] Becker, F.G. (2002): 336.

[960] Vgl. Pätzold/Lang (1999): 186.

geeignet eine Lernstatt einzuberufen[961], da es sich meist um individuelle, entwicklungsbezogene Probleme handelt. Deshalb bietet sich aus Sicht des Autors die Teilnahme nur unter dem Gesichtspunkt der Methodenerfahrung an. Ein u.U. auch inszenierter aufgabenorientierter Informationsaustausch scheint hingegen eine effektive Lernform darzustellen, da so Zusammenhänge und erfahrungsgeleitetes Arbeitsprozesswissen bspw. zischen Paten und Trainee vermittelt werden können.

2.2.1.2 Kognitive Lehre und Vier-Stufen-Methode

Der instruktionspsychologische Ansatz der kognitive Lehre (Cognitive Apprenticeship) versucht einen anwendungsorientierten Wissenserwerb in einem Experten-Novizen-Verhältnis während der Arbeit zu gestalten. Dieser auf Collins/Brown/Newman (1989) zurückgehende Ansatz wurde bereits als allgemeines Gestaltungsmerkmal für Trainee-Programme diskutiert.[962]

Die Vier-Stufen-Methode der Qualifikationsvermittlung am Arbeitsplatz orientiert sich an der kognitiven Lehre, ist in ihrer didaktisch-lerntheoretischen Konzeption aber auf die Nachahmung einer Handlung, verbunden mit einem erheblichen Übungsanteil ausgerichtet. Die ebenfalls in diesem methodischen Segment zu verortende planmäßige Unterweisung eignet sich für die Vermittlung von tätigkeitsbezogenen Fertigkeiten und wird deshalb vornehmlich in der beruflichen Erstausbildung eingesetzt. Aspekte einer planmäßigen Unterweisung sollten sich nur bei der Vorstellung des neuen Arbeitsbereiches im Rahmen der Job Rotation wieder finden.[963]

2.2.2 Stellengebundene handlungsorientierte Lernformen

Nach Hungenberg und Berthel/Becker[964] existieren vier grundlegende Möglichkeiten stellengebundener Führungskräfteentwicklung, die methodische Optionen für die Gestaltung einer Trainee-Lernumgebung darstellen könnten:

---

[961] Die Lernstatt wird teilweise auch zur Verbesserung interpersonaler Kompetenz eingesetzt, aber eine Überprüfung der Wirksamkeit der Methode in diesem Bereich hat bisher nicht stattgefunden. Vgl. Berthel/Becker, F.G. (2003): 359.

[962] Siehe Abschnitt E, Kapitel 1.5.

[963] Vgl. Groening (2004): 1922f; Berthel/Becker, F.G. (2003): 350f.

[964] Vgl. Hungenberg (1990): 195; Berthel/Becker, F.G. (2003): 348.

Anzahl eingebundener Mitarbeiter / zeitliche Reichweite	einer (individuell)	mehrere (kollektiv)
befristet	Sonderaufgaben	Projektarbeit
unbefristet	Einsatz als Assistent, Stellvertreter	Gremien-Arbeit Qualitätszirkel

Tab. 14: Alternativen stellengebundener Führungskräfteentwicklung in Anlehnung an Berthel/Becker, F.G. (2003): 348 und Hungenberg (1990): 195.

Im Zentrum dieser Ansätze steht das Lernen in der Arbeit durch eine handlungs- und problemorientierte Gestaltung des Arbeitsplatzes/-umfeldes.

Aufgabenstrukturale Ansätze basieren auf der bereits dargestellten Annahme, dass in der Gestaltung der Arbeitsumgebung, dazu gehören sowohl die zu bearbeitenden Aufgaben wie auch die Arbeitsinhalte, ein brachliegendes Potential für Kompetenz- und Persönlichkeitsentwicklungsprozesse liegt.[965] Dies zeigt eine Auswertung mehrerer empirischer Studien, die alle eine ähnliche Tendenz wiedergeben:

> „Geringe Restriktivität in arbeitsplatz- und berufsbezogenen Dimensionen korreliert positiv mit als vorteilhaft bewerteten Ausprägungen psychologischer Dimensionen, wie bspw. intellektuelle Leistungen, soziale Kompetenz, Selbstkompetenz und Leistungsmotivation."[966]

Aufgabenstrukturale Ansätze greifen auf bereits aus lerntheoretischer Sicht formulierte Anforderungen an eine Trainee-Lernumgebung (Problemhaltigkeit, Handlungsspielraum, Variabilität, soziale Unterstützung und qualifikatorischer Nutzwert) zurück. Typische aufgabenstrukturale Instrumente sind Gruppenarbeit, Qualitätszirkel, Job Rotation und Projektarbeit. In verschiedenen Studien konnte gezeigt werden, dass vor allem kognitive und soziale Kompetenzen, das Selbstkonzept und die Leistungsmotivation durch ein Lernen in der Arbeit gesteigert werden konnten.[967]

Zu den aufgabenstrukturalen Ansätzen zählt auch das Lernaufgabenkonzept[968], das reale Arbeitsaufgaben und systematisches Lernen zusammenführt und sich in vielen der hier diskutierten Methoden wiederfindet. Es basiert auf einer nach der Schwierigkeit und Komplexität gestuften Reihenfolge von Aufgaben und verfolgt die Idee der ganzheitli-

---

[965] Vgl. Kapitel 1.1.
[966] Sonntag/Stegmaier (2006): 293.
[967] Vgl. Sonntag (2000): 193.
[968] Vgl. Kapitel 1.1.4.

chen Lernaufgabe und entspricht so der Struktur eines vollständigen Arbeitsauftrages.[969] Durch die nahezu universellen Einsatzmöglichkeiten dieser Methode werden verstärkt Mitarbeiter/Führungskräfte in den Qualifizierungsprozess eingebunden.

2.2.2.1 Understudy-Arbeit

Die Understudy-Arbeit ist die Grundform der Entwicklung am Arbeitsplatz. Der Trainee erhält dauerhaft entwicklungsorientiert gestaltete Arbeitsinhalte mit zunehmendem Anspruch (Job Enrichment[970]), bei deren Bewältigung er durch den unmittelbaren Vorgesetzten beraten und angeleitet wird.[971] Diese Form der Personalentwicklung ist die wohl am weitesten verbreitete Form. Sie stellt das Gegenteil der in der Unternehmenspraxis häufig angewendeten Methode des ,Ins-kalte-Wasser-Werfens' von Mitarbeitern dar.

Job Assignment ist ein aufgabenstrukturierter Ansatz für Managertätigkeiten. Durch das Erleben einer Herausforderung durch eine Aufgabe resultiert aus der Lücke zwischen den Fähigkeiten einer Person und den Anforderungen an eine Situation eine Lernmotivation, sich weitere Informationen zu beschaffen oder neue Verhaltensweisen auszuprobieren. Nach McCall et al. (1988) liegt der Erfolg des ,Job Assignment' für Manager vor allem im Entwickeln und Implementieren von Plänen, im Gestalten von Beziehungen, in der Reflexion grundlegender Werte und Einstellungen und in der verstärkten Wahrnehmung eigener Kompetenzen. Bei aller Herausforderung darf aber die Bedeutung der Betreuung und der Unterstützung nicht vergessen werden.[972]

Die Implementierung solcher Job Assignments stellt einige Anforderungen an die Planung, da (1) die hierzu in Frage kommenden Arbeitsplätze analysiert und ausgewählt werden müssen, (2) Lernziele, Lerninhalte und Lernaufgaben bestimmt und bekannt sein müssen und (3) der Lernprozess regelmäßig überprüft werden muss. Dafür qualifiziert die Understudy-Arbeit den Trainee auf dem Gebiet des tätigkeitsspezifischen Wissens und unterstützt ihn beim Aufbau von Erfahrungswissen.

Institutionalisierte Understudy-Beziehungen sind *Assistentenpositionen*. Im Rahmen dieser Tätigkeit unterstützen die Trainees den jeweiligen

---

[969] Vgl. Bergmann (1996): 202.

[970] Synonym für Arbeitsbereicherung oder Aufgabenbereicherung. Die Arbeitsvorgänge am Arbeitsplatz des Trainees werden qualitativ angereichert. Vgl. Becker, F.G. (2002): 279.

[971] Vgl. Hungenberg (1990): 196.

[972] Vgl. Day (2001): 599.

Stelleninhaber aktiv in seinem gesamten Aufgabenspektrum. Ihre Tätigkeit beläuft sich dabei auf die Entscheidungsvorbereitung.

> „Werden Assistentenpositionen zum Zwecke der Führungskräfteentwicklung eingesetzt, so erfordert dies vor allem, daß sie nicht nur zu Entlastung des Vorgesetzten vorgesehen sind, sondern explizit die Zielsetzung einer individuellen Entwicklung und Vorbereitung des Assistenten für zukünftige Stellen mit der Stellenbesetzung verbunden wird."[973]

Deshalb sollten Assistentenpositionen in Coaching- oder Mentoring-Programme eingebettet sein. Ein Lehren im Sinne des Cognitive Apprenticeship würde die Effektivität der Methode erhöhen. Dafür bedarf es allerdings eines erhöhten persönlichen Einsatzes des Vorgesetzten. Denn er legt fest, ob der Assistent ihn nur ,entlastet' oder ob dieser mit seiner Unterstützung und durch seine Auswahl von Entwicklungsaufgaben, sich in dieser Position fortentwickeln darf.

Die *Stellvertretung* ist eine weitere Variante der Understudy-Beziehung. Bei dieser Form gibt die Führungskraft Aufgaben, Kompetenzen und Verantwortlichkeiten aus ihrer Stelle an den Trainee entweder zeitlich befristet oder teilweise ab. Der Stelleninhaber muss deshalb nicht zwingend abwesend sein. Aus Entwicklungssicht bietet die Stellvertretung vielfältige Lernanlässe, vor allem im Bereich der sozial-kommunikativen Kompetenz, Problemlöse-, Management- und Entscheidungskompetenz. Sie kann allerdings im ersten Traineejahr auch zu Überforderung und Demotivation führen. Eine zeitlich befristete Stellvertretung, z.B. im Rahmen einer Urlaubsvertretung hat nicht die Gestaltungs- und Informationsprobleme einer partiellen Dauerstellvertretung, erlaubt es aber dem Trainee Führungserfahrung zu sammeln. Allerdings ist die partielle Stellvertretung ohne eine intensive Nachbearbeitung ebenfalls nur begrenzt als Entwicklungsinstrument zu verstehen. Die Stellvertretung ist auf Loyalität und Förderungsbereitschaft der Führungskraft angewiesen, was aufgrund einer möglichen Rivalität und des darin bestehenden Konfliktpotentials sie als Qualifizierungsmethode aus didaktischer Sicht für Trainee-Programme nicht geeignet erscheinen lässt.

2.2.2.2 Sonderaufgaben

Im Rahmen stellengebundener Entwicklungsmaßnahmen sind Sonderaufgaben eine Möglichkeit, dem Trainee durch die Übertragung zusätzlicher Aufgaben weiter zu qualifizieren. Diese Aufgaben sollten abseits des Tagesgeschäftes liegen, also keinen Routinecharakter aufweisen und keine direkte Beziehung zu deren Arbeitsplatz haben. Die Aufgaben-

---

[973] Hungenberg (1990): 199.

stellungen sollten wohldefiniert und abgegrenzt sein und dabei den Qualifikationsstand des Trainees beachten. Werden diese Kriterien berücksichtigt, so sind Sonderaufgaben motivations- und kreativitätsfördernd.[974] Da Sonderaufgaben häufig bereichsübergreifende Fragestellungen behandeln, werden konzeptionelle, bereichsübergreifende und problemlösende Fähigkeiten geschult. Wissen wird konstruktiv und z.T. auch selbstgesteuert erworben. Tendenziell tragen Sonderaufgaben so zu einer verbreiterten Einsetzbarkeit des Trainees und damit dem Ziel einer generalistischen Ausbildung bei. Allerdings sollte die Bearbeitung der Sonderaufgaben durch Diskussionen und Feedback und der Möglichkeit der Beratung seitens der Betreuer begleitet werden.

Praktische Probleme bestehen in der Auswahl der Problemstellung, da diese eher auf der Basis aktueller Prioritäten und Anforderungen erfolgt, als vor dem Hintergrund der Gestaltung einer lernförderlichen Umgebung.

2.2.2.3 Junior Boards

Die von Hungenberg[975] für die Führungskräfteentwicklung angeregte Gremienarbeit im Unternehmen soll die Lernenden zu einer entwicklungsrelevanten Auseinandersetzung mit der eigenen Arbeitssituation führen. In der Zusammenarbeit mit anderen Unternehmensmitgliedern findet ein Austausch sowohl über eigene als auch fremde Erfahrungen, Ideen sowie Denk- und Verhaltensweisen statt. Die Konfrontation liefert nicht nur neue Erkenntnisse, sondern auch die nötige Rückkopplung für die Reflexion des eigenen Denkens und Handelns. Allerdings ist diese Methode für Berufseinsteiger aufgrund der mangelnden Berufserfahrung nicht geeignet. Hier bietet sich eher eine Zusammenkunft unter den Trainees an, in der ebenfalls der oben beschriebene Austausch stattfinden kann, der aber innerhalb einer homogenen Gruppe mit gleichartigen Problemstellungen, aber unterschiedlichen Tätigkeitsfeldern eine höhere Lernwirkung zuzuschreiben ist.

Junior Boards[976] als Spezialform von Gremien sind in der Praxis der Personalentwicklung nur von untergeordneter Bedeutung, stellen aber aus

---

[974] Vgl. das Flow-Konzept von Csikszentmihalyi (1985), das die besondere Qualität des handlungsbegleitenden emotionalen Erlebens beschreibt, mit dessen Hilfe sich motivationale Prozesse beschreiben lassen. Der Flow-Zustand ist mit einer hohen Leistungsfähigkeit des Trainees verbunden, nicht hinreichende Bedingungen sind die Passung von Fähigkeiten und Anforderungen und eine Eindeutigkeit der Handlungsstruktur sowie der Rückmeldung. Vgl. auch Lewalter (2006): 48 und Harteis (2002): 199f.

[975] Vgl. Hungenberg (1990): 204f.

[976] Vgl. Mentzel (2005): 199.

didaktischer Sicht eine interessante kooperative Methode dar, da das Problemlösungsverhalten der Trainees im Mittelpunkt steht. Junior Boards arbeiten parallel zur den obersten Führungsgremien und übernehmen Teile ihrer Aufgabenstellungen. Die Mitglieder des Junior Boards liefern der Unternehmensleitung Anregungen und Unterstützung, weshalb Berthel/Becker aufgrund des geringen Ertrags und der notwendigen Feedback-Gespräche diese Methode nur am Rande erwähnen.[977] Aus Entwicklungssicht bietet sie allerdings eine Möglichkeit, die Trainees unmittelbar mit den komplexen und unstrukturierten Problemen des Managements zu konfrontieren. Durch die reale Aufgabenstellung, dem Risiko möglicher Fehlentscheidungen und dem sich Verantworten Müssen vor anderen Führungskräften erhält diese Methode ein höheres Maß an Ernsthaftigkeit als dies bei Simulationen häufig zu beobachten ist. Das Sammeln von Erfahrungen, die notwendige Teamarbeit und das Aneignen von Arbeitsprozesswissen und Methoden gewinnt dadurch eine neue Qualität.

2.2.2.4 Projektarbeit und Training-on-the-project

Projektarbeit gehört zu den Standard-Methoden der Personalarbeit[978], auch im Rahmen der analysierten Trainee-Programme.[979] Dazu wird der Trainee als Teil einer Projektgruppe mit einem zeitlich befristeten, komplexen und zumeist einmaligen Vorhaben betraut. Projektaufgaben können in einer inhaltlichen Beziehung zum bisherigen Arbeitsplatz des Trainees stehen oder aber völlig losgelöst wahrgenommen werden. Typischerweise handelt es sich bei Projekten um Aufgabenstellungen, die in einem Kollektiv (Team) zu behandeln sind und deren Bearbeitung zeitlich befristet ist. Somit liegt die Verantwortung für das Arbeitsergebnis, anders als bei der Sonderaufgabe nicht bei der Einzelperson, sondern beim Team.

Die Bestimmung und Gestaltung der Projektaufgabe stellt aus Entwicklungssicht die größte Hürde dar, da es sich um reale Aufgabenstellungen ohne Routinecharakter handeln sollte, die in unternehmensübergreifende Prozesse eingebunden sind. Nicht geeignet sind Projekte i.S. einer Beschäftigungstherapie. Es sollte bereits in der Aufgabenstellung deutlich werden, dass das Unternehmen an der erarbeiteten Lösung interessiert ist und daraus auch Folgerungen ziehen möchte.[980]

---

[977] Vgl. Berthel/Becker, F.G. (2003): 354.

[978] Siehe auch die Ausführungen in Abschnitt B, Kapitel 2.3.2.4 und Abschnitt C, Kapitel 4.2.

[979] Vgl. Neuberger (1994: 177) und die Erhebung von Sauter (1991: 273), deren Ergebnis für die Projektarbeit immer noch repräsentativ sein dürfte.

[980] Vgl. Berthel/Becker, F.G. (2003): 355.

Teamarbeit sollte sowohl bei der Aufgabenbearbeitung wie auch bei der späteren Umsetzung zwingend erforderlich sein, damit sozial-kommunikative Kompetenzen geschult werden und eine Teamarbeitsorientierung bei den Trainees entsteht. Projektaufgaben als Schulungsinstrumente streben bereichsübergreifendes Wissen, Projektmanagement und die Fähigkeit unternehmerische Zusammenhänge zu erkennen an. Darüber hinaus werden von den Trainees Anpassungsfähigkeit und Flexibilität bei der Entwicklung der Wege und Lösungsmöglichkeiten erwartet. Da das Erreichen des Ziels und somit auch das Abwägen der herausgearbeiteten Optionen der Projektgruppe obliegen, besteht ein Zwang zu kommunikativem und kooperativem Verhalten.[981] Ein wesentlicher, sekundärer Aspekt von Projektaufgaben sind unternehmensinterne Netzwerke. Diese entstehen durch die bereichsübergreifende gemeinsame Arbeit. Bei einfachen Informationsaufenthalten werden diese tragfähigen Netzwerke i.d.R. nicht entstehen.

Bei der Zusammensetzung des Teams bestehen die Möglichkeiten bereichsübergreifende Teams aus Mitgliedern des Unternehmens zusammenzustellen oder mehreren Trainees ein Projekt zu übertragen. Letztere Variante kann allerdings missverstanden werden und die Rivalität unter den Trainees erhöhen. Auch dürfte der Lerneffekt im Gegensatz zu einer heterogenen aus Unternehmensmitgliedern zusammengesetzten Gruppe geringer sein.[982] Aus lerntheoretischer Sicht entspricht die Projektarbeit dem Lernverhalten Erwachsenen, da die Verbindung von Lernen und Anwendung durch die Einbettung in das betriebliche Umfeld das Lernergebnis des einzelnen Trainees erhöht und gleichzeitig einen Unternehmensbeitrag leistet.

Ein Training-on-the-project[983] versucht die Grenze zwischen theoretischem Wissenserwerb und praktischer Anwendung zu überwinden. Der handlungsorientierte Wissenserwerb steht bei dieser Methode im Zentrum. Nach einer einführenden Phase der Wissensvermittlung off-the-job erfolgen die Übung und der Transfer an einem Projekt aus der betrieblichen Praxis. Das Projektteam koordiniert eigenverantwortlich die Ausarbeitung der Projektphasen und die Umsetzung der Ergebnisse. Begleitet wird dieser Prozess durch einen externen Berater, der neben Fachkompetenz auch über die notwendige Prozesssteuerungskompetenz verfügen sollte.

---

[981] Vgl. Kaiser/Kaminski (1999): 275.

[982] Vgl. Schwuchow (1996): 63 sowie das Konzept Kompetenzentwicklung durch Projektmanagement von Feige (1994): 37.

[983] Teilweise wird auch der Begriff des ‚Action Learning' als Synonym verwendet. Siehe hierzu Hanisch (2001) und Keys (1994).

„Im Gegensatz zum Training on the Job, bei dem häufig keine strukturierte Reflexion des neu erlangten Wissens bzw. der gemachten Erfahrungen erfolgt, wird dies durch den externen Berater in Feedbackschlei-
fen thematisiert und bewusst gemacht."[984]

Training-on-the-project in Verbindung mit dem Konzept des Action Le-
arnings[985] ermöglicht die Erlangung eines impliziten Handlungswissens,
das man sich durch das formale Studium der Literatur oder durch die
Teilnahme an Seminaren und Vorträgen nicht aneignen kann. Allerdings
kommt der Aufgabenstellung aufgrund der unterschiedlichen Barriere-
Typen und der Vorerfahrung des Trainees eine zentrale Bedeutung zu.[986]
Zu triviale Aufgaben wie auch zu komplexe Aufgaben führen zu Demotivation und somit zu einem ineffektiven, vielleicht sogar abgebroche-
nem Lernprozess. Hanisch schlägt deshalb für die Aufgabenwahl eine
Vier-Felder-Matrix vor, die vertrautes/unvertrautes Arbeitsumfeld mit
vertrauten/nicht vertrauten Problemstellungen kombiniert. Durch diesen einfachen Schritt lässt sich die Lernausgangssituation der Trainees
erfassen und für die Projektwahl strukturieren.[987]

Die Möglichkeiten stellengebundener Methoden werden durch die höchstens zweijährige, durch die regelmäßige Job Rotation unterbrochene
Ausbildungszeit limitiert. Darüber hinaus muss auf das Vorwissen der
Trainees hingewiesen werden, das den Einsatz der diskutierten Methoden ebenfalls limitiert bzw. aufwendige Beratungs- und Betreuungsan-
gebote erfordert.

2.2.3 Stellenübergreifende handlungsorientierte Lernformen

2.2.3.1 Job Rotation

Eine stellenübergreifende Methode, die konstitutiver Bestandteil nahezu
aller analysierten Trainee-Programme ist, ist die Job Rotation.[988] Der systematische Wechsel der Ausbildungsstationen soll unternehmensbezogenes Wissen und Fähigkeiten aus mehreren Tätigkeitsbereichen vermitteln. Der Trainee soll mit Hilfe dieser Methode seine Erfahrungs- und
Qualifikationsbasis erweitern und seine Einsatzmöglichkeiten flexibili-

---

[984] Schier (2006): 155.

[985] Siehe Day (2001): 603.

[986] Dubs (2004) weist auf die Problematik der Erschließung des Lernfeldes und der
Lernsituation hin. Daraus erwächst erst die Schwierigkeit eine problemhaltige
Lern- und Entwicklungsaufgabe zu konzipieren. Vgl. auch Schwuchow (1996).

[987] Vgl. Hanisch (2001): 284 und die Ausführungen in Abschnitt B, Kapitel 2.2.1.4
und 2.3.2.3.

[988] Zur Job Rotation siehe Becker, F.G. (2002): 279f; Berthel/Becker, F.G. (2003): 317ff;
Mudra (2004): 217, 337 und Jung (2005): 280.

sieren. Darüber hinaus soll er konzeptionelle Fähigkeiten, Anpassungsfähigkeit und die Fähigkeit zur Bewältigung von Problemlösungsprozessen durch die systematische Rotation erwerben.[989]

Varianten der Job Rotation sind[990]:

- Funktionsgebundenes Job Rotation: Wechsel unterschiedlicher Tätigkeitsbereiche innerhalb eines Funktionsbereiches auf gleicher
  Hierarchiestufe mit dem Ziel der Ausbildung einer Fachführungs-
  kraft. Die Qualifizierung erfolgt über eine zielorientierte Vertiefung und Erweiterung der Arbeitsaufgaben.

- Funktionsübergreifendes Job Rotation: Wechsel auf Positionen aus
  mehreren Funktionsbereichen einer Unternehmung mit dem Ziel
  der Ausbildung eines Generalisten.

- Internationales Job Rotation: Wechsel im Rahmen funktionsgebun-
  dener oder funktionsübergreifender Job Rotation auf eine Position
  im Ausland mit dem Ziel, die Auslandserfahrung und die interkulturelle Kompetenz des Trainees zu schulen.

Job Rotation als Entwicklungsinstrument in Trainee-Programmen ist auf
eine sorgsame didaktisch-pädagogische Auswahl der Stationen angewiesen, da der Kompetenzerwerb allenfalls mittel- bis langfristig erziel-
bar ist.[991] Zu häufiges Rotieren birgt die Gefahr, dass der systematische
Kompetenzaufbau beim Trainee zugunsten einer Einarbeitung in den
Arbeitsbereich vernachlässigt wird; auch vor dem Hintergrund, dass der
Trainee abseits seiner Lern- und Ausbildungsziele ein produktiver Mitarbeiter des Unternehmens sein sollte. Eingrenzen lässt sich dieses Problem durch eine gezielte Zusammenstellung der Ausbildungspositionen.
Diese weisen im günstigsten Fall eine unmittelbare inhaltliche Zusam-
mengehörigkeit auf.[992] Die bei der Volkswagen AG gewählte Form der
Job Family bildet solche Funktionscluster mit fachlicher Zusammenge-
hörigkeit ab und gewährleistet so bspw. einen systematischen Aufbau
von Kompetenzen entlang von Prozessketten.[993] Dieses Prinzip ist mit
dem aus der beruflichen Bildung bekannten Lernfeldansatz vergleichbar.
Lernfelder sind didaktisch begründete und aufbereitete Handlungsfel-
der, die komplexe Aufgabenstellungen zusammenfassen. Sie sind durch
Zielformulierungen im Sinne von Kompetenzbeschreibungen und durch

---

[989] Dies belegt eine Studie von Campion/Cheraskin/Stevens (1994), die Führungskräfte in Unternehmen zu den Zielen von Job Rotation befragt haben.

[990] Vgl. Berthel/Becker, F.G. (2003): 318.

[991] Siehe auch die Bemerkungen in Kapitel 1.2.1.

[992] Vgl. Hungenberg (1990): 220.

[993] Vgl. von der Ruhr/Bosse (2005): 390.

Inhaltsangaben ausgelegt.[994] Allerdings kann die sich ständig wiederholende Konfrontation mit neuen Ausbildungsstationen, Aufgaben und Rollen zu Konflikten und dem Gefühl einer Nicht-Zugehörigkeit führen. Im schlimmsten Fall kann Job Rotation dazu beitragen, dass eine Integration in das Unternehmen verhindert wird. Demgegenüber stehen die positiven Argumente, die den Einsatz von Job Rotation als PE-Maßnahme sprechen. Sie vermeidet Monotonie und Demotivation während der Traineeausbildung und fördert die ganzheitliche Betrachtung der Unternehmung. Sie fordert Flexibilität und Durchsetzungsvermögen von den Trainees und zwingt sie, aufgrund fehlender Detailkenntnisse, zu einem erhöhten Austausch mit Spezialisten der Ausbildungsstationen und somit zu eher kooperativen Arbeitssituationen.

2.2.3.2 Auslandsaufenthalt

Die Erhebungen zu Trainee-Programmen haben dem Auslandsaufenthalt bzw. -einsatz im Rahmen der Job Rotation eine steigende Bedeutung zugewiesen. Vor allem multinationale Unternehmen machen von diesem Entwicklungsinstrument Gebrauch. Auslandserfahrung (Fremdsprachenkenntnisse, Umgang mit fremden Kulturen, Anpassungsfähigkeit usw.) stellt ein wesentliches Element der Gesamtentwicklung des Trainees dar. Je nach Ausgestaltung wird dem Trainee während seines Auslandsaufenthaltes eine Sonderaufgabe (oder auch Projekt) übertragen oder er absolviert im Rahmen seiner Abordnung eine der vorgesehenen Traineeausbildungsstationen im Ausland. Setzt man die Methode Auslandsaufenthalt isoliert ein, so ist der Transfer der gewonnenen Eindrücke nicht gewährleistet. So sollte der Trainee nicht nur im Hinblick auf seine Sprachkompetenz vorbereitet werden, sondern er sollte auch interkulturelle Trainings besuchen, um so langfristig eine interkulturelle Handlungskompetenz entwickeln zu können.[995]

Stellengebundene und stellenübergreifende Lernformen fordern den Trainee zu einem aktiven Handeln in einem Führungsumfeld auf. Die jeweilige Nähe zur direkten Arbeitstätigkeit oder die planmäßige Rotation können die individuelle Qualifikation des Trainees fördern. Allerdings hängt die Effektivität solcher Bildungsprozesse wesentlich von den Entwicklungsaufgaben (vgl. Kapitel 1.1.4), von ihrer Einbindung in weitere Entwicklungsmaßnahmen, von Coaching- oder Patenprogrammen sowie von der Unterstützung seitens der Fachabteilungen ab. Die

---

[994] Vgl. Bader/Schäfer (1998): 229.

[995] Vgl. Kaschube/von Rosenstiel (2004): 581 und Kühlmann (1995), der einen didaktisch-orientierten Ansatz zur Vorbereitung auf eine Auslandsentsendung anbietet.

Bereitschaft der Trainees, sich immer wieder auf neue Situationen und Aufgaben einzustellen, muss hierbei vorausgesetzt werden.

2.2.4 Szenario-gestützte Lernformen

2.2.4.1 Planspiele

Simulationsprogramme z.b. in Form von Planspielen fördern ein aktives Lernen auf der Grundlage eines Modells, das bestimmte Realitätsausschnitte darstellt.[996] Unternehmensplanspiele sind hierbei eine weit verbreitete Methode. Sie sollen den Trainee anregen, die Elemente des Modells und deren Beziehungen zu entdecken und/oder zu kontrollieren und bestimmte Managementfähigkeiten und -verhaltensweisen zu trainieren. Die simulierte Lernumgebung eröffnet den Trainees Experimentiermöglichkeiten, was in realen Situationen mit hohen Risiken verbunden wäre.[997]

Auf der Grundlage des „entdeckenden Lernens"[998] unterstützen Simulationsprogramme den selbstgesteuerten Aufbau von mentalen Modellen, was sich in einer erhöhten Fach- und Methodenkompetenz, im Umgang mit Komplexität und im Hinblick auf Flexibilität zeigt.[999] Auch im Bereich der Vermittlung deklarativen Wissens zeigt die Methode im Vergleich zu den gängigen rezeptiven Methoden kaum Unterschiede.[1000]

Die Feedbackmöglichkeiten und die Dynamik der Spiele gelten als besonders motivierende Anreize.[1001] Allerdings zeigen Studien[1002], dass oh-

---

[996] Zum Thema Planspiele siehe ausführlich Geilhardt/Mühlbradt (1995) und Blötz (2005).

[997] Vgl. Kaiser/Kaminski (1999): 171ff; Bergmann (1996): 205.

[998] Bruner (1981). Entdeckendes Lernen bedeutet nicht, dass Lernende in allen Situationen etwas Neues entdecken müssen. Notwendig sind folgende Eigenschaften des Lernprozesses: (1) die Lernenden setzen sich aktiv mit Problemen auseinander, (2) sie sammeln selbstständig eigene Erfahrungen, (3) sie führen bei passenden Gelegenheiten Experimente durch und erlangen auf diese Weise neue Einsichten in die komplexen Sachverhalte.

[999] Vgl. Heidack (1995): 118, 120.

[1000] Vgl. Leutner (1995): 106; Lüpertz (1997).

[1001] Vgl. Sonntag/Stegmaier (2006): 290.

[1002] Vgl. Leutner (1992); Gräsel/Mandl (1993); Gruber/Mandl/Renkl (1999) und Sonntag (2004): 851. Schüßler (2004: 53) berichtet über eine Untersuchung von Fürstenau, der die Entscheidungsprozesse von verschiedenen Planspielgruppen analysiert hat. Die Gruppen mit dominanten Mitspielern erarbeiteten weit weniger Handlungsmöglichkeiten als Gruppen mit einer ausgeglichenen Diskussionskultur. Beide Gruppen konnten aber ihr Wissen über die Zielausarbeitung, die Bestimmung der Operatoren sowie die Kontrolle und Analyse der erreichten Ergebnisse und deren Kausalitäten verbessern.

ne adaptive instruktionale Unterstützung, die Lernmotivation, die von solchen Simulationsprogrammen ausgeht, sinkt und der erhoffte Erfolg ausbleibt. Auch zeigen Studien, dass Lernende ohne vorgegebene Beispiele relativ selten Hypothesen über den Simulationsverlauf bilden und später auch prüfen.[1003]

> „Ein Maximum an Selbststeuerungsmöglichkeiten in computergestützten Lernumgebungen ist also nicht unbedingt mit dem wünschenswerten Optimum einer idealen Passung von Lernvoraussetzungen und situationsspezifischer Anforderung gleichzusetzen."[1004]

Tannenbaum/Yukl (1992) und Leutner (1995) nennen daher als begleitende Maßnahmen von Unternehmensplanspielen:

1. die Präsentation eines effektiven Modells im Umgang mit Simulationen,

2. die Sicherstellung, dass der Trainee motiviert ist,

3. die Notwendigkeit, dass die Informationen für die Trainees in geeigneter Form vorliegen,

4. die Nachbereitung der Erfahrungen, auch vor dem Hintergrund, dass aufzunehmende Informationen oft zwar implizit vorhanden sind, aber von den Lernenden nicht wahrgenommen oder erkannt werden[1005] und

5. die Möglichkeit für Coaching und Feedback, bspw. auf der Basis des Cognitive Apprenticeship-Ansatzes[1006].

Die Veränderung affektiver Einstellungen durch Planspiele wurde ebenfalls nachgewiesen, allerdings, so zeigt es Leutner, nicht immer in der intendierten Richtung.[1007]

Business Games als eine spezifische Form von Planspielen werden häufig in Kombination mit Verhaltensanalysen und gruppendynamischen Übungen eingesetzt. Sie dienen in diesen Fällen der Förderung von individuellem und gruppenorientiertem Problemlöse- und Entscheidungsverhalten. Der ständige Anwendungsbezug des Wissens lässt auf ein hohes Transferpotential der Planspielmethode schließen, das auch empirisch nachgewiesen eingelöst wird.[1008] So ist auch im Vergleich zu Fall-

---

[1003] Vgl. Njoo/de Jong (1993).

[1004] Reinmann-Rothmeier/Mandl (2001): 636.

[1005] Vgl. Njoo/de Jong (1993.)

[1006] Vgl. Sonntag (2004): 851.

[1007] Vgl. Leutner (1995): 106.

[1008] Vgl. Bloech/Hartung/Orth (2001).

studien die Lehreffizienz des Unternehmensplanspiels höher zu bewerten.[1009]

2.2.4.2 Lernbüro und Übungsfirmen

Komplexe, mehrdimensionale Lehr-Lernarrangements gehen auf die Forschergruppe um Achtenhagen et al. zurück.[1010] In ihnen fassen sie mehrere Methoden (bspw. Lernbüro, Fallstudie und Übungsfirma) zusammen, von denen einige an dieser Stelle diskutiert werden sollen.

Bei Lernbüros handelt es sich um simulative Arrangements, die versuchen, die komplexe und dynamische Büroarbeit abzubilden.[1011] Dem liegt die Idee des praxisnahen Übens zugrunde. Dadurch sollen sowohl Ziele aus dem Bereich der Fachkompetenz wie auch der Sozial- und Methodenkompetenz erreicht werden, wie bspw. Informationen auswerten und verwenden, Einsicht in kaufmännische Funktionsabläufe erhalten, Entscheidungen mitgestalten oder Kompromisse erörtern. Psychologische Studien, die die Effektivität und vor allem die Akzeptanz der Lernbüromethode belegen, liegen bis auf Erfahrungsberichte dem Autor nicht vor.[1012] Es ist davon auszugehen, dass die Akzeptanz dieser Methode, die u.a. in der betrieblichen Erstausbildung eingesetzt wird, bei den Trainees eher gering ist, da sie Wert auf das Lernen in realen Umgebungen legen und ihr Lernfokus auf Managementtätigkeiten liegt, so dass das Junior Board eher eine dem Lernfokus adäquate Methode darstellt.

Übungsfirmen[1013] ähneln in ihrem Aufbau und Ablauf der Lernbüromethode, sind allerdings für gewöhnlich dem Deutschen Übungsfirmenring angeschlossen, d.h. die didaktische und organisatorische Durchführung übernimmt eine externe Institution. Kritisiert wird an dieser Methode der fehlende Realitätsbezug, da die Übungsfirmen ohne Kapital und Produkte ausgestattet sind und so das ökonomische Risiko überhaupt nicht bewusst wird. Motivation und Akzeptanz der Methode durch die Teilnehmer ist laut Befragungsergebnisse nicht immer gegeben.[1014] Juniorfirmen basieren auf derselben projektorientierten Ausbildungsme-

---

[1009] Vgl. Keys und Wolfe (1990).

[1010] Vgl. Achtenhagen/Tramm et al. (1992); Achtenhagen (2003).

[1011] Vgl. Pätzold/Lang (1999): 158ff.

[1012] Halfpap hat einen Erfahrungsbericht im Rahmen des Modellversuchs NRW verfasst. Vgl. Pätzold/Lang (1999): 164. Pawlik (1999) hat eine empirische Untersuchung zur Entwicklung von Lern- und Leistungsmotivation im Lernbüro vorgelegt.

[1013] Vgl. Grafinger/Berger (1996).

[1014] Vgl. Pätzold/Lang (1999): 166.

thode und simulieren Situationen aus dem kaufmännischen oder gewerblichen Bereich eines Unternehmens.[1015]

2.2.4.3 Fallstudien

Fallstudien werden häufig bereits als universitäre Ausbildungsform genutzt. Mit ihrer Hilfe versucht man die Trainees zu aktivieren, ihre theoretischen Kenntnisse in praktischen Situationen anwenden zu müssen. Dabei geht es in der Regel nicht nur um das Ziel, den konkret formulierten Fall zu lösen, sondern die aus der Auseinandersetzung mit dem gestellten Problem gewonnenen Erkenntnisse zu abstrahieren, um diese auf ähnliche Fragestellungen übertragen zu können.[1016] Parallel hierzu werden allgemeine Fähigkeiten wie Entscheidungsfähigkeit, Urteilsbildung und selbstständiges Arbeiten mit dieser Methode geschult.[1017]

Die Fallstudien, bei denen es sich um didaktisch aufbereitete Informationsmaterialien handelt, sollten unternehmensspezifisch und realitätsnah erstellt werden. Allgemein kann man zwischen Entscheidungsfällen und Entdeckungsfällen differenzieren.[1018] Mit Hilfe von Entscheidungsfällen soll die Entscheidungsfähigkeit des Trainees gefördert werden. Deshalb ist die Aufgabe so gestaltet, dass alternative Problemlösungen zu erarbeiten sind, aus denen später eine Option begründet auszuwählen ist. Entdeckungsfälle hingegen wollen den Trainee dazu veranlassen, dass er Zusammenhänge, Prinzipien oder Regeln selbstständig erarbeitet. Im situationsspezifischen Einsatz soll er sich die zu lernenden Erkenntnisse erschließen.

Wesentliches Element, so zeigt es eine Studie von Kaiser und Brettschneider (2001), ist die Anleitung und Begleitung der Fallstudienarbeit, da ansonsten die inhaltliche Basis häufig nicht das gewünschte Niveau erreichen konnte und die Diskussion der Entscheidungsalternativen nicht systematisch hinsichtlich der Vor- und Nachteile verlief. Ohne beratende Unterstützung ist auch der von Kritikern immer eingewandte Aufbau von allgemeinen Prinzipien und Regeln nur schwer vorstellbar. Allerdings darf der Lerneffekt, der bereits durch die Beobachtung der anderen Teilnehmer und deren Herangehensweise an dieselbe Problemstellung nicht unterschätzt werden. Eine allgemeine und zusammenfas-

---

[1015] Vgl. Mudra (2004): 376.

[1016] Vgl. Prim (2001): 201ff; Pätzold/Lang (1999): 240ff.

[1017] Weitere Unterziele dieser Methode finden sich bei Domsch (2000).

[1018] Vgl. Euler/Hahn (2004): 297.
Eine andere Typologie unterscheidet vier Arten: Case-Problem-Method, Incident-Method, In-Basket-Exercise-Method und Case-Study-Method. Vgl. Lammers (2000): 210f.

sende Bewertung zum Thema Fallstudie steht, so Lammers (2000), allerdings noch aus.

2.3 Verhaltens- und persönlichkeitsorientierte Verfahren

Wesentliche Ziele von Trainee-Programmen sind auf die Modifikation des Verhaltens und auf die Entwicklung der Trainee-Persönlichkeit gerichtet. Auslesekriterien für die nachfolgende Tabelle waren Relevanz für die Traineeausbildung und Seriosität der Methode, die durch Überblicksarbeiten und Metaanalysen belegt wird.[1019] Es soll einleitend bereits angemerkt werden, dass die Wirksamkeit von Persönlichkeitstrainings und auch der Methodenvergleich bisher kaum zuverlässig in Studien erfasst wurde.[1020] Einzig Burke und Day (1986) haben sich in einer Metaanalyse intensiv mit Trainingsmaßnahmen aus dem Bereich ‚soziale Interaktion' beschäftigt und herausgearbeitet, dass durch Interventionsmaßnahmen innerhalb dieser Trainings die Ergebnisse verbessert werden konnten. Neuere Aufsätze zu verhaltens- und persönlichkeitsorientierten Verfahren, die in der nachfolgenden Diskussion aufgeführt werden, geben meist nur Erfahrungsberichte wider.

Das Erleben und Erfahren der eigenen Person innerhalb bestimmter Situationen steht innerhalb der verhaltens- und persönlichkeitsorientierten Verfahren im Vordergrund,

> „um im Gegensatz zu fachlicher Wissensvermittlung auch gezielt affektive Bereiche anzusprechen"[1021].

So bestimmen auch die Notwendigkeit zur Innovation und gewisse Modetrends (z.B. fernöstliche Verfahren) das vielfältige Angebot.[1022] Gruppendynamische Trainingsformen, aber auch psychotherapeutische Ansätze und Techniken (Rollenspiele, Verhaltenstrainings, Psychoanalyse) sowie persönlichkeitsdiagnostische Methoden (Freiburger Persönlichkeitsinventar) werden als Interventionsansätze sowie –methoden eingesetzt. Hinzu treten Körper- und Bewegungsverfahren, künstlerisch-kreative Verfahren wie auch Fitness und Ernährungsberatung oder esoterisch-spirituelle Verfahren.

[1019] Vgl. die Zusammenstellung bei Sonntag/Stegmaier (2006): 282.

[1020] Vgl. hierzu die Auflistung und Analyse einer Vielzahl von Studien zur Persönlichkeitsentwicklung bei Leidenfrost/Götz/Hellmeister (2000): 60–68 und Schuler/Barthelme (1995): 110. Vgl. auch das Gutachten von Weiß (1997) und die neuste Studie von Arthur/Bennett/Edens/Bell (2003).

[1021] Leidenfrost/Götz/Hellmeister (2000): 51.

[1022] Vgl. Hofmann/Regnet (2003).

Ansätze		Intentionen und Gegen- stand der Förderung	Elemente und Gestaltungsmerkmale
in problembezo- genen authenti- schen Kontexten	Behavior Modeling	Kommunikation, Kon- fliktbewältigung	• Lernpunkte • Filme über Verhaltensmo- dell • Rollenspiel • Feedback
	Teamentwick- lung	Verständnis von Gruppen- prozessen, Kommunikation, Kooperation	• Prozessanalysen • Problemkataloge • Arbeitstechniken • Reflexion
beratungs- und betreuungsorien- tierte	Mentoring und Coaching	Persönlichkeitsentwicklung, Karriereförderung	• Modellverhalten des Men- tors • Beratung • Akzeptanzvermittler
Simulationsansät- ze		Förderung explorativen Ler- nens	• Rollenspiel • Audiovisuelle Medien • Multimediale Lernumge- bung
Mit Erlebnisorien- tierung und Per- sönlichkeitszen- trierung	Gruppendyna- mische Ansätze	Selbstbild, Selbstsicherheit, soziale Beziehungen, Kon- fliktbewältigung	• Selbsterfahrung • Rückmeldung • Soziales Lernen
	Outdoor Training	Selbstvertrauen, Selbstkon- zept, Problemlösen, Koope- ration	• Flussüberquerung • Schlauchbootfahrt • Abseilen • Stressübungen
	Einführungswo- che/Orientieru ngswoche	Netzwerkbildung, Integrati- on, Unternehmenskultur	• Teamentwicklung/ Gruppenentwicklung • Unternehmenskultur

Tab. 15: Übersicht zu den verhaltensorientierten Methoden
in Anlehnung an die Übersichten von Sonntag/Stegmaier (2006): 283
und Leidenfrost/Götz/Hellmeister (2000).

2.3.1   Ansätze in problembezogenen und authentischen Kontexten

Diese Kategorie umfasst Methoden, die ein Lernen in problembezogenen und authentischen Lernumgebungen ermöglichen und bspw. auch – wie im Bereich der Teamentwicklung – organisatorische Einheiten miteinbeziehen.

2.3.1.1 Behavior Modeling

Behavior Modeling beruht auf dem Ansatz des sozialen Lernens von Bandura, wonach Verhaltensweisen überwiegend durch Beobachtung von aktuellen und symbolischen Modellen gelernt werden. Dementsprechend stehen

- Aufmerksamkeitsprozesse (Wahrnehmung relevanter Merkmale des Modellverhaltens und der Situation),
- Gedächtnisprozesse (wahrgenommenes Modellverhalten wird sprachlich und bildhaft kodiert),
- motorische Reproduktionsprozesse (neu erworbene Verhaltensweisen werden selbst erprobt) und
- motivationale Prozesse (Verstärkung oder Bestrafung neuer Verhaltensweisen wird erwartet) im Betrachtungszentrum.[1023]

Latham/Saari (1979), vor allem aber Burke/Day (1986) beschreiben in ihrer Aufsätzen Behavior Modeling als eine der effektivsten Trainingsmethoden im Bereich der personalen Förderung. Allerdings wird diese äußerst positive Einschätzung durch Tannenbaum/Yukl (1992) relativiert, die darauf hinweisen, dass die meisten der vorliegenden Studien nur den kurzfristigen Lernerfolg untersucht und den Transfer der erlernten Verhaltensweisen zurück in den Job vernachlässigt haben. Außerdem weisen sie darauf hin, dass die positiven Ergebnisse bisher nur für konkret fassbare Tätigkeiten vorliegen wie bspw. die Montage einer Maschine.[1024] Die Effektivität der Methode im Bereich flexibler, adaptiver Tätigkeiten konnte noch nicht abschließend geklärt werden.

Das Training beginnt üblicher Weise mit einer Einführung in den Problembereich durch den Trainer und der Entwicklung von Lernpunkten (Lernziele, also Verhaltensweisen oder -prinzipien). Danach werden bspw. Filme gezeigt, die eine Führungskraft in der entsprechenden Führungssituation zeigen, wie sie die Lernziele effektiv bewältigt.[1025] Hieran schließt sich eine Gruppendiskussion mit anschließender Übung in Form eines Rollenspiels an. Die Rückmeldung zum Rollenspiel erfolgt über die Gruppe.[1026] Die Methode des Behavior Modeling könnte bspw. den

---

[1023] Vgl. Holling (2000): 239.

[1024] Weitere Studien existieren von Goldstein/Gessner (1988); Tannenbaum/Yukl (1992), Holling (2000) und Sonntag/Stegmaier (2006).

[1025] Baldwin (1992) konnte nachweisen, dass auch negative Modelle zu einem effektiven Lernerfolg führen. So war der Lernerfolg nach vier Wochen bei den Lernenden, die sowohl positive als auch negative Modelle vorgeführt bekommen haben, höher als bei denen, die nur positive Modelle gesehen haben. Zum Behaltensprozess siehe Holling (2000): 240.

[1026] Vgl. Latham/Saari (1979) und Sonntag/Stegmaier (2006): 284f.

Kompetenzerwerb in den Bereichen interkulturelle und sozial-kommunikativer Fähigkeiten kooperativ fördern. Allerdings steht die Überprüfung ihrer Effektivität noch aus.

2.3.1.2 Teamentwicklung

Teamtrainings versuchen Team-Prozesse, Team-Leistungen oder auch
Trainingsinterventionen und ihre Auswirkungen zu verstehen oder zu
lenken. Teamentwicklung i.e.S.[1027] wird innerhalb der Trainee-Programme nicht intendiert. Vielmehr wird eine allgemeine Teamorientierung
der Trainees angestrebt. Hierbei geht es um die Vermittlung einer positiven Einstellung gegenüber Teamarbeit. Dazu sollen die Trainees Team-
Prozesse, Interventionsmöglichkeiten und die zur Problemlösung notwendige intensive Kommunikation innerhalb eines Teams kennenlernen. Dies setzt eine allgemeine Einführung in die Teamentwicklung voraus, die deutlich auf die notwendigen Voraussetzungen für effektive
Teamentwicklungsprozesse eingeht.[1028] So ist eine allgemeine Schulung
von sozial-kommunikativen Fähigkeiten, Arbeits- und Problemlösetech-
niken sowie ein Verständnis für Gruppenprozesse eine gute Voraussetzung für spätere Teamentwicklungsprozesse. Die positive Einstellungen
zur Teamarbeit kann jedoch nur durch die Unternehmenskultur und
,gelebte' und von den Trainees erfahrene Teamprozesse erreicht werden.

2.3.2 Beratungs- und betreuungsorientierte Ansätze

Der Oberpunkt beratungs- und betreuungsorientierte Ansätze umfasst
die bereits in Kapitel 1 thematisierten Mentoring- und Coaching-Pro-
gramme, so dass auf eine erneute Darstellung an dieser Stelle verzichtet
wird.

2.3.3 Simulationsansätze

Simulationen schaffen einen künstlichen Erfahrungsraum, der es dem
Lernenden erlaubt sein Verhalten zu erproben und zu modifizieren, ohne dass es mit realen Konsequenzen belegt wird.[1029] Dabei variieren der
Grad der Selbststeuerung, der Komplexitätsgrad und das Feedback je
nach der Gestaltung der Simulationen. Abseits der bereits diskutierten

---

[1027] Vgl. Neuberger (1994): 202ff.

[1028] Hierzu gehören, dass (1) Aufgabe oder Ziel der Gruppe klar definiert sein müssen, (2) das Training unter weitgehend realen Arbeitsbedingungen stattfindet,
(3) externe, möglicher Weise störende Randbedingungen in die Diskussion einbezogenen werden und (4) die Verantwortlichkeitsbereiche im Team geklärt
sind. Siehe hierzu die Richtlinien von Swezey/Salas (1992).

[1029] Vgl. Thornton/Cleveland (1990): 190.

computergestützten Simulationsverfahren existieren weitere verhalten-sorientierte Verfahren, die u.a. auf Rollenspielen[1030] basieren. Hierzu zählen die In-Basket-Übung, one-to-one Interviews, Gruppendiskussionen und die Assessment-Center Methode, die allerdings traditionell nicht zur Schulung, sondern als Testinstrument zur Potentialerkennung eingesetzt wird.

2.3.3.1   One-to-one Interview

Das One-to-one Interview simuliert auf Grundlage von Hintergrundinformationen eine spezifische interpersonale Aktion. Das Training umfasst typische, aber individuelle Managementprobleme wie bspw. Kommunikationsfertigkeiten und Führungsfertigkeiten, die sich so trainieren aber auch diagnostizieren lassen. Die Teilnehmer erhalten Übungsmöglichkeiten oder können bei den Übungen Anderer zusehen, um aus deren Verhalten ihr Verhaltensrepertoire zu erweitern. Zur Förderung des Trainingserfolges erfolgt während und am Ende des Trainings ein systematisches Feedback. Eine Progression in der Schwierigkeit der zu bewältigenden Szenarios kann die Trainingserfolge verbessern.[1031] Bei den Teilnehmern wird diese Methode positiv angenommen.[1032]

2.3.3.2   Gruppendiskussionen

Freie, also unmoderierte Gruppendiskussionen simulieren Besprechungs- und Verhandlungssituationen, die die Problemlöse- und Entscheidungskompetenz der Teilnehmer herausfordern.[1033] Dazu erhalten die Gruppenteilnehmer wie beim zuvor angesprochenen One-to-One Interview eine schriftliche Problembeschreibung mit Zusatzinformationen für die zu übernehmende Rolle; d.h. sowohl kooperative wie auch kompetitive Szenarien sind denkbar.

> „Da es keinen festengesetzten Leiter der Diskussion gibt, werden Kommunikationsfertigkeiten, Entscheidungsfertigkeiten und interpersonale Fertigkeiten bei der gemeinsamen Problemlösung in einer unstrukturierten Umgebung gefordert und gefördert."[1034]

[1030] Zur Methode des Rollenspiels siehe Groening (2004): 1926 und Lammers (2000): 219.

[1031] Vgl. Sonntag/Stegmaier (2006): 290.

[1032] Vgl. Latham/Saari (1979); Burnaska (1976); Moses/Ritchie (1975) sehen im One-to-one-Interview eine effektive Methode, wohingegen McGehee/Thayer (1978) nur eine geringe Verhaltensänderung ermittelten.

[1033] Vgl. Thorton/Cleveland (1990): 192.

[1034] Sonntag/Stegmaier (2006): 290, ebenso Thornton/Cleveland (1990): 192.

Auch bei dieser Methode gilt, dass das Feedback von Trainern und Diskussionsteilnehmern die Lerneffekte signifikant erhöhen kann.

2.3.3.3 In-Basket-Übungen

In-Basket-Übungen sind traditionell ein Instrument der Personalauswahl, vor allem bei Nachwuchsführungskräften.[1035] Als Lehr-Lernmethode eingesetzt, wird der Trainee mit dem Inhalt eines umfangreichen Postkorbes konfrontiert, den er in einer vorgegebenen Zeit zu bearbeiten hat. Ziel dieser Übung ist es, eine Stresssituation aufzubauen, die den Trainee zu einem flexiblen Problemlösen und Entscheiden bringen soll. So soll er in die Arbeitstechniken im Verwaltungsbereich einer Führungskraft eingeführt werden und diese trainieren. Eine sich dieser Trainingsmethode anschließende Reflexion kann die Stärken und Schwächen aufgreifen und verschiedene Verhaltensmöglichkeiten diskutieren. Als Testinstrument verfügt die In-Basket-Methode über eine hohe prädiktive Validität, als Trainingsmethode stellt sie eine praktische, individuelle und kostengünstige Maßnahme dar.[1036] Problematisch bei der In-Basket-Methode ist jedoch die fehlende Interaktion mit anderen Organisationsteilnehmern während der Aufgabenbearbeitung, die eigentlich charakteristisch ist für die Arbeitsrealität.[1037]

Simulationen sind immer dann effektiv, wenn sie mit strukturierten Trainingsmethoden wie Vorlesungen, Eigenstudium und Demonstrationen verbunden werden. Sie sollten progressiv eingesetzt werden; beginnend mit einem geringen Komplexitätsgrad wird dieser von Ausbildungsstufe zu Ausbildungsstufe gesteigert. Dadurch werden Misserfolge und somit Demotivation vermieden. Zur Steigerung der Transferwirkung sollten die Problemlösungsprozesse während der Simulation rückgekoppelt werden.[1038] Eine häufige Wiederholung der Simulationsübungen hilft den Trainees nicht nur die einzelnen Schritte zu erlernen, sondern diese auch in variablen Kontexten anzuwenden.[1039]

2.3.4 Persönlichkeitszentrierte und erlebnisorientierte Ansätze

Zu den persönlichkeitszentrierten und erlebnisorientierten Ansätzen werden u.a. gruppendynamische Verfahren und das Outdoor-Training gerechnet.

[1035] Vgl. Dommel (2000).

[1036] Vgl. Thornton/Cleveland (1990): 193.

[1037] Vgl. Hungenberg (1990): 237.

[1038] Vgl. Baldwin/Ford (1988).

[1039] Vgl. May/Kahnweiler (2000): 356.

Der Einsatz gruppendynamischer Verfahren ist nicht unumstritten. Diesen Satz stellen Sonntag/Stegmaier pointiert an den Anfang ihrer Ausführungen zu den gruppendynamischen Ansätzen, die ihren Ursprung in der sozialpsychologischen Kleingruppenforschung und der humanistischen Psychologie haben.[1040]

Erlauben diese Ansätze zwar Einblicke in die Motive des eigenen aber auch des Verhaltens anderer und sind in der Lage Gruppenprozesse zu fördern, so ist ihr nachgewiesenes Transferpotential eingeschränkt. So weist von Rosenstiel darauf hin, dass nicht angestrebte Verhaltensänderungen erzielt wurden und dass erzielte Verhaltensänderungen den privaten Bereich betrafen, nicht aber den beruflichen.[1041] Diese Ergebnisse dürften darauf zurückzuführen sein, dass die Verhaltenstrainings in einem Schonraum stattfanden, der mit der Realität im Arbeitsalltag nichts zu tun hatte.

2.3.4.1 Sensitivity-Training

Die im Managementbereich weit verbreiteten Sensitivity-Trainings scheinen zu nachweisbaren intendierten Veränderungen zu führen.[1042] Ziel dieser Trainings ist die Verbesserung der allgemeinen Kommunikationsfähigkeit, die durch eine Verbesserung der situativen sozialen Sensibilität und der Reaktionsflexibilität erreicht werden soll. Die Situation im klassischen Sensitivity-Training ist meist weitgehend unstrukturiert, was für die Teilnehmer zur Folge hat, dass sie sich selbst überlassen bleiben, ihre Themen selbst entdecken und strukturieren müssen.[1043] Dadurch können Angst, Unsicherheit und Emotionen hervorgerufen werden, die den Weg zur Selbsterfahrung eröffnen. Diese Trainingsform birgt jedoch die Gefahr unkontrollierter emotionaler Prozesse, die – anders als in Therapiegruppen – nicht gewollt sind. Dem Trainer, der dieses Instrument professionell einführen und betreuen muss, kommt eine hohe Bedeutung für den Erfolg zu. Inwieweit Sensitivity-Trainings für Trainees, bei denen es sich um Berufseinsteiger handelt, angemessen sind, bleibt abzuwägen. Die Verbesserung der sozial-kommunikativen Kompetenzen wie richtiges Zuhören, Sensibilisieren, Toleranz und Verständnis lassen sich auch durch andere Methoden fördern. Der Einsatz von Sensitivity-Trainings sollte vor dem Hintergrund der diffusen, nicht vorher-

---

[1040] Vgl. Sonntag/Stegmaier (2006): 291.

[1041] Vgl. von Rosenstiel (1989).

[1042] Vgl. Goldstein (1980): 258. Burke/Day (1986) sehen bei Sensitivity-Trainings einen positiven Effekt bei einer gleichzeitigen hohen Varianz.

[1043] Vgl. Lammers (2000): 217.

sagbaren Wirkungen auf einzelne Trainees in den Programmen nur sehr vorsichtig erfolgen.[1044]

2.3.4.2 Outdoor-Training

Ähnliche Argumente sollen auch innerhalb der Diskussion von Outdoor-Trainings vorgebracht werden. Ihre Wirksamkeit ist ähnlich den bisher diskutierten gruppendynamischen Verfahren kaum belegt, ihr Einsatz hingegen sehr beliebt. Sie basieren auf den Erkenntnissen der Erlebnispädagogik, die das eigene Handeln und Erleben dazu nutzen will, die eigene Persönlichkeit und die eigenen Kompetenzen weiterzuentwikkeln. Die Teilnehmer werden bspw. als Gruppe aufgefordert eine Reihe von Aufgaben zu bearbeiten. Dies soll die Abhängigkeit der Gruppenmitglieder untereinander erhöhen und gegenseitiges Vertrauen fördern. Der Transfer dieser intendierten Ziele in den beruflichen Alltag ist hingegen nicht belegt.[1045]

2.3.4.3 Einführungswoche und Trainee-Treffen

Unter den erlebnisorientierten Methoden soll auch eine Einführungswoche[1046] für die neuen Trainees im Unternehmen diskutiert werden. Dieser Ansatz verbindet mehrere Lernziele aus unterschiedlichen Bereichen. Zum einen fördert er die Integration in das Unternehmen, indem bereits in der ersten Woche Führungskräfte, Paten usw. die Werte und die Kultur des Unternehmens den Trainees vorleben und in das Kommunikationsverhalten einführen.[1047] Zum anderen fördern ungezwungene, auch außerhalb des Unternehmens stattfindende Maßnahme die Netzwerkbildung, erleichtern die horizontale Integration unter den Trainees und regen somit einen Gruppenbildungsprozess an. Dieses Netzwerk kann im Laufe der Traineeausbildung als Medium genutzt werden, wenn es gilt, Probleme oder Erfahrungen zu besprechen und zu reflektieren. Hierzu bieten sich auch fest institutionalisierte Trainee-Treffen an.[1048]

Aus Sicht des Wissenserwerbs können innerhalb der ersten Tage grundlegende Basisdaten über das Unternehmen sowie allgemeine Informa-

---

[1044] Vgl. Lammers (2000): 218.

[1045] Vgl. Sonntag/Stegmaier (2006): 292.

[1046] Vgl. Wanous/Reichers (2000).

[1047] Siehe Siehl/Martin (1984): 239 die in ihrer Studie auf die Möglichkeit hinweisen, dass Manager durch implizite, kulturelle Formen wie Geschichten über das Unternehmen, Rituale und Rollendefinition effektiv die wesentlichen Bestandteile der Unternehmenskultur ausdrücken und kommunizieren können. Vgl. auch die Studie von Klein/Weaver (2000): 60.

[1048] Vgl. Day (2001): 596.

tionen über den Aufbau und die Ziele der Trainee-Programme vermittelt werden.[1049] Zusätzlich bieten sie sich für die Reflexion und Relativierung des Selbstbildes der Trainees als Führungsnachwuchskräfte an und tragen so dazu bei, möglichen Enttäuschungen während der Ausbildung vorzubeugen.

[1049] Wanous/Reichers (2000: 448) weisen darauf hin, dass Videos und kooperative Medien einen höheren Lerneffektivitätsgrad erreichen als gedrucktes Informationsmaterial.

2.4.1 Wissensorientierte Methoden

		Heuristische Regeln	Selbstreflexionstechniken	Selbstinstruktion/ Leittextmethode
Sozialkompetenz + Persönlichkeitsentwicklung	Selbstständigkeit/ Eigeninitiative/ Eigenverantwortung	✔ ✔	✔ ✔	✔ ✔
	Kommunikationsfähigkeit	✔	✔ ✔	-
	Teamorientierung	-	✔	-
	generelle Persönlichkeitsentwicklung	-	✔ ✔	✔
	Flexibilität	✔	✔ ✔	✔ ✔
Methodenkompetenz	Problemlösekompetenz	✔ ✔	✔ ✔	✔ ✔
	Entscheidungskompetenz und -umsetzung	✔	✔ ✔	✔
Fachkompetenz	firmen- und produktspezifisches Wissen	-	✔	✔ ✔
	Arbeitstechniken der Praxis	✔	✔	✔ ✔
	Managementwissen der Branche	✗	✔	✔ ✔
	IT-Kenntnisse	-	-	✔ ✔
	Fremdsprachenkenntnisse	-	-	-
Integration und Identifikation	Firmenphilosophie/Unternehmenskultur	✗	✔	✔
	Organisations- und Entscheidungsstrukturen	✔	✔	✗
	Integration in die betrieblichen Sozialstrukturen	-	-	-
	Internationale Einsetzbarkeit	-	✔	-
Methode	Wissensarten	prozedurales Wissen	prozedurales und implizites Wissen	explizites Wissen
	Transferpotential	✔	✔ ✔	?
	Individualisierbarkeit der Methode	✔ ✔	✔ ✔	✔ ✔
	Akzeptanz durch Trainees	?	?	✔
	Motivierungsgrad	?	✔	?

		Heuristische Regeln	Selbstreflexionstechniken	Selbstinstruktion/ Leittextmethode
Infrastruktur	Trainingsform	near-the-job	near-the-job	near-/off-the-job
	externes oder internes Angebot	intern	intern	intern
	notwendige Infrastruktur	Lern- und Gesprächskultur	Reflexionskultur und geschulte Betreuer	Leittexte und Lernmaterialien
	Einbindung in	die Arbeitstätigkeit des Trainees, indem Paten/Führungskräfte diese Methode als Schulungsinstrument einsetzen	die Arbeitstätigkeit des Trainees, indem Paten/Führungskräfte diese Methode als Schulungsinstrument einsetzen, weitere Anwendungsbereiche: Seminare/Workshops und Traineeberichte	
	Kosten/Zeitbedarf zur Vorbereitung	Detailanalyse der Teiltätigkeiten und Schulung der Lehrenden und der Trainees	Grundlagenschulung der Trainees, Schulung der Betreuer, Beratungszeit	Erstellung der Leittexte, Beratungszeit, Lernzeit für die Trainees
Bewertung	Potential für die Traineeausbildung	Hilfsmittel zur Analyse komplexer Arbeitssituationen	unverzichtbares Element der Führungsausbildung, da geeignete Reflexionstechniken wesentlich die Kompetenz- und Persönlichkeitsentwicklung bestimmen.	geeignet für die ersten Trainee-Wochen, damit Trainees systematisch mit dem Unternehmen vertraut gemacht werden
	Risiken/Grenzen	Vorwissen mindert Akzeptanz der Methode, hohe Abhängigkeit von der Fähigkeit des Beraters, hoher Entwicklungsaufwand	Bereitschaft sich selbst zu reflektieren, Transferprobleme, Abhängig von den Fähigkeiten des Beraters/Paten	Akzeptanzprobleme bei den Lehrenden, mangelhafte Realisierung didaktisch-methodischer Prinzipien, reine Anpassungsqualifizierung

Tab. 16: Eignung der wissensorientierten Methoden (Teil 1)

Legende

-	ungeeignet, nicht gegeben
?	fraglich
✔	geeignet, gegeben
✔ ✔	sehr gut geeignet
✘	bei dem Ziel handelt es sich um ein Unterziel

		programmierte Unterweisung/ Lehrgespräche	Vorlesung	Seminar/Workshop
Sozialkompetenz + Persönlichkeitsentwicklung	Selbstständigkeit/ Eigeninitiative/ Eigenverantwortung	-	-	-
	Kommunikationsfähig-keit	✔	-	✔
	Teamorientierung	-	-	✔
	generelle Persönlich-keitsentwicklung	-	-	✔
	Flexibilität	-	-	✘
Methoden-kompetenz	Problemlösekompetenz	-	-	-
	Entscheidungskompe-tenz und -umsetzung	-	-	-
Fachkompetenz	firmen- und produkt-spezifisches Wissen	✔	✔	✔
	Arbeitstechniken der Praxis	✔	-	✔
	Managementwissen der Branche	✔	✔	✔
	IT-Kenntnisse	✔	✔	✔
	Fremdsprachenkennt-nisse	✔	-	✔
Integration und Identifikation	Firmenphilosophie/ Unternehmenskultur	✔	-	✔
	Organisations- und Ent-scheidungsstrukturen	✔	✔	✔
	Integration in die be-trieblichen Sozialstruk-turen	✔	-	✔
	Internationale Einsetz-barkeit	✔	✔	✔
Methode	Wissensarten	explizites Wissen	explizites Wissen	explizites Wissen
	Transferpotential	✔	?	?
	Individualisierbarkeit der Methode	✔	-	-
	Akzeptanz durch Trai-nees	✔	✔	✔
	Motivierungsgrad	✔	?	?
Infrastruktur	Trainingsform	near-/off-the-job	off-the-job	off-the-job
	externes oder internes Angebot	intern	intern/extern	intern/extern
	notwendige Infrastruk-tur	Lern- und Ge-sprächskultur	Dozenten	Dozenten

		programmierte Unterweisung/ Lehrgespräche	Vorlesung	Seminar/Workshop
	Einbindung in	das Lehrkonzept durch gezielte Instruktion während des Arbeitsprozesses		
	Kosten/Zeitbedarf zur Vorbereitung	Lehrzeit, Erstellen zusätzlicher Materialien	Erstellen der Lehreinheiten, Kosten des Dozenten/Vorlesung, Lernzeit für die Trainees	Erstellen der Lehreinheiten, Kosten des Dozenten/Vorlesung, Lernzeit für die Trainees
Bewertung	Potential für die Traineeausbildung	...lung der expliziten Inhalte, im Vergleich zur Leittextmethode erfolgt die Vermittlung nur weniger strukturiert	Systematische Einführung und Vermittlung eines Wissensgebietes, für größere Gruppen geeignet	Systematische Einführung und Vermittlung eines Wissensgebietes, für größere Gruppen geeignet.
	Risiken/Grenzen	kein Erwerb von eigenem Erfahrungswissen, Informationsflut, nicht-lernförderliche Arbeitsinhalte, unsystematische Lernziele/-inhalte, setzt Arbeitserfahrung voraus	Träges Wissen	Träges Wissen

Tab. 17: Eignung der wissensorientierten Methoden (Teil 2)

		Trainingsprogramme mit tutorieller Unterstützung	Hypermediasysteme	Kooperative Lernszenarien im Netz
Sozialkompetenz + Persönlichkeitsentwicklung	Selbstständigkeit/ Eigeninitiative/ Eigenverantwortung	✗	✔	✔
	Kommunikationsfähigkeit	-	-	✔
	Teamorientierung	-	-	✔
	generelle Persönlichkeitsentwicklung	-	-	-
	Flexibilität	-	✔	✔
Methodenkompetenz	Problemlösekompetenz	-	✔ ✔	✔
	Entscheidungskompetenz und -umsetzung	-	✔	✔
Fachkompetenz	firmen- und produktspezifisches Wissen	✔ ✔	✔ ✔	✔
	Arbeitstechniken der Praxis	✔ ✔	✔	✔ ✔
	Managementwissen der Branche	✗	✔ ✔	✔ ✔
	IT-Kenntnisse	✔	✔	✔
	Fremdsprachenkenntnisse	✔		-
Integration und Identifikation	Firmenphilosophie/ Unternehmenskultur	-	-	-
	Organisations- und Entscheidungsstrukturen	-	-	✔
	Integration in die betrieblichen Sozialstrukturen	-	-	✔
	Internationale Einsetzbarkeit	-	-	✗
Methode	Wissensarten	explizites Wissen	explizites Wissen	explizites Wissen
	Transferpotential	?	✔	✔
	Individualisierbarkeit der Methode	✔	✔	
	Akzeptanz durch Trainees	✔	✔	✔
	Motivierungsgrad	✔	✔	✔
Infrastruktur	Trainingsform	near/off-the-job	near/off-the-job	near/off-the-job
	externes oder internes Angebot	intern	intern	intern
	notwendige Infrastruktur	virtuelle Lernumgebung	virtuelle Lernumgebung	virtuelle Lernumgebung

		Trainingsprogramme mit tutorieller Unterstützung	Hypermediasysteme	Kooperative Lernszenarien im Netz
Bewertung	Einbindung in	Zusätzliche Methode zur Kompetenzentwicklung	Angebot an die Trainees zur eigenständigen Informationsbeschaffung während der Arbeitstätigkeit	Zusätzliche Methode zur kooperativen Kompetenzentwicklung
	Kosten/Zeitbedarf zur Vorbereitung	hoher Entwicklungsaufwand, Betreuung, Lernzeit für die Trainees	hoher Entwicklungsaufwand, Lernzeit für die Trainees	hoher Entwicklungsaufwand, Lernzeit für die Trainees
	Potential für die Traineeausbildung	eher geringe Bedeutung	Selbstgesteuertes und somit motiviertes Erkunden des Unternehmens und der zu lernenden Inhalte	Selbstgesteuertes und somit motiviertes Erkunden des Unternehmens und der zu lernenden Inhalte, Teamarbeit und kommunikativer Austausch sind auch über eine größere Distanz möglich (bspw. zur Schulung der internationalen Einsetzbarkeit)
	Risiken/Grenzen	Komplexität der Inhalte limitiert den Einsatz, nur einfache Prozeduren, Transferprobleme	hoher Entwicklungsaufwand, Transferprobleme, nicht alle Lernenden verfügen über Selbstlernkompetenzen, es handelt sich eigentlich um Informationssysteme	hoher Entwicklungsaufwand, Transferprobleme, Gestaltung der Lernbedingungen hat wesentlichen Einfluss

Tab. 18: Eignung der wissensorientierten Methoden (Teil 3)

2.4.2 Erfahrungs- und kompetenzorientierte Verfahren

		Aufgabenorientierter Informationsaustausch	Assistent	Sonderaufgabe
Sozialkompetenz + Persönlichkeitsentwicklung	Selbstständigkeit/ Eigeninitiative/ Eigenverantwortung	-	✓✓	✓✓
	Kommunikationsfähigkeit	-	✓✓	✓
	Teamorientierung	-	✓	-
	generelle Persönlichkeitsentwicklung	-	✓✓	✓
	Flexibilität	-	✓✓	✓✓
Methodenkompetenz	Problemlösekompetenz	✓	✓✓	✓✓
	Entscheidungskompetenz und -umsetzung	✓	✓✓	✓
Fachkompetenz	firmen- und produktspezifisches Wissen	✓✓	✓✓	✓✓
	Arbeitstechniken der Praxis	✓✓	✓✓	✓
	Managementwissen der Branche	✓✓	✓✓	✓
	IT-Kenntnisse	-	✓	-
	Fremdsprachenkenntnisse	-	✓	-
Integration und Identifikation	Firmenphilosophie/ Unternehmenskultur		✓✓	✗
	Organisations- und Entscheidungsstrukturen	✓✓	✓✓	✓
	Integration in die betrieblichen Sozialstrukturen	✓	✓	✗
	Internationale Einsetzbarkeit	✗	✓	-
Methode	Wissensarten	explizites, implizites Wissen und Fertigkeiten	explizites, implizites Wissen und Fertigkeiten	explizites, implizites Wissen und Fertigkeiten
	Transferpotential	✓	✓	✓
	Individualisierbarkeit der Methode	✓	✓	✓
	Akzeptanz durch Trainees	✓	✓	✓
	Motivierungsgrad	✓	✓	✓

		Aufgabenorientierter Informationsaustausch	Assistent	Sonderaufgabe
Infrastruktur	Trainingsform	on-the-job	on-the-job	on-the-job
	externes oder internes Angebot	intern	intern	intern
	notwendige Infrastruktur	Lernraum während der Arbeitszeit	Assistentenpositionen	
	Einbindung in	Patensystem	Lehr-/Lernkonzept	Lehrkonzept
	Kosten/Zeitbedarf zur Vorbereitung	Lehrzeit, Lernzeit für die Trainees	Beratungs- und Betreuungszeit	Beratungs- und Betreuungszeit
Bewertung	Potential für die Traineeausbildung	Förderung des Zusammenhangs- und Erfahrungswissens	es learning-on-the-job	Diagnostizierte Lerndefizite können gesondert geschult werden
	Risiken/Grenzen	unsystematische Lernziele, Arbeitserfahrung ist notwendig, Mitarbeiter-Trainee-Beziehung	nicht lernförderliche Arbeitsinhalte, fehlende Unterstützung	nicht lernförderliche Arbeitsinhalte, Festlegung der Aufgabenstellung

Tab. 19: Eignung der erfahrungs- und kompetenzorientierten Methoden (Teil 1)

		Junior Board	Projektarbeit	Training on-the-project	Job Rotation
Sozialkompetenz + Persönlichkeitsentwicklung	Selbstständigkeit/ Eigeninitiative/ Eigenverantwortung	✓✓	✓✓	✓✓	✓✓
	Kommunikationsfähigkeit	✓✓	✓✓	✓✓	✓✓
	Teamorientierung	✓✓	✓✓	✓✓	✓
	generelle Persönlichkeitsentwicklung	✓	✓	✓✓	✓✓
	Flexibilität	✓✓	✓✓	✓✓	✓✓
Methodenkompetenz	Problemlösekompetenz	✓✓	✓✓	✓✓	✓✓
	Entscheidungskompetenz und -umsetzung	✓✓	✓	✓✓	✓
Fachkompetenz	firmen- und produktspezifisches Wissen	✓✓	✓	✓	✓✓
	Arbeitstechniken der Praxis	✓✓	✓✓	✓✓	✓✓
	Managementwissen der Branche	✓✓	✓	✓✓	✓✓
	IT-Kenntnisse	-	✓	✓	
	Fremdsprachenkenntnisse	-	✓	✓	✓
Integration und Identifikation	Firmenphilosophie/ Unternehmenskultur	✓✓	✓	✓	✓
	Organisations- und Entscheidungsstrukturen	✓✓	✓✓	✓✓	✓✓
	Integration in die betrieblichen Sozialstrukturen	✗	✗	-	✓
	Internationale Einsetzbarkeit	-	✓	✓	✓
Methode	Wissensarten	explizites und implizites Wissen sowie Fertigkeiten	implizites Wissen sowie Fertigkeiten	explizites und implizites Wissen sowie Fertigkeiten	explizites und implizites Wissen sowie Fertigkeiten
	Transferpotential	✓	✓	✓	✓
	Individualisierbarkeit der Methode	-	✓	✓	✓
	Akzeptanz durch Trainees	✓	✓	✓	✓
	Motivierungsgrad	✓	✓	✓	✓

		Junior Board	Projektarbeit	Training on-the-project	Job Rotation
Infrastruktur	Trainingsform	near-the-job	on-the-job	on-/off-the-job	on-the-job
	externes oder internes Angebot	intern	intern	intern/extern	Intern
	notwendige Infrastruktur	Junior Board	Projektteam	Projektteam	Job Rotation Programm, Lernfelder
	Einbindung in	zusätzliches ganzheitliches Lernangebot	Arbeitstätigkeit	zusätzliches ganzheitliches Lernangebot	Arbeitstätigkeit
	Kosten/Zeitbedarf zur Vorbereitung	Betreuungszeit, Lernzeit für die Trainees	Beratungszeit	Betreuungszeit, Aufgabenerstellung, Lernzeit für die Trainees	Beratungszeit
Bewertung	Potential für die Traineeausbildung	Erleben der unstrukturierten Managementumgebung, ernsthaftes Lernen	ganzheitliches Erleben und Erarbeiten einer Aufgabe	Ganzheitliches Erleben und Erarbeiten einer Aufgabe, wobei die Lerneffektivität durch die bewusste Aufgabenauswahl mit der anschließenden Reflexion hoch ist	Erhöhung der Flexibilität der Trainees, positive Effekte auf die Persönlichkeitsentwicklung
	Risiken/Grenzen	Überforderung bei fehlender Beratung und fehlendem Feedback	Lernpotential des Projektes	Definition der Projekte	kann eine systematische Kompetenzentwicklung verhindern, wenn nicht eine intensive Abstimmung zwischen den Lehrenden erfolgt, ein Lernen in Lernfeldern ist erforderlich

Tab. 20: Eignung der erfahrungs- und kompetenzorientierten Methoden (Teil 2)

		Planspiele	Lernbüro/Juniorfirmen	Fallstudie
Sozialkompetenz + Persönlichkeitsentwicklung	Selbstständigkeit/ Eigeninitiative/ Eigenverantwortung	✔ ✔	✔	✔ ✔
	Kommunikationsfähigkeit	✔	✔	
	Teamorientierung	✔	✘	✔
	generelle Persönlichkeitsentwicklung	✘	✘	✘
	Flexibilität	✔ ✔	✔	✔ ✔
Methodenkompetenz	Problemlösekompetenz	✔ ✔	✔	✔ ✔
	Entscheidungskompetenz und -umsetzung	✔ ✔	✔	✔ ✔
Fachkompetenz	firmen- und produktspezifisches Wissen	✔ ✔	✔	✔ ✔
	Arbeitstechniken der Praxis	✔ ✔	✔ ✔	✔ ✔
	Managementwissen der Branche	✔ ✔	✔	✔
	IT-Kenntnisse	✘	✘	✘
	Fremdsprachenkenntnisse	✘	✘	✘
Integration und Identifikation	Firmenphilosophie/ Unternehmenskultur	✘	✔	✔ ✔
	Organisations- und Entscheidungsstrukturen	✘	✔	✔
	Integration in die betrieblichen Sozialstrukturen	✘	✘	✘
	Internationale Einsetzbarkeit	✘	✘	✘
Methode	Wissensarten	explizites und prozedurales Wissen	explizites und prozedurales Wissen	explizites und prozedurales Wissen
	Transferpotential	✔	✔	✔
	Individualisierbarkeit der Methode	✔	✔	✔
	Akzeptanz durch Trainees	✔	?	✔
	Motivierungsgrad	✔	?	✔

		Planspiele	Lernbüro/Juniorfirmen	Fallstudie
Infrastruktur	Trainingsform	off-the-job	off-the-job	off-the-job
	externes oder internes Angebot	intern/extern	intern/extern	intern/extern
	notwendige Infrastruktur	Planspiel	Umgebung des Lernbüros	
	Einbindung in	zusätzliches ganzheitliches Lernangebot	zusätzliches ganzheitliches Lernangebot	zusätzliches ganzheitliches Lernangebot
	Kosten/Zeitbedarf zur Vorberseitung	Entwicklungs-, Durchführungs- und Betreuungskosten, Lernzeit für die Trainees	Entwicklungs-, Durchführungs- und Betreuungskosten, Lernzeit für die Trainees	Entwicklungs-, Durchführungs- und Betreuungskosten, Lernzeit für die Trainees
Bewertung	Potential für die Traineeausbildung	Erwerb ganzheitlichen Wissens	Methodenarrangement mit guten Lernwerten	Erwerb ganzheitlichen Wissens
	Risiken/Grenzen	Ohne Unterstützung sinkt die Lernmotivation und somit der Erfolg, Transferprobleme	Simulation ohne Folgen und es fehlt dadurch bedingt auch die Akzeptanz der Methode	fehlt die Betreuung während der Fallstudie und die abschließende Reflexion der Ergebnisse sinkt die Ausbildungseffektivität der Methode erheblich

Tab. 21: Eignung der erfahrungs- und kompetenzorientierten Methoden (Teil 3)

2.4.3 Verhaltens- und persönlichkeitsorientierte Verfahren

		Behavior Modeling	One-to-One-Interview	Gruppendiskussion
Sozialkompetenz + Persönlichkeitsentwicklung	Selbstständigkeit/ Eigeninitiative/ Eigenverantwortung	✔	✔	✗
	Kommunikationsfähigkeit	✔ ✔	✔ ✔	✔ ✔
	Teamorientierung	–	–	✔
	generelle Persönlichkeitsentwicklung	✔	✔	✗
	Flexibilität	–	–	–
Methodenkompetenz	Problemlösekompetenz	✔	✔	✔
	Entscheidungskompetenz und -umsetzung	✗	✗	✔ ✔
Fachkompetenz	firmen- und produktspezifisches Wissen	–	–	–
	Arbeitstechniken der Praxis	–	–	–
	Managementwissen der Branche	–	✔	–
	IT-Kenntnisse	–	–	–
	Fremdsprachenkenntnisse	–	–	–
Integration und Identifikation	Firmenphilosophie/ Unternehmenskultur	✗	✗	–
	Organisations- und Entscheidungsstrukturen	–	–	–
	Integration in die betrieblichen Sozialstrukturen	–	–	–
	Internationale Einsetzbarkeit	✔ ✔	✗	–
Methode	Wissensarten	Fertigkeiten, Persönlichkeitsentwicklung	Fertigkeiten, Persönlichkeitsentwicklung	Fertigkeiten, Persönlichkeitsentwicklung
	Transferpotential	✔	✔	?
	Individualisierbarkeit der Methode	✔	✔	
	Akzeptanz durch Trainees	✗	?	?
	Motivierungsgrad	✔	?	?

		Behavior Modeling	One-to-One-Interview	Gruppendiskussion
Infrastruktur	Trainingsform	off-the-job	off-the-job	off-the-job
	externes oder internes Angebot	extern	extern	extern
	notwendige Infrastruktur	Professioneller Dozent, Materialien	Professioneller Dozent	Professioneller Dozent
	Einbindung in	zusätzliches Lernangebot zur Persönlichkeitsentwicklung	zusätzliches Lernangebot zur Persönlichkeitsentwicklung	zusätzliches Lernangebot zur Persönlichkeitsentwicklung
	Kosten/Zeitbedarf zur Vorbereitung	Dozent und Maßnahme, Lernzeit für die Trainees	Dozent und Maßnahme, Lernzeit für die Trainees	Dozent und Maßnahme, Lernzeit für die Trainees
Bewertung	Potential für die Traineeausbildung	Schulung internationaler Einsetzbarkeit	Individuelle Probleme innerhalb der Persönlichkeitsentwicklung	allgemeine Persönlichkeitsentwicklung, Erfahrungsaustausch
	Risiken/Grenzen	Hoher Entwicklungsaufwand, Transferprobleme	Feedback-Prozesse, einseitige Lernprozesse	Feedback-Prozesse

Tab. 22: Eignung der verhaltens- und persönlichkeitsorientierten Methoden (Teil 1)

		In-Basket-Übung	Sensitivity-Training	Outdoor-Training	Einführungswoche
Sozialkompetenz + Persönlichkeitsentwicklung	Selbstständigkeit/ Eigeninitiative/ Eigenverantwortung	✔	✔ ✔	✔	✘
	Kommunikationsfähigkeit	-	✔ ✔	✔	✔
	Teamorientierung	-	✘	✔	
	generelle Persönlichkeitsentwicklung	-	✔	✔	✔
	Flexibilität	✔ ✔	✘	✔	✘
Methodenkompetenz	Problemlösekompetenz	✔ ✔	-	✔	✘
	Entscheidungskompetenz und -umsetzung	✔ ✔	-	✔	✘
Fachkompetenz	firmen- und produktspezifisches Wissen	✔	-	✘	✔
	Arbeitstechniken der Praxis	✔ ✔	-	-	-
	Managementwissen der Branche	✔	-	-	-
	IT-Kenntnisse	✔	-	-	-
	Fremdsprachenkenntnisse	-	-	-	-
Integration und Identifikation	Firmenphilosophie/ Unternehmenskultur	-	-	-	✔ ✔
	Organisations- und Entscheidungsstrukturen	✔ ✔	-	-	-
	Integration in die betrieblichen Sozialstrukturen	-	-	✔	✔ ✔
	Internationale Einsetzbarkeit	-	✔ ✔	-	
Methode	Wissensarten	implizites Wissen, Fertigkeiten	implizites Wissen, Fertigkeiten	implizites Wissen, Persönlichkeitsentwicklung	explizites und implizites Wissen
	Transferpotential	?	✔	?	?
	Individualisierbarkeit der Methode	✔	✔		
	Akzeptanz durch Trainees	?	?	✔	✔
	Motivierungsgrad	?	?	✔	✔

		In-Basket-Übung	Sensitivity-Training	Outdoor-Training	Einführungs-woche
Infrastruktur	Trainingsform	off-the-job	off-the-job	off-the-job	off-the-job
	externes oder internes Angebot	intern	intern/extern	intern/extern	intern
	notwendige Infrastruktur	Postkorbübung			
	Einbindung in	zusätzliches ganzheitliches Trainingsangebot	zusätzliches Lernangebot zur Persönlichkeitsentwicklung	zusätzliches Lernangebot zur Persönlichkeitsentwicklung	Baustein im Trainee-Bertreuungskonzept
	Kosten/Zeitbedarf zur Vorbereitung	Erstellen der Postkorbübung, Bearbeitungszeit und Beratungszeit	Kosten des Trainings, Lernzeit für die Trainees	Kosten des Trainings, Lernzeit für die Trainees	Kosten des Trainings, Lernzeit für die Trainees
Bewertung	Potential für die Traineeausbildung	Übung ähnlich des Lernbüros für Führungsnachwuchskräfte zur Schulung des Umgangs mit komplexen, unstrukturierten Situationen	Verhaltensmodifikation	Kennenlernen, Gruppenfindungsprozess, Persönlichkeitsentwicklung	Kennenlernen, Gruppenfindungsprozess, Fortführung in späteren Trainee-Treffen zur allgemeinen Diskussion von Problemen und Erfahrungen
	Risiken/Grenzen	Abhängigkeit von den Fähigkeiten des Beraters	Abhängigkeit von den Fähigkeiten des Beraters	Abwägen des Nutzens dieser Methode, Transferprobleme	

Tab. 23: Eignung der verhaltens- und persönlichkeitsorientierten Methoden (Teil 2)

3. Implementierung einer Trainee-Lernumgebung im Unternehmen

Um eine Trainee-Lernumgebung in einen Organisationskontext einzubinden, bedarf es einer Strategie, die folgende Elemente berücksichtigen sollte:

1. Lernkultur im Unternehmen,
2. Projektmanagement,
3. Bedarf- und Zielformulierung,
4. Entwicklung und Umsetzung instruktionaler und konstruktionaler Gestaltungselemente mit Hilfe methodisch-didaktischen Expertenwissens,
5. systematische Evaluation.

Die Unternehmenskultur fasst die im Unternehmen vorhandenen bewussten und unbewussten, symbolisch oder sprachlich überlieferten

> „Wissensvorräte und Hintergrundüberzeugungen, Denkmuster und Weltinterpretationen, Wertvorstellungen und Verhaltensnormen, wie sie im Denken, Sprechen und Handeln der Unternehmensangehörigen (Organisationsangehörigen) regelmäßig zum Ausdruck kommen"[1050]

zusammen. Lernkultur bedeutet demnach nichts anderes als die „Pflege (,,cultura") des Lernens im Unternehmen"[1051].

Das Ausmaß der Lernkultur im Unternehmen kann davon abhängig gemacht werden[1052]

- welchen Stellenwert das Lernen im Unternehmen genießt. Deutlich wird dies an der Unternehmenspolitik, den Leitbildern aber auch den eingesetzten personellen und organisationalen Ressourcen.
- wie das Unternehmen und dessen Mitarbeiter lernen,
- welche individuellen und gruppenbezogenen Angebote existieren und wahrgenommen werden,
- welche Feedback- und Reflexionskultur im Unternehmen herrscht,
- inwieweit die Arbeitsprozesse bereits entwicklungsfreundlich gestaltet sind,
- welche Interventionen durch die Personal- und Organisationsentwicklung erfolgen,

---

[1050] Holleis (1987): 11.

[1051] Sonntag (1996): 42, vgl. auch Bergmann (1996): 191.

[1052] Vgl. Sonntag (1996): 43 und Tracey/Tannenbaum/Kavanagh (1995): 241. Kennzeichen innovativer Lernkulturen finden sich bei Schüßler (2004): 38.

- welche Unterstützung zur Gestaltung einer lernförderlichen und lernfähigen Kultur gegeben wird, bspw. bei der Erprobung neuerer didaktischer Konzepte und Lernformen, beim Praxis-Wissenschaft-Dialog usw.

Die eigentliche Implementierung[1053] der Trainee-Lernumgebung in die Lernoberfläche eines Unternehmens[1054] kann als ein Prozess der Veränderung verstanden werden, da die Einführung neuer Lehr- und Lernformen mit Hilfe verschiedener Personal- und Organisationsentwicklungsmaßnahmen erfolgt, die sich auf andere Organisationsbereiche und Personen auswirken.[1055] Deshalb sind bereits in der Vorbereitungsphase verschiedene Gruppen in den Prozess der Implementierung einzubeziehen:

- Die *Steuerungsgruppe* ist zuständig für die Ausbildungsplanung und -beratung. Hierzu gehören im Regelfall ein Trainee-Beauftragter aus der Personalabteilung sowie zusätzliche Personen aus dem Bereich Personalentwicklung, die die Planung Steuerung und Kontrolle der Implementierungsschritte mit vorbereiten und überwachen. Außerdem sollten die Ansprechpartner aus den, im Rahmen der Job Rotation, vorgesehenen Ausbildungsstationen in die Planung und Steuerung einbezogen werden.

- Die *Umsetzungsgruppe* besteht aus den Ausbildungsbeauftragten und den Paten, die für die konkrete Umsetzung der Lehr-/Lerngestaltung an den arbeitsintegrierten Lernorten zuständig sind.

- *Externe Weiterbildungsinstitute*, die im Rahmen der Programmplanung einzelne Ausbildungsmodule einbringen und

- die *Personalabteilung* für die Planung der Auslandsaufenthalte.

Um die Trainee-Programmziele innerhalb eines learning-on-the-job zu erreichen, sollten die Anforderungsprofile, die an die Trainees gestellt werden, möglichst authentisch in den Lernorten abgebildet werden. Dazu müssen die arbeitsintegrierten Lernorte einer *Aufgaben und Anforderungsanalyse* unterzogen werden, damit die an die Trainees zu ausbildungszwecken delegierten Aufgaben authentische Anforderungsstrukturen aufweisen und den Trainees ein breites Tätigkeitsspektrum eröffnen.

[1053] Vgl. zur Implementierung einer Lernumgebung für Auszubildende Schaper (2004).

[1054] Zum Begriff der Lernoberfläche als eines der konstitutiven Elemente einer Lernkultur im Unternehmen siehe Sonntag (1999): 256.

[1055] Vgl. Schaper (2004): 204.

Der *Qualifizierung* der Ausbildungsbeauftragten aber auch der Führungskräfte/Paten kommt eine wichtige Rolle zu, da sie diejenigen sind, die später das learning-on-the-job bewusst und zielgerichtet gestalten. Sie sind aber nicht nur Aufgabengeber, sondern auch Ansprechpartner, Reflexionspartner und Berater. Da sie i.d.R. meist nicht über eine, ihrer Position äquivalente pädagogische und psychologische Schulung verfügen, müssen sie im Vorfeld der Einführung einer Trainee-Lernumgebung für folgende Themen sensibilisiert werden:

- Entwickeln eines Verständnisses zum Arbeitsplatz als Lernort,
- Möglichkeiten zur Gestaltung zielgruppenadäquater Lernaufgaben,
- Reflexionsanlässe erkennen und wahrnehmen,
- Einsatz effektiver und situationsgerechter Lehr-/Lernformen sowie
- der Einsatz von Medien und Lehr-/Lernmaterialien an den Lernorten.[1056]

Mit Hilfe von *Aufgaben- und Wissensanalysen* lassen sich die wesentlichen fachlichen Inhalte, Arbeitsabläufe und -techniken in den verschiedenen Ausbildungsabteilung bestimmen.

„Anhand solcher Analysen können dann Arbeitsaufgaben und -abläufe, Arbeitsstationen sowie technisch-organisatorische Bedingungen an den Lernorten erfasst, systematisiert und unter arbeitsstrukturalen und instruktionalen Gesichtspunkten auf Lernförderlichkeit geprüft werden."[1057]

Die Analyse des Lernorte gibt des weiteren Hinweise für die Gestaltung der *Lerninfrastruktur*. So lassen sich die allgemeinen Lernziele bereichsbezogen konkretisieren und bspw. in einem Lernzielbogen dokumentieren. Dies ermöglicht eine systematische Dokumentation des Lernfortschritts des Trainees. Darüber hinaus fördert diese Analyse den Aufbau einer materialen Infrastruktur, da eine intensive Beschäftigung mit den wesentlichen Themen- und Aufgabenbereichen einer Abteilung auch dazu führt, dass Arbeitsmaterialien (Handbücher, Arbeitsanweisungen, Modelle oder Pläne) Lehr-Lernmaterialien und Aufgabenstellungen kritisch reflektiert werden. Bei der Umsetzung der Gestaltungsprinzipien sollten sich die Ausbilder am Prinzip des Cognitive Apprenticeship-Ansatzes orientieren.

Die *Evaluation* der Trainee-Lernumgebung beendet die Implementierung und schließt somit die Entwicklungs- und Erprobungsphase ab.

[1056] Vgl. Schaper (2004): 205.

[1057] Vgl. Schaper (2004): 205.

Dabei richtet sich der Fokus nicht nur auf formale Aspekte der Planung und Durchführung, sondern sowohl Trainees als auch Ausbilder und Paten sollten mit Hilfe teilstrukturierter Interviews oder Frageböen hinsichtlich der Ausprägungen instruktionaler, konstruktionaler und arbeitsstrukturaler Merkmale der Lernumgebung befragt werden.[1058] Aus den Rückmeldungen lassen sich Rückschlüsse auf die Betreuung und Anleitung sowie für die Aufgabenstellung ziehen. Zusätzlich sollten die Lernzielbogen und mögliche Kompetenzentwicklungsberichte analysiert werden, damit die Evaluationsergebnisse von mehreren Seiten abgesichert werden.

[1058] Schaper (2004): 206.

Schlussbetrachtung

Formuliertes Ziel dieser Arbeit war die konzeptionelle Gestaltung einer Lernumgebung für Trainee-Programme aus wirtschaftsdidaktischer Sicht. Dabei sollte – entsprechend dem Konzept des Darwiportunismus – die opportunistische Haltung der Trainees wie auch die darwinistische Haltung der Unternehmen reflektiert und in die Gestaltung der Trainee-Lernumgebung implementiert werden.

Die Zielerreichung wurde in folgenden Bearbeitungsschritten angegangen, deren zentrale Ergebnisse hier kurz zusammengefasst werden sollen:

- Zuerst wurde der Bezugsrahmen dieser Arbeit definiert, indem die wesentlichen Aspekte einer kompetenzorientierten Personalentwicklung vorgestellt wurden. Hierzu zählen die Erweiterung des klassischen Personalentwicklungsbegriffs im Hinblick auf eine konstruktivistische Perspektive und die Abgrenzung zum Konzept der Organisationsentwicklung durch die Fokussierung auf die individuelle Lernperspektive der Trainees. Entwicklung wurde als Selbstentwicklung des Trainees aufgefasst. Der Lernende ist somit nicht Objekt, sondern Subjekt des Geschehens. Als zentrale Elemente dieser Sichtweise wurden die menschliche Fähigkeit zur Reflexion sowie die aktive Intervention zur Förderung von Selbstentwicklung und zum Erwerb von Handlungskompetenz herausgearbeitet.

- Die Lernzielanalyse bestehender Trainee-Programme zeigte deutliche Schwerpunkte in den Bereichen ‚Kompetenzerwerb‘, ‚Erwerb eher impliziten, erfahrungsgestützten Wissens‘ sowie ‚Persönlichkeitsentwicklung‘. Methodisch gesehen dominierten hingegen vereinzelte aktive Formen des Lernens off-the-job und ein relativ unstrukturiertes learning-by-doing, das durch die programmimmanente Job Rotation regelmäßig unterbrochen wurde.

- Hier setzte die Wirtschaftsdidaktik an, die als Kompetenzbasis für die Gestaltungsvorschläge eines kompetenzorientierten Trainee-Programms gewählt wurde. Sie stellt die theoretischen Grundlagen und Planungsinstrumente zur Verfügung, die für die didaktische Planung einer kompetenzorientierten Personalentwicklungsmaßnahme notwendig sind. Dazu zählen die Analyse der Lernvoraussetzungen, eine Sachanalyse der Lernziele und die Ableitung methodischer Vorschläge aus der Sachanalyse. Die kompetenzorientierte und lerntheoretisch fundierte Sichtweise der Wirtschaftsdidaktik und die prinzipiengeleiteten Handlungskonzepte (Handlungs- und Problemorientierung) erwiesen sich hierbei als tragfä-

hige Elemente zur Erweiterung der klassischen Weiterbildungs-
perspektive der Trainee-Programme. Es wurde deutlich, dass die
Förderung des impliziten, erfahrungsorientierten Lernens auf ein
Tätigsein in relevanten Aufgaben zurückgreifen muss und dementsprechend neue, arbeitsplatzbezogene Konzepte erforderlich
sind.

- Die Sachanalyse der Lern- und Kompetenzentwicklungsziele
  zeigte in ihrer Betrachtung der Lernabläufe deutliche Schwerpunkte in den Bereichen angeleiteter Wissenserwerb und Reflektieren, die in den bisherigen Programmangeboten in dieser Art nicht
  abgesichert wurden. Darüber hinaus wurde deutlich, dass vereinzelte Schulungsangebote nicht in der Lage sind, komplexe Handlungskompetenzen aufzubauen sowie die Persönlichkeit des Trainees zu entwickeln. Dem Lernen von Experten im Rahmen eines
  gestuften Anleitungs- und Beratungsprozesses sowie einem situativ eingebetteten und vielfältigen Training kommt aus lerntheoretischen Gesichtspunkten eine herausgehobene Bedeutung für die
  Kompetenzentwicklung und den Erwerb spezifischen Handlungswissens zu. Für den nur indirekt beeinflussbaren Bereich der
  Persönlichkeitsentwicklung wurden Empfehlungen für die ent-
  wicklungsförderliche Gestaltung der Lernumgebung herausgearbeitet.

- Die methodische Umsetzung der entwickelten Lernverläufe erfor-
  derte eine Neu-Definition der Ausbilderrolle und der Ausbil-
  dungssituation. Da implizites, erfahrungsgestütztes Wissen unter
  Transfergesichtspunkten effektiv nur in der Arbeitstätigkeit erworben werden kann, musste der Schwerpunkt des Lern- und Reflexionsprozesses in die Ausbildungsabteilung verlegt werden.

Die Ausbildungsabteilungen übernehmen wesentliche Anteile der
Ausbildung und dies nicht nur auf dem fachlichen Gebiet. Kompetenzentwicklung ist auf eine Beratungs-, Betreuungs- und Reflexionskultur i.S. des eingeführten Cognitive Apprenticeship-Ansatzes angewiesen.

Die vorgestellten methodischen Elemente sollen Paten wie auch
Führungskräften helfen, den Lernprozess u.a. durch Aufgabenstrukturierung und Feedbackgespräche zu gestalten. Der Personalabteilung kommt hierbei eine wesentliche Support-Funktion zu. Sie
diagnostiziert (z.B. durch Traineeberichte und –Gespräche) die
Lernentwicklung und hilft den Ausbildern vor Ort durch fachlichen und methodischen Input, die Lernumgebung für den einzelnen Trainee effektiv zu arrangieren. Gleichzeitig stellt sie kollaborative und ganzheitliche Lernmethoden zur Verfügung, die den

Austausch unter den Trainees ermöglichen und zu einem gemeinsamen Wissenserwerb anregen.

Am Ende sollten in praktisch orientierten Wissensbereichen die theoretischen Ergebnisse einer Relevanzprüfung und einer theoretischen Reflexion unterzogen werden.

Die Relevanzprüfung erfolgte durch Experteninterviews mit Personalentwicklern und Trainee-Beauftragten.[1059] Sie wurden aufgefordert zu fünf Forderungen, die aus den Überlegungen und Ergebnissen dieser Arbeit abgeleitet wurden, Stellung zu beziehen. Ziel dieser Praxisbefragung war es zu eruieren,

- auf welche Ergebnisse dieser Arbeit die Unternehmen reagieren und

- inwieweit die Unternehmen ein Interesse an der Ausbildungsqualität ihrer Trainees haben bzw. welchen Stellenwert die produktive Verfügbarkeit der Trainees für sie hat?

Sollte die Verfügbarkeit der Trainees als primäres Ziel benannt werden, ist zu diskutieren, weshalb es zum einen so schwer ist, den Qualitätsaspekt innerhalb der Traineeausbildung umzusetzen. Zum anderen ist zu fragen, warum die Unternehmen nicht die Ausbildungsqualität ihres Trainee-Programms – vor dem Hintergrund opportunistischer Gedanken bei High Potentials – zum Personal-Marketing nutzen?

Die fünf Forderungen an die Personalentwickler lauteten:

1. Kompetenzentwicklung (wie bspw. Entscheidungs- und Problemlösekompetenz oder sozial-kommunikative Kompetenzen) basiert auf fachlichem Grundlagenwissen, Fähigkeiten und Fertigkeiten, die in relevanten Situationen anwendungsorientiert gelernt werden. D.h. die Gestaltung von lernförderlichen Arbeitsaufgaben und Lernorten hat somit die höchste Priorität.

2. Damit Kompetenzentwicklung effektiv geschieht, sind interne und externe Reflexionsprozesse aufzubauen. D.h. ein Anleiten und Beraten innerhalb der Arbeitstätigkeit ist unumgänglich.

3. Der in Trainee-Programmen angestrebte Wissenserwerb beinhaltet neben produkt- und branchenbezogenen Wissen vor allem Erfahrungswissen, das effektiv nur im Rahmen eigener konstruktiver Tätigkeit und durch die Unterstützung von Führungskräften/Paten vermittelbar ist. Damit

---

[1059] Die Ergebnisse wurden u.a. mit Personalentwickler und Trainee-Beauftragten diskutiert, die sich im P-Talk in Essen zusammengeschlossen haben.

sind Führungskräfte und mögliche Paten in die Ausbildung der Trainees zu integrieren und im Vorfeld zu schulen.

4. Komplexe Lernprozesse sind auf vielfältige Zugänge angewiesen. D.h. den Trainees sollten vielfältige methodische Möglichkeiten zur Verfügung stehen, individuell oder kollaborativ ihr Wissen zu erweitern oder Kompetenzen aufzubauen. Lernförderliche Methoden wären u.a. Wissensmanagementsysteme, E-Learning-Plattformen, Training-on-the-project, Junior Boards und Selbstreflexionstechniken.

5. Die Kontrolle der Trainees durch Traineeberichte und Trainee-Mitarbeitergespräche sollte als Diagnosemöglichkeit zur Initiierung neuer Lernprozesse genutzt werden.

Die Personalentwickler und Trainee-Beauftragten zeigten ein großes Interesse an der Herangehensweise dieser Arbeit, da durch die didaktische Planung die getroffenen Annahmen und die lehr-lerntheoretischen Ableitungen systematisch offen gelegt werden und somit die herausgearbeiteten Gestaltungsvorschläge eine vielfältige Nutzung ermöglichen. Fallstudien wurden aufgrund der mangelnden Reproduzierbarkeit und Übertragbarkeit eher skeptisch betrachtet.

Überrascht zeigten sich die Befragten über die Lernpotentiale, die in der Arbeitsstrukturierung und der lernförderlichen Aufgabenstellung im Vergleich zu off-the-job-Maßnahmen und dem eher dem Zufall überlassenen learning-by-doing stecken. Problematisch sehen sie die Übertragung von Lehrtätigkeiten auf Führungskräfte, da deren zeitliche Belastung, aber auch deren Interesse nicht auf die Ausbildung von Führungsnachwuchskräften gerichtet sei. Allerdings erachten sie die intensivere Einbindung der Führungskräfte in die Gestaltung des Lehr-Lernarrangements als eine gute Handlungsoption. Patenkonzepte oder feste Ausbilder sind hingegen üblich, wobei die umfassende Lehrfunktion nicht ausgefüllt wird, was u.a. auch auf eine zu geringe Abstimmung zwischen Ausbildern und Personalentwicklern zurückgeführt wird.

Die vielfältigen Kontrollen werden nur selten als Diagnoseinstrument für die weitere Gestaltung des Lern- und Entwicklungsverlaufes der Trainees genutzt, da die Reflexionspotentiale der Traineeberichte und der Feedbackgespräche nicht bekannt sind. Den vielfältigen Zugängen zu Lernprozessen stehen Zeit- und Budgetrestriktionen aber auch fehlende Methodenkenntnisse gegenüber. Als Problem werteten die Unternehmen die individuelle Konzeption der Programme und deren nicht einheitlicher Beginn.

In Bezug auf die eingangs aufgeworfenen Fragen, waren die mittelständischen Unternehmen an der Ausbildungsqualität ihrer Trainees interessiert, sahen diese aber aufgrund ihrer Unternehmensgröße, der geringen

Anzahl an Trainee-Positionen und aufgrund ihrer Ausbildungsmöglich-keiten begrenzt. Bei ThyssenKrupp bspw. werden die Trainees dem Corporate Center zugeordnet und von dort aus den Ausbildungsabteilungen zugewiesen. Hierbei wird darauf geachtet, dass diese dort nicht als zusätzliche Mitarbeiter betrachtet werden. Die Hälfte der Arbeitszeit ist, so ThyssenKrupp, Ausbildungszeit, die auch von den Trainees eingefordert wird.

Das Bewusstsein aktiv mit der Ausbildungsqualität zu werben und nicht nur auf eine mögliche individuelle Gestaltung des Programms hinzuweisen, war allerdings nicht vorhanden. ‚Darwiportunismus' und ‚War for Talents' scheinen im Bereich der Trainee-Programme noch nicht tief im Bewusstsein der Praxis verankert zu sein.

Im Bereich der theoretischen Reflexion ergeben sich weiterführende Fragestellungen auf der pragmatischen und empirischen Ebene. Zum einen müssen die diskutierten Ansätze und die daraus abgeleiteten Handlungsanweisungen einer Bewährung im Unternehmensalltag unterzogen werden. Es müsste auf der Basis der herausgearbeiteten Grundlagen ein unternehmensspezifisches Trainee-Programm erstellt werden, um die getroffenen Aussagen pragmatisch zu bestätigen. Zum anderen bieten die Aussagen Anschluss für eine weitere z.B. fallstudienorientierte empirische Untersuchung.

Limitiert wird diese Arbeit durch die zugrunde gelegten Lernzielkataloge und die getroffenen Annahmen zu den Lernvoraussetzungen. So werden unternehmensspezifische Lernziele und Wissensinhalte in der Diskussion nicht berücksichtigt. Ferner sind die Lernprozesse individuell zu gestalten, so dass bei der praktischen Umsetzung der Ergebnisse zu Beginn eine individuelle Diagnose der Lernvoraussetzungen stehen sollte, auf die abgestimmt, die dargestellten Lernprozesse gestaltet und arrangiert werden können. Wie bereits einleitend formuliert, muss die Arbeit als ein „offener Entwurf" verstanden werden, der viele Hinweise für die Gestaltung einer Trainee-Lernumgebung bereit hält und Praktikern ein Methodenset an die Hand gibt, das er mit Blick auf sein Unternehmen, seine Trainees und seine konkreten Gegebenheiten einsetzen kann.

Literaturverzeichnis

Aarts, H./Verplanken, B./Knippenberg, A. v. (1998): Predicting Behavior form Actions in the Past: Repeated Decision Making or a Matter of Habit?. In: Journal of Applied Social Psychology 1998, Vol. 28, Hf. 15, S. 1355–1374.

Achtenhagen, F. (1981): Theorie der Fachdidaktik. In: Twellmann, W. (Hrsg.): Handbuch Schule und Unterricht. Bd. 5.1 Schule und Unterricht unter dem Aspekt der didaktischen Bereiche. Düsseldorf 1981, S. 275–294.

Achtenhagen, F. (1984): Didaktik des Wirtschaftslehreunterrichts. Opladen 1984.

Achtenhagen, F. (1992): Lernen, Denken, Handeln in komplexen ökonomischen Situationen – Sechzehn Aussagen zu Ergebnissen des Göttinger Forschungsprojektes, verbunden mit einem Ausblick für eine weitere Forschungs- und Entwicklungsarbeit. In: Achtenhagen, F./John, E.G. (Hrsg.): Mehrdimensionale Lehr-Lern-Arrangements. Innovationen in der kaufmännischen Aus- und Weiterbildung. Wiesbaden 1992, S. 39–42.

Achtenhagen, F. (2003): Konstruktionsbedingungen für komplexe Lehr-Lern-Arrangements und deren Stellenwert für eine zeitgemäße Wirtschaftsdidaktik. In: Kaiser, F.-J./Kaminski, H. (Hrsg.): Wirtschaftsdidaktik. Bad Heilbrunn 2003, S. 77–97.

Achtenhagen, F./John, E.G. (Hrsg.) (1992): Mehrdimensionale Lehr-Lern-Arrangements. Innovationen in der kaufmännischen Aus- und Weiterbildung. Wiesbaden 1992.

Achtenhagen, F./Tramm, T./Preiß, P./Seemann-Weymar, H./John, E.G./Schunck, A. (1992): Lernhandeln in komplexen Situationen. Neue Konzepte der betriebswirtschaftlichen Ausbildung. Wiesbaden 1992.

Adl-Amini, B. (1981): Didaktik, Methodik und das ungelöste Problem der Interdependenz. In: Adl-Amini, B. (Hrsg.): Didaktik und Methodik. Weinheim 1981, S. 10–39.

Aebli, H. (1980): Denken: Das Ordnen des Tuns. Band I: Kognitive Aspekte der Handlungstheorie. Stuttgart 1980.

Aebli, H. (1981): Denken: das Ordnen des Tuns. Band II: Denkprozesse. Stuttgart 1981.

Aebli, H. (2003): Zwölf Grundformen des Lehrens. 12. Aufl., Stuttgart 2003.

Aff, J. (1993): Handlungsorientierung – Mythos oder (wirtschafts-)didaktische Innovation?. In: Schneider, W. (Hrsg.): Komplexe Methoden im betriebswirtschaftlichen Unterricht. Wien 1993, S. 195–271.

Albers, H.-J. (1995): Handlungsorientierung und ökonomische Bildung. In: Albers, H.-J. (Hrsg.): Handlungsorientierung und ökonomische Bildung. Bergisch-Gladbach 1995, S. 1–22.

Albers, H.-J. (2001): Handlungsorientierung. In: May, H. (Hrsg.): Lexikon der ökonomischen Bildung. 4. Aufl., München u.a. 2001, S. 260–262.

Allen, T.D./Eby, L.T./Poteet, M.L./Lentz, E./Lima, L. (2004): Career Benefits Associated with Mentoring for Protégés: A Meta-Analysis. In: Journal of Applied Psychology 2004, Vol. 89, No. 1, S. 127–136.

Allen, T.D./Poteet, M.L./Burroughs, S. (1997): The mentor's perspective: A qualitative inquiry and future research agenda. In: Journal of Vocational Behavior 1997, Vol. 51, S. 70–89.

Antoni, C.H. (1994): Gruppenarbeit – mehr als ein Konzept. Darstellung und Vergleich unterschiedlicher Formen der Gruppenarbeit. In: Antoni, C.H. (Hrsg.): Gruppenarbeit in Unternehmen: Konzepte, Erfahrungen, Perspektiven. Weinheim 1994, S. 19–48.

Antoni, C.H./Sommerlatte, T. (Hrsg.) (1999): Spezialreport Wissensmanagement. Wie deutsche Firmen ihr Wissen profitabel machen. Düsseldorf 1999.

Argyle, M. (1972): Soziale Interaktion. Köln 1972.

Argyris, C. (1957): Personality and Organization. The conflict between System and the Individual. New York 1957.

Argyris, C./Schön, D.A. (1978): Organizational learning: A theory of action perspective. Reading u.a. 1978.

Arnold, A. (1999): Ausbildungsprogramme und Trainee-Programme für Universitäts- und Fachhochschulabsolventen der Wirtschaftswissenschaften in Deutschland. Konzeptionelle Grundlagen, Erhebung und Analyse empirischer Ergebnisse, Längsschnittanalyse. Lizentiatsarbeit. Rechts- und Wirtschaftswissenschaftliche Fakultät der Universität Bern 1999.

Arnold, R. (1992): Schlüsselqualifikationen – Ziele einer ganzheitlichen Berufsbildung. In: Kölner Zeitschrift für "Wirtschaft und Pädagogik" 1992, Nr. 13, S. 65–88.

Arnold, R. (1995): Bildung und oder Qualifikation? Differenzen und Konvergenzen in der betrieblichen Weiterbildung – Eröffnung und Einführung in die Thematik. In: Arnold, R. (Hrsg.): Betriebliche Weiterbildung zwischen Bildung und Qualifizierung. Frankfurt a.M. 1995, S. 1–26.

Arnold, R. (1995a): Neue Methoden betrieblicher Bildungsarbeit. In: Arnold, R./Lipsmeier, A. (Hrsg.): Handbuch der Berufsbildung. Opladen 1995, S. 294–318.

Arnold, R. (1996): Weiterbildung. Ermöglichungsdidaktische Grundlagen. München 1996.

Arnold, R. (1996a): Deutungslernen in der Erwachsenenbildung. In: Zeitschrift für Pädagogik 1996, Hf. 5, S. 719–730.

Arnold, R. (1997): Von der Weiterbildung zur Kompetenzentwicklung. Neue Denkmodelle und Gestaltungsansätze in einem sich verändernden Handlungsfeld. In: Arbeitsgemeinschaft Qualifikations- Entwicklungs-Management (Hrsg.): Kompetenzentwicklung '97: Berufliche Weiterbildung in der Transformation – Fakten und Visionen. Berlin u.a. 1997, S. 253–307.

Arnold, R. (1998): Kompetenzentwicklung. Anmerkungen zur Proklamation einer konzeptionellen Wende in der Berufs- und Erwachsenenpädagogik. In: Zeitschrift für Berufs- und Wirtschaftspädagogik 1998, Bd. 94, Hf. 4, S. 496–504.

Arnold, R. (2004): Lernen und Lerntheorien. In: Gaugler, E./Oechsler, W.A./Weber, W. (Hrsg.): Handbuch des Personalwesens 3. Aufl., Stuttgart 2004, S. 1096–1103.

Arnold, R./Müller, H.-J. (1992): Ganzheitliche Berufsbildung. In: Pätzold, G. (Hrsg.): Handlungsorientierung in der beruflichen Bildung. Frankfurt a.M. 1992, S. 97–121.

Arthur, W. Jr./Bennett, W. Jr./Edens, P.S./Bell, S.T. (2003): Effectiveness of training in organizations: A meta-analysis of design and evaluation features. In: Journal of Applied Psychology 2003, Vol. 88, No. 2, S. 234–245.

Aschenbrücker, K. (1991): Wirtschaftspädagogische Theorie und Personalentwicklung. Strukturen ganzheitlicher Persönlichkeitsbildung. Wiesbaden 1991.

Bach, H. (1965): Die Unterrichtsvorbereitung. Praxis der Unterrichtsplanung, Unterrichtsvorbereitung, Nachbesinnung und Buchführung des Lehrers. 5. Aufl., Hannover 1965.

Bachmann, W. (1988): Theoretische Grundlagen einer handlungsorientierten Wirtschaftsdidaktik. Bergisch Gladbach 1988.

Bader, R. (1989): „Berufliche Handlungskompetenz ...". Leitartikel. In: Die berufsbildende Schule 1989, 41. Jg., Hf. 2, S. 73–77.

Bader, R./Schäfer, B. (1998): Lernfelder gestalten. Vom komplexen Handlungsfeld zur didaktisch strukturierten Lernsituation. In: Die berufsbildende Schule 1998, Bd. 50, Hf. 7–8, S. 229–234.

Baitsch, C. (1999): Interorganisationale Lehr- und Lernnetzwerke. In: Arbeitsgemeinschaft Qualifikations-Entwicklungs-Management (QUEM) (Hrsg.): Aspekte einer neuen Lernkultur: Argumente, Erfahrungen, Konsequenzen. Münster u.a. 1999, S. 253–274.

Baitsch, C./Frei, F. (1980): Qualifizierung in der Arbeitstätigkeit. Bern 1980.

Baldwin, T.T. (1992): Effects of Alternative Modeling Strategies on Outcomes of Interpersonal-Skills Training. In: Journal of Applied Psychology 1992, Vol. 77, S. 147–154.

Baldwin, T.T./Ford, K.J. (1988): Transfer of Training: A review and directions for future research. In: Personnel Psychology 1988, Vol. 41, S. 63–105.

Baldwin, T.T./Padgett, M. (1993): Management development: a review and commentary. In: Cooper, C.L./Robertson, I.T. (Hrsg.): International Review of Industrial and Organizational Psychology 1993, Vol. 8, S. 35–85.

Balzereit, B. (1980): Personalentwicklung und Personalsteuerung: Eine Untersuchung der funktionalen Beziehungen zwischen Personalentwicklung, Organisation und Führung in Betriebswirtschaften. Paderborn u.a. 1980.

Bamberger, I./Wrona, T. (1996): Der Ressourcenansatz und seine Bedeutung für die Strategische Unternehmensführung. In: Schmalenbachs Zeitschrift für betriebswirtschaftliche Forschung 1996, 48. Jg. Hf.2, S. 130–153.

Bandura, A. (1979): Sozial-kognitive Lerntheorie. Stuttgart 1979.

Barrows, H.S. (1986): A Taxonomy of Problem Based Learning Methods. In: Medical Education 1986, No. 20, S. 481–486.

Bauer, T.N./Morrison E.W./Callister R.R. (1998): Organizational socialization. A review and directions for future research. In: Research in Personnel and Human Resource Management 1998, Vol. 16, 149–216.

Bauer-Klebl, A./Euler, D./Hahn, A. (2001): Förderung sozial-kommunikativer Handlungskompetenzen durch spezifische Ausprägungen des dialogorientierten Lehrgesprächs. In: Beck, K./Krumm, V. (Hrsg.): Lehren und Lernen in der beruflichen Erstausbildung. Grundlagen einer modernen kaufmännischen Berufsqualifizierung. Opladen 2001, S. 163–186.

Bäumer, J. (1999): Weiterbildungsmanagement. Eine empirische Analyse deutscher Unternehmen. München 1999.

Beck, H. (1996): Handlungsorientierung des Unterrichts, Anspruch und Wirklichkeit im betriebswirtschaftlichen Unterricht. Darmstadt 1996.

Beck, K./Krapp, A. (2001): Wissenschaftstheoretische Grundfragen der Pädagogischen Psychologie. In: Krapp, A./Weidenmann, B. (Hrsg.): Pädagogische Psychologie. Ein Lehrbuch. 4. Aufl., Weinheim 2001, S. 31–74.

Becker, C. (2006): Traineeprogramme. In: Bröckermann, R./Müller-Vorbrüggen, M. (Hrsg.): Handbuch der Personalentwicklung. Die Praxis der Personalbildung, Personalförderung und Arbeitsstrukturierung. Stuttgart 2006, S. 229–240.

Becker, F.G. (2002): Lexikon des Personalmanagements. 2. Aufl., München 2002.

Becker, F.G./Günther, S. (1999): Evaluation der betrieblichen Personalentwicklung. In: Grundlagen der Weiterbildung 10, Nr. 6, S. 272–275.

Becker, M. (1998): Kompetenzentwicklung für eine dynamische Arbeitswelt. In: Schulz, M./Stange, B./Tielker, W./Weiß, R./Zimmer, G.M. (Hrsg.): Wege zur Ganzheit. Profilbildung einer Pädagogik für das 21. Jahrhundert. Weinheim 1998, S. 170–193.

Becker, M. (2002): Personalentwicklung – Bildung, Förderung und Organisationsentwicklung in Theorie und Praxis. 3. Aufl., Stuttgart 2005.

Becker, M. (2004): Personalentwicklung. In: Gaugler, E./Oechsler, W.A./Weber, W. (Hrsg.): Handwörterbuch des Personalwesens 3. Aufl., Stuttgart 2004, Sp. 1500–1512.

Becker, M. (2005): Personalentwicklung – Bildung, Förderung und Organisationsentwicklung in Theorie und Praxis. 4. Aufl., Stuttgart 2005.

Becker, M. (2005a): Systematische Personalentwicklung. Planung, Steuerung und Kontrolle im Funktionszyklus. Stuttgart 2005.

Becker, M./Schwarz, V./Schwertner, A. (Hrsg.) (2002): Theorie und Praxis der Persona-lentwicklung – Aktuelle Beiträge aus Wissenschaft und Praxis. 2. Aufl., München 2002.

Becker, M./Schwertner, A. (2002): Gestaltung der Personal- und Führungskräfteent-wicklung – State of the Art und Entwicklungstendenzen. München 2002.

Bergmann, B. (1996): Lernen im Prozeß der Arbeit. In: Arbeitsgemeinschaft QUEM (Hrsg.): Kompetenzentwicklung `96, Münster u.a. 1996, S. 153–262.

Bergmann, B./Sonntag, K. (1999): Transfer: die Umsetzung und Generalisierung er-worbener Kompetenzen in den Arbeitsalltag. In: Sonntag, K. (Hrsg.): Persona-lentwicklung in Organisationen: Psychologische Grundlagen, Methoden und Strategien. 2. Aufl., Göttingen u.a. 1999, S. 287–312.

Bergmann, B./Wiedemann, J./Zehrt, P. (1997): Konzipierung und Erprobung eines mul-tiplen Störungsdiagnosetrainings. In: Sonntag, K./Schaper, N. (Hrsg.): Stö-rungsmanagement und Diagnosekompetenz. Zürich 1997, S. 233–251.

Berings, M.G.M./Poell, R.F./Simons P.R.-J. (2005): Conceptualizing On-the-Job Learn-ing Styles. In: Human Resource Development Review 2005, Vol. 4, S. 373–400.

Berner, C. (1994): Trainee-Programme: Kommunikation ist gefragt. In: Personalwirt-schaft 1994, Hf. 4, S. 22–24.

Bernien, M. (1997): Anforderungen an eine qualitative und quantitative Darstellung der beruflichen Kompetenzentwicklung. In: Arbeitsgemeinschaft QUEM (Hrsg.): Kompetenzentwicklung '97. Berufliche Weiterbildung in der Transformation – Fakten und Visionen. Münster u.a 1997, S. 17–83.

Berthel, J. (1977): Betriebliche Personal-Fortbildung in Theorie und Praxis. In: Zeit-schrift für betriebswirtschaftliche Forschung 1977, Bd. 29, S. 80–88.

Berthel, J. (2002): Personalbindung und -entwicklung: Neuer Aufgabenkomplex des Human-Resource-Managements in wissensintensiven Unternehmen. In: Bleicher, K./Berthel, J. (Hrsg.): Auf dem Weg in die Wissensgesellschaft. Veränderte Strukturen, Kulturen und Strategien. Frankfurt a.M. 2002, S. 308–320.

Berthel, J. (2004): Personalcontrolling. In: Gaugler, E./Oechsler, W.A./Weber, W. (Hrsg.): Handwörterbuch des Personalwesens. 3. Aufl., Stuttgart 2004, Sp. 1441–1455.

Berthel, J. (2004a): Die Arbeitswelt des 21. Jahrhunderts. In: Siegener Universitätsre-den 2004, Nr. 36, Siegen.

Berthel, J./Becker, F.G. (2003): Personalmanagement. 7. Aufl., Stuttgart 2003.

Betsch, T./Haberstroh, S./Molter, B./Glöckner, A. (2004): Oops, I did it again – relapse er-rors in routinized decision making. In: Organizational Behavior and Human De-cision Processes 2004, Bd. 93, S. 62–74.

Bibliographisches Institut Bibliographisches Institut (1971): Duden. Fremdwörterbuch. 2. Aufl., Mannheim 1971.

Bickle, G. (2000): Mentor-Protegé-Beziehungen in Organisationen. In: Zeitschrift für Arbeits- und Organisationspsychologie 2000, Bd. 44, Hf. 4, S. 168–178.

Bittner, A. (2003): Interkulturelles Training: Mehr Schein als Sein?. In: Hofmann, L.M./Regnet, E. (Hrsg.): Innovative Weiterbildungskonzepte. Trends, Inhalte und Methoden der Personalentwicklung in Unternehmen. 3. Aufl., Göttingen u.a. 2003, S. 331–346.

Blankertz, H. (1970): Theorien und Modelle der Didaktik. 3. Aufl., München 1970.

Block, C.H. (2000): Von der Gruppe zum Team. Wie Sie die Zusammenarbeit in zukunftsorientierten Unternehmen verbessern. München 2000.

Bloech, J./Hartung, S./Orth, C. (2001): Lehr-Lernprozesse beim Einsatz von Unternehmensplanspielen in der kaufmännischen Fortbildung. In: Beck, K./Krumm, V. (Hrsg.): Lehren und Lernen in der beruflichen Erstausbildung. Grundlagen einer modernen kaufmännischen Berufsqualifizierung. Opladen 2001, S. 283–295.

Bloom, B.S./Engelhart, M.D./Furst, E.J./Hill, W.H./Krathwohl, D.R. (1974): Taxonomien von Lernzielen im kognitiven Bereich. 4. Aufl., Weinheim 1974.

Blötz, U. (1995): Planspiele in der beruflichen Bildung. Auswahl, Konzepte, Lernarrangements, Erfahrungen. Bielefeld 1995.

Bokelmann, H. (1964): Die ökonomisch-sozialethische Bildung. Problem und Entwurf einer didaktischen Theorie für die gymnasiale Oberstufe. Heidelberg 1964.

Böning, U. (1994): Ist Coaching eine Modeerscheinung?. In: Hofmann, L.M./Regnet, E. (Hrsg.): Innovative Weiterbildungskonzepte. Trends, Inhalte und Methoden der Personalentwicklung in Unternehmen. Göttingen u.a. 1994, S. 171–186.

Böning, U./Fritschle, B. (2005): Coaching für Business: Was Coaches, Personaler und Manager über Coaching wissen müssen. Bonn 2005.

Brandstätter, H. (1999): Veränderbarkeit von Persönlichkeitsmerkmalen – Beiträge der Differentiellen Psychologie. In: Sonntag, K. (Hrsg.): Personalentwicklung in Organisationen. Psychologische Grundlagen, Methoden und Strategien. 2. Aufl., Göttingen u.a. 1999, S. 52–76.

Braukmann, U. (1993): Makrodidaktisches Weiterbildungsmanagement – Makrodidaktisches Morphologie und legislativ-institutionelle Rahmenbedingungen einer beruflichen Weiterbildungsmaßnahme im Handwerk. Köln 1993.

Bröckermann, R. (2003): Personalwirtschaft. Lehr- und Übungsbuch für Human Resource Management. 3. Aufl., Stuttgart 2003.

Bröckermann, R./Müller-Vorbrüggen, M. (Hrsg.) (2006): Handbuch Personalentwicklung. Die Praxis der Personalbildung, Personalförderung und Arbeitsstrukturierung. Stuttgart 2006.

Bronner, R./Schröder, W. (1992): Evaluierung der betrieblichen Bildungsarbeit. In: Gaugler, E./Weber, W. (Hrsg.): Handwörterbuch des Personalwesens, 2. Aufl., Stuttgart 1992, Sp. 853–864.

Bruner, J.S. (1981): Der Akt der Entdeckung. In: Neber, H. (Hrsg.): Entdeckendes Lernen. Weinheim 1981, S. 15–27.

Bühner, R. (2001): Management-Lexikon. München u.a. 2001.

Bungard, W. (1994): Gruppenarbeit: Konsequenzen für die Personalentwicklung. In: Antoni, C.H. (Hrsg.): Gruppenarbeit in Unternehmen. Weinheim 1994, S. 333–343.

Bungard, W. (2000): Team- und Kooperationsfähigkeit. In: Sarges, W. (Hrsg.): Management-Diagnostik. 3. Aufl., Göttingen u.a. 2000, S. 405–415.

Burke, M.J./Day, R.R. (1986): A cumulative study of the effectiveness of managerial training. In: Journal of Applied Psychology 1986, Vol. 71, S. 232–243.

Burnaska, R.F. (1976): The effects of behavioral modeling training upon managers' behavior and employees' perceptions. In: Personnel Psychology 1976, Vol. 29, S. 329–335.

Campion, M.A./Cheraskin, L./Stevens, M.J. (1994): Career-related antecedents and outcomes of job rotation. In: Academy of Management Journal 1994, Vol. 37, S. 1518–1542.

Chambers, E.G./Foulon, M./Handfield-Jones, H./Hankin, S.M./Michaels, E.G. (1998): The War for Talent. In: The McKinsey Quarterly 1998, Nr. 3, S. 44–57.

Chen, C/Rada, R. (1996): Interacting with hypertext: A meta-analysis of experimental Studies. In: Human-Computer-Interaction 1996, Vol. 11, S. 125–156.

Christian, H. (1984): Traineeprogramme – der Start ins Management?. In: Harvard Manager 1984, Hf. 3, S. 24–32.

Collins, A./Brown, J.S./Newmann, S.E. (1989): Cognitive Apprenticeship: Teaching the Crafts of Reading, Writing, and Mathematics. In: Resnick, L.B. (Hrsg.): Knowing, Learning and Instruction. Essays in Honor of Robert Glaser. Hillsdale u.a. 1989, S. 453–494.

Comelli, G. (1995): Qualifikation für Gruppenarbeit: Teamentwicklungstraining. In: von Rosenstiel, L./Regnet, E./Domsch, M.E. (Hrsg.): Führung von Mitarbeitern. 3. Auf., Stuttgart, S. 387–409.

Comelli, G. (2003): Teamentwicklung – Training von „familiy groups". In: Hofmann, L.M./Regnet, E. (Hrsg.): Innovative Weiterbildungskonzepte. Trends, Inhalte, Methoden der Personalentwicklung in Unternehmen. 3. Aufl., Göttingen u.a. 2003, S. 77–100.

Conrad, P. (2001): Personalentwicklung. In: Bühner, R. (Hrsg.): Management-Lexikon. München u.a. 2001, S. 573–579.

Conradi, W. (1983): Personalentwicklung. Stuttgart 1983.

Cordes, S.O. (2000): Einfluß von Lean Management und Business Reengineering auf die Gestaltung von Trainee-Programmen in der Automobilindustrie. Konzeptionelle Grundlagen, Fallstudie und Gestaltungsempfehlungen. Köln 2000.

Csikszentmihalyi, M. (1985): Das Flow-Erlebnis. Stuttgart 1985.

Cullen, J./Turnbull, S. (2005): A Meta-Review of the Management Development Literature. In: Human Resource Development Review 2005, Vol. 4, No. 3, S. 335–355.

Cunningham, D.J./Duffy, T.M./Knuth, R.A. (1993): The textbook of the future. In: McKnight, C. (Hrsg.): Hypertext, a psychological perspective. London 1993, S. 19–49.

Czycholl, R. (1974): Wirtschaftsdidaktik. Dimensionen ihrer Entwicklung und Begründung. Trier 1974.

Czycholl, R./Ebner, H. (1988): Zur Kritik handlungsorientierter Ansätze in der Didaktik der Wirtschaftslehre. Oldenburg 1988.

D'Abate, C./Eddy, E.R./Tannenbaum, S.I. (2003): What's in a Name? A Literature-Based Approach to Understanting Mentoring, Coaching, and other Constructs that describe Developmental Interactions. In: Human Resource Development Review 2003, Vol. 2, No. 4, S. 360–384.

Dal Zotto, C. (2001): Die Simultaneität und Permanenz von Personal- und Organisationsentwicklung. Frankfurt a.M. 2000.

Dauenhauer, E. (2005): Kategorialdidaktische Literaturkritik. http://www.wahlthari.de/wiss5.html [nachgewiesen am 21.04.2007].

Dave, R.H. (1968): Eine Taxonomie pädagogischer Ziele und ihre Beziehung zur Leistungsmessung. In: Ingenkamp, K./Marsolek, Th. (Hrsg.): Adaptiver Unterricht. Weinheim 1968, S. 225–239.

Day, D.V. (2001): Leadership Development: A Review in Context. In: Leadership Quarterly 2001, Vol. 11, No. 4, S. 581–613.

Deci, E.L./Ryan, R.M. (1993): Die Selbstbestimmungstheorie der Motivation und ihre Bedeutung für die Pädagogik. In: Zeitschrift für Pädagogik 1993, 39. Jg., Nr. 2, S. 223–238.

de Haan, G./Harenberg, D. (1999): Bildung für eine nachhaltige Entwicklung. Gutachten zum Programm. (Materialien zur Bildungsplanung und zur Forschungsförderung BLK, Hf. 72). Bonn 1999.

Dehnbostel, P. (1996): Lernorte in der Berufsbildung – Konzeptionelle Erweiterungen in der Modellversuchsreihe „Dezentrales Lernen". In: Dehnbostel, P./Holz, H./Novak, H. (Hrsg.): Neue Lernorte und Lernortkombinationen. Bielefeld 1996, S. 9–23.

Dehnbostel, P. (1998): Lernorte, Lernprozesse und Lernkonzepte im lernenden Unternehmen aus berufspädagogischer Sicht. In: Dehnbostel, P./Erbe, H.-H./Novak, H. (Hrsg.): Berufliche Bildung im lernenden Unternehmen. Zum Zusammenhang von betrieblicher Reorganisation, neuen Lernkonzepten und Persönlichkeitsentwicklung. Berlin 1998, S. 175–194.

Dehnbostel, P. (2002): Bilanz und Perspektiven der Lernortforschung in der beruflichen Bildung. In: Zeitschrift für Pädagogik 2002, 48 Jg., Nr. 3, S.356–378.

Dehnbostel, P/Erbe, H.-H./Novak, H. (2001): Einleitung: Lernen im Kontext betrieblicher Modernisierung. In: Dehnbostel, P./Erbe, H.-H./Novak, H. (Hrsg.): Berufliche

Bildung im lernenden Unternehmen. Zum Zusammenhang von betrieblicher Reorganisation, neuen Lernkonzepten und Persönlichkeitsentwicklung. 2. Aufl., Berlin 2001, S. 7–20.

Dehnbostel, P./Holz, H./Novak, H. (Hrsg.) (1996): Neue Lernorte und Lernortkombinationen. Bielefeld 1996.

Delhees, K.H. (1983): Personelle und gruppendynamische Voraussetzungen der Teamarbeit. In: Zeitschrift Führung und Organisation 1983, Hf. 7, S. 370–373.

Deutscher Bildungsrat (1970): Empfehlungen der Bildungskommission: Strukturplan für das Bildungswesen. Stuttgart 1970.

Dewey, J. (1933): How We think. Boston 1933.

Diesbergen, C. (1998): Radikal-konstruktivistische Pädagogik als problematische Konstruktion. Eine Studie zum Radikalen Konstruktivismus und einer Anwendung in der Pädagogik. Frankfurt a.M. 1998.

Dieterich, R./Sowarka, B.H. (2000): Gesamtkonzepte der Persönlichkeit. In: Sarges, W. (Hrsg.): Management-Diagnostik. 3. Aufl., Göttingen u.a. 2000, S. 432–446.

Diettrich, A. (2000): Der Kleinbetrieb als lernende Organisation – Konzeption und Gestaltung von betrieblichen Lernstrategien – Eine betriebspädagogische Analyse. Markt Schwaben 2000.

Dittmar, J. (2001): Personalentwicklung als wirtschaftspädagogische Fragestellung. Eine Rekonstruktion aus didaktischer Perspektive. Paderborn 2001.

Dolch, J. (1965): Grundbegriffe der pädagogischen Fachsprache. 5. Aufl., München 1965.

Dommel, N.A. (2000): Postkörbe. In: Sarges, W. (Hrsg.): Management-Diagnostik. 3. Aufl., Göttingen u.a. 2000, S. 582–585.

Domsch, M.E. (2000): Fallstudien. In: Sarges, W. (Hrsg.): Management-Diagnostik. 3. Aufl., Göttingen u.a. 2000, S. 602–608.

Döpfner, M. (1989): Soziale Informationsverarbeitung – ein Beitrag zur Differenzierung sozialer Inkompetenzen. In: Zeitschrift für Pädagogische Psychologie 1989, 3. Jg., Hf. 1, S. 1–8.

Dörner, D. (1976): Problemlösen als Informationsverarbeitung. Stuttgart u.a. 1976.

Dörner, D. (1984): Denken, Problemlösen und Intelligenz. In: Psychologische Rundschau 1984, Bd. 35, Hf. 1, S. 10–20.

Dörner, D. (1986): Diagnostik der operativen Intelligenz. In: Diagnostica 1986, Hf. 4, S. 290–308.

Dörner, D. (1995): Der Umgang mit Unbestimmtheit und Komplexität – und der Gebrauch von Computersimulationen. Memorandum Nr. 16. Universität Bamberg, Lehrstuhl für Psychologie II.

Dörner, D./Kreuzig, H.W./Reither, F./Stäudel, T. (Hrsg.) (1994): Lohhausen. Vom Umgang mit Unbestimmtheit und Komplexität. Göttingen u.a. 1994.

Dreyfus, H.L./Dreyfus, S.E. (1987): Künstliche Intelligenz. Von den Grenzen der Denkmaschine und dem Wert der Intuition. Reinbeck 1987.

Drumm, H.J. (2005): Personalwirtschaft. 5. Aufl., Berlin 2005.

Drumm, H.J./Scholz, C. (1988): Personalplanung. Planungsmethoden und Methoden- akzeptanz. 2. Aufl., Bern u.a. 1988.

Dubs, R. (1993): Ganzheitliches Lernen und Denken in der Ökonomischen Bildung. In: arbeiten + lernen/Wirtschaft 1993, Nr. 11, S. 6–11.

Dubs, R. (1993a): Selbständiges (eigenständiges oder selbstgeleitetes) Lernen: Liegt darin die Zukunft?. In: Zeitschrift für Berufs- und Wirtschaftspädagogik 1993, Bd. 89, Hf. 2, S. 113–117.

Dubs, R. (1995): Konstruktivismus: Einige Überlegungen aus der Sicht der Unter- richtsgestaltung. In: Zeitschrift für Pädagogik 1995, 41. Jg., Nr. 6, S. 889–903.

Dubs, R. (1997): Drängt sich für die betriebliche Ausbildung ein Paradigmawechsel auf?. In: Klimecki, R./Remer, A. (Hrsg.): Personal als Strategie – Festschrift zum 60. Geburtstag von Rolf Wunderer. Neuwied 1997, S. 64–84.

Dubs, R. (2004): Instruktive oder konstruktive Unterrichtsansätze in der ökonomi- schen Bildung?. In: sowi-onlinejournal 2004, Nr. 2. http://www.sowi-onlinejournal.de/2004-2/unterrichtsansaetze_dubs.htm [nachgewiesen am 22.05.2007].

Duffy, T.M./Jonassen, D.H. (1992): Constructivism: New Implications for Instructional Technology. In: Duffy, T.M./Jonassen, D.H. (Hrsg.): Constructivism and the Technology of Instruction: A Conversation. Hillsdale u.a. 1992, S. 1–16.

Duffy, T.M./Lowyck, J./Jonassen, D. (1993): Designing Environments for Constructive Learning. Berlin 1993.

Dumpert, M. (2001): Entwicklung von Sozialkompetenzen als Herausforderung für Führungskräfte. Paderborn 2001.

Dumpert, M. (2003): Zum Lernen von Sozialkompetenzen: Vorstellung eines idealty- pischen Lernprozesses. In: Dumpert, M./Euler, D./Hanke, B./Reemtsma-Theis, M. (Hrsg.): Kundenorientierte Sozialkompetenzen als didaktische Herausforde- rung. Abschlussbericht des Modellversuchs „Modernisierung und Differenzie- rung der dualen Berufsbildung am Beispiel der Förderung von kundenorientier- ten Sozialkompetenzen". Bonn 2003, S. 81–98.

Dybowski, G. (1999): Erfahrungsgeleitetes Lernen – ein Ansatz zur Kompetenzent- wicklung. In: Arbeitsgemeinschaft Qualifikations-Entwicklungs-Management (QUEM) (Hrsg.): QUEM-report. Schriften zur beruflichen Weiterbildung, Hf. 63, Berlin 1999.

Ebner, H.G. (1992): Facetten und Elemente didaktischer Handlungsorientierung. In: G. Pätzold (Hrsg.) (Hrsg.): Handlungsorientierung in der beruflichen Bildung Frankfurt a.M., S. 9–32.

Ebner, H.G. (2000): Vom Übermittlungs- zum Initiierungskonzept: Lehr-Lernprozesse in konstruktivistischer Perspektive. In: Harteis, C./Heid, H./Kraft, S. (Hrsg.):

Kompendium Weiterbildung. Aspekte und Perspektiven betrieblicher Personal- und Organisationsentwicklung. Opladen 2000, S. 111–120.

Edelmann, W. (2000): Lernpsychologie. 6. Aufl., Weinheim 2000.

Eigler, J. (1996): Transaktionskosten als Steuerungsinstrument für die Personalwirtschaft. Frankfurt a.M. 1996.

Einsiedler, W. (1996): Wissensstrukturierung im Unterricht. In: Zeitschrift für Pädagogik 1996, 42. Jg., Nr. 2, S. 167–192.

Eisenführ, F./Weber, M. (2003): Rationales Entscheiden. 4. Aufl., Berlin u.a. 2003.

Elsholz, U. (2002): Kompetenzentwicklung zur reflexiven Handlungsfähigkeit. In: Dehnbostel, P./Elsholz, U./Meister, J./Meyer-Menk, J. (Hrsg.): Vernetzte Kompetenzentwicklung. Alternative Positionen zur Weiterbildung. Berlin 2002, S. 31–43.

Endres, J./Putz-Osterloh, W. (1995): Komplexes Problemlösen in Kleingruppen: Effekte des Vorwissens, der Gruppenstruktur und der Gruppeninteraktion. In: Zeitschrift für Sozialpsychologie 1995, S. 54–70.

Encyclopedia of Educational Research (1969): Stichwort Curriculum. In: Encyclopedia of Educational Research. London 1969, S. 275–280.

Erpenbeck, J. (1997): „Selbstgesteuert" und „selbstorganisiert". In: Arbeitsgemeinschaft Qualifikations-Entwicklungs-Management (QUEM) (Hrsg.): Kompetenzentwicklung ̀97: Berufliche Weiterbildung in der Transformation – Fakten und Visionen. Berlin u.a. 1997, S. 310–316.

Erpenbeck, J./Heyse, V. (1996): Berufliche Weiterbildung und berufliche Kompetenzentwicklung. In: Arbeitsgemeinschaft Qualifikations-Entwicklungs-Management (QUEM) (Hrsg.): Kompetenzentwicklung ̀96: Strukturwandel und Trends in der betrieblichen Weiterbildung. Berlin u.a. 1996, S. 15–152.

Erpenbeck, J./Heyse, V. (1999): Die Kompetenzbiographie: Strategien der Kompetenzentwicklung durch selbstorganisiertes Lernen und multimediale Kommunikation. Münster u.a. 1999.

Erpenbeck, J./von Rosenstiel, L. (Hrsg.) (2003): Handbuch Kompetenzmessung. Erkennen, Verstehen und Bewerten von Kompetenzen in der betrieblichen, pädagogischen und psychologischen Praxis. Stuttgart 2003.

Ertl, H. (2005): Das Kompetenzkonzept: Zugänge zur Diskussion in der deutschen Berufs- und Wirtschaftspädagogik. In: Ertl, H./Sloane, P.F.E. (Hrsg.): Kompetenzerwerb und Kompetenzbegriff in der Berufsbildung in internationaler Perspektive. Paderborn 2005, S. 22–45.

Ertl, H./Sloane, P.F.E. (2005): Einführende und zusammenführende Bemerkungen: Der Kompetenzbegriff in internationaler Perspektive. In: Ertl, H./Sloane, P.F.E. (Hrsg.): Kompetenzerwerb und Kompetenzbegriff in der Berufsbildung in internationaler Perspektive. Paderborn 2005, S. 4–21.

Euler, D. (1994): Didaktik einer sozio-informationstechnischen Bildung. Köln 1994.

Euler, D. (1996): Managementbildung – Überlegungen zu einem Konstrukt auf der Grundlage der aktuellen Berufsbildungsdiskussion. In: Wagner, D./Nolte, H. (Hrsg.): Managementbildung: Grundlagen und Perspektiven. München u.a. 1996, S. 67–87.

Euler, D. (1997): Sozialkompetenz als didaktische Kategorie – vom 'didaktischen Impressionsmanagement' zu einem Forschungsprogramm. In: Dubs, R./Luzi, R. (Hrsg.): 25 Jahre IWP St. Gallen, St. Gallen 1997, S. 279–317.

Euler, D. (Hrsg.) (1998): Berufliches Lernen im Wandel – Konsequenzen für die Lernorte?. Dokumentation des 3. Forums Berufsbildungsforschung 1997 an der Friedrich-Alexander-Universität Erlangen-Nürnberg. Beiträge zur Arbeitsmarkt- und Berufsforschung 214, zugleich Beiträge zur Berufsbildungsforschung der Arbeitsgemeinschaft BFN Nr. 3, Nürnberg 1998.

Euler, D. (2001): Manche lernen es – aber warum? Lerntheoretische Fundierungen zur Entwicklung von sozial-kommunikativen Handlungskompetenzen. In: Zeitschrift für Berufs- und Wirtschaftspädagogik 2001, Hf. 3, S. 346–374.

Euler, D. (2003): Sozialkompetenz – erlernbare Eigenschaft. In: HR-Today: Das Schweizer Human Resource Management-Journal 2003, Hf. 6, S. 14.

Euler, D. (2004): Sozialkompetenzen bestimmen, fördern und prüfen: Grundfragen und theoretische Fundierung. St. Gallen 2004.

Euler, D./Hahn, A. (2004): Wirtschaftsdidaktik. Bern u.a. 2004.

Euler, D./Reemtsma-Theis, M. (1999): Sozialkompetenzen? Über die Klärung einer didaktischen Zielkategorie. In: Zeitschrift für Berufs- und Wirtschaftspädagogik 1999, Hf. 2, S. 168–198.

Fallgatter, M.J./Koch, L.T. (1998): Kooperation im Spannungsfeld konstruierter Wirklichkeiten: Zur Entstehung einer betrieblichen „Kooperationssituation". In: Spieß, E./Nerdinger, F.W. (Hrsg.): Kooperation in Unternehmen. München 1998, S. 13–32.

Faulstich, P. (1998): Strategien der betrieblichen Weiterbildung: Kompetenz und Organisation. München 1998.

Feige, W (1994): Rechtzeitig für Lean qualifizieren. In: Personalwirtschaft, Hf. 2/1994, S. 36–37.

Ferring, K./Staufenbiel, J.E. (1989): Trainee-Programme. In: Strutz, H. (Hrsg.): Handbuch Personalmarketing. Wiesbaden 1989, S. 158–167.

Ferring, K./Thom, N. (1981): Trainee-Programme als Instrument der Personalentwicklung. In: Personalwirtschaft 1981, Nr. 10, S. 21–25.

Fisch, R./Fiala, S. (1984): Wie erfolgreich ist Führungstraining. Eine Bilanz neuester Literatur. In: Die Betriebswirtschaft DBW 44, Nr. 2, S. 193–204.

Fischer, A. (2004): Ökonomische Bildung und konstruktivistische Didaktik. http://www.sowi-onlinejournal.de/2004-2/oekonomische_bildung_fischer.htm [nachgewiesen am 22.05.2007].

Flato, E./Reinbold-Scheible, S. (2006): Personalentwicklung. Mitarbeiter qualifizieren, motivieren und fördern – Toolbox für die Praxis. Landsberg am Lech 2006.

Flechsig, K.-H. (1989): Ebenen didaktischen Handelns in der Weiterbildung. In: Grundlagen der Weiterbildung Hagen-Bonn e.V. (Hrsg.): Grundlagen der Weiterbildung – Praxishilfen. Neuwied 1989.

Flohr, B./Niederfeichtner, F. (1982): Zum gegenwärtigen Stand der Personalentwicklungsliteratur: Inhalte, Probleme, Erweiterungen. In: Kossbiel, H. (Hrsg.): Personalentwicklung, Schmalenbachs Zeitschrift für betriebswirtschaftliche Forschung 1982, Sonderheft 14, S. 11–49.

Förderreuther, R. (1988): Traineeprogramme und Auswahl von Hochschulabsolventen bei Banken und Sparkassen. Stuttgart 1988.

Förderreuther, R. (1988a): Traineeprogramme für Hochschulabsolventen. Teil 2: Kosten, Erfolgskontrolle und Gewinnung geeigneter Mitarbeiter. In: Personalführung 1988, Hf. 11, S. 885–890.

Forster, J. (1978): Teams und Teamarbeit in der Unternehmung. Eine gesamtheitliche Darstellung mit Meinungen und Beispielen aus der betrieblichen Praxis. Bern 1978.

Forster, J. (1981): Teamarbeit. Sachliche, personelle und strukturelle Aspekte einer Kooperationsform. In: Grundwald, W./Lilge, H.-G. (Hrsg.): Kooperation und Konkurrenz in Organisationen. Bern u.a., S. 143–168.

Friedrich, H.F./Mandl, H. (1992): Lern- und Denkstrategien – Ein Problemaufriß. In: Mandl, H./Friedrich, H.F. (Hrsg.): Lern- und Denkstrategien. Analyse und Intervention. Göttingen u.a. 1992, S. 3–54.

Fülbier, R.U. (2004): Wissenschaftstheorie und Betriebswirtschaftslehre. In: WiSt. Wirtschaftswissenschaftliches Studium 2004, Nr. 5, S. 266–271.

Funke, J. (2003): Problemlösendes Denken. Stuttgart 2003.

Gagné, R.M. (1980): Die Bedingung des menschlichen Lernens. 5. Aufl., Hannover u.a. 1980.

Galperin, P.J. (1966): Die geistige Handlung als Grundlage für die Bildung von Gedanken und Vorstellungen. In Galperin, P.J./Leontjew, A. (Hrsg.): Probleme der Lerntheorie. Berlin 1966, S. 33–49.

Gardner, H. (1994): Der ungeschulte Kopf. Wie Kinder denken. 2. Aufl., Stuttgart 1994.

Gediga, G./Schöttke, H./Tücke, M. (1983): Problemlösen in einer komplexen Situation. In: Archiv für Psychologie/Archives of Psychology 1983, S. 325–339.

Geilhardt, T./Mühlbradt, T. (1995): Planspiele im Personal- und Organisationsmanagement. Göttingen 1995.

Geißler, E.E. (1981): Allgemeine Didaktik. Grundlegung eines erziehenden Unterrichts. Stuttgart 1981.

Geldermann, B./Kraus, A./Mohr, B. (2001): Selbstständig lernen im Betrieb: Reflexion als zentrales Element der Selbstkompetenz. In: Berufsbildung in Wissenschaft und Praxis 2001, Vol. 30, Hf. 2, S. 38–41.

Geldermann, B./Günther, D./Hofmann, H. (2005): Lernkulturen und strategische Kompetenzentwicklungsprogramme – Ausgewählte Ergebnisse von Unternehmen in den alten Bundesländern. In: Arbeitsgemeinschaft Qualifikations-Entwicklungs-Management (QUEM) (Hrsg.): QUEM-Materialien Nr. 62, Berlin 2005.

Gerig, V. (1998): Kriterien zur Beurteilung unternehmerischen Handelns von Mitarbeitern und Führungskräften. München u.a. 1998.

Gerstenmaier, J./Henninger, M. (1996): Konstruktivistische Perspektiven in der Weiterbildung. In: Gruber, H./Renkl, A. (Hrsg.): Wege zum Können. Determinanten des Kompetenzerwerbs. Bern u.a. 1996, S. 178–200.

Gerstenmaier, J./Mandl, H. (1995): Wissenserwerb unter konstruktivistischer Perspektive. In: Zeitschrift für Pädagogik 1995, Hf. 6, S. 867–888.

Gerstenmaier, J./Mandl, H. (1999): Konstruktivistische Ansätze in der Erwachsenenbildung und Weiterbildung. In: Tippelt, R. (Hrsg.): Handbuch Erwachsenenbildung/Weiterbildung. Opladen 1999, S. 184–192.

Gessler, M. (2006): Das Kompetenzmodell. In: Bröckermann, R./Müller-Vorbrüggen, M. (Hrsg.): Handbuch der Personalentwicklung. Die Praxis der Personalbildung, Personalbeförderung und Arbeitsstrukturierung. Stuttgart 2006, S. 23–42.

Glöckel, H. (1996): Vom Unterricht. Lehrbuch der Allgemeinen Didaktik. 3. Aufl., Bad Heilbrunn 1996.

Goldstein, I.L. (1980): Training in Work Organizations. In: Annual review of psychology 1980, Vol. 31, S. 229–272.

Goldstein, I.L./Gessner, M. (1988): Training and development in work organizations. In: Cooper, C.L./Robertson, J.T. (Hrsg.): International review of industrial and organizational psychology. Chichester 1988, S. 43–72.

Grafinger, W./Berger, C. (1996): Übungsfirmen – Curriculare Umsetzungsstrategie des Praxisbezugs. In: Fortmüller, R./Aff, J. (Hrsg.): Wissenschaftsorientierung und Praxisbezug in der Didaktik der Ökonomie. Wien 1996, S. 177–207.

Gräsel, C. (1997): Problemorientiertes Lernen: Strategieanwendung und Gestaltungsmöglichkeiten. Göttingen 1997.

Gräsel, C./Mandl, H. (1993): Förderung des Erwerbs diagnostischer Strategien in fallbasierten Lernumgebungen. In: Unterrichtswissenschaft 1993, Vol. 21, S. 355–369.

Greve, W. (2001): Traps and Gaps in Action Explanation: Theoretical Problems of a Psychology of Human Action. In: Psychological Review 2001, Vol. 201, No. 2, S. 435–451.

Groenewald, H. (1990): Anforderungen im Auslandseinsatz. In: Berthel, J./Groenewald, H. (Hrsg.): Personalmanagement. Zukunftsorientierte Personalarbeit. Loseblatt-Ausgabe. Landsberg 1990, Kapitel IV.8.1.

Groening, Y. (2004): Trainingsmethoden. In: Gaugler, E./Oechsler, W.A./Weber, W. (Hrsg.): Handwörterbuch des Personalwesens. 3. Aufl., Stuttgart 2004, S. 1920–1929.

Gruber, H./Mandl, H./Renkl, A. (1999): Was lernen wir in Schule und Hochschule: Träges Wissen?. Forschungsbericht Nr. 101, Ludwig-Maximilians-Universität, Lehrstuhl für Empirische Pädagogik und Pädagogische Psychologie, München 1999.

Grünewald, U./Moraal, D./Draus, F./Weiß, R./Gnahs, D. (1998): Formen des arbeitsintegrierten Lernens. Möglichkeiten und Grenzen der Erfassbarkeit informeller Formen der betrieblichen Weiterbildung. In: Arbeitsgemeinschaft Qualitäts-Entwicklungs-Management (Hrsg.): QUEM-Report, Schriften zur beruflichen Weiterbildung, Hf. 53, Berlin 1998.

Grunwald, W. (2000): Aufgaben und Schlüsselqualifikationen von Managern. In: Sarges, W. (Hrsg.): Management-Diagnostik. 3. Aufl., Göttingen u.a. 2000, S. 194–205.

Gudjons, H. (1987): Handlungsorientierung als methodisches Prinzip im Unterricht. In: Westermanns Pädagogische Beiträge 1987, 39. Jg., Hf. 5, S. 8–13.

Gudjons, H. (1997): Handlungsorientiert Lehren und Lernen. Schüleraktivierung – Selbsttätigkeit – Projektarbeit. 5. Aufl., Bad Heilbrunn 1997.

Gulden, H. (1996): Evaluation von Traineeprogrammen als Alternative zur klassischen Form des Berufseinstiegs – Betrachtung aus Firmen- und Studentensicht. München 1996.

Günther, S. (2001): Evaluation von Personalentwicklung on-the-job: konzeptionelle Grundlagen einer integrativen Gestaltung. Lohmar/Köln 2001.

Hacker, W. (1986): Arbeitspsychologie. Psychische Regulation von Arbeitstätigkeiten. Bern u.a. 1980.

Hacker, W. (1998): Allgemeine Arbeitspsychologie. Bern u.a. 1998.

Hacker, W./Skell, W. (1993): Lernen in der Arbeit. Berlin 1993.

Halfpap, K. (1988): Durch Handlungsorientierung kritische Bildung – Eine Erwiderung zu Hentkes Beitrag: „Handlungsorientierung oder kritische Bildung?". In: Wirtschaft und Erziehung 1988, Nr. 3, S. 83–86.

Halfpap, K. (1992): Berufliche Handlungsfähigkeit – Ganzheitliches Lernen – Anforderungen an das Lehr- und Ausbildungspersonal. In: Pätzold, G. (Hrsg.): Handlungsorientierung in der beruflichen Bildung. Frankfurt a.M. 1992, S. 140–161.

Hall, D.T./Otazo, K.L./Hollenbeck, G.P. (1999): Behind closed doors: What really happens in executive coaching. In: Organizational Dynamics 1999, Vol. 27, S. 39–53.

Hammond, J.S./Keeney, R.L./Raiffa, H. (1999): The Hidden Traps in Decision Making. In: Clinical laboratory management review 1999, Vol. 13, No. 1, S. 39–47.

Hanft, A. (1995): Personalenwicklung zwischen Weiterbildung und „organisationalem Lernen". München u.a. 1995.

Hanisch, D.A. (2001): Action Learning in China. Teil 1: Theoretische und konzeptionelle Grundlagen. In: Personal 2001, Hf. 5, S. 282–287.

Hardwig, T. (2004): Auf dem Weg zu einem kompetenzorientierten Personalmanagement – erste empirische Befunde aus der betrieblichen Praxis (WiB Sample A). In: Arbeitsgemeinschaft Qualifikations-Entwicklungsmanagement (QUEM) (Hrsg.): Kompetenzorientiertes Personalmanagement als Grundlage wirtschaftlichen Erfolgs. Schriften zur beruflichen Weiterbildung Hf. 89, Berlin 2004, S. 9–42.

Harteis, C. (2002): Kompetenzfördernde Arbeitsbedingungen. Zur Konvergenz ökonomischer und pädagogischer Prinzipien betrieblicher Personal- und Organisationsentwicklung. Wiesbaden 2002.

Hastie, R. (2001): Problems for Judgement and Decision Making. In: Annual review of psychology 2001, S. 653–684.

Heidack, C. (1995): Lernpotential und Lernfeld „Planspiel". In: Geilhardt, T./Mühlbradt, T. (Hrsg.): Planspiele im Personal- und Organisationsmanagement. Göttingen 1995, S. 117–140.

Heimann, P. (1962): Didaktik als Theorie und Lehre. In: Die Deutsche Schule 1962, 54. Jg., S. 407–427.

Heimann, P. (1976): Didaktik als Unterrichtswissenschaft. Stuttgart 1976.

Heinen, E./Dill, P. (1986): Unternehmenskultur. In: Zeitschrift für Betriebswirtschaft ZfB 1986, 56. Jg., Hf. 3, S. 202–218.

Hennig-Thurau, T./Thurau, C. (1999): Sozialkompetenz als vernachlässigter Untersuchungsgegenstand des (Dienstleistungs-) Marketings – Einsatzmöglichkeiten und Konzeptualisierung. In: Marketing ZFP 1999, Hf. 4, S. 347–378.

Hentke, R. (1987): Handlungsorientierung oder kritische Bildung? Kritik des 'handlungs- und situationsorientierten' Ansatzes der Wirtschaftsdidaktik. In: Wirtschaft und Erziehung 1987, Nr. 11, S. 354–362.

Hentze, J./Kammel, A. (2001): Personalwirtschaftslehre 1. 7. Aufl., Bern 2001.

Hesse, F.W. (1985): Vergleichende Analyse kognitiver Prozesse bei semantisch unterschiedlichen Problemeinbettungen. In: Sprache und Kognition 1985, Vol. 4, Nr. 3, S. 139–153.

Hewitt Associates (2006): 1st European HR-Barometer 2005/06. Wiesbaden 2006.

Heyse, V./Erpenbeck, J. (2004): Kompetenztraining. 64 Informations- und Trainingsprogramme. Stuttgart 2004.

Hilb, M. (2004): Mentoring. In: Gaugler, E./Oechsler, W.A./Weber, W. (Hrsg.): Handwörterbuch des Personalwesens. 3. Aufl., Stuttgart 2004, Sp.1151–1161.

Hofmann, L.M./Linneweh, K. (2003): Persönlichkeitsmanagement – lernen sich selbst zu finden. In: Hofmann, L.M./Regnet, E. (Hrsg.): Innovative Weiterbildungskonzepte. Trends, Inhalte und Methoden der Personalentwicklung in Unternehmen. 3. Aufl., Göttingen u.a., S. 331–346.

Hofmann, L.M./Regnet, E. (2003): Innovative Weiterbildungskonzepte. Trends, Inhalte, Methoden der Personalentwicklung in Unternehmen. 3. Aufl., Göttingen u.a. 2003.

Hofstede, G. (1980): Culture's consequences: International difference in work-related values. London u.a. 1980.

Hofstede, G. (1993): Interkulturelle Zusammenarbeit. Kulturen – Organisationen – Management. Wiesbaden 1993.

Holleis, W. (1987): Unternehmenskultur und moderne Psyche. München 1987.

Holling, H. (2000): Verhaltensmodellierung für die Durchführung von Mitarbeitergesprächen. In: Kleinmann, M./Strauß, B. (Hrsg.): Potentialfeststellung und Personalentwicklung. 2. Aufl., Göttingen 2000, S. 237–250.

Holtbrügge, D. (2005): Personalmanagement. 2. Aufl., Berlin u.a. 2005.

Holzkamp, K. (1993): Lernen. Subjektwissenschaftliche Grundlegung. Frankfurt a.M. 1993.

Holzkamp, K. (1996): Wider dem Lehr-Lern-Kurzschluß: Interview zum Thema ‚Lernen'. In: Arnold, R. (Hrsg.): Lebendiges Lernen. Baltmannsweiler 1996, S. 21–30.

Hörmann, H.-J./Thomas, M. (1989): Zum Zusammenhang zwischen Intelligenz und komplexen Problemlösen. In: Sprache & Kognition 1989, Bd. 8, Hf. 1, S. 23–31.

Horx-Strathern, O. (2001): War for Talents. Die neue Arbeitswelt und die Personalpolitik der Zukunft. Eine Studie des Zukunftsinstituts von Matthias Horx. Bonn 2001.

Howald, J. (2002): Lernen in Netzwerken – ein Zukunftsszenario für die Wissensgesellschaft. In: Heinz, W.R./Kotthoff, H./Peter, G. (Hrsg.): Lernen in der Wissensgesellschaft. Münster 2002, S. 45–63.

Hron, I./Lauche, K./Schultz-Gambard, J. (2000): Training im Qualitätsmanagement. Eine Interventionsstudie zur Vermittlung von Qualitätswissen und handlungsleitenden Kognitionen. In: Zeitschrift für Arbeits- und Organisationspsychologie 2000, Vol. 44, S. 192–201.

Hungenberg, H. (1990): Planung eines Führungskräfteentwicklungssystems. Eine konzeptionelle Untersuchung der Gestaltung des Führungskräfteentwicklungssystems einer Unternehmung auf system- und entscheidungsorientierter Grundlage. Gießen 1990.

Hungenberg, H. (1999): Problemlösen und Kommunikation: Vorgehensweisen und Techniken. München, Wien 1999.

Hurtz, A. (1991): Die Merkmale des handlungsorientierten Lernens. In: Hurtz, A. (Hrsg.): Handlungsorientiertes Lernen in Schule und Betrieb. Begleitband zur kooperativen Fortbildung über handlungsorientiertes Lernen für die Partner des Dualen Systems der neugeordneten technischen Berufe in Zusammenarbeit mit dem Regierungspräsidenten Köln. Aachen 1991, S. 22–45.

Issing, L.J./Klimsa, P. (1997): Informationen und Lernen mit Multimedia. 2. Aufl., Weinheim 1997.

Jacobson, M.J./Spiro, R.J. (1995): Hypertext Learning Environments, Cognitive Flexibility and the Transfer of Complex Knowledge: An empirical investigation. In: Journal of Educational Computing Research 1995, Vol. 12, No. 4, S. 301–333.

Jank, W./Meyer, H. (1994): Didaktische Modelle. 3. Aufl., Berlin 1994.

Jung, H. (2005): Personalwirtschaft. 6. Aufl., München 2005.

Jungermann, H. (2000): Entscheiden. In: Sarges, W. (Hrsg.): Management-Diagnostik. 3. Aufl., Göttingen u.a. 2000, S. 247–253.

Jungermann, H./Pfister, H.-R./Fischer, K. (2005): Die Psychologie der Entscheidung. Eine Einführung. 2. Aufl., München 2005.

Kahneman, D. (1994): New Challenges to the Rationality Assumption. In: Journal of Institutional and Theoretical Economics 1994, Vol. 150, No. 1, S. 18–36.

Kahneman, D./Tversky, A. (1979): Prospect Theory: An Analysis of Decision under Risk. In: Econometrica 1979, Vol. 47, No. 2, S. 263–291.

Kahneman, D./Tversky, A. (1982): Subjective Probability: A Judgement of Representativeness. In: Kahnemann, D./Slovic, P./Tversky, A. (Hrsg.): Judgement under Uncertainty: Heuristics and Biases. Cambridge 1982, S. 32–47.

Kailer, N. (2004): Fort- und Weiterbildung. In: Gaugler, E./Oechsler, W.A./Weber, W. (Hrsg.): Handwörterbuch des Personalwesens. 3. Aufl., Stuttgart 2004, S. 768–777.

Kaiser, F.-J. (1988): Handlungsorientierung und die Tradition wirtschaftspädagogischer Bildung – Anmerkungen zu Hentkes Beitrag: 'Handlungsorientierung oder kritische Bildung?'. In: Wirtschaft und Erziehung 1988, Nr. 4, S. 124–127.

Kaiser, F.-J. (2001): Wirtschaftspädagogik. In: May, H. (Hrsg.): Lexikon der ökonomischen Bildung. 4. Aufl., München 2001, S. 621–624.

Kaiser, F.-J./Brettschneider, V. (2001): Entscheidungsprozesse in Kleingruppen im Rahmen der Fallstudienarbeit. In: Beck, K./Krumm, V. (Hrsg.): Lehren und Lernen in der beruflichen Erstausbildung. Grundlagen einer modernen kaufmännischen Berufsqualifizierung. Opladen 2001, S. 209–229.

Kaiser, F.-J./Kaminski, H. (1999): Methodik des Ökonomie-Unterrichts. Grundlagen eines handlungsorientierten Lernkonzepts mit Beispielen. 3. Aufl., Bad Heilbrunn 1999.

Kaiser, F.-J./Weitz, B.O./Sarrazin, D. (1991): Arbeiten und Lernen in schulischen Modellunternehmen. Neue Informationstechnologien und Datenverarbeitung im Berufsfeld Wirtschaft und Verwaltung. Band II. Bad Heilbrunn 1991.

Kaminski, H. (1990): Zum Verhältnis Fachdidaktik – Fachwissenschaft – Allgemeine Didaktik aus der Sicht der ökonomischen Bildung und Erziehung. In: Keck, R.W./Köhnlein, W./Sandfuchs, U. (Hrsg.): Fachdidaktik zwischen Allgemeiner Didaktik und Fachwissenschaft. Bad Heilbrunn 1990, S. 252–271.

Kaminski, H. (2001): Zum Verhältnis von Fachwissenschaft und Fachdidaktik in der ökonomischen Bildung. Aspekte von Interdisziplinarität aus der Sicht der Ökonomik, Teil 1. In: Unterricht Wirtschaft 2001, Hf. 8, Nr. 4, S. 49–55.

Kanning, U.P./Holling, H. (2004): Potenzialbeurteilung. In: Gaugler, E./Oechsler, W.A./Weber, W. (Hrsg.): Handwörterbuch des Personalwesens. 3. Aufl., Stuttgart 2004, Sp. 1685–1692.

Kaschube, J./von Rosenstiel, L. (2004): Training von Führungskräften. In: Schuler, H. (Hrsg.): Organisationspsychologie – Gruppe und Organisation. Göttingen u.a. 2004, S. 559–602.

Kashnitz, D. (1995): Handlungsorientierter Unterricht – Lernen oder action?. In: Bundesfachgruppe für ökonomische Bildung, hrsg. von H.-J. Albers: Handlungsorientierung und ökonomische Bildung. Bergisch-Gladbach 1995, S. 49–74.

Keck, A./Weymar, B./Diepold, P. (1997): Lernen an kaufmännischen Arbeitsplätzen. Bielefeld 1997.

Kerres, M. (2001): Multimediale und telemediale Lernumgebungen: Konzeption und Entwicklung. 2. Aufl., München u.a. 2001.

Kerschensteiner, G. (1928): Begriff der Arbeitsschule. München 1928.

Keys, L. (1994): Action Learning: Executive Development of Choice for the 1990s. In: Journal of Management Development 1994, Vol. 8, S. 50–56.

Keys, B./Wolfe, J. (1990): The role of management games and simulations in education and research. In: Journal of Management 1990, Vol. 16, S. 307–336.

Kieser, A. (2003): Einarbeitung neuer Mitarbeiter. In: von Rosenstiel, L./Regnet, E./Domsch, M.E. (Hrsg.): Führung von Mitarbeitern. Handbuch für erfolgreiches Personalmanagement. 5. Aufl., Stuttgart 2003, S. 183–194.

Kieser, A./Nagel, R./Krüger, K.-H./Hippler, G. (1985): Die Einführung neuer Mitarbeiter in das Unternehmen. Frankfurt a.M. 1985.

Kieser, A./Nagel, R. (1986): Die Gestaltung von Eingliederungsprogrammen für neue Mitarbeiter. In: Schmalenbachs Zeitschrift für betriebswirtschaftliche Forschung ZfbF 1986, Bd. 38, Hf. 11, S. 956–962.

Klafki, W. (1971): Didaktik und Methodik. In: Röhrs, H. (Hrsg.): Didaktik. 2. Aufl., Frankfurt a.M., S. 1–16.

Klafki, W. (1975): Studien zur Bildungstheorie und Didaktik. Weinheim u.a. 1975.

Klafki, W. (1976): Lehrerausbildung – Erziehungswissenschaft, Fachdidaktik, Fachwissenschaft. In: Roth, L. (Hrsg.): Handlexikon zur Erziehungswissenschaft. München 1976, S. 267–276.

Klafki, W. (1980): Zur Unterrichtsplanung im Sinne kritisch-konstruktiver Didaktik. In: König, E./Schier, N./Vohland, U. (Hrsg.): Diskussion Unterrichtsvorbereitung. Verfahren und Modell. München 1980, S. 13–44.

Klafki, W. (1985): Neue Studien zur Bildungstheorie und Didaktik. Beiträge zur kritisch-konstruktiven Didaktik. Weinheim u.a. 1985.

Klafki, W. (1996): Neue Studien zur Bildungstheorie und Didaktik: Zeitgemäße Allgemeinbildung und kritisch-konstruktive Didaktik. 5. Aufl., Weinheim u.a. 1996.

Klauer, K.J. (1992): Problemlösestrategien im experimentellen Vergleich: Effekte einer allgemeinen und einer bereichsspezifischen Strategie. In: Mandl, H./Friedrich, H.F. (Hrsg.): Lern- und Denkstrategien. Analyse und Interventionen. Göttingen u.a. 1992, S. 57–78.

Klein, H.J./Weaver, N.A. (2000): The Effectiveness of an Organizational-Level Orientation Training Program in the Socialization of new Hires. In: Personnel Psychology 2000, Vol. 53, S. 47–66.

Klieme, E./Funke, J./Leutner, D./Reinmann, P./Wirth, J. (2001): Problemlösen als fächerübergreifende Kompetenz. Konzeption und erste Resultate aus einer Schulleistungsstudie. In: Zeitschrift für Pädagogik 2001, 47. Jg., Hf. 2, S. 179–200.

Klimecki, R.G./Gmür, M. (1998): Personalmanagement. Funktionen, Strategien, Entwicklungsperspektiven. Stuttgart 1998.

Klimecki, R.G./Probst, G./Eberl, P. (1991): Perspektiven eines entwicklungsorientierten Managements. Diskussionsbeitrag Nr.1 (1991).
http://www.ub.uni-konstanz.de/kops/volltexte/1999/341/[nachgewiesen am 30.03.2007].

Klippert, H. (1994): Methodentraining. Übungsbausteine für den Unterricht. Weinheim u.a. 1994.

Klippert, H. (1995): Kommunikationstraining. Übungsbausteine für den Unterricht. Weinheim u.a. 1995.

Kluwe, R.H. (2000): Computergestützte Systemsimulationen. In: Sarges, W. (Hrsg.): Management-Diagnostik. 3. Aufl., Göttingen u.a. 2000, S. 572–578.

Knuth, R.A./Cunningham, D.J. (1991): Tools for Constructivism. In: Duffy, T.M/Lowyk, J./Jonassen, D.H. (Hrsg.): Designing Environments for Constructive Learning. Berlin 1991, S. 163–188.

Kochan, D.C. (1970): Allgemeine Didaktik, Fachdidaktik, Fachwissenschaft. Ausgewählte Beiträge aus den Jahren 1953 bis 1969. 2. Aufl., Darmstadt 1970.

Konegen-Grenier, C. (1989): Trainee-Programme. Berufsstart für Hochschulabsolventen. Köln 1989.

Konegen-Grenier, C. (1994): Trainee-Programme. Berufsstart für Hochschulabsolventen. Köln 1994.

Konegen-Grenier, C. (2001): Traineeprogramme als Berufseinstieg. In: WiSt. Wirtschaftswissenschaftliches Studium 2001, Hf. 1, S. 51–55.

Konferenz der Vorsitzenden Fachdidaktischer Fachgesellschaften (KVFF) (1998): Fachdidaktik in Forschung und Lehre. Kiel 1998.

Kopp, V./Balk, M./Mandl, H. (2002): Evaluation problemorientierten Lernens im Münchener Modell der Medizinerausbildung. In: Institut für Pädagogische Psychologie und Empirische Pädagogik (Hrsg.): Forschungsbericht Nr. 148. München 2002.

Kösel, E. (1997): Modellierung von Lernwelten. Elztal-Dallau 1997.

Kotter, A. (1982): The general managers. New York 1982.

Kramer, W./von Landsberg, G. (1981): Abiturientenprogramme und Traineeprogramme in der Wirtschaft. Berlin 1981.

Krapp, A. (1999): Intrinsische Lernmotivation und Interesse. In: Zeitschrift für Pädagogik 1999, 45. Jg., Nr. 3., S. 387–406.

Krapp, A. (2001): Interesse. In: Rost, D.H. (Hrsg.): Handwörterbuch der Pädagogischen Psychologie. 2. Aufl., Weinheim 2001, S. 286–294.

Krathwohl, D.R./Bloom, B.S./Masia, B.B. (1964): Taxonomy of educational objectives: The classification of educational goals. Handbook II: Affective Domain. New York 1964.

Kröll, M. (1989): Lehr-Lernplanung. Grenzen und Möglichkeiten. Köln 1989.

Kron, F.W. (2004): Grundwissen Didaktik. 4. Aufl., München 2004.

Kühlmann, T.M. (1995): Vom „Kulturschock zum Kulturlernen". Ansätze zur Vorbereitung auf den Auslandseinsatz. In: Zeitschrift für Berufs- und Wirtschaftspädagogik 1995, Bd. 91, Hf. 10, S. 142–154.

Kühlmann, T.M./Dowling, P. (2004): Interkulturelles Personalmanagement. In: Gaugler, E./Oechsler, W.A./Weber, W. (Hrsg.): Handwörterbuch des Personalwesens. 3. Aufl., Stuttgart 2004, Sp. 928–937.

Kultusministerkonferenz (1999): Handreichungen für die Erarbeitung von Rahmenplänen der Kultusministerkonferenz für den berufsbezogenen Unterricht in der Berufsschule und ihre Abstimmung mit Ausbildungsordnungen des Bundes für anerkannte Ausbildungsberufe. Fassung vom 5.2.1999. Bonn 1999.

Kultusministerkonferenz (2004): Rahmenlehrplan für den Ausbildungsberuf Kaufmann im Einzelhandel/Kauffrau im Einzelhandel Verkäufer/Verkäuferin. Fassung vom 17.06.2004.

Küng, D. (1999): Bezugsrahmen für konstruktivistische Personalentwicklung. Erarbeitung und Diskussion anhand eines Fallunternehmens. Bamberg 1999.

Kuratorium der Arbeitsgemeinschaft QUEM (1996): Von der beruflichen Weiterbildung zur Kompetenzentwicklung. Lehren aus dem Transformationsprozess. In: Arbeitsgemeinschaft Qualifikations-Entwicklungs-Management (QUEM) (Hrsg.): Kompetenzentwicklung `96. Strukturwandel und Trends in der betrieblichen Weiterbildung. Münster u.a. 1996, S. 399–462.

Lammers, F. (2000): Personalentwicklung „off the job". In: Kleimann, M./Strauß, B. (Hrsg.): Potentialfeststellung und Personalentwicklung. 2. Aufl., Göttingen 2000, S. 205–225.

Lang, R. (1996): Unternehmenskultur und Managementbildung im ostdeutschen Transformationsprozeß. In: Wagner, D./Nolte, H. (Hrsg.): Managementbildung. München u.a. 1996, S. 251–278.

Laske, S./Habich, J. (2004): Kompetenz und Kompetenzmanagement. In: Gaugler, E./Oechsler, W.A./Weber, W. (Hrsg.): Handwörterbuch des Personalwesens. 3. Aufl., Stuttgart 2004, Sp. 1006–1014.

Latham, G.P. (1988): Human resource training and development. In: Annual Review of Psychology 1988, Vol. 39, S. 545–582.

Latham, G.P./Saari, L.M. (1979): The application of social learning theory to training supervisors through behavioral modeling. In: Journal of Applied Psychology 1979, Vol. 64, S. 239–246.

Laukamm, T. (1991): Personalentwicklung in strategischen Geschäftseinheiten. In: Papmehl, A. (Hrsg.): Personalentwicklung im Wandel. Wiesbaden 1991, S. 18–32.

Lave, J. (1991): Situating learning in communities of practice. In: Resnick, L.B./Levine, J.M./Teasdale, S.D. (Hrsg.): Perspectives on socially shared participation. Washington D.C. 1991, S. 63–82.

Lave, J./Wenge, E. (1991): Situated Learning. Legitimate peripheral participation. Cambridge 1991.

Leidenfrost, J./Götz, K./Hellmeister, G. (2000): Persönlichkeitstrainings im Management. Methoden, subjektive Erfolgskriterien und Wirkungen. 2. Aufl., München u.a. 2000.

Leinhardt, G. (1993): On teaching Advances in instructional psychology. Vol. 4. Hillsdale u.a. 1993.

Lellmann, D. (1989): Lernorientiertes Arbeiten. In: Technische Innovation und Berufliche Bildung 1989, Hf. 2, S. 79–80.

Leutner, D. (1992): Adaptive Lehrsysteme. Instruktionspsychologische Grundlagen und experimentelle Analysen. München 1992.

Leutner, D. (1995): Computerunterstützte Planspiele als Instrument der Personalentwicklung. In: Geilhardt, T./Mühlbradt, T. (Hrsg.): Planspiele im Personal- und Organisationsmanagement. Göttingen 1995, S. 105–116.

Lewalter, D. (2006): Pädagogisch-psychologische Motivationstheorien als Grundlage der Personalentwicklung. In: Bröckermann/Müller-Vorbrüggen (Hrsg.): Handbuch Personalentwicklung. Die Praxis der Personalbildung, Personalförderung und Arbeitsstrukturierung. Stuttgart 2006, S. 43–53.

Lind, G./Friege, G. (2003): Wissen und Problemlösen – Eine Untersuchung zur Frage des "trägen Wissens". In: Zeitschrift zur Theorie und Praxis erziehungswissenschaftlicher Forschung 2003, Jg. 17, Nr. 1, S. 57–86.

Lindblom, C.E. (1989): The science of „Muddling Through". In: Leavitt, H.J./Pondy, L.R./Boje, D.M. (Hrsg.): Readings in managerial psychology. 4. Aufl., Chicago 1989, S. 117–131.

Lippitt, G.L. (1982): Organization renewal: A holistic approach to organization development. 2. Aufl., New York 1982.

Ludwig, J. (1999): Zugänge zum selbstgestalteten Lernen aus subjektwissenschaftlicher Sicht. In: Literatur- und Forschungsreport Weiterbildung 1999, Hf. 43, S. 60–73.

Ludwig, J. (2002): Kompetenzentwicklung – Lerninteressen – Handlungsfähigkeit. In: Dehnbostel, P./Elsholz, U./Meister, J./Meyer-Menk, J. (Hrsg.): Vernetzte Kompetenzentwicklung. Alternative Positionen zur Weiterbildung. Berlin 2002, S. 95–110.

Lüpertz, V. (1997): Einsatz von Unternehmensplanspielen im Anfangsunterricht. Teil 1: Didaktische Konzeption. In: Wirtschaft und Gesellschaft im Beruf 1997, Hf. 3, S. 110–119.

Luhmann, N. (1990): Konstruktivistische Perspektiven. Opladen 1990.

Mager, R.F. (1973): Lernziele und Unterricht. Weinheim u.a. 1973.

Maier, W./Kahlert, R./Löffler, J. (1989): Betriebliche Sozialisation am Beispiel eines Traineeprogramms – eine empirische Untersuchung. Augsburger Beiträge zur Organisationspsychologie und Personalwesen, Hf. 7, Augsburg 1989.

Maier, G.W./Spieß, E. (1994): Einführung von Führungsnachwuchskräften in das Unternehmen. Formen der Unterstützung und erlebte Hilfestellung. In: von Rosenstiel, L./Lang, T./Sigl, E. (Hrsg.): Fach- und Führungsnachwuchs finden und fördern. Stuttgart 1994, S. 254–266.

Mandl, H./Prenzel, M./Gräsel, C. (1992): Das Problem des Lerntransfers in der betrieblichen Weiterbildung. In: Unterrichtswissenschaft 1992, S. 126–143.

Mandl, H./Reinmann-Rothmeier, G. (1995): Unterrichten und Lernumgebungen gestalten. In: Forschungsbericht Nr. 60 der LMU München, München 1995.

Marr, R./Stitzel, M. (1979): Personalwirtschaft: Ein konfliktorientierter Ansatz. München 1979.

Maturana, H.R./Varela, F. J. (1987): Der Baum der Erkenntnis. Die biologischen Wurzeln menschlichen Erkennens. Bern u.a. 1987.

May, G.L./Kahnweiler, W.M. (2000): The Effect of Mastery Practice Design on Learning and Transfer in Behavior Modeling Training. In: Personnel Psychology 2000, Vol. 53, S. 353–373.

Mazur, J.E. (2004): Lernen und Gedächtnis. 5. Aufl., München 2004.

McCall, M.W./Lombardo, M.N./Morrison, A.M. (1988): The lessons of experiences how successful executives develop on the job. Lexington 1988.

McCall, M.W. (1996): Executive Development als Unternehmensstrategie. In: Sattelberger, T. (Hrsg.): Human Resource Management im Umbruch: Positionierung, Potentiale, Perspektiven. Wiesbaden 1996, S. 43–54.

McGehee, W./Thayer, W.L. (1978): A note on evaluation behavior modification and behavior modeling as industrial training techniques. In: Personnel Psychology 1978, Vol. 31, S. 477–484.

McGregor, D. (1960): The human side of enterprise. New York 1960.

Mentzel, W. (1997): Unternehmenssicherung durch Personalentwicklung: Mitarbeiter motivieren, fördern und weiterbilden. 7. Aufl., Freiburg im Breisgau 1997.

Mentzel, W. (2005): Personalentwicklung. Erfolgreich motivieren, fördern und weiterbilden. 2. Aufl., München 2005.

Meyer, H. (1971): Das ungelöste Deduktionsproblem in der Curriculumforschung. In: Achtenhagen, F./Meyer, H. (Hrsg.): Curriculumrevision – Möglichkeiten und Grenzen. München 1971, S. 106–132.

Meyer, H. (1994): Unterrichtsmethoden I: Theorieband. 6. Aufl., Frankfurt a.M. 1994.

Meyer, H. (1996): Leitfaden zur Unterrichtsvorbereitung. 12. Aufl., Frankfurt a.M. 1996.

Meyer-Riedt, T. (1993): Trainee-Programme für Nachwuchskräfte mit Hochschulabschluß und Sonderausbildungsprogramme für Abiturienten. Zur Praxis der Nachwuchskräfteentwicklung in qualifizierten betriebswirtschaftlichen Tätigkeiten. Dissertation. Köln 1993.

Miller, G.A./Gallanter, E./Pribram, K.H. (1973): Strategien des Handelns. Stuttgart 1973.

Minnameier, G. (1997): Die unerschlossenen Schlüsselqualifikationen und das Elend des Konstruktivismus. In: Zeitschrift für Berufs- und Wirtschaftspädagogik 1997, Bd. 93, Hf. 1, S. 1–29.

Minnameier, G. (2003): Wie verläuft die Kompetenzentwicklung – kontinuierlich oder diskontinuierlich?. http://www.wipaed.uni-mainz.de/beck/mitarbeiter/minnameier/Literatur/ 03_4_01.pdf [nachgewiesen am 22.05.2007].

Mintzberg, H. (1973): The Nature of Managerial Work. New York 1973.

Mintzberg, H./Westley, F. (2001): Entscheiden läuft oft anders als Sie denken. In: Harvard Business Manager 2001, Nr. 6, S. 9–14.

Möller, C. (1997): Die curriculare Didaktik. Oder: Der lernzielorientierte Ansatz. In: Gudjons, H./Winkel, R. (Hrsg.): Didaktische Theorien. 9. Aufl., Hamburg 1997, S. 75–92.

Moser, K./Schmook, R. (2006): Berufliche und organisationale Sozialisation. In: Schuler, H. (Hrsg.): Lehrbuch der Personalpsychologie. 2. Aufl., Göttingen u.a. 2006, S. 231–254.

Moses, J./Ritchie, R. (1975): Assessment center used to evaluate an interaction modeling program. In: Assessment and Development 1975, Vol. 2, S. 1–2.

Mudra, P. (2004): Personalentwicklung. Integrative Gestaltung betrieblicher Lern- und Veränderungsprozesse. München 2004.

Müller, S./Gelbrich, K. (2001): Interkulturelle Kompetenz als neuartige Anforderung an Entsandte: Status quo und Perspektiven der Forschung. In: Schmalenbachs Zeitschrift für betriebswirtschaftliche Forschung ZfbF 2001, Bd. 53, Nr. 5, S. 246–273.

Müller-Vorbrüggen, M. (2001): Handlungsfähigkeit durch gelungene Kompetenz-Performanz-Beziehungen als Gegenstand moderner Personal- und Organisationsentwicklung. Entwurf eines theoretischen Rahmenkonzeptes. Aachen 2001.

Müller-Vorbrüggen, M. (2006): Management der Personalentwicklung. In: Bröckermann, R./Müller-Vorbrüggen, M. (Hrsg.): Handbuch Personalentwicklung. Die Praxis der Personalbildung, Personalförderung und Arbeitsstrukturierung. Stuttgart 2006, S. 567–581.

Mumford, M.D./Marks, M.A./Connelly, M.S./Zaccaro, S.J./Reiter-Palmon, R. (2000): Development of Leadership Skills: Experience and Timing. In: Leadership Quarterly 2000, Vol. 11, No. 1, S. 87–114.

Münch, J. (1995): Personalentwicklung als Mittel und Aufgabe moderner Unternehmensführung. Bielefeld 1995.

Müser, M. (1999): Ressourcenorientierte Unternehmensführung. Zentrale Bestandteile und ihre Gestaltung. Köln 1999.

Neber, H. (2001): Kooperatives Lernen. In: Rost, D.H. (Hrsg.): Handwörterbuch Pädagogische Psychologie. 2. Aufl., Weinheim 2001, S. 361–366.

Neuberger, O. (1985): Arbeit. Stuttgart 1985.

Neuberger, O. (1991): Personalentwicklung. Stuttgart 1991.

Neuberger, O. (1994): Personalentwicklung. 2. Aufl., Stuttgart 1994.

Neuberger, O. (2000): Das 360-Grad-Feedback. Mering 2000.

Neuberber, O. (2004): Das Mitarbeitergespräch. Praktische Grundlagen für erfolgreiche Führungsarbeit. 6. Aufl., Leonberg 2004.

Neuberger, O./Kompa, A. (1987): Wir, die Firma: Der Kult um die Unternehmenskultur. Weinheim u.a. 1987.

Neubert, J./Tomcyzk, R. (1986): Gruppenverfahren der Arbeitsanalyse und Arbeitsgestaltung. Heidelberg 1986.

Njoo, M./de Jong, T. (1993): Exploratory learning with a computer simulation for control-theory : Learning processes and instructional support. In: Journal of Research in Science Teaching 1993, Vol. 30, S. 821–844.

Noe, R.A. (1988): An Investigation of the Determinants of successful assigned Mentoring Relationships. In: Personnel Psychology 1988, Vol. 41, S. 457–479.

Nonaka, I./Takeuchi, H. (1997): Die Organisation des Wissens: wie japanische Unternehmen eine brachliegende Ressource nutzbar machen. Frankfurt a.M. 1997.

Norman, G.R./Schmidt, H.G. (2001): The psychological basis of problem-based learning: A review of the evidence. In: Mandl, H./Putz, R.V./Peter, K./Höfling,

S. (Hrsg.): Lernmodelle der Zukunft am Beispiel der Medizin. München 2001, S. 139–152.

O'Sullivan, J.T./Pressley, M. (1984): Completeness of instruction and strategy transfer. In: Journal of Experimental Child Psychology 1984, Vol. 38, S. 275–288.

Oechsler, W.A. (2000): Personal und Arbeit: Grundlagen des Human Resource Management und der Arbeitgeber-Arbeitnehmer-Beziehung. 7. Aufl., München u.a. 2000.

Oechsler, W.A./Strohmeier, S. (1993): Widersprüche und Probleme von theoretischen Ansätzen zur Personalentwicklung. In: Laske, S./Gorbach, S. (Hrsg.): Spannungsfeld Personalentwicklung. Konzeptionen, Analysen, Perspektiven. Wiesbaden 1993, S. 75–91.

Oesterle, M. J. (2004): Führungskräfte. In: Gaugler, E./Oechsler, W.A./Weber, W. (Hrsg.): Handwörterbuch des Personalwesens. 3. Aufl., Stuttgart 2004, Sp. 790–801.

Olberg, H.-J. (2004): Didaktik auf dem Weg zur Vermittlungswissenschaft?. In: Zeitschrift für Pädagogik 2004, Jg. 50 (1), S. 119–131.

Otto, G. (1983): Zur Etablierung der Didaktiken als Wissenschaften. In: Zeitschrift für Pädagogik 1983, 29. Jg., Nr. 4, S. 519–543.

Pätzold, G. (1992): Handlungsorientierung in der beruflichen Bildung – Zur Begründung und Realisierung. In: Pätzold, G. (Hrsg.): Handlungsorientierung in der beruflichen Bildung. Frankfurt a.M. 1992, S. 9–32.

Pätzold, G. (2001): Methoden betrieblicher Bildungsarbeit. In: Bonz, B. (Hrsg.): Didaktik der beruflichen Bildung. Baltmannsweiler 2001, S. 115–134.

Pätzold, G./Lang, M. (1999): Lernkulturen im Wandel. Didaktische Konzepte für eine wissensbasierte Organisation. Bielefeld 1999.

Pawlik, W. (1999): Empirische Untersuchungen zur Entwicklung von Lern- und Leistungsmotivation im Lernbüro. In: Schelten, A./Sloane, P.F.E./Straka, G.A. (Hrsg.): Berufs- und Wirtschaftspädagogik im Spiegel der Forschung. Forschungsberichte des DGfE-Kongresses 1998. Opladen 1999, S. 83–89.

Pawlowsky, P. (1999): Strategieerfüllung und Strategiegestaltung als Funktionen der betrieblichen Bildungsarbeit. In: Martin, A./Nienhüser, W./Mayrhofer, W. (Hrsg.): Die Bildungsgesellschaft im Unternehmen? Festschrift für Wolfgang Weber. München u.a. 1999, S. 91–116.

Peteraf, M.A. (1993): The Cornerstones of Competitive Advantage: A Resource-Based View. In: Strategic Management Journal 1993, Vol. 14, S. 179–191.

Peterßen, W.H. (2000): Handbuch Unterrichtsplanung. Grundfragen, Modelle, Stufen, Dimensionen. 9. Aufl., München 2000.

Peterßen, W.H. (2001): Lehrbuch Allgemeine Didaktik. 6. Aufl., München 2001.

Polanyi, M. (1985): Implizites Wissen. Frankfurt a.M. 1985.

Preiser, S. (1977): Sozialisationsbedingungen sozialen und politischen Handelns – Ein Forschungsprojekt. In: Landeszentrale für Politische Bildung Rheinland-Pfalz (Hrsg.): Selbstverwirklichung und Verantwortung in einer demokratischen Gesellschaft. Mainz 1977, S. 126–135.

Prenzel, M. (1993): Autonomie und Motivation im Lernen Erwachsener. In: Zeitschrift für Pädagogik 1993, 39. Jg., Nr. 2, S. 239–253.

Prim, R. (2001): Fallstudie. In: May, H. (Hrsg.): Lexikon der ökonomischen Bildung. 4. Aufl., München u.a. 2001, S. 201–204.

Probst, G.J.B./Gomez, P.(Hrsg.) (1989): Vernetztes Denken. Wiesbaden 1989.

Putz-Osterloh, W. (1987): Gibt es Experten für komplexe Probleme? In: Zeitschrift für Psychologie 1987, Bd. 195, 63–84.

Putz-Osterloh, W. (1988): Wissen und Problemlösen. In: Mandl, H./Spada, H. (Hrsg.): Wissenspsychologie. München u.a. 1988, S. 248–263.

Putz-Osterloh, W. (2000): Problemlösen. In: Sarges, W. (Hrsg.): Management-Diagnostik. 3. Aufl., Göttingen u.a. 2000, S. 240–246.

Rauen, C. (1999): Coaching: innovative Konzepte im Vergleich. Göttingen 1999.

Rauner, F. (2002): Berufliche Kompetenzentwicklung – vom Novizen zum Experten. In: Dehnbostel, P./Elsholz, U./Meister, J./Meyer-Menk, J. (Hrsg.): Vernetzte Kompetenzentwicklung. Alternative Positionen zur Weiterbildung. Berlin 2002, S. 111–132.

Reich, K. (2002): Konstruktivistische Didaktik. Lehren und Lernen aus interaktionistischer Sicht. Neuwied 2002.

Reichelt, B. (2006): Mentoring und Patenschaft. In: Bröckermann, R./Müller-Vorbrüggen, M. (Hrsg.): Handbuch der Personalentwicklung. Die Praxis der Personalbildung, Personalbeförderung und Arbeitsstrukturierung. Stuttgart 2006, S. 323–339.

Reinmann-Rothmeier, G./Mandl, H. (1995): Lernen als Erwachsener. In: Grundlagen der Weiterbildung 1995, Hf. 4, S. 193–196.

Reinmann-Rothmeier, G./Mandl, H. (1997): Lehren im Erwachsenenalter. Auffassungen vom Lehren und Lernen, Prinzipien und Methoden. In: Weinert, F.E./Mandl, H. (Hrsg.): Psychologie der Erwachsenenbildung, Themenbereich D, Serie I, Bd. 4, S. 355–403.

Reinmann-Rothmeier, G./Mandl, H. (1997a): Lernen neu denken: Kompetenzen für die Wissensgesellschaft und deren Förderung. In: Schulverwaltung NRW 1997, Nr. 3, S. 74–76.

Reinmann-Rothmeier, G./Mandl, H. (1998): Wissensvermittlung: Ansätze zur Förderung des Wissenserwerbs. In: Klix, F./Spada, H. (Hrsg.): Wissenspsychologie. Göttingen 1998, S. 457–500.

Reinmann-Rothmeier, G./Mandl, H. (2001): Unterrichten und Lernumgebungen gestalten. In: Krapp, A./Weidenmann, B. (Hrsg.): Pädagogische Psychologie. Ein Lehrbuch. 4. Aufl., Weinheim 2001, S. 601–646.

Reinmann-Rothmeier, G./Mandl, H. (2001a): Lernen in Unternehmen: Von einer gemeinsamen Vision zu einer effektiven Förderung des Lernens. In: Dehnbostel, P./Erbe, H.-H./Novak, H. (Hrsg.): Berufliche Bildung im lernenden Unternehmen. 2. Aufl., Berlin 2001, S. 195–215.

Renkl, A. (1996): Träges Wissen: Wenn Erlerntes nicht genutzt wird. In: Psychologische Rundschau 1996, Vol. 47, S. 78–92.

Renkl, A. (2001): Träges Wissen. In: Rost, Detlef H. (Hrsg.): Handwörterbuch Pädagogische Psychologie. 2. Aufl., Weinheim 2001, S. 717–721.

Rheinberg, F. (2001): Motivationstraining und Motivierung. In: Rost, D.H. (Hrsg.): Handwörterbuch Pädagogische Psychologie. 2. Aufl., Weinheim 2001, S. 478–483.

Ridder, H.-G. (1999): Personalwirtschaftslehre. Stuttgart, Berlin 1999.

Rorty, R. (1991): Objectivity, relativism, and truth. Cambridge 1991.

Rösler, F. (1988): Personalauslese, Training und Personalentwicklung in Organisationen. In: Frey, D./Hoyos. C. Graf/Stahlberg, D. (Hrsg.): Angewandte Psychologie. Ein Lehrbuch. München u.a. 1988, S. 65–91.

Ross, B. (1997): Towards a Framework for Problem-Based Curricula. In: Boud, D./Feletti, G. (Hrsg.): The Challenge of Problem-Based Learning. 2. Aufl., London 1997, S. 28–35.

Roth, G. (1992): Das konstruktive Gehirn: Neurobiologische Grundlagen von Wahrnehmung und Erkenntnis. In: Schmidt, S.J. (Hrsg.): Der Diskurs des radikalen Konstruktivismus. Frankfurt a.M. 1992, S. 277–336.

Roth, H. (1969): Pädagogische Psychologie des Lehrens und Lernens. 11. Aufl., Hannover 1969.

Salas E./Cannon-Bowers, J.A. (2001): The science of training: A decade of progress. In: Annual Review of Psychology 2001, Vol. 52, S. 471–499.

Sarges, W./Fricke, R. (1986): Psychologie für die Erwachsenenbildung/Weiterbildung. Ein Handbuch in Grundbegriffen. Göttingen u.a. 1986.

Sarges, W. (Hrsg.) (2000): Management-Diagnostik. 3. Aufl., Göttingen u.a. 2000.

Sathe, V. (1985): Culture and Related Corporate Realities. Text, Case, and readings on organizational entry, establishment, and change. Homewood 1985.

Sattelberger, T. (1994): Personalentwicklung neuer Qualität durch Renaissance helfender Beziehungen. In: Sattelberger, T. (Hrsg.): Die lernende Organisation. Konzepte für eine neue Qualität der Unternehmensentwicklung. Wiesbaden 1994, S. 207–227.

Sattelberger, T. (1996): Führungskräfteentwicklung: Eine grundsätzliche Positionierung im Rahmen der Unternehmensentwicklung. In: Sattelberger, T. (Hrsg.):

Human Resource Management im Umbruch: Positionierung, Potentiale, Perspektiven. Wiesbaden 1996, S. 21–42.

Sauter, E. (1991): Management Weiterbildung für obere Führungskräfte. Zürich 1991.

Savery, J.R./Duffy, T.M. (1995): Problem Based Learning: An instructional model and its constructivistic framework. In: Educational Technology 1995, Vol. 35, S. 31–38.

Schaper, N. (2000): Arbeitsplatznahe Kompetenzentwicklung durch einen aufgabenorientierten Informationsaustausch in der Chemieindustrie. In: Zeitschrift für Arbeitswissenschaft 2000, Bd. 54, S. 199–210.

Schaper, N. (2003): Arbeitsbezogenes Lernen – zwischen Vormachen-Nachmachen und systematischem selbstgesteuertem Kompetenzerwerb. Vortrag auf dem 8. Landauer Frühjahrssymposium 2003.
groups.uni-paderborn.de/psychologie/scha-vortrag-Symposium-Landau.pdf [nachgewiesen am 29.08.2006].

Schaper, N. (2004): Fach-, Methoden- und Sozialkompetenz durch arbeitsbezogenes Lernen in der betrieblichen Ausbildung. In: Wiese, B.S. (Hrsg.): Individuelle Steuerung beruflicher Entwicklung. – Kernkompetenz in der modernen Arbeitswelt. Frankfurt a.M. u.a. 2004, S. 197–222.

Schaper, N./Sonntag, K. (1998): Analysis and training of diagnostic expertise in complex technical domains. In: European Journal of Work and Organizational Psychology 1998, Vol. 7, S. 479–499.

Schaub, H./Reinmann, R. (1999): Zur Rolle des Wissens beim komplexen Problemlösen. In: Gruber, H./Mack, W./Ziegler, A. (Hrsg.): Wissen und Denken. Beiträge aus Problemlösepsychologie und Wissenspsychologie. Wiesbaden 1999, S. 169–191.

Schaub, H./Strohschneider, S. (1992): Die Auswirkungen unterschiedlicher Problemlöseerfahrung auf den Umgang mit einem unbekannten komplexen Problem. In: Zeitschrift für Arbeits- und Organisationspsychologie 1992, Nr. 36, S. 117–126.

Schauenberg, B. (2004): Wissenschaftstheoretische Einordnung des Personalmanagements. In: Gaugler, E./Oechsler, W.A./Weber, W. (Hrsg.): Handwörterbuch des Personalwesens. 3. Aufl., Stuttgart 2004, Sp. 2017–2028.

Schein, E.H. (1978): Career dynamics: Matching individual and organizational needs, Reading 1978.

Schein, E.H. (1995): Unternehmenskultur: ein Handbuch für Führungskräfte. Frankfurt a.M. u.a.1995.

Scheitler, C. (2005): Soziale Kompetenzen als strategischer Erfolgsfaktor für Führungskräfte. Frankfurt a.M. 2005.

Schelten, A. (1995): Grundlagen der Arbeitspädagogik. 3. Auflage. Stuttgart 1995.

Schelten, A. (2000): Handlungsorientierter Unterricht in der Berufsschule: Kennzeichen und Erfahrungen. In: Metzger, C./Seitz, H./Eberle, H. (Hrsg.): Impulse für die Wirtschaftspädagogik. Zürich 2000, S. 309–323.

Schelten, A. (2004): Einführung in die Berufspädagogik. 3. Aufl., Stuttgart 2004.

Scherer, W./Mummenthal, L. (2003): Trainee-Programme. Instrumente der Personalentwicklung. In: Betriebswirtschaftliche Blätter 2003, Jg. 52, Nr. 2, S. 70–73.

Scherm, M. (1998): Vom Feedback zur Verhaltensänderung: Konzeption und Probleme von Multirater-Beurteilungssystemen für die Entwicklung von Führungskräften. Schulz, M./Stange, B./Tielker, W./Weiß, R./Zimmer, G.M. (Hrsg.): Wege zur Ganzheit. Profilbildung einer Pädagogik für das 21. Jahrhundert. Weinheim 1998, S. 283–292.

Schier, W. (2006): Training on the Job und Training near the Job. Arbeitsplatznahe und anwendungsorientierte Trainingsformen. In: Bröckermann, R./Müller-Vorbrüggen, M. (Hrsg.): Handbuch Personalentwicklung. Die Praxis der Personalbildung, Personalförderung und Arbeitsstrukturierung. Stuttgart 2006, S. 147–160.

Schierenbeck, H. (2000): Grundzüge der Betriebswirtschaftslehre. 15. Aufl., München 2000.

Schiersmann, C./Remmele, H. (2002): Neue Lernarrangements in Betrieben. In: QUEM-report 2002, Hf. 75, Berlin 2002.

Schlösser, H.J. (2001): Ökonomische Bildung, Wirtschaftsdidaktik, Wirtschaftswissenschaft. In: sowi-onlinejournal 2001, Hf. 2.
http://www.sowi-onlinejournal.de/2001-2/oekonomische_bildung_schloesser.
htm [nachgewiesen am 22.05.2007].

Schmidt, S.J. (1987): Der radikale Konstruktivismus. Ein neues Paradigma im interdisziplinären Denken. In: Schmidt, S.J. (Hrsg.): Der Diskurs des radikalen Konstruktivismus. Frankfurt a.M. 1987, S. 11–88.

Schneider, D. (1993): Betriebswirtschaftslehre. Band 1: Grundlagen. München u.a. 1993.

Schneider, H. (1996): Lexikon zu Team und Teamarbeit: 237 Stichwörter; von „Ad-hoc-Team" bis „Zeitfaktor für die Arbeit im Team". Köln 1996

Schneider, H./Knebel, H. (1995): Team und Teambeurteilung. Neue Trends in der Arbeitsorganisation. Köln 1995.

Schneider, U. (2004): Coaching. In: Gaugler, E./Oechsler,W. A./Weber, W. (Hrsg.): Handwörterbuch des Personalwesens. 3. Aufl., Stuttgart 2004, Sp. 651–660.

Schön, D.A. (2003): The reflective Practitioner. How Professionals Think in Action. London 2003.

Schofnegger, J./Zöpfl, H. (1977): Unterrichtsplanung und Erziehungsziele. München 1977.

Scholz, C. (1999): Darwiportunismus: Das neue Szenario im Berufsleben. In: WISU. Wirtschaftswissenschaftliches Studium 1999, Jg. 28, S. 1182–1184.

Scholz, C. (2000): Personalmanagement. Informationsorientierte und verhaltenstheoretische Grundlagen. 5. Aufl., München 2000.

Scholz, C. (2003): Unternehmenstransformation durch Personalmanagement: Paradigmenwechsel und Handlungsziele im Wechselspiel. In: Becker, M./Rother, G. (Hrsg.): Personalwirtschaft in der Unternehmenstransformation. Stabilitas et Mutabilitas. München u.a. 2003, S. 77–90.

Scholz, C. (2003a): Spieler ohne Stammplatzgarantie. Darwiportunismus in der neuen Arbeitswelt. Weinheim 2003.

Scholz, C. (o.J.): Personalentwicklung im darwiportunistischen Arbeitsleben. http://www.darwiportunismus.de/texte/dp_pentwickl.pdf [nachgewiesen am 03.Mai 2007].

Scholz, C./Stein, V. (2002): Darwiportunismus und Wissensgesellschaft: eine fatale Kombination. In: Bleicher, K./Berthel, J. (Hrsg.): Auf dem Weg in die Wissensgesellschaft. Veränderte Strukturen, Kulturen und Strategien. Frankfurt a.M. 2002, S. 298–307.

Scholz, C./Stein, V./Bechtel, R. (2004): Human Capital Management. Wege aus der Unverbindlichkeit. München 2004.

Schuler, H./Barthelme, D. (1995): Soziale Kompetenz als berufliche Anforderung. In: Seyfried, B. (Hrsg.): „Stolperstein" Sozialkompetenz. Was macht es so schwierig, sie zu erfassen, zu fördern und zu beurteilen?. Bielefeld 1995, S. 77–116.

Schuler, H./Prochaska, M. (1999): Ermittlung personaler Merkmale: Leistungs- und Potentialbeurteilung von Mitarbeitern. In: Sonntag, K. (Hrsg.): Personalentwicklung in Organisationen. Psychologische Grundlagen, Methoden und Strategien. 2. Aufl., Göttingen u.a. 1999, S. 181–210.

Schulz von Thun, F. (1998): Miteinander Reden. Band 1: Störungen und Klärungen, Band 2: Stile, Werte und Persönlichkeitsentwicklung. Reinbek bei Hamburg 1998.

Schüßler, I. (2004): Lernwirkungen neuer Lernformen. In: Arbeitsgemeinschaft Qualifikations-Entwicklungs-Management (QUEM) (Hrsg.): QUEM-Materialien Nr. 55, Berlin 2004.

Schwuchow, K.H. (1996): Personalentwicklung durch Projektmanagement. In: Streich, R.K./Marquardt, M./Sanden, H. (Hrsg.): Projektmanagement. Prozesse und Praxisfelder. Stuttgart 1996, S. 59–73.

Schwuchow, K.H. (2000): Vom isolierten Seminarereignis zum Bildungsprozeß: Perspektivenwechsel in der Management-Entwicklung. In: Welge, M.K. (Hrsg.): Management-Development: Praxis, Trends und Perspektiven. Stuttgart 2000, S. 26–42.

Seel, N.M. (2003): Psychologie des Lernens. Lehrbuch für Pädagogen und Psychologen. 2. Aufl., München u.a. 2003.

Severing, E. (1994): Arbeitsplatznahe Weiterbildung. Betriebspädagogische Konzepte und betriebliche Umsetzungsstrategien. Neuwied u.a. 1994.

Severing, E. (1999): Personalförderung durch Lernen im Arbeitsprozess: Beiträge der Betriebspädagogik. In: Schöni, W./Sonntag, K. (Hrsg.): Personalförderung im

Unternehmen: Bildung, qualifizierende Arbeit und Netzwerke für das 21. Jahrhundert. Chur u.a. 1999, S. 65–76.

Shuell, T.J. (1988): The role of the student in learning from instruction. In: Contemporary Educational Psychology 1988, Vol. 13, S. 276–295.

Shuell, T.J. (1993): Toward an Integrated Theory of Teaching and Learning. In: Educational Psychologist 1993, Vol. 28, No. 4, S. 291–311.

Siebert, H. (1997): Wissenserwerb aus konstruktivistischer Sicht. In: Grundlagen der Weiterbildung 1996, Hf. 6, S. 255–257.

Siebert, H. (1999): Pädagogischer Konstruktivismus. Eine Bilanz der Konstruktivismusdiskussion für die Bildungspraxis. Neuwied 1999.

Siehl, C./Martin, J. (1984): The Role of Symbolic Management: How Can Managers Effectively Transmit Organizational Culture?. In: Hunt, J.G./Hosking, D.-M./Schriesheim, C.A./Stewart, R. (Hrsg.) (1984): Leaders and Managers. International Perspectives on Managerial Behavior and Leadership. Frankfurt a.M. u.a. 1984, S. 227–239.

Simons, P.R.-J. (1992): Lernen, selbständig zu lernen – ein Rahmenmodell. In: Mandl, H./Friedrich, H.F. (Hrsg.): Lern- und Denkstrategien. Analyse und Intervention. Göttingen u.a. 1992, S. 251–264.

Simons, P.R.-J. (1993): Constructive Learning: The role of the learner. In: Duffy, T.M./Lowyck, J./Jonassen, D.H. (Hrsg.): Designing environments for constructive learning. New York 1993, S. 291–313.

Six, B. (2000): Durchsetzung. In: Sarges, W. (Hrsg.): Management-Diagnostik. 3. Aufl., Göttingen u.a. 2000, S. 400–405.

Sloane, P.F.E. (1983): Theoretische und praktische Aspekte der Zielbestimmung. Düsseldorf 1983.

Sloane, P.F.E. (1998): Funktionen im Wandel. Das neue Verhältnis von Arbeiten und Lernen in einer wissensstrukturierten Praxis. In: Franke, N./Braun, C.-F. von (1998): Innovationsforschung und Technologiemanagement. Konzepte, Strategien, Fallbeispiele. Berlin 1998, S. 89–104.

Sloane, P.F.E. (1999): Situationen gestalten. Von der Planung des Lehrens zur Ermöglichung des Lernens. Markt Schwaben 1999.

Sloane, P.F.E. (2004): Betriebspädagogik. In: Gaugler, E./Oechsler, W./Weber, W. (Hrsg.): Handwörterbuch des Personalwesens. 3. Aufl., Stuttgart, Sp. 573–584.

Söltenfuß, G. (1987): Der Beitrag der Kognitions- und Arbeitspsychologie für die Planung und Realisation im Lernbüro. In: Kaiser, F.-J. (Hrsg.): Handlungsorientiertes Lernen in kaufmännischen Berufsschulen. Bad Heilbrunn 1987, S. 49–74.

Sonntag, K. (1989): Trainingsforschung in der Arbeitspsychologie. Berufsbezogene Lernprozesse bei veränderten Tätigkeitsinhalten. Stuttgart u.a. 1989.

Sonntag, K. (1996): Lernen im Unternehmen. Effiziente Organisation durch Lernkultur. München 1996.

Sonntag, K. (1999): Personalentwicklung – ein Feld psychologischer Forschung und Gestaltung. In: Sonntag, K. (Hrsg.): Personalentwicklung in Organisationen. 2. Aufl., Göttingen u.a. 1999, S. 15–29.

Sonntag, K. (2000): Personalentwicklung „on the job". In: Kleinmann, M./Strauß, B. (Hrsg.): Potentialfeststellung und Personalentwicklung. 2. Aufl., Göttingen 2000, S. 181–204.

Sonntag, K. (2002): Personalentwicklung und Training. Stand der psychologischen Forschung und Gestaltung. In: Zeitschrift für Personalpsychologie 2002, Bd. 1, Nr. 2, S. 59–79.

Sonntag, K. (2004): Personalentwicklung. In: Schuler, H. (Hrsg.): Organisationspsychologie – Grundlagen und Personalpsychologie. Themenbereich D, Bd. 3. Göttingen u.a. 2004, S. 827–890.

Sonntag, K./Schaper, N. (1988): Kognitives Training zur Bewältigung steuerungstechnischer Aufgabenstellungen. In: Zeitschrift für Arbeits- und Organisationspsychologie 1988, Vol. 32, S. 128–138.

Sonntag, K./Schaper, N. (1999): Förderung beruflicher Handlungskompetenz. In: Sonntag, K. (Hrsg.): Personalentwicklung in Organisationen. Psychologische Grundlagen, Methoden und Strategien. 2. Aufl., Göttingen u.a. 1999, S. 211–244.

Sonntag, K./Schaper, N. (2006): Wissensorientierte Verfahren der Personalentwicklung. In: Schuler, H. (Hrsg.): Lehrbuch der Personalpsychologie, 2. Aufl., Göttingen 2006, S. 255–280.

Sonntag, K./Stegmaier, R. (2006): Verhaltensorientierte Verfahren der Personalentwicklung. In: Schuler, H. (Hrsg.): Lehrbuch der Personalpsychologie, 2. Aufl., Göttingen 2006, S. 281–304.

Sonntag, K./Stegmaier, R./Müller, B./Baumgart, C./Schaupeter, H. (2000): Leitfaden zur Implementierung arbeitsintegrierter Lernumgebungen. Bielefeld 2000.

Sowarka, B.H. (2000): Soziale Intelligenz und soziale Kompetenz. In: Sarges, W. (Hrsg.): Management-Diagnostik. 3. Aufl., Göttingen u.a. 2000, S. 365–382.

Spieß, E./Winterstein, H. (1999): Verhalten in Organisationen: Eine Einführung. Stuttgart 1999.

Spinath, B. (2002): Soziale Kompetenzen: Entschlüsselung einer Schlüsselkompetenz aus psychologischer Sicht. In: Pätzold, G./Walzik, S. (Hrsg.): Methoden- und Sozialkompetenzen – ein Schlüssel zur Wissensgesellschaft? Bielefeld 2002, S. 17–28.

Spiro, R.J./Feltovich, P.J./Jacobson, M.J./Coulson, R.L. (1991): Cognitive Flexibility, Constructivism, and Hypertext: Random Access Instruction for Advanced Knowledge Acquisition in Ill-Structured Domains. In: Educational Technology 1991, Vol. 31, S. 24–33.

Spiro, R.J./Jehng, J.-C. (1990): Cognitive Flexibility and Hypertext: Theory and Technology for the Nonlinear and Multidimensional Traversal of Complex Subject Matter. In: Nix, D./Spiro, R.J. (Hrsg.): Cognition, Education and Multimedia. Hillsdale 1990, S. 163–205.

Staehle, W.H. (1991): Simultane Strategie- und Personalentwicklung. In: Zeitschrift für Personalforschung 1991, Nr. 1, S. 5–12.

Staehle, W.H. (1999): Management. 8. Aufl., München 1999.

Stark, R./Graf, M./Renkl, A./Gruber, H./Mandl, H. (1995): Förderung von Handlungskompetenz durch geleitetes Problemlösen und multiple Lernkontexte. In: Zeitschrift für Entwicklungspsychologie und Pädagogische Psychologie 1995, Bd. 27, Hf. 4, S. 289–312.

Staude, J. (1978): Betriebliche Traineeprogramme und ihre Kontrolle. Köln 1980.

Staudt, E. (1989): Unternehmensplanung und Personalentwicklung – Defizite, Widersprüche und Lösungsansätze. In: Mitteilungen aus der Arbeitsmarkt und Berufsforschung 1989, 22. Jg., S. 374–387.

Staudt, E. (1995): Technische Entwicklung und betriebliche Restrukturierung oder: Innovation durch Integration von Personal- und Organisationsentwicklung. In: Geißler, H. (Hrsg.): Organisationslernen und Weiterbildung. Die strategische Antwort auf die Herausforderungen der Zukunft. Neuwied u.a.1995, S. 21–64.

Staudt, E./Kley, T. (2001): Formelles Lernen – informelles Lernen – Erfahrungslernen. Woo liegt der Schlüssel zur Kompetenzentwicklung von Fach- und Führungskräften. In: Arbeitsgemeinschaft Qualifikations-Entwicklungs-Management (QUEM) (Hrsg.): Berufliche Kompetenzentwicklung in formellen und informellen Strukturen. QUEM-report Hf. 69, Berlin 2001, S. 227–275.

Staudt, E./Kottmann, M./Merker, R. (1996): Chemiker: Hochqualifiziert aber inkompetent? Eine Bestandsaufnahme von Kompetenzdefiziten und arbeitsmarktrelevanten Barrieren beim Berufseinstieg von Hochschulabsolventen der Chemie in traditionelle und alternative Beschäftigungsfelder. 2. Aufl., Bochum 1997.

Staudt, E./Kriegesmann, B. (1999): Weiterbildung: Ein Mythos zerbricht. Der Widerspruch zwischen überzogenen Erwartungen und Mißerfolgen der Weiterbildung. In: Arbeitsgemeinschaft Qualifikations-Entwicklungs-Management (QUEM) (Hrsg.): Aspekte einer neuen Lernkultur: Argumente, Erfahrungen, Konsequenzen. Münster u.a. 1999, S. 17–60.

Staudt, E./Kröll, M./von Hören, M. (1993): Potentialorientierung der strategischen Unternehmensplanung: Unternehmens- und Personalentwicklung als iterativer Prozeß. In: Die Betriebswirtschaft DBW 1993, Jg. 53, S. 57–75.

Staufenbiel, J.E. (1991): Berufsplanung für den Management-Nachwuchs mit Trainee-Programmen & Stellenangeboten von über 180 Unternehmen für Wirtschaftsakademiker. 2. Aufl., Köln 1991.

Steffe, L.P./Gale, J. (1995): Constructivism in Education. Hillsdale 1995.

Stein, V. (2001): Das Unternehmen als Vogelschwarm: Eine modelltheoretische Analyse des darwiportunistischen Szenarios. In: Kossbiel, H. (Hrsg.): Modellgestützte Personalentscheidungen 5. München 2001, S. 41–58.

Steiner, G. (2001): Lernen und Wissenserwerb. In: Krapp, A./Weidenmann, B. (Hrsg.): Pädagogische Psychologie. 4. Aufl., Weinheim 2001, S. 138–205.

Steinmann, B. (1995): Verankerung von Methoden in einem auf ökonomische Handlungskompetenz ausgerichtetem Curriculum. In: Steinmann, B./Weber, B. (Hrsg.): Handlungsorientierte Methoden in der Ökonomie. Ein Sammelband mit 31 Beiträgen für die Unterrichtspraxis. Neusäß 1995, S. 10–16.

Steinmann, H./Schreyögg, G. (2005): Management. Grundlagen der Unternehmensführung. Konzepte – Funktionen – Fallstudien. 6. Aufl., Wiesbaden 2005.

Stenzel, S. (2006): Coaching und Supervision. In: Bröckermann, R./Müller-Vorbrüggen, M. (Hrsg.): Handbuch der Personalentwicklung. Die Praxis der Personalbildung, Personalbeförderung und Arbeitsstrukturierung. Stuttgart 2006, S. 303–322.

Straka, G.A. (1998): Handeln = Lernen? Lerntheoretische Anmerkungen zur Leittextmethode. In: Euler, D. (Hrsg.): Berufliches Lernen im Wandel – Konsequenzen für die Lernorte? Dokumentation des 3. Forums Berufsbildungsforschung 1997 an der Friedrich-Alexander-Universität Erlangen-Nürnberg. Nürnberg 1998, S. 91–99.

Straka, G.A./Macke, G. (2002): Lern-Lehrtheoretische Didaktik. Münster u.a. 2002.

Sue-Chan, C./Latham, G.P. (2004): The Relative Effectiveness of External, Peer, and Self-Coaches. In: Applied psychology 2004, Vol. 53 (2), S. 260–278.

Swezey, R.W./Salas, E. (1992): Guidelines for use in team-training development. In: Swezey, R.W./Salas, E. (Hrsg.): Teams: Their training and performance. Norwood u.a. 1992, S. 219–245.

Tannenbaum, S.I./Yukl, G. (1992): Training and Development in Work Organizations. In: Annual Review of Psychology 1992, Vol. 43, S. 399–441.

Terhart, E. (1999): Konstruktivismus und Unterricht. Gibt es einen neuen Ansatz in der Allgemeinen Didaktik? In: Zeitschrift für Pädagogik 1999, 45. Jg., Hf. 5, S. 629–647.

Terhart, E. (1999a): Konstruktivismus und Unterricht. Eine Auseinandersetzung mit theoretischen Hintergründen, Ausprägungsformen und Problemen konstruktivistischer Didaktik. Soest 1999.

Thierau-Brunner, H./Stangel-Meseke, M./Wottawa, H. (1999): Evaluation von Personalentwicklungsmaßnahmen. In: Sonntag, K. (Hrsg.): Personalentwicklung in Organisationen. 2. Aufl., Göttingen u.a. 1999, S. 261–286.

Thom, N. (1987): Personalentwicklung als Instrument der Unternehmungsführung. Konzeptionelle Grundlagen und empirische Studien. Stuttgart 1987.

Thom, N. (2004): Evaluation der betrieblichen Bildungsarbeit. In: Gaugler, E./Oechsler, W.A./Weber, W. (Hrsg.): Handwörterbuch des Personalwesens. 3. Aufl., Stuttgart 2004, Sp. 753–742.

Thom, N./Ferring, K. (1982): Trainee-Programme der deutschen Wirtschaft für Betriebs- und Volkswirte. In: WiSt. Wirtschaftswissenschaftliches Studium 1982, Hf. 4, S. 190–193.

Thom, N./Friedli, V. (2005): Hochschulabsolventen, gewinnen, fördern und erhalten. 3. Aufl., Bern 2005.

Thom, N./Friedli, V./Kuonen, D. (2002): Trainee-Programme nach dem Wirtschaftsstudium. Eine empirische Studie in Deutschland. In: N. Thom (Hrsg.): iop-Arbeitsbericht Nr. 54. Bern 2002.

Thom, N./Friedli, V./Kuonen, D. (2002a): Trainee-Programme nach dem Wirtschaftsstudium. In: WiSt. Wirtschaftswissenschaftliches Studium 2002, Hf. 12, S. 725–728.

Thom, N./Friedli, V./Zimmermann, R. (2002): Trainee-Programme nach dem Wirtschaftsstudium in der Schweiz. Bern 2002.

Thom, N./Giesen, B. (1998): Gestaltungselemente für Trainee-Programme. Erfahrungsgestützte Orientierungshilfen am Beispiel der Trainee-Programme für Absolventen der Wirtschaftswissenschaften. In: Thom, N./Giesen, B. (Hrsg.): Entwicklungskonzepte und Personalmarketing für den Fach- und Führungsnachwuchs 2. Aufl., Köln 1998, S. 6–33.

Thom, N./Giesen, B./Friedli, V./Arnold, A. (1999): Aktuelle Trends bei Trainee-Programmen für Absolventen der Wirtschaftswissenschaften. In: Personal. Zeitschrift für Human Resource Management 1999, 51. Jg., Hf. 6, S. 282–286.

Thom, N./Meyer-Riedt, T. (1990): Trainee-Programme für Hochschulabsolventen der Wirtschaftswissenschaften in der BRD. Arbeitsteilung zwischen Wirtschaft und Hochschule. In: Hochschulausbildung. Zeitschrift für Hochschuldidaktik und Hochschulforschung 1990, 8. Jg., Nr. 3, S. 195–199.

Thom, N./Schmiedeknecht, K. (1994): Ausbildungsprogramme für Hoch- und Fachhochschulabsolventen der Wirtschaftswissenschaften. In: Personal. Zeitschrift für Human Resource Management 1994, 46. Jg., Hf. 6, S. 276–279.

Thomas, A. (1998): Coaching in der Personalentwicklung. Bern 1998.

Thorton, G.C./Cleveland, J.N. (1990): Developing Managerial Talent through Simulation. In: American Psychologist 1990, Vol. 45, S. 190–199.

Tisdale, T. (1993): Selbstreflexion und seine Bedeutung für die Handlungsregulation. In: Strohschneider, T./von der Weth, R. (Hrsg.): Ja, mach nur einen Plan. Planen und Fehlschläge – Ursachen, Beispiele und Lösungen, Bern 1993, S. 111–125.

Tomaschewsky, K. (1956): Die Begriffe Unterricht und Didaktik. In: Tomaschewsky, K./Klein, H. (Hrsg.): Didaktik. Berlin 1956, S. 9–17.

Touet, M. (1997): Möglichkeiten und Grenzen der Potentialbeurteilung. Köln 1997.

Tracey, J.B./Tannenbaum, S.I./Kavanagh, M.J. (1995): Applying Trained Skills on the Job: The Importance of the Work Environment. In: Journal of Applied Psychology 1995, Vol. 80, S. 239–252.

Tramm, T. (1992): Grundzüge des Göttinger Projekts "Lernen, Denken, Handeln in komplexen ökonomischen Situationen – unter Nutzung neuer Technologien in der kaufmännischen Berufsausbildung. In: Achtenhagen, F./John, E.G. (Hrsg.):

Mehrdimensionale Lehr-Lern-Arrangements. Innovationen in der kaufmännischen Aus- und Weiterbildung. Wiesbaden 1992, S. 43–56.

Trompenaars, F. (1994): Riding the waves of culture. Understanding Diversity in Global Business. Chicago u.a. 1994.

Trummer, M. (2001): Betriebspädagogik als generische Managementfunktion. Frankfurt a.M. 2001.

Tulodziecki, G./Hagemann, W./Herzig, B./Leufen, S./Mütze, C. (1996): Neue Medien in den Schulen: Projekte – Konzepte – Kompetenzen. Gütersloh 1996.

Tversky, A./Kahneman, D. (1971): Belief in the Law of Small Numbers. In: Psychological Bulletin 1971, Vol. 76, No. 2, S. 105–110.

Tversky, A./Kahneman, D. (1986): Rational Choice and the Framing of Decisions. In: Journal of Business 1986, Vol. 59, No. 4, S. 251–278.

Tversky, A./Kahneman, D. (1991): Loss Aversion in Riskless Choice: A Reference Dependent Model. In: Quarterly Journal of Economics 1991, Vol. 106, No. 4, S. 1039–1061.

Udris, I. (1998): Kooperationstraining in Arbeitsgruppen zur Förderung sozialer Handlungskompetenz. In: Spieß, E./Nerdinger, F.W. (Hrsg.): Kooperation in Unternehmen. München u.a. 1998, S. 185–208.

Ulich, E. (2005): Arbeitspsychologie. 6. Aufl. Stuttgart 2005.

Ulich, E./Baitsch, C. (1987): Arbeitsstrukturierung. In: Kleinbeck, U./Rutenfranz, J. (Hrsg.): Arbeitspsychologie. Enzyklopädie der Psychologie (Themenbereich D, Serie 3, Bd. 1). Göttingen 1987, S. 493–532.

Van Maanen, J./Schein, E.H. (1979): Toward a Theory of organizational Socialization. In: Research in Organizational Behavior 1979, Vol. 1, S. 209–264.

Vohland, U. (1982): Praxis der Unterrichtsplanung. Düsseldorf 1982.

Volk, H. (1988): Lernziel Sozialkompetenz. In: Zeitschrift für Berufs- und Wirtschaftspädagogik 1988, Hf. 3, S. 222–229.

Vollmeyer, R./Burns, B.D. (1999): Problemlösen und Hypothesentesten. In: Gruber, H./Mack, W./Ziegler, A. (Hrsg.): Wissen und Denken. Beiträge aus Problemlösepsychologie und Wissenspsychologie. Wiesbaden 1999, S. 101–118.

Vollmeyer, R./Funke, J. (1999): Personen- und Aufgabenmerkmale beim komplexen Problemlösen. In: Psychologische Rundschau 1999, Jg. 50, Hf. 4, S. 213–219.

Volpert, W. (1985): Pädagogische Aspekte der Handlungsregulationstheorie. In: Passe-Tietjen, H./Stiehl, H. (Hrsg.): Betriebliches Handlungslernen und die Rolle des Ausbilders. Jungarbeiterinitiative an der W. von Siemens Schule. Wetzlar 1985, S. 109–123.

von Borries, B. (1999): Erhaltet die Fachdidaktiken! Ein Plädoyer gegen den Mainstream. In: Die Deutsche Schule 1999, 5. Beiheft, S. 191–205.

von der Ruhr, J./Bosse, N. (2006): Job Rotation und Job Families. Das Job-Family-Konzept bei der Volkswagen AG – eine neue prozessorientierte Perspektive für

Job Rotationen. In: Bröckermann, R./Müller-Vorbrüggen, M. (Hrsg.): Handbuch der Personalentwicklung. Die Praxis der Personalbildung, Personalbeförderung und Arbeitsstrukturierung. Stuttgart 2006, S. 389–406.

von Glasersfeld, E. (1989): Cognition, Construction of Knowledge, and Teaching. In: Synthese 1989, No. 80, S. 121–140.

von Glasersfeld, E. (1997): Radikaler Konstruktivismus. Ideen, Ergebnisse, Probleme. Frankfurt a.M. 1997.

von Hentig, H. (1969): Was ist Didaktik?. In: von Hentig, H. (Hrsg.): Spielraum und Ernstfall. Stuttgart 1969, S. 251–255.

von Landsberg, G. (1981): Traineeprogramme in der Wirtschaft. In: Kramer, W./von Landsberg, G.: Abiturientenprogramme und Traineeprogramme in der Wirtschaft. Berlin 1981, S. 57–127.

Vonken, M. (2001): Von Bildung und Kompetenz: Die Entwicklung erwachsenenpädagogischer Begriffe oder die Rückkehr zur Bildung. In: Zeitschrift für Berufs- und Wirtschaftspädagogik 2001, Hf. 4, S. 503–522.

von Rosenstiel, L. (1989): Innovation und Veränderung in Organisationen. In: Roth, E. (Hrsg.): Enzyklopädie der Psychologie: Themenbereich D Praxisgebiete, Serie III Wirtschafts-, Organisations- und Arbeitspsychologie, Bd. 3 Organisationspsychologie. Göttingen 1989, S. 652–684.

von Rosenstiel, L. (1994): Auswahl und Entwicklung des Führungsnachwuchses in Organisationen. In: von Rosenstiel, L./Lang, T./Sigl, E. (Hrsg.): Fach- und Führungsnachwuchs finden und fördern. Stuttgart 1994, S. 3–19.

von Rosenstiel, L. (2003): Entwicklung und Training von Führungskräften. In: von Rosenstiel, L./Regnet, E./Domsch, M.E. (Hrsg.): Führung von Mitarbeitern. Handbuch für erfolgreiches Personalmanagement. 5. Aufl., Stuttgart 2003, S. 67–83.

Wagner, R.K. (1991): Managerial Problem Solving. In: Sternberg, R.J./Frensch, P.A. (Hrsg.): Complex Problem Solving: Principles and Mechanisms. Hillsdale 1991, S. 159–183.

Walzik, S. (2004): Teamsituationen gestalten, Universität St. Gallen 2004.

Wanberg, C.R./Welsh, E.T./Hezlett, S.A. (2003): Mentoring Research: A Review and Dynamic Prozess Model. In: Research in Personnel and Human Resources Management 2003, Vol. 22, S. 39–124.

Wanous, J.P./Reichers, A.E. (2000): New Employee Orientation Programs. In: Human Resource Management Review 2000, Vol. 10, No. 4, S. 435–451.

Watzlawik, M. (1984): Untersuchung zu phasenspezifischen Veränderungen von Arbeitszufriedenheit und Leistung innerhalb eines Traineeprogramms. Göttingen 1984.

Weber, W./Mayrhofer, W./Nienhüser, W./Rodehuth, M./Rüther, B. (1991): Technischer Wandel als Auslöser von betrieblichen Bildungsmaßnahmen – Entscheidungsverläufe und Entscheidungsergebnisse. Paderborn 1991.

Weinert, F.E. (1996): Für und Wider die "neuen Lerntheorien" als Grundlage pädagogisch-psychologischer Forschung. In: Zeitschrift für Pädagogische Psychologie 1996, Nr. 10, S. 1–12.

Weingast, M. (1997): Evaluierung von Personalentwicklung – Mythen und Perspektiven der Prüfbarkeit von Bildung, Beratung und Begleitung in Organisationen. Graz 1997.

Weiß, R. (1990): Die 26-Mrd.-Investition: Kosten und Strukturen betrieblicher Weiterbildung. Köln 1990.

Weiß, R. (1997): Nutzung von Qualifikationspotentialen – Perspektiven für einen multidisziplinären Forschungsansatz. In: Arbeitsgemeinschaft Qualifikations-Entwicklungs-Management (QUEM) (Hrsg.): Nutzung von Qualifikationspotentialen. Zwei Gutachten. QUEM-report 46, Berlin 1997, S. 65–182.

Weiß, R. (1998): Integration von Lernen und Arbeiten – Konsequenzen für eine Didaktik der Arbeitspädagogik. In: Schulz, M./Stange, B./Tielker, W./Weiß, R./Zimmer, G.M. (Hrsg.): Wege zur Ganzheit. Profilbildung einer Pädagogik für das 21. Jahrhundert. Weinheim 1998, S. 194–209.

Weniger, E. (1930): Die Theorie der Bildungsinhalte. In: Nohl, H./Pallat, L. (Hrsg.): Handbuch der Pädagogik, Bd. 3, Allgemeine Didaktik und Erziehungslehre. Langensalza 1930, S. 3–35.

Weniger, E. (1971): Didaktik als Bildungslehre. Teil 1: Theorie der Bildungsinhalte und des Lehrplans. 9. Aufl., Weinheim u.a. 1971.

Wiborg, K. (1979): Nicht jeder hatte den Marschallstab im Tornister. In: Frankfurter Allgemeine Zeitung vom 28.11.1979, S. 17.

Wiendieck, G./Pütz, B. (2000): Rollenflexibilität. In: Sarges, W. (Hrsg.): Management-Diagnostik. 3. Aufl., Göttingen u.a. 2000, S. 425–431.

Wild, J. (1982): Grundlagen der Unternehmensplanung. 4. Aufl., Reinbek bei Hamburg 1982.

Wilhelm, T. (1966): Die erziehungswissenschaftliche Diskussion über die Aufgaben der Didaktik. In: Der Gymnasialunterricht 1966, Reihe III, Hf. 6, S. 5–54.

Willke, G. (1999): Die Zukunft unserer Arbeit. Frankfurt u.a. 1999.

Willmann, O. (1909): Didaktik als Bildungslehre. 4. Aufl., Braunschweig 1909.

Wimmer, R. (2004): Organisationsentwicklung. In: Gaugler, E./Oechsler, W.A./Weber, W. (Hrsg.): Handwörterbuch des Personalwesens. 3. Aufl., Stuttgart 2004, Sp. 1305–1318.

Wöhe, G. (2000): Einführung in die allgemeine Betriebswirtschaftslehre. 20. Aufl., München 2000.

Wunderer, R. (2000): Führung und Zusammenarbeit. Neuwied 2000.

Wunderer, R./Bruch, H. (2000): Umsetzungskompetenz. Diagnose und Förderung in Theorie und Unternehmenspraxis. München 2000.

Wunderer, R./Dick, P. (2002): Sozialkompetenz – eine mitunternehmerische Schlüsselkompetenz. In: Die Unternehmung 2002, 56. Jg., Hf. 6, S. 361–391.

Wunderer, R./Grunwald, W. (1980): Führungslehre. Band II: Kooperative Führung. Berlin u.a. 1980.

Würzberg, H.G. (2001): Weich ist wichtig. Was Shareholder-Value wirklich bedeutet. In: Die Zeit Nr. 6/2001, S. 21.

Yammarino, F.J. (2000): Leadership Skills: Introduction and Overview. In: Leadership Quarterly 2000, Vol. 11(1), S. 5–9.

Zabeck, J. (1984): Wissenschaftstheoretische Dimensionen einer normativen berufspädagogischen Handlungsorientierung. In: Zabeck, J. (Hrsg.) Didaktik der Berufserziehung. Heidelberg 1984, S. 1–25.

Zaccaro, S./Mumford, M.D./Connelly, M.S./Marks, M.A./Gilbert, J.A. (2000): Assessment of Leader Problem-Solving Capabilities. In: Leadership Quarterly 2000, Vol. 11, No. 1, S. 37–64.

Zimbardo, P.G./Gerrig, R.J. (2004): Psychologie. 16. Aufl., München 2004.

Zimmermann, B.J. (1986): Development of self-regulated learning: What are the key processes?. In: Contemporary Educational Psychology 1986, Vol. 16, S. 307–313.

Zimmermann, B.J./Bonner, S./Kovach, R. (1996): Developing self-regulated learners: Beyond achievement to self-efficacy. Washington DC 1996.

Zumbach, J. (2003): Problembasiertes Lernen. Münster u.a. 2003.